本书是国家社科基金教育学一般课题《大学中国模式：理念重构与制度再造》（BIA130078）的结题成果。

ZHONGGUO TESE
XIANDAI DAXUE ZHIDU YANJIU

中国特色
现代大学制度研究

朴雪涛　著

人民出版社

目　录

导　言

一、问题的提出

（一）研究中国特色现代大学制度的意义

中国特色现代大学制度是新中国成立 70 多年来特别是改革开放 40 多年来不断发展而成的一种新型大学制度，它体现了高等教育的政治性、专业性、学术性和民主性的内在统一。这一制度安排是中国特色高等教育体系的核心要素，是创造高等教育发展中国速度的主要动力，是大学中国之治最显著的制度优势。新时代研究中国特色现代大学制度具有如下三点意义：

1. 研究中国特色现代大学制度是新时代高等教育理论创新、构建中国特色高等教育话语体系的客观需要

20 世纪 40 年代末，美国学者费正清在《美国与中国》一书中首次使用"冲击—反应"模式分析中国的近代化进程，这一研究范式后来成为西方学者审视近代中国社会变革的基本工具，长期主导着西方学术界的中国研究。"冲击—反应"模式的基本观点是：在近代中国的现代化进程中，中国决定放弃自己国家的传统和制度，将西方的文明和制度作为一个对应体。中国的现代化，实质上就是西方不断冲击中国、中国不断作出反应的过程。[①] 如果用这种理论分析新中国成立之前的现代转向或许还有一定的说服力，而在新中国成立后特别是改革开放后，中国已经成功地走出了另外一条通往现代化

---

① 参见［美］费正清：《美国与中国》，张理京译，世界知识出版社 2001 年版。

的道路，"冲击—反应"模式的解释力已经不再具有合理性。这种变化也被西方学术界所察觉，他们开始寻找另外的解释中国社会现代转型的理论范式。美国学者柯文在1984年出版了《在中国发现历史——中国中心观在美国的兴起》一书，该书改变了长期以来根据"冲击—反应"模式来研究中国现代化的范式，而是站在中国的立场上去思考中国近代的改革与发展。①这种研究范式的转变也在高等教育学术界得到了体现，加拿大著名比较教育学学者许美德教授提出，现在已经到了可以讨论"大学重回中国"的时候了。②

在"大学重回中国"的历史新起点上，我国高等教育理论工作者理应认真思考如何"以中国为中心"重写高等教育的现代叙事，正如习近平所指出的："只有以我国实际为研究起点，提出具有主体性、原创性的理论观点，我国的哲学社会科学才能形成自己的特色和优势"。③而现实情况是，我国高等教育理论界在这方面的努力还远远不够。新中国成立70年来我国高等教育取得了巨大成就，但是将实践成果转化为"新概念、新范畴、新表述"的工作还非常薄弱。这导致了已经被实践所证明的中国特色现代大学制度还处在"有理说不出，说了传不开"的尴尬境地，高等教育话语体系还存在明显的西强我弱的"话语逆差"现象。习近平指出：我国是哲学社会科学大国，但学术话语能力和水平同我国综合国力和国际地位还不相称，要"着力构建中国特色哲学社会科学，在指导思想、学科体系、学术体系、话语体系等方面充分体现中国风格、中国气派"。④

因此，研究中国特色现代大学制度有助于推动新时代高等教育理论体系的守正创新，建构中国特色的高等教育话语体系，提高我国高等教育的国际话语权。

---

① 参见［美］柯文：《在中国发现历史——中国中心观在美国的兴起》，林同奇译，中华书局2002年版。
② 参见许美德等：《构建大学的中国模式3.0》，《社会科学报》2013年4月18日。
③ 《习近平谈治国理政》第二卷，外文出版社2017年版，第342页。
④ 《习近平谈治国理政》第二卷，外文出版社2017年版，第338页。

2. 研究中国特色现代大学制度是建设"中国特色世界一流现代高等教育体系"的客观需要

我国现代大学的一百多年发展历史，是与中国社会转型和现代性发展紧密联系在一起的，大学的成长与社会现代性的建构互为因果，相互锁定。在社会变革的前夜，大学总是会鼓与呼，竭力发挥引领之力；在社会变革之中，大学总会侧身其中并参与新制度的建设；在社会变革之后，大学也会在新的结构中完成自我更新。一句话，在现代中国的建构中，大学始终都是一个无法缺席的重要角色。

从晚清到中华人民共和国成立的大约一个世纪，中国大学超越了儒家大学的范式，转型为西方民主与科学的范式，欧美国家的影响成为这一时期我国大学理念与制度建构的重要来源。1949 年中华人民共和国成立以后，中国大学再一次转型，以"苏联模式"作为新的替代性方案。1958 年开始的"教育革命"，标志着中国人自主探索大学模式的开始。改革开放后，中国大学的现代性方案开始向混合型模式发展，构成了中国特色高等教育的重要基础。

改革开放以来中国大学的现代性方案，既是历史连续性的产物，也是新的制度环境再造的结果，集中体现着我国社会转型的各种特征。20 世纪90 年代末开始，我国高等教育开始了跨越式发展，在规模上成功地超越了美国等高等教育发达国家，成为高等教育第一大国，从根本上解决了长期以来高等教育资源供给严重不足的问题。在中国经济持续发展的背景下，党和政府提出了建设高等教育强国的目标。笔者以为，高等教育强国建设中，理论工作者必须要回答好如下的重大理论问题，那就是：大学的现代性结构中是否存在"中国大学模式"？如果存在，中国大学模式的设计理念和制度安排的结构与特性究竟是什么？如果不能回答好这两个问题，我们就无法在大学发展的各种喧嚣之声中保持定力，很容易使高等教育强国建设成为一种无根的实践。

大学制度创新是高等教育发展的内生变量，历史上凡是成为高等教育强国的国家，都创造出了独特的和具有示范性的大学制度。19 世纪初，德国大学用科学观念和思辨精神为基础构建出的新型大学制度，成就了德国大学的发达。19世纪末20世纪初，美国根据威斯康星思想和学术自由的观念制定出的新大学制度，促进了美国大学的崛起。在我国改革开放进入新时代和世界格局正发生改变这样一个百年未有之大变局到来之际，我们理应在系统总结自己高等教育发展经验的基础上，创造出新的体现强烈时代感的现代大学制度，迎接大学中国时代的到来。

3. 研究中国特色现代大学制度是夯实大学中国之治的根基，是实现大学治理体系和治理能力现代化的客观需要

目前国内外学术界对于中国特色现代大学制度这样一种新型大学治理体系和治理模式，存在如下几个典型的观点：第一种观点认为大学中国之治是独特的制度创新，在一定程度上成就了中国高等教育的成功，但是它还没有形成稳定的结构，其影响力只能限制在中国的范围内，不具有在全球推广的价值和可能；第二种观点认为大学中国之治并不独特，其理念与制度安排不过是西方大学模式的翻版，本身并没有多少创新之处；第三种观点认为大学中国之治还缺乏清晰的设计理念和连贯性的逻辑，很多制度安排更多地表现为应激反应模式，未来要么融入普遍主义的洪流，要么陷入总体性危机。

上述三种观点，不能说一点道理没有，但是都存在逻辑上的缺陷。从大学中国之治的结构是否稳定的方面讲，中国的改革开放还在进行之中，用习近平总书记的话讲就是改革只有进行时，没有完成时。对于没有完成的现代性方案，我们很难苛求它具有完美的结构和高度稳定的形态，实际上也不存在永远不变的模式。从大学中国之治的推广价值讲，中国特色现代大学制度从来不想把自己的模式强力输出到别国，相反总是强调要尊重各国人民的自主选择。大学中国之治的这种特殊主义取向，正是中国特色现代大学制度的普遍意义所在。从大学中国之治的设计理念和制度安排来讲，我们从来不避讳向世界各国学习，特别是向发达资本主义国家学习，但是这种学习是主动的"拿来主义"，为我所用，而不是被动地接受西方高等教育现代性方案。对于西方高等教育现代性的合理成分，中国特色现代大学制度还认为这些并

非是西方的专利，而是人类共有的财富，也是中国特色社会主义高等教育的题中应有之义。大学中国之治的一些制度安排的确是基于现实问题而作出的应激性反应，但这恰恰说明了中国大学模式的独特之处，中国特色现代大学制度一再坚持不从本本出发，不预设完美结构，而是要在实践中检验和发现真理。

总之，面对新时代高等教育改革发展中出现的新问题，我国的高等教育理论工作者应当进一步从历史逻辑、理论逻辑、实践逻辑三个方面夯实大学中国之治存在的合理性与合法性问题，不断探讨中国大学治理体系与治理能力现代化的方向与路径，促进中国特色现代大学制度更加成熟、更加定型，有效地将大学中国之治的制度优势全方位地转化为大学治理效能。

二、文献分析

（一）文献构成

本书重点关注了如下几方面的文献：

一是关于大学中国之治的研究文献。国内外学者对改革开放40年来我国独特的管理体制与治理机制进行了系统地研究，这方面的成果在政治学、经济学和社会学等学科领域最为丰富。高等教育的功能和大学职能的实现都需要通过与政治、经济和社会文化的互动来完成，因此其他学科的相关文献也理应成为研究中国特色现代大学制度的基础和依据。

二是关于高等教育体制改革和大学治理变革的文献。这些文献虽然不以现代大学制度为主题，但是这方面的研究有很多涉及对中国特色现代大学制度的形成过程、制度结构与特征，因此也是本书的重要参考文献。

三是专门研究我国现代大学制度的文献。这些文献虽然角度不尽相同，但都是致力于建构中国特色现代大学制度的合法性，分析大学中国之治的理念系统与制度架构，总结归纳中国特色现代大学制度的特殊规律性。

（二）文献综述

关于改革开放以来中国大学治理变革的研究成果比较多，比较有代表性的是 1997 年出版的由原国家教育委员会副主任周远清主持撰写的《建设有中国特色社会主义高等教育理论要点》一书。该书撰写的目的是要在理论上回答"建设什么样的和怎样建设有中国特色社会主义的高等教育"这一深层次的理论与实践问题。作者群体广大，有教育行政部门的领导、有大学书记校长，也包括国内高等教育学研究的很多著名学者。其基本观点是：

> 建设有中国特色社会主义的高等教育必须以马克思主义、毛泽东思想和邓小平理论为指导，坚持社会主义办学方向，加强党对高等教育的领导，从国情出发，遵循高等教育的基本规律，落实高等教育的战略地位，坚持三个面向和规模、结构、质量、效益协调统一的发展观，建立和完善国家统筹规划、宏观管理与学校面向社会依法办学的新体制，加强国际交流与合作。①

另外一部比较有代表性的研究成果是由华中科技大学教授姚启和、文辅相主编的《90 年代中国教育改革大潮丛书·高等教育卷》，该书对 20 世纪 90 年代我国高等教育改革的背景、目标、路径和特征进行了系统研究。该书认为 20 世纪 90 年代的改革，是在 20 世纪 80 年代调整、改革和发展的基础上开展的，20 世纪 90 年代的我国初步建立起有中国特色的社会主义高等教育体系。20 世纪 90 年代高等教育改革的成功经验可以概括为：

> 坚持教育三个面向的战略指导思想，坚持解放思想、实事求是和遵循教育规律；坚持教育为社会主义现代化建设服务的方向，落实科教兴国战略；坚持体制改革是关键、教学改革是核心、教育思想和教育观

---

① 参见本书编写组：《建设有中国特色社会主义高等教育理论要点》，高等教育出版社 1997 年版。

念改革是先导的改革思路，正确处理改革发展中各方面的关系；坚持规模、结构、质量、效益协调发展的方针，坚持从实际出发，因地制宜，正确处理改革、发展和稳定的关系。①

此外，王英杰、刘宝存主编的《中国教育改革 30 年·高等教育卷》（北京师范大学出版社 2008 年版）和别敦荣、杨德广主编的《中国高等教育改革发展 30 年（1978—2008）》（上海教育出版社 2009 年版）以及朴雪涛著的《现代性与大学——社会转型期中国大学制度的变迁》（人民出版社 2012 年版），都从不同角度研究了改革开放以来我国大学治理变革的逻辑、过程与特征，对大学改革的中国经验进行了系统地梳理，对中国大学改革中还存在的诸多难题也进行了比较全面地分析。

一些学者从文明本土化或者高等教育自主发展的视角探讨中国特色现代大学制度的独特意义。这方面研究的代表人物是华中科技大学涂又光先生，他指出：

> 比方说，在武昌办一所科技大学，努力赶上并超过美国 MIT（麻省理工学院）。这种雄心壮志，值得赞许。但是，如果（我是说如果）忽略了中国人文这个中国文明底特色，即使赶上并超过 MIT，其文明史底地位和意义，也不过是美国 MIT 底武昌分校，如此而已。因为它虽然是中国文明底一个组成部分，也许是重要组成部分，但是由于忽视中国人文，也就没有中国文明底特色，而没有中国文明特色的大学，只算是"在"中国的大学（a university in China），不算是中国"底"大学（a university of China）。换言之，只算是办美国大学底分校，不算是办中国底大学。②

---

① 参见姚启和、文辅相主编：《90 年代中国教育改革大潮丛书·高等教育卷》，北京师范大学出版社 2002 年版。
② 涂又光：《文明本土化与大学》，《高等教育研究》1998 年第 6 期。

涂又光先生的表述浅显易懂，其文化内涵却十分深邃，那就是大学制度建设应该建立在本土文明的基础上。这对我们正确认识和把握中国特色现代大学制度这一研究主题十分重要，有助于我们提高高等教育的文化自信。

2004年，我国学术界开始对中国大学模式进行专题研究。最早提出大学中国模式的学者是南京师范大学的王建华教授，他认为，当前我国只有"中国式大学"，还没有形成"大学的中国模式"，中国式大学的理念与制度的某些因素阻碍了中国建设世界一流大学目标的实现。什么时候人们普遍认为存在"大学的中国模式"了，什么时候中国的大学才有资格说是世界一流了，中国建设现代大学制度的目标才算基本实现了。对于如何从"中国式大学"走向"大学的中国模式"，王建华教授的观点是"理念求同、制度存异。"[1] 笔者不清楚王建华教授提出的"大学的中国模式"这一概念是否受到了"中国模式讨论热"的启发，但是他的思路与中国模式讨论的主体思路是不同的，他认为应该消除的中国式大学恰恰可能就是大学的中国模式。

对于中国特色现代大学制度的意义，中外学者也进行了积极的思考。香港中文大学李军与加拿大多伦多大学教育学者许美德认为，中国古代的大学是中国大学模式1.0版，而近代学习西方建立起来的大学是中国大学的2.0版，这一版本的大学带有欧美版大学的基本色调。进入21世纪后，已经可以开始讨论大学"重回中国"的问题了，就是构建"大学的中国模式3.0版"。他们还提出，大学中国模式3.0版，不仅会给世界一流大学提供一个可替代的发展模式，还可能超越高等教育的世界影响，再次发挥引领人类文明的伟大作用。[2] 许美德教授作为一名西方学者，长期以来一直对中国高等教育研究有着特殊的情愫，她一直坚持用中西文明对话的方式讨论中国大学模式[3]，但随着中国的成功，她的观点又有了一些变化，开始明确提出中国可

---

[1]　参见王建华：《从中国式大学到大学的中国模式》，《现代大学教育》2008年第1期。

[2]　参见李军、许美德：《构建大学的中国模式3.0》，《社会科学报》2013年4月18日。

[3]　参见王洪才：《对露丝·海霍"中国大学模式"命题的猜想与反驳》，《高等教育研究》2010年第5期。

以摒弃西方模式去建设世界一流大学，但她也指出，这要经历凤凰涅槃的艰难过程。

关于大学中国之治的制度架构到底是什么，学者们进行了深入的研究。比较有代表性的成果是厦门大学王洪才教授 2013 年出版的专著《中国大学模式探索——中国特色的现代大学制度建构》。他认为现代大学制度研究是探索中国大学模式的核心命题，现代大学制度具有鲜明的中国特色，代表了中国解决高等教育问题的方案。①

对于如何研究中国特色现代大学制度，学者们也提出了建设性的意见。譬如，南京师范大学胡建华教授提出了高等教育中国模式的概念框架，包括如下四个部分：一是中国传统文化与现代科学知识相结合的高等教育理念；二是适合中国国情、科学合理的高等教育制度；三是先进、有效的高等教育治理；四是能够培养出促进社会进步、国家富强、人民幸福的大批不同类型不同层次人才的高等教育体系。② 加拿大多伦多大学查强和清华大学史静寰等学者认为，目前研究大学中国之治的主要方法是历史文化法和社会政治法，这两种方法要么基于传统文化语境，要么基于社会政治现实语境。他们建议要将中国大学模式研究置于全球化的语境中来开展，通过开启这样一扇新的大门，来观察中西高等教育两种元素，是如何在互动中逐渐演变成为中国大学模式的。③

（三）文献评论

1. 现有研究的特点

通过研究文本分析，我们发现现有的研究具有如下三个特征：

一是有关中国特色现代大学制度或者中国大学模式的研究，不仅是一

---

① 参见王洪才：《中国大学模式探索——中国特色的现代大学制度建构》，教育科学出版社 2013 年版。

② 参见胡建华：《高等教育国际化与中国模式》，《高等教育研究》2018 年第 3 期。

③ 参见查强、史静寰等：《是否存在另一个大学模式——关于大学中国模式的讨论》，《复旦教育论坛》2015 年第 2 期。

个本土性的学术命题，而且也是一个具有相当热度的全球性话语。从研究者的构成看，可谓是中西兼备，还存在大量的中外合作研究。很多具体议题和观点也是通过相互影响产生的，有的是国外学者率先提出，在国内引起关注，也有的是国内学者的观点在海外产生了影响。

二是有关中国特色现代大学制度或者中国大学模式的研究，在社会科学的主流学科中都有所体现。

三是对中国特色现代大学制度或者中国大学模式有着多种不同的理解，各种观点对立现象比较突出。学者们基本上都将中国特色现代大学制度及其治理模式理解为改革开放以来形成的特定的高等教育现代化发展道路，但是有的人是从修复现有制度缺陷的愿望出发，将中国大学模式理解为要经过塑造才能实现的理想结构。有的学者则认为中国特色现代大学制度及其治理模式，是高等教育现代性的中国方案，是中国高等教育道路自信的重要基础。也有个别学者研究中国特色现代大学制度及其治理模式则是为了挑战和解构大学中国之治。

2. 现有研究的贡献

现有研究在知识上的贡献体现在如下三个方面：

一是创造出一个具有包容性的学术概念——"中国特色现代大学制度"。这个概念具有很强的解释力，既可以解释中国的成功，也可以解释中国的特殊，还可以超越"社会主义—资本主义"等意识形态的对立和争端。因而这一概念更具有包容性和开放性，可以用来作为理论工具和分析框架，来分析中国高等教育改革发展中的特殊现象。

二是创造了一个新的高等教育现代化研究范式。现有研究成果，无论是赞同大学中国之治的，还是反对大学中国之治的，都承认中国特色现代大学制度是不同于西方的高等教育现代性方案，这一方案是中国人运用包容性智慧创造出来的。借助于这一新的现代化研究范式，我们就有勇气和底气挑战西方高等教育现代性的神话，建设一种新的高等教育现代性，即中国的高等教育现代性，并通过将中国的现代性与世界上其他地方的现代性展开对话，形成"和而不同"的世界高等教育发展格局。这种新的研究范式，对我们高等教育领域正在开展的"双一流"建设具有重要的意义，是高等教育理论自信、制度自信、道路自信和文化自信的重要思想理论基础。

三是在具体研究内容上逐步走向多样化。从内容上看，中国特色现代大学制度的研究有多个侧重点。有的研究从高等教育全球化的挑战出发探讨大学如何体现中华文明；有的研究则从总结改革开放后我国高等教育内外部治理特征的角度探讨大学中国之治的样态和结构；有的研究则从建设世界一流大学的需要出发，绘制大学中国之治的理想结构；有的研究从文明对话和建设人类命运共同体的视角讨论大学中国之治的意义和价值；有的研究从历史的角度讨论大学中国之治演进的规律和特征，等等。上述不同侧重点的研究，对于我们全面、系统和深刻分析中国特色现代大学制度及其治理模式提供了研究思路和启发性观点，构成了比较丰富的研究基础。

3.现有研究的不足

现有研究存在如下三方面的不足：

一是研究成果的相似度较高。随着我国改革开放不断取得新的成功，关于大学中国之治的研究也越来越得到海内外学者的重视。这类研究多采用中外比较的方法，这既有积极的一面，也有消极的一面。消极的一面主要反映在研究观点上有高度的相似性。国外学者将中国学者的东西介绍到国外，中国学者又将来自中国本土的东西当作国外的东西，又重新引进到中国，反之亦然。这样做的结果，会造成大量的重复劳动，影响研究的创新性。

二是中外学者各自都有局限性。研究中国之治的西方学者，几乎都是改革开放后中国社会巨变的"局外人"，加上语言方面的障碍和价值观上的差异，大学中国之治对他们来讲可以说是文化学意义上的"他者"。这种情况导致国外学者的研究基本上都是基于客观数据、官方文件和学术文献，这容易使他们将正式规则理解为中国之治的全部内容，而对现实中存在的大量非正式规则难以察觉和关注。而研究大学中国之治的中国学者很多是改革开放以来中国社会和高等教育事业发展的亲历者，对中国政治、经济和教育发展的宏观政策和微观行动有深刻的体认，但是作为局内人，往往容易忽略日常生活的细节，研究成果存在宏大叙事的特征。另外，本土学者的研究也在一定程度上存在用政治术语代替学术概念，用政治动员口号作为模式本身的问题。而一些比较好的成果，往往都是中外合作研究项目提供的，它的优势是将局外人的敏感与局内人的体验结合起来。

三是相对其他学科，研究大学中国之治的成果还存在数量相对不足的问题。目前研究中国特色现代大学制度的专著不超过五部，其中还包括西方学者的著述。当然中国特色现代大学制度研究的论域十分广泛，有时很难判断哪些文献属于该范畴的研究。如果将介于边缘地带的研究成果计入，其数量仍然比较有限。在这些数量比较有限的中国特色现代大学制度的研究成果中，还有部分是形似而神非的研究。比如有的研究者提出要建构中国大学模式，但是他们要"破除"的"旧东西"恰恰是中国大学模式的核心内容。那些真正属于中国特色现代大学制度的研究成果，也对中国特色现代大学制度的生成逻辑、结构样态与基本特质等关键性问题的讨论还不够充分。

三、研究的假设、思路与方法

（一）研究的主要假设

本书的主要假设是：

第一，中国特色现代大学制度虽然是改革开放后形成的，但它也是历史演进的产物。讨论改革开放后 40 年来形成的中国大学模式，要与改革前 30 年我国对社会主义高等教育体系的探索联系起来，要与近代高等教育的形成以及中国共产党在根据地时期举办的高等教育联系起来，要与中国传统的大学精神联系起来；

第二，中国特色现代大学制度的形成是中外两种大学文明对话的产物，具有文化包容与文化自信的双重性格；

第三，中国特色现代大学制度是内外两种学术逻辑共同作用的产物，它的形成不是单向度的线性推进过程，而是多种大学利益相关者力量制衡的结果；

第四，分析中国特色现代大学制度的结构和特征，要从历史、文化、社会等多个角度进行讨论，不能就教育说教育，就大学说大学；

第五，中国特色现代大学制度是高等教育生态链中的一个新的物种和成功的现代性方案，但还需要在环境中不断优化自己的基因，以提高其适应性。

（二）研究的总体思路

本书在方法论上坚持运用马克思主义唯物史观和唯物辩证法的观点分析和解释问题，在研究立场上以习近平总书记新时代中国特色社会主义思想体系为指导，自觉树立学术研究为建设中国特色社会主义服务、为改革开放服务的价值取向。在具体的研究视角上，基于多元现代性的理论观点和社会历史学等学科的分析范式，对中国特色现代大学制度进行纵向与横向的剖析，以全面把握中国特色现代大学制度的历史逻辑、理论逻辑和实践逻辑。本书认为中国特色现代大学制度的结构包括独特的设计理念和独特的治理制度两个重要组成部分，在研究中从分析大学中国之治的制度环境出发，全面和系统地讨论我国大学制度设计理念与治理制度形成的机制、结构和特征。在具体的分析工具上，本书借鉴中国本土产生的"实践社会学"的分析框架，力求通过分析大学改革的重大事件及其过程来展开问题，重视从动态的、个案的角度切入到中国特色现代大学制度的共性问题上。

（三）研究的具体方法

一是采用文件分析的方法。在研究过程中，对改革开放以来我国高等教育改革发展中的各种政策文件进行收集整理，包括中央的高等教育政策、部分地方政府的高等教育政策以及部分大学自己制定的发展规划、管理制度等。通过分析其内容与实施效能来分析中国特色现代大学制度的基本的样态与运行机制。

二是采用个案分析法。针对典型大学、典型大学改革事件、典型人物等进行分析，从微观视角对中国特色现代大学制度进行深度透视。

第 一 章

中国特色现代大学制度的三重逻辑

对于中国特色现代大学制度是否是一个新的高等教育现代性方案这样一个根本性的理论问题，目前在国内外学术界都还存在不同的声音。针对这种现象，本章将从历史逻辑、理论逻辑和实践逻辑三个方面论证中国特色现代大学制度的合法性、合理性与和规律性。

第一节　中国特色现代大学制度的历史逻辑

中国特色现代大学制度虽然是改革开放以来形成的独特大学理念和独特制度安排的综合体，但也承接和延续了我国大学的文化传统。没有丰厚的历史积淀，中国特色现代大学制度不会出现，更不会形成独特的结构，具有广泛的传播价值。正如北京大学中国战略中心主任叶自成教授所说："中国特色社会主义制度正是在我国历史传承、文化传统、经济社会发展基础上长期发展、渐进改革、内生性演化而来的，其之所以行得通、有生命力、有效率，就是因为它深深扎根于中国土壤。"① 著名经济史学者香港科技大学李伯重教授认为："今天的中国是过去中国的延续，这种联系是割不断的。要真正理解今天的中国经济奇迹，必须回看过去，从历史中发现今天中国经济奇迹的内在根源。带着今天的新问题去看过去，历史才会复活，展现出新的

---

① 叶自成：《伟大民族精神是我们自信的底气》，《人民日报》2018 年 5 月 9 日。

面向。"①

　　每一代人都会重写历史，这不是因为历史本身变了，而是对历史的需求变了，看待历史的立场与方法变了。中国现代化历经一百多年，三次大的事件产生重大历史影响：一是孙中山创立了"三民主义"，领导辛亥革命推翻了以儒家为指导思想的封建王朝；二是毛泽东创立了"中国化的马克思主义"，领导解放运动推翻了压在人民身上的"三座大山"；三是邓小平及其后继者开创并不断发展了"中国特色社会主义理论"，推行改革开放和社会主义现代化建设。在这三次大的历史事件中，革命者和改革者都必须运用批判的武器去获得合法性，进行社会动员。而一旦新的结构进入实施阶段，人们就会发现，基于理想而设定的美好方案往往经不住现实的残酷考验，这时候一些激进的观点就会淡出，重新从过去和历史传统中寻找出路就成为一个理性的选择，这是历史总有不断被重写的理由，也是被割断的历史最终能被缝合的原因。被缝合的历史投射到高等教育领域，就是发现了儒家大学、近代西式大学和高等教育的延安道路这三个看似不相干的大学模式的内在一致性，认识到这三个历史传统所具有的大学遗传基因的现代价值。

　　本节基于历史文献和多元文化的视角，从儒家大学、近代大学和高等教育的延安道路三个方面挖掘和分析中国特色现代大学制度的历史逻辑。

一、儒家大学：中国特色现代大学制度的文化底色

（一）儒家大学的内涵

　　讨论儒家大学的内涵，首先要回答的问题是中国古代究竟有没有大学？这一问题可以说既简单又复杂。目前大体上有三种典型的观点：

　　一是认为中国古代有大学精神，但没有大学制度。梅贻琦在《大学一解》中提出："今日中国之大学教育，溯其源流，实自西洋移植而来，顾制度为一事，而精神又为一事。就制度言，中国教育史中固不见有形式相似之

―――――――――――
① 李伯重：《从历史中发现中国奇迹的根源》，《读书》2018 年第 9 期。

组织；就精神言，则文明人类之经验大致相同，而事有可通者。"①

二是认为中国古代有高等教育活动，但否认中国古代有大学的存在。许美德教授 1996 年在美国出版的《中国大学 1895—1995：一个文化冲突的世纪》一书中提道："在中国的传统中既没有自治权之说，也不存在学术自由的思想；同时，也没有一处可称得上是大学的高等教育机构。"②

三是认为中国古代不仅有大学，而且还领先于世界。毛礼锐在熊明安所著《中国高等教育史》序言中提道："中国是一个历史悠久的国家，高等教育居于世界的领先地位。"他认为，从公元前 124 年汉武帝创办太学开始，我国就有了比较正式的大学，意大利博洛尼亚大学并不是世界历史上最古老的大学。③ 李春萍 2001 年在《大学史辨》一文中也批评了大学起源的西方中心主义立场，提出"中国最好的大学纷纷庆祝百年诞辰，但并不意味着'中国大学百年'"④。

上述观点的分歧，部分原因是文化立场不同所导致的，但根本上说是人们对大学内涵的不同理解所引起的。如果只是根据西方近代自然科学知识体系以及现代大学制度为根基来评说非西方国家的高等教育历史，那必然会得到非西方国家无大学的结论。笔者以为，我们讨论"大学"时，必须本着多元文化的视角，超越特定时空的限制，根据大学最本源的含义来重新界定大学，展开相关议题。

"大学"一词，中国古已有之，是周代高等教育机构"成均"的别称。随着四书《大学篇》的广泛传播，大学这一文化符号在宋以后就已经家喻户晓。不同于今日，中国古代"大学"的概念有两个含义，它既指称传播高深知识的机构，也指代相对"小学"而言的高深学问。西方世界中的"大学"（University）起源于中世纪学者行会，是学者自发成立并获得教会特许权力的学术团体。同时，大学的英文词根，与宇宙同源，代表着无所不包的知识

---

① 梅贻琦：《大学一解》，《清华学报》1941 年第 1 期。
② ［加］许美德：《中国大学 1895—1995：一个文化冲突的世纪》，许杰英译，教育科学出版社 2000 年版，第 26 页。
③ 参见熊明安：《中国高等教育史》，重庆出版社 1983 年版，"序言"。
④ 李春萍：《大学史辨》，《华南师范大学学报》（社会科学版）2001 年第 2 期。

体系。可见，无论东西方大学都具有两种基本含义：一是大学代表着特定时代最高层次的知识体系。无论这种知识体系的性质如何，它都是当时人类精神活动的菁华。这个知识体系中包含着个体与社会、专门与广博、学理与应用、自然与人文的内在张力，它们构成了高等教育观念的基本命题；二是旨在发展和传播高深知识体系而形成的学者团体以及为维系和规范学者团体行为而创造出来的制度安排。基于这种思考，笔者认为，在讨论中国等非西方国家大学的历史时，绝不能单纯地以"学术自治"和"学术自由"等西方大学理念以及制度安排来判断大学的有无。从这个意义出发，我国春秋战国时期的私学、西汉时期的太学和宋明的书院，都是特定历史时期高深学问制度化的产物，对于发展、阐释和传播高深学问作出了重大贡献，因而也当然地具有了"大学"的性质。

儒学是中国历史上最有影响力的学说，儒家大学也自然地成为我国古代大学的典范。儒学虽然注重传统，倡导述而不作，但是因为社会需求的压力，儒学也是一个能够自我更新的知识体系。儒学曾经历过数次重大历史演变，出现了先秦时期"人文化儒学"、汉代"神学化儒学"和宋明"理学化儒学"等不同知识样态，儒学通过社会适应和自我调整，在中国封建社会漫长的历史中始终保持着生命力，成为社会主流文化和官方意识形态。儒学知识体系在汉代从乡野走向庙堂，在宋代再从高端重归底层的过程中，儒家大学发挥了极其重要的知识制度化功能，包括儒家文化典籍的整理、儒学传承人的培养、儒学义理的发微和儒学知识向官方与民间的传播等。

（二）先秦儒学与私学

1. 先秦儒学知识体系的特点

先秦儒学的代表人物是孔子和孟子，他们所开创的儒学知识体系主要致力于研讨和解决人与人之间的关系，这些关系涵盖了当时社会生活的方方面面，体现出明显的人文关怀。孔子思想的核心是"仁"学，它也可以说是一种人际关系学。[①]孟子后来根据孔子的仁学主张发展出中国古代的民本思

---

① 参见李维武：《儒学形态与功能的历史演变及现代转化——李锦全先生儒学史论片论》，《学术研究》2016 年第 9 期。

想。在社会生产力不发达，资源特别是稀缺性资源高度匮乏的时代，如何分配稀缺性资源的制度性知识可以说是最重要的知识，因此道德知识必然成为古代主流知识体系的核心要素。如果没有道德知识内化后产生的自我约束力，则社会秩序难以保持，社会的发展也就无从谈起。儒学之所以在先秦时代就成为社会上的"显学"，也正是符合了这样一种社会需求。有学者认为儒家知识体系包括道义学理、制度文化和礼仪习俗三大部分，从整体上体现出道德性、人文性、整体性、实用性、开放性五个基本特征。①

先秦儒学构建的知识体系，是绵延几千年的中国文化和文明的重要根基，儒家知识体系的价值追求和核心议题，均有别于其他文明体，成为中国大学的文化底色。美国历史学家伯恩斯和拉尔夫提出："在古代世界的三个相隔很远的地区，在大约同一个时候都开展着高度的哲学活动。当希腊人正在探讨物质世界的性质、印度思想家正在思考灵魂和神的关系时，中国的圣人正试图去发现人类社会的基础和贤明政治的根本原则。"②

2. 私学：儒学知识体系制度化的安排

一种知识体系在制度化的过程中，都需要完成如下三项任务：一是凝聚一批知识主体，形成特有的学派；二是在这批知识主体内部形成共识性的文化信仰；三是开辟知识转化和传播的渠道，建立知识传承的长效机制。先秦儒学之所以后来成为中国文化的正统，除了知识体系本身的性质外，也与它一开始就主动建构了有效的知识制度有着直接的关系。

儒学知识体系制度化安排的一个主要形式和内容就是创办"私学"。孔子是中国古代私学的奠基者，在以他为代表的儒家私学的旗帜下会聚了一批有着共同文化信仰的知识主体。这些知识主体的一个共同目标就是培养"君子"，然后让这些有着高尚道德情操的人去治理国家，实现和平与秩序。儒家这种将教育和政治联系起来的观点，影响了中国几千年的历史。儒家私学培养君子的教学知识构成了儒学知识体系的核心，包括文学、历史、哲

---

① 参见翟奎凤：《儒家文明与当代世界》，《光明日报》2015 年 9 月 14 日。
② 秦德君：《人类"轴心时代的思想光芒"》，《学习时报》2017 年 3 月 31 日。

学和艺术四个领域。与西方古典大学课程所不同的是，"儒家私学的四个核心课程不是离散的，没有形成类似欧洲大学课程的等级制度结构，它们围绕'道'这一核心概念进行了整合。"①儒家私学经过多年的教学实践，积累了一整套培养君子的教学模式，可以概括为"德性与学问并重"、"学思行相辅"、"情理兼顾"、"本立而道生"、"致中致和"这五个方面。②

战国后期儒家知识分子编撰《礼记》一书，其中《学记》、《大学》、《中庸》三篇对先秦儒家大学的办学理念和教学实践进行了总结概括，成为世界上最早专门论述高等教育的专著。透过这三篇文献可以全方位地领略先秦儒家的大学理念。在上述几篇文献中，儒家大学的职能被确定为："建国君民"和"化民成俗"；儒家的大学使命被确定为"修道"，而修道的基本路径是"博学之、审问之、慎思之、明辨之、笃行之"；儒家大学的培养目标被表述为"明明德，亲民，止于至善"，而在接近这个终极目标的过程中要渐次完成"格物、致知、诚意、正心、修身、齐家、治国、平天下"的不同阶段的任务。

（三）汉代儒学与太学

1.汉代儒学知识体系的特点

西汉时期，为了适应中央集权国家大一统的治理需要，儒学的样态与功能发生了转型，一种新的儒学知识体系出现了。汉代儒学的代表人物是被誉为"群儒首"的董仲舒。以董学为代表的汉代儒学，所关心的重点仍然是规范和协调不同阶级和不同阶层间的人际关系，推行德治和仁政。但是汉代儒学的知识体系改变了先秦儒学朴素和人文的性质，建构了"天人感应"的理论基础，运用阴阳五行学说将神权、君权、父权、夫权贯穿在一起，创造了"神学化儒学"，实现了儒学知识体系的第一次转型。转型后的汉代儒学，不再是一个与其他学说平等竞争的知识体系，而是成为了官方的意识形态，享有着文化霸权，金耀基先生据此将汉代以后的儒学称之为"制度化儒学"

① ［加］许美德：《师范大学和教师教育的理念：儒家教育学的启示》，任凤琴译，《当代教师教育》2017 年第 1 期。

② 参见翟奎凤：《儒家文明与当代世界》，《光明日报》2015 年 9 月 14 日。

(Institutional Confucianism)。①

2. 太学：汉代知识体系制度化的安排

知识转型的一个必然结果就是知识制度的变迁，为了传播汉代神学化儒学知识体系，推行独尊儒术的文教政策，一种新型的教育机构——太学——应运而生。毛礼锐先生提出："所谓太学的实质，就是儒家式的大学。"②太学创办于汉武帝元朔五年（前124年），起初规模不大，只招收了50个太学生（博士弟子），后来人数不断扩充，西汉成帝时已经达到3000人的规模。东汉时帝都迁至洛阳后太学的规模比西汉更大，甚至北方匈奴也派遣子弟前来学习。具有太学生资格的人享有一定的待遇，被免除赋税劳役，还享受政府的补助。太学兴盛的原因有三个：一是建构大一统国家主流意识形态的客观需要；二是培养新型社会治理人才的需要；三是进入太学学习是一条走上仕途的捷径。前两个因素将兴办太学变成了国家的公共政策，从此儒家知识体系的传播成为国家意志和正式的制度安排。后一个因素将太学变成了社会的中心机构，使其成为社会精英的摇篮和社会分层的机制。

太学在教学和管理上也颇具特色。太学培养人才的一个重要原则就是"通经致用"，将知识学习与社会管理结合起来。基于"通经致用"的教学原则，太学教学中形成了相互问难辩论之风气。太学的老师（博士）具有很高的社会地位，承担着"议政"、"制礼"、"藏书"、"教授"、"试策"、"出使"等重要职责，这也说明了当时儒家大学在国家治理中的特殊作用。太学博士在太学教学管理中具有很高的地位，涂又光先生认为："太学的管理，自始就是博士治校，后来形成传统。这个传统，传到20世纪前半叶，就成为北京大学、清华大学、西南联合大学等校的教授治校。教授治校，有西方民主影响，其主根则是太学博士治校传统。"③

① 参见金耀基：《中国的现代转向》，牛津大学出版社（中国香港）2013年版，第5—10页。
② 毛礼锐：《汉代太学考略》，《北京师范大学学报》（社会科学版）1962年第4期。
③ 涂又光：《中国高等教育史论》，湖北教育出版社1997年版，第119页。

（四）宋明理学与书院

1. 理学知识体系的特点

宋明时期儒学知识体系再一次转型，形成了理论化的儒学——理学。宋代新儒学与传统儒学"性与天道不得耳闻"的观点有很大不同，理学知识分子在关于国家秩序和生活准则的建设过程中，开始不断追问各种秩序与准则的合法性依据，为秩序和准则的合法性建立一个形而上学的基础。作为儒学新样态的理学，不论是对先秦儒学，还是对汉代的儒学，都是一次在思想和理论上的重大提升。

理学的产生主要有三个方面的原因：一是构建新的文化共识的需要。宋以后中华民族开始了多元一体的文化格局，为了将包括少数民族在内的所有社会成员凝聚在一起，就必须建立起新的文化共识。文化共识本质上是一种精神文化，而传统的经学主要是一种政治哲学。经学形态的儒学在政治活动中占据主导地位，但是却无法满足社会精神生活的需要。换言之，经学形态的儒学长于治国，但在精神生活和终极关怀方面，儒学却无法与佛家和道家相抗衡。为了补上儒家在人生哲学方面的短板，宋明时期的儒家知识分子借鉴了佛道两个宗教哲学中的思维成果，通过思辨和论证将道家关于宇宙自然的观点、佛家关于人生命运的观点和先秦儒家的道德政治思想合而为一。理学在提升了儒学哲理性的同时，也将儒学"从一种单纯的政治制度性知识，转化为一种精神生活的安顿方式"①。二是重建国家权威的需要。宋政权建立之初，由于经历了长期纷乱，国家的权威一时难以建立起来。新崛起的宋王朝亟须通过知识、思想与信仰的重建来恢复大一统的国家政治体制。理学知识分子重建学术的目的就是："为天地立心，为生民立命，为往圣继绝学，为万世开太平"。三是北宋时期政治中心与学术中心的分离，为理学发展提供的特殊机遇。北宋的政治中心在汴梁，而学术中心却在洛阳，这在中国古代历史上是十分罕见的。这种分离客观上使得宋代的学术环境相对宽松，文人有一定的讲学与著述的自由，也允许私人办学收徒。

---

① 宋志明：《论宋明理学的成因和变迁》，《吉林大学社会科学学报》2009 年第 6 期。

宋明理学主要分为两种类型：一是程朱理学。这一学派提出"天理"观念，建立了儒家的本体论学说，为儒家的道德理想主义奠定了理论基础。二是陆王心学。这一学派提出"心"或者"良知"的观点，强调人道德实践的自觉性。这一学派的重要贡献就是建立了心性修养理论，使得儒学更容易被大众所接受。

2. 书院：理学知识传播制度化安排

理学出现后，书院成为这一新儒学知识体系的制度化安排，承载着理学知识制造所和集散地的作用。唐代时我国就有丽正、集贤两个书院，不过那时的书院只是官方修书、藏书之地，还不是一个教育机关。五代时期，官学因战乱受创，一些学者利用家庭藏书自修研读，冠以书院的名称，进行授徒讲学。

书院的真正兴起是在北宋，以后历经元明清三代。书院在宋代兴起，主要有两方面原因：一是官学因为专攻科举而导致学术衰败，客观上需要有一个新的知识机构来完成儒学发展的文化责任；二是理学这一新的知识体系，亟须找到一个更适合的新型知识制度作为其发展的路径。后一个理由是主要的，书院与理学相伴而生，相互制约，前者是理学的制度化机制，后者是书院制度存在的依据。

书院这一新的儒家大学，与孔子私学和汉代太学的不同在于，它是介于政府和民间社会之间的一种特殊组织，具有私人教育的性质和一定的办学自主权，但也接受政府的资助和指导。书院对于地方官学和科举制度提出了批评，客观上"已经在朝廷、官府和官学之外，形成了一种属于民间士绅的思想力量"①。

书院一般由祭祀设施、讲堂、藏书楼、斋舍和生活设施这五部分组成，书院的主要功能是讲学、藏书和祭祀。书院人才培养和学术研究的一个重要的形式就是讲学制度，讲学过程中不同学派相互交流、论辩，听众可以对

---

① 葛兆光：《七世纪至十九世纪中国的知识、思想与信仰》，复旦大学出版社 2000 年版，第411 页。

演讲者"质疑问难"，学生可以参加演讲和论辩。讲学是开放的，演讲者和听众都允许院外人士参与。王炳照先生认为，书院讲学制度的突出特点是："提倡敢于怀疑，注重独立思考，强调平等论学，求同存异，兼容宽量，……倡导主动、自觉、进取、求异的学风"。①胡适认为书院的精神有三个方面：一是书院代表了时代精神，二是讲学与议政，三是自修与研究。②书院还有一个重要的文化特征，就是书院重视教育本体功能，反对教育的功利主义取向，朱熹就曾言："今日学校科举之教，其害将有不可胜言者!"日本学者岛田虔次认为："私塾书院对于自由研究风气的意义极大，因为这种书院讲学是与官方教育那种科举制度为中心、追求一般知识教养以立身求官的历程不同。"③涂又光先生甚至认为，朱熹对中国高等教育有历史性贡献，那就是找到书院这种形式挑战学校科举系统，从而挽救了中国的人文精神。④1924年胡适在东南大学发表演讲时提出："一千多年来，书院实在占教育的一个重要位置，国内的最高学府和思想渊源惟书院是赖。书院之废，实在是吾中国一大不幸事。一千年来学者自动的研究精神，将不复现于今日了。"⑤

1921年8月，毛泽东为了传播社会主义革命思想和培养革命人才，创办了湖南自修大学，在毛泽东起草的《湖南自修大学创立宣言》中指出："自修大学之所以为一种新制，就是取古代书院的形式，纳入现代学校的内容，而为符合人性，便利研究的一种特别组织。"自修大学的目的"不但要修学，还要有向上的意思，养成健全的人格，剪涤不良的习惯，为革新社会做准备"⑥。毛泽东早期的思考和经验，后来在建设老根据地教育制度和新中国成立后建设社会主义教育制度时，都产生了重要影响。

① 王炳照：《书院精神的传承与创新》，《华东师范大学学报》(教育科学版)2008年第1期。
② 参见胡适：《书院制史略》，《东方杂志》1924年第21卷。
③ 葛兆光：《七世纪至十九世纪中国的知识、思想与信仰》，复旦大学出版社2000年版，第410页。
④ 参见涂又光：《中国高等教育史论》，湖北教育出版社1997年版，第203页。
⑤ 胡适：《书院史略》，《东方杂志》1924年第21卷。
⑥ 毛泽东：《湖南自修大学创立宣言》，《新时代》一卷一期，1923年4月10日。

（五）儒家大学的性格

1. 儒家大学是政治化的大学

先秦儒家虽然是民间的知识学派，但是与同时代的其他学说相比，已经具有鲜明的政治化色彩。先秦儒家思想的一个基本点，就是力图通过规范不同层级人群之间的关系，达到恢复政治秩序的目的。与此相适应，孔子私学的基本功能是"学而优则仕、仕而优则学"，通过对政治人才的培养，来推广仁政和礼治。

秦汉以后，我国形成封建大一统的社会结构，这个结构中政治权威、宗教权威和文化权威三者合一，帝王及其附属的封建官僚机构是知识的立法者、阐释者和使用者。皇权通过科举考试、厘定和编撰官方知识文本等文化管理手段，始终主导着文化权力。正是在这种政治体制的推动下，儒家知识体系发展成为"制度化的儒学"，成为汉以后中国封建社会主流的意识形态。西方学者本杰明认为中国儒家文化的一个显著特征是普遍的"社会—政治"秩序观。普遍王权透过"天命论"而形体化于天子身上，天子被赋予了形塑与转化人间的社会政治秩序的使命。①

儒家大学自始至终都具有这样一个性格，就是重视道德教化和心性的涵养，借助有效的道德内化过程，培养社会治理精英，履行建设儒家理想社会的政治使命。儒家大学借助科举等激励机制和奖励系统，将儒家大学精神变成了全社会的文化共识。对于这种现象，19世纪初一位英国学者评论说："整个中国就像一所巨大的大学"。②

2. 儒家大学是具有包容性的大学

孔子时代的朴素儒学，就具有包容性的文化特征，譬如他曾经问礼于老聃。同属于儒家学派的荀子，其思想也受到道家和法家观点的深刻影响。汉代儒学知识体系成为国家的意识形态，但是唐以后儒学在佛道二教的冲击下能够自我更新和完善，到底是什么原因呢？主要就在于儒家的大学是一个

---

① 参见金耀基：《中国的现代转向》，牛津大学出版社（中国香港）2013年版，第5页。

② ［加］许美德：《中国大学1895—1995：一个文化冲突的世纪》，许杰英译，教育科学出版社1999年版，第28页。

具有包容性的大学。远古时代我国就形成了天人合一的世界观，并且一直得到发展。在这方面，孔子的观点是"仁者爱人"，孟子的表述是"万物皆备于我"，董仲舒的说法是"道之大原出于天"，扬雄的观点是"殊途同归，百虑而一致"。宋明理学家提出"仁者，以天地万物为一体"的观点。在天人合一大的理论基调下，我国儒家还发展了"中和"的思想体系，"君子和而不同，小人同而不和"（《论语·子路》），"万物并育而不相害，道并行而不相悖"（《中庸》第十三章）。

正是因为儒学具有很强的包容性，它才能够不断吸取其他学派乃至域外文化的思想与智慧，用来建构和改造自己的理论基础、知识体系与论说方式，从而提高其社会适应力，在建设多元一体的中华文明过程中作出重要贡献。

3. 儒家大学是具有辐射力的大学

英国著名历史学家汤因比高度评价儒家文化对世界思想文化领域的贡献，他指出："远东社会包括中国、朝鲜、日本等具有同一类型的文化，它们无一不受到儒家文化的影响，形成了影响世界文化的儒家文化圈。"

日本江户时代就形成了系统的儒学，甚至一度成为日本的"国学"。那时，日本自上而下推行儒家文化，孔子也因此成为了所有日本人都尊敬的"先师"和"圣人"。儒家思想不但影响了日本文化，也影响了日本社会的方方面面。日本历史上著名的大化革新运动，就是儒家思想影响的结果。大化革新后，日本颁布教育法令，规定在中央和地方开设官学，中央称太学，地方称国学。这些机构的教学和管理方式与中国古代官学类似，教学内容主要为儒家经典。美国著名的日本文化研究学者鲁思·本尼迪克特曾精辟地说："从中国学来的儒家文化，使日本从一个用手抓饭吃的民族迅速转化成了一个世界强国，包括精神方面的强大，文明程度也前所未有地发达，成为了世界著名的礼仪之邦"。古代朝鲜也深受儒家文化的影响，涌现出一批名儒，古代朝鲜的儒学知识分子在积极引进、阐发中国儒家经典的同时，也开展儒学的本土化改造工作，出现了地方性的儒学体系——"南冥学"和"退溪学"。

东亚国家为了更好地促进儒学的发展，还引进了中国的科举制度，将儒学经典与国家政治管理结合起来。日本曾引入中国的科举取士，包括秀才、明经、进士、明法四科，古代朝鲜是引进科举制度历史最长也最完备的国家，越南是东亚三国中引进科举时间最晚但也是最迟废除科举的国家。[1]尤其值得一提的是，科举这种儒家知识体系制度化的安排，还对西方世界产生了影响。美国汉学卜德在《中国思想西入考》一书中说："科举无疑是中国赠与世界的最珍贵的知识礼物。"19 世纪中叶，中国科举考试制度已经为欧洲人所了解，对欧洲建立文官考试制度产生了启发和借鉴作用。[2]

4. 儒家大学是隐含现代性的大学

儒家大学到清末遭遇了西方大学制度的冲击和挑战，西方现代知识及其制度安排不断被植入我国，在这样的过程中对儒家大学的批评也成为一种制度建构的方式。但是儒家大学是否从此在中国消亡了呢？答案是否定的。王炳照先生指出："对于书院改学堂，后人多关注最终结果，而忽视其复杂过程，更多的关注书院的存废，而忽视其精神的盛衰，容易简单地将书院改学堂等同于书院精神的消亡。"[3]美国学者吉尔伯特·罗兹曼认为："书院作为一种体制已经寿终正寝，但是书院对中国近代化具有影响和贡献，维新的和共和的重要思想家，几乎都是在年轻时接受过书院学术自由和崇高思想的洗礼，使得他们能够融会贯通中西学问而敢想敢为。"[4]

毋庸置疑，儒家文明与近代资本主义文明有很多矛盾的地方，自身也存在两重性，比如倡导人与人平等但又维护等级秩序。不过，也正是儒学知识体系这种看似矛盾的二重性，构成了儒学历史发展中的内在张力，既导致了儒学思想上的困境，也促成了其自我调整机制的形成，从而使儒学在形态与功能上发生数度的历史演变。[5]近代在重建中国学术制度的过程中，儒家思想的二重性曾经被人为地夸大，有很多人将中国近代的落后与屈辱归因于

---

[1] 参见刘海峰：《中国对日、韩、越三国科举的影响》，《学术月刊》2006 年第 12 期。
[2] 参见刘海峰：《科举制对西方考试制度影响新探》，《中国社会科学》2001 年第 5 期。
[3] 王炳照：《书院精神的传承与创新》，《华东师范大学学报》（教育科学版）2008 年第 1 期。
[4] 王先明：《近代新学——中国传统学术文化的嬗变与重构》，商务印书馆 2000 年版，第 8 页。
[5] 参见李锦全：《儒家思想的演变及其历史评价》，花城出版社 2013 年版，第 56 页。

儒家大学的无能和反动，认为如果要摆脱边缘的身份就必须要抛弃儒学及其知识制度。客观而言，中国落后的原因很多，也很复杂，李约瑟难题迄今也没有一个完美的答案。但是有一点是很清楚的，就是西方大学在19世纪以前，也基本不进行科学研究，自然科学成就几乎都是在大学之外发生的。从这个意义上说，近代打败中国的是西方自然科学和技术能力，而不是西方的知识制度。

相反，儒学中也有很多现代性的元素，成为我国近代学术制度重建的重要基础。中国近代之所以能够比较顺利地引入西方大学制度，与儒家文化中具有的现代性是有着内在的关联的。一种外来的观念和制度之所以能够被接受，在接收者文化中必存在与其相呼应的文化因素，以及相应的需要，否则，外来观念便难以在本土文化中站住脚，也不会产生影响。[1] 美国社会学家伯杰认为："儒家的社会伦理是构成东亚现代性的文化资源。很多学者都在阐发中国或东亚现代性的可能性和应然性的过程中，特别标举出儒家文化理念可以作为建构中国及东亚现代性的文化素材。"[2]

虽然儒家大学没有自然演化为现代制度，但是儒家大学中却包含有现代性的要素和内涵。近代大学源于西方理性主义传统，其之所以能够顺利传入中国，与儒学知识体系原有的现代性元素的贡献是分不开的。由于文化和语言的差异，儒家大学的现代性是通过特殊的文化符号表达的，集中表现为如下几个方面：

第一，儒家大学形成了职业性的知识分子群体，它们具有强烈的自我意识，本着"道不同不相为谋"和"有道则现无道则隐"的原则行事，敢于向知识权威和政治权威挑战；

第二，儒家知识分子群体也信奉普遍的价值准则，有志于道，坚持自己理论主张，保持独立的人格尊严，成为社会的良心；

第三，儒家知识分子在坚守自己主张的同时，还表现出对不同学术观

---

① 参见王冠、朴雪涛：《文明对话与大学的学术自由》，《中国高教研究》2010年第1期。

② 金耀基：《金耀基自选集》，上海教育出版社2002年版，第85页。

点的理解与宽容，大力提倡平等的学术辩论；

第四，儒家知识分子还表现出对学习者自主度的关注，重视学习者的学习自由。

儒家大学的现实意义，被很多中外学者所提及。美国学者费正清认为："谁要是不懂一些儒家思想的传统，他就不能理解毛泽东思想。"[1] 冯友兰提出："中国的马克思主义——毛泽东思想，有两个哲学的来源，一个是从西方传来的马克思主义，一个就是中国的古典哲学。正因为它有中国古典哲学的来源，它的中国特色才有着落。这一点，许多人还不理解。"[2] 美国学者墨子刻也认为，现代中国与前现代中国之间的意识形态上的连续一贯性，要远远超过为大多数历史学家所已经认识的那种程度。[3]

二、近代大学：大学制度"他性"与"我性"的融通

我国大学的近代化始于 19 世纪 60 年代，这个过程与西方资本主义的全球化流动是联系在一起的。美国历史学家威利斯·鲁迪认为："高等教育的传播是一种文化传播现象，欧洲高等教育的传播是世界近代史上最重要的事件之一。"[4] 中国近代大学，不是传统儒家知识与制度的自然延展的结果，而是"西学东渐"的产物，具有后发外生性制度安排的典型特点。但是，我国大学近代化与其他西方殖民地的大学在发展过程上有很大不同。我国大学近代化是在外部压力下主动选择的结果，具有转型升级的性质。我国近代大学转型的基本过程是渐次从外部引入"西学"、"西制"和"西说"，这个过程中知识制度的"他性"不断注入，似乎占据了主导地位。但是，在他性咄咄逼人和大行其道的情势下，中国传统知识制度的"我性"并没有消亡，而是与他性进行了融合，赋予中国大学以新的性格和气质。

---

① ［美］费正清：《美国与中国》，张理京译，世界知识出版社 2000 年版，第 53 页。

② 汤一介：《中国文化与中国哲学》，三联书店 1988 年版，第 472 页。

③ 参见 ［美］墨子刻：《摆脱困境——新儒学与中国政治文化的演进》，颜世安等译，江苏人民出版社 1990 年版，第 16 页。

④ Willis Rudy, *The University of Europe: 1100-1114 A History*, Associated Press, 1984, p.135.

（一）近代"大学"转型：他性的注入

1.西学：近代大学转型的物质基础

近代中国大学转型，首先表现为西学的注入。当时的西学包括西方语言和科技两个部分。西学的注入，源于儒家大学的危机。近代以降，西方人凭借被国人蔑称为"奇技淫巧"的科学技术，不断在中国大地上高奏凯歌，而面对这种危局，传统儒家大学显得束手无策，陷入一筹莫展的境地。

儒家知识的危机似乎是命定的，儒学的创始人孔子就看不起向他询问自然科学知识的学生，称他们为"小人"。汉唐时代，医药、算学等知识降低为次级学科。南宋以后由于理学的兴盛和科举的助推，科学知识的学习在中央官学中已不复存在，自然科学知识的学习只能依靠家传、著述和个别传授。相反，16—17世纪的欧洲发生了科学技术革命。这一时期，以牛顿为代表的自然科学家在欧洲建立起了现代科学的知识体系。欧洲的物理学、化学、天文学、生物学、医学等知识领域在学术范式上发生了革命性变革，已经从中世纪神秘主义的观点演变成现代科学的思想体系。西方科技革命的成果，又助推了17世纪欧洲的工业革命，显示了科学知识所蕴藏的巨大物质力量。

事实上，西学东渐早在明清之际就开始了，来华的西方传教士带来了西方的科技知识。这一时期以传教士为载体的西学东渐行动与明清之际的实学思潮颇有契合，在一定程度上改变了当时社会的知识观。当时我国本土的科学家在传教士的帮助下，翻译了西方的数学、天文、地理、解剖、机械等著作。[①] 这一时期传入中国的西学，大多数已经是近代形态的知识，有些甚至是当时最新的成果。这一时期尊崇实学的知识分子，还对理学家的空泛进行了批判。但是，这一时期迫于儒家大学的巨大压力，传播西学的人硬是将西学说成是中国古已有之的东西，用儒家大学"格致"的概念来指代西方的科技，更有人提出"西学东源说"用来满足中国士大夫高傲的文化心理。由于制度环境的制约，明末清初的西学东渐没有形成规模，不能普及，因此也

―――――――――

① 参见童鹰：《世界近代科学技术史（上）》，上海人民出版社1990年版，第217页。

就谈不上提高。清代中期以后实行闭关锁国政策，西学的传播更加受阻。

经历鸦片战争的失败，国人中最早睁开眼睛看世界的人敏锐地意识到西学的价值。1846 年，魏源编撰成 50 卷本的《海国图志》，这是中国最早系统介绍西方历史、地理和文化的专著。但西学的大规模输入，还是 1862 年洋务运动开展以后的事情。洋务派将"采西学"和"制洋器"作为中国自强的根本。这一时期政府网罗了一批翻译新书的人士，既包括西方的传教士，也包括本土的科学家，他们的任务就是广译新书。仅李鸿章 1863 年设立的广方言馆（1870 年并入江南制造局翻译馆），在 17 余年间就翻译了数学、天文学、物理学、化学、地质学、工艺学、地理学、军事学等图书 80 余种，发行 3 万余册，8 万余卷。[①]19 世纪 80 年代，京师同文馆除了要求学生学习西文外，还必须兼修天文学、算学、物理学、化学、医学和轮船、铁路、电报、开矿、测量等科学技术知识。天津中西学堂开设的专门化课程有工程学、电学、矿务学、机器学等。

上述这些传播西学的教育机构，在性质上还不是近代意义上的大学，在程度上相当于高等职业教育，在组织管理上也不具备现代大学的特征，更接近旧式书院。在功能上也比较单一，就是培养实用的专门化人才，不具备现代大学科学研究和社会服务的职能。因此，从 1862 年京师同文馆到 1898 年京师大学堂成立的几十年间，我国"仅有高等学校的格局，尚无正式的、专门的大学堂机构，更无统一的教育行政制度和教育宗旨，也无专管学校的官员和机构……在制度上也很不完善"[②]。但是，因为西学的大量注入，为我国高等教育近代化提供了物质基础，成为近代大学制度建立的重要保证。

2. 西式大学堂：近代大学转型的制度基础

1895 年中日甲午战争爆发，中国的惨败引发了朝野对洋务运动的批评，对洋务教育的批评则更激烈。清政府御史陈其璋批评同文馆等传播西学的机

---

① 参见段治文：《中国现代科学文化的兴起（1919—1936）》，上海人民出版社 2001 年版，第 23 页。

② 郑登云：《同文馆与京师大学堂——我国近代高等教育的发轫与确立》，《上海高教研究》1986 年第 4 期。

构只相当于国外的中学校，不具备大学的水平。梁启超指出洋务学堂的一大弊端就是没有实行分专业进行人才培养。这一时期，日本的成功也对中国产生重大引力，日本大学教育进而也成为中国高等教育近代转型的一个样板。

这样的背景下，清政府官员李瑞棻提出建立京师大学堂的主张，并指出新设立大学堂要"专精一门，不迁其业"。1898年康有为再次提出兴办京师大学堂的建议。1898年6月梁启超借鉴日本东京大学的经验，代拟了《京师大学堂章程》。1898年11月，京师大学堂正式开学。1901年9月清政府推行新政，提出整顿京师大学堂，并计划在各省都开办大学堂。1902年8月清政府颁布《壬寅学制》，将高等教育分成高等学堂（相当于大学预科）、大学堂（相当于大学本科）和大学院（研究生阶段）三级。这个学制公布后并没有真正实行，但它却是中国历史上第一个学校制度体系。1904年1月，清政府又发布《癸卯学制》，其中将高等教育分成三级，即高等学堂、大学堂、通儒院。这是我国历史上第一个正式实施的学制，标志着我国近代高等教育制度的正式确立。①

1904年废科举，清政府中央学部颁布《奏定大学堂章程》，这一章程的制定参考了日本、欧洲和美国的学术标准。该章程规定医科大学设置医学和药学两个专业门类；理科大学设置数学、天文学、物理学、化学、动植物学、地质学六个专业门类；农科大学设置农学、农艺化学、林学、兽医学四个专业门类；工科大学分为土木工程、机器制造、船舶、兵工、电气、建筑、应用化学、火药、采矿和冶金九个专业门类。各专业门类都具体规定了课程和教学标准。辛亥革命前的1909年，清政府创办国立大学三所，在校生近800名，开办省立大学24所，有学生4000多名，开办专业性质的学院101所，有学生6000多人。②

清末大学堂的建立，是典型地对西式大学制度的模仿。日本学者藤原浩在他的著作《借鉴日本：中国第一个现代教育制度》中指出：中国大学制

---

① 参见郑登云：《同文馆与京师大学堂——我国近代高等教育的发轫与确立》，《上海高教研究》1986年第4期。
② 参见周予同：《中国现代教育史》，良友图书公司1934年版，第223—224页。

度主要是借鉴日本现代高等教育建立的，而日本与中国的高等教育不仅存在文化上的差异，更重要的是日本大学也是在植入欧洲大学的基础上发展起来的，当时的制度也不健全。①1925 年蔡元培在欧洲应世界学生基督教联合会邀请作了《中国现代大学观念及教育趋向》的演讲。他讲道："晚清的时候，东方出现了急剧的变化。为了维护社会生存，不得不对教育进行变革。当时摆在我们面前的问题，是要仿效欧洲的形式，建立自己的大学。"②清末引入西方的大学制度，但是大学精神和理念还是延续了儒学大学的传统。1896 年孙家鼐在给光绪帝的奏折中明确将"中学为体，西学为用"作为拟开办的京师大学堂的办学宗旨。他说："中国五千年以来，神圣相继，政教昌明，绝不能效日本之舍己芸人，尽弃其学而学西法。今中国京师创立大学堂，自应以中学为主，西学为辅，中学为体，西学为用；中学有未备者以西学补之，中学有失传者以西学还之，以中学包罗西学，不能以西学凌驾中学。"两年后梁启超起草的《京师大学堂章程》和 1904 年 4 月清政府颁订的《癸卯学制》中都赋予中学以主体地位，延续了儒家大学的理念。

3. 西方大学理念：近代大学转型的思想基础

大学理念是大学的文化内核，它形塑着大学的性格和使命。没有大学理念的大学组织，就如同一个没有生命的躯壳。西方大学现代大学理念是以法国解放叙事和德国思辨叙事为基础创造出来的，解放叙事提倡大学的自由精神，思辨叙事则强调大学的理性品格。清末大学近代化过程中只重视学习西方的知识和制度，不关注西方大学精神和文化的问题，逐渐成为人们批评的对象。1929 年，时任复旦大学校长的李登辉在《我们所最需要的教育》一文中写道：

自清代以来，与外人接触日多，渐知道维新之必要；于是尽力摹仿西方。但是那时只看到西方物质文明可惊，我们的摹仿，亦就着重在

---

① 参见王瑞琦：《百年来中国现代高等教育——国家、学术、市场之三角演变》，政治大学大陆研究中心 2007 年版，第 63 页。

② 转引自杨东平：《大学精神》，文汇出版社 2003 年版，第 5 页。

物质方面。所以那时大家只晓得"西艺"。至于西方文明之精神方面，虽是西方文明的精神精髓，却反因未受了解，而遭遗弃。我们改革的结果，只是抄袭了一些西方的皮毛，拾得一些西方的糟粕。①

为了适应大学发展的内在要求，一批有着西方学术背景或经验的学者开始大力推介西方大学的理念，西学东渐有了新内容。

蔡元培担任北京大学校长前，曾在欧洲游学达 9 年之久。1906 年他向学部申请到德国修文科的理由是："清末学制学自日本，而日本教育界盛行的理论也是德国学者所著。"这表明蔡元培已经开始努力跳出日本式的西方框架，转向现代大学的原创国——德国——来寻找更地道的大学内涵。按照他的想法，中国的现代大学应该以德国式的自治权和学术自由作为其组建的根本基础。② 蔡元培也有到法国游学的经历，并深受孔德实证主义和法国大革命自由、平等、博爱观念的影响。在德国柏林大学游学期间，他也深深受到洪堡等具有思辨精神的思想家们所持大学理念的影响。来自域外的学术观念对他的大学理念产生了重要影响，他在 1918 年《北京大学月刊》的发刊词中写道：

> 所谓大学者，非仅为多数学生按时授课，造成一毕业生之资格而已也，实以是为共同研究学术之机关。大学者，囊括大典，网罗众家之学府也。

这种观点无疑受到德国现代大学观念的影响。蔡元培还明确提出了学术自由的观念，他指出："研究者进行学术讨论有绝对自由，丝毫不受政治、宗教、历史纠纷或传统观念的干扰。"③ 他认为：

---

① 李登辉：《我们最需要的教育》，《复旦周刊》第 24 期，1939 年 11 月 4 日。
② 参见［加］许美德：《中国大学 1895—1995：一个文化冲突的世纪》，许杰英译，教育科学出版社 1999 年版，第 68 页。
③ 转引自杨东平：《大学精神》，文汇出版社 2003 年版，第 9 页。

近代思想自由之公利，既被公认，能完全实现之者，厥惟大学。大学教员所发表之思想，不但不受任何宗教或政党之约束，亦不受任何著名学者之牵掣……此大学之所以为大也。①

胡适在 1922 年《北京大学日刊纪念号》上发表《回顾与反省》一文，他认为北大自蔡元培任教授的五年来，取得了两大成绩：第一是组织上的变化，从校长学长独裁变为教授治校制；第二是注重学术思想的自由，容纳个性的发展。

梅贻琦同样是一位中西学问兼备的大学校长，长期主持清华大学和西南联合大学。他 1941 年发表《大学一解》一文，明确提出了自由主义的大学理念：

大学之设备，可无论矣。所不可不论者为学术自由（Academic Freedom）。今人颇有以自由主义为诟病者，是未察自由主义之真谛也。夫自由主义与放荡主义不同，自由主义与个人主义，或乐利的个人主义，亦截然不为一事……若自新民之需要而言，则学术自由之重要，更有不言之明在。②

民国时期担任广西教育厅厅长、广西大学校长的雷沛鸿，曾就读于德国柏林大学和美国哈佛大学。他也是自由主义大学理念的积极倡导者，他说：

欧洲的大学把人类自由思考的优良传统维系不坠，而且发扬光大，推动了人类的文明进步。这种自由思考，是大学之所以成其大的要素……中国的大学，当真有成为名副其实之大，今后须切实培养自由

① 蔡元培：《教育大辞书（大学教育词条）》，商务印书馆 1930 年版。
② 梅贻琦：《大学一解》，《清华学报》第 13 卷第 1 期，1941 年 4 月。

思考的环境，发挥自由思考的传统。①

同样有着柏林大学和哈佛大学学习经历的哲学家贺麟，也讴歌自由主义的大学理念，他提出：

> 一个学者争取学术的独立自由和尊严，同时也就是争取他自己的人格的自由独立和尊严。假如一种学术，只是政治的工具，文明的粉饰，或者为经济所左右，完全为被动的产物，那么这种学术，就不是真正的学术……学术丧失了独立自由就等于学术丧失了他的本质和伟大的神圣使命。②

上述教育家都不遗余力地介绍和推广西方自由主义的大学理念，但是民国时期大学教育总体上还保持了中国的传统特征。费正清也曾经有这样一个疑问：为什么中国古代的传统和西方的榜样只能在现代中国产生个别的自由主义者，而不能产生自由主义运动和将自由主义制度化？③英美传统的自由主义的话语体系在中国的命运，是多种原因促成的，但是中国文化与英美传统之间的异质性应该是一个主要的原因。④

(二) 近代大学转型的"中国叙事"：我性的坚守

近代以来的大学转型，虽然是他性注入的结果，但是我性并没有消亡，而是以各种方式坚守自己的初心。第一次世界大战爆发后，我国知识分子对现代化的想象有所分化。一方面，部分人完全接受了西方的科学与民主话语；另一方面，我国知识分子对西方的认识也有了更多样的观点，部分人认为这是西方文化的整体性危机。英国哲学家罗素曾说："中国人对我们的文明也抱有怀疑的态度。他们在 1914 年以前还不怎么怀疑，但大战让他们觉

---

① 雷沛鸿：《什么是大学构成"大"的要素》，《教育导报》第 1 卷第 9 期，1946 年 11 月。

② 贺麟：《学术与政治》，《当代评论》第 1 卷第 16 期，1941 年 10 月 20 日。

③ 参见 [美] 费正清：《美国与中国》，张理京译，世界知识出版社 2000 年版，第 314 页。

④ 参见何中华：《马克思与儒学会通的何以可能》，《文史哲》2018 年第 2 期。

得西方的生活方式中必定有缺陷。"① 美国学者乔纳森·斯潘塞也持同样的观点："中国人对第一次世界大战感到震惊和幻灭，大战似乎表明西方的价值尺度业已破产。"②

在西方文化出现危机的时刻，在我国知识分子中间，也引发了各种关于中西文化关系的思想论争，譬如东西文化论争、科玄论争等等。在这些论争的语境下，中国应该学哪一个西方的问题也凸显出来。这一时期，中国知识分子关于大学的论述反映出希望重新考量中国自身文化现代性的倾向。

大学转型中的中国叙事是儒家大学传统的一个延续和发展。儒学是一个能够自我更新的知识体系，第一次转型发生在西汉，第二次发生在宋明。清末，儒学知识体系发生了第三次转型，以康有为、梁启超为代表的维新派知识分子，在社会大变动的危局下，肩负起儒学再造的艰巨任务。维新派的儒学知识观与洋务派所标举的"中体西用"的观念相比，有很大的不同，洋务派口中的中学，本质上还是儒学的原有形态，而维新派所指称的儒学已经被赋予了新的要素和使命。李锦全先生曾指出："以儒家为主体的传统文化，当社会出现转型需要时，是可以经过自我调节、自我批判进行形态上某种程度的更新的。"③

在欧风西雨的荡涤下，儒学失去了原有的地位，但是儒学并没有退出历史。儒学的危机只是制度化儒学的危机。由于社会转型造成的儒学与国家的分离，在客观上促了原始儒学人文精神的回归，并在与西方文化的碰撞中，提高了自身的反思能力和包容性的品格，并在实际中转型成为"学术性儒学"和"社会性儒学"两种新的样态。④ 汪晖教授认为："伴随着中国社会性质的变化和五四以后文化冲突的加剧，知识分化过程中，道德、信仰、审美等领域的知识分化为不同的领域，这是一个始终未完成的中国现代思想的主体转向的过程。知识分子努力促成知识领域的现代性分化时，并不只是

① ［英］罗素：《中国问题》，秦悦译，学林出版社1996年版，第29页。
② ［美］乔纳森·斯潘塞：《改变中国》，曹德骏等译，三联书店1990年版，第172页。
③ 李锦全：《人文精神的重建与承传》，广东人民出版社1995年版，第102页。
④ 参见金耀基：《中国的现代转向》，牛津大学出版社（中国香港）2013年版，第14页。

关于客体的知识和关于主体的知识之分化，首先还表现为东西文化论争的形式，并旨在关切中国文化自身的主体性。"①

这在高等教育的变革中表现得十分突出，田正平教授认为："中国传统教育的影响在近代高等教育的发展中留下深深的印记。这些影响具体反映在高等教育理念、培养目标、课程设置、教学内容和方法等层次。"②

近代大学教育家的大学叙事，一方面包括了西方自由主义的观念，另一方面也有意识地将儒家大学的现代性要素融入其中。

维新派领袖梁启超提出了文化主体性思想，其中就包含着对西方现代性的反思。他在时务学堂的教学中虽然增加了许多现代和西方的因素，但其学术概念则完全是儒家的大学之道。③ 西方从柏拉图到康德的哲学认识论被杜威说成是"知识的旁观者理论"，是知识主体对外部客观世界的探究，理论知识与实践的分离。康德的二元论在很大程度上影响了德国现代大学制度的形成，其思想也成为西方现代大学理念的重要基础之一。但是梁启超的学术观念至少包括人格养成、知识探求和实践能力三个向度，道德主体与知识主体合二为一。章太炎先生也曾讲道：

> 本国没有学说，自己没有心得，那种国，那种人，教育方法只得跟别人学。本国一向有学说，自己本来有心得，教育的路线自然不同。④

新文化运动兴起后，中国学术文化的主体性问题仍然是新制度建设者的重要关注，并以此贡献出了有中国特色的现代大学叙事体系。蔡元培提出：

---

① 汪晖：《现代中国思想史的兴起》（下卷第二部），三联书店 2008 年版，第 1281—1288 页。

② 田正平：《传统教育的现代转型》，浙江科学技术出版社 2013 年版，第 525 页。

③ 参见江湄：《创造"传统"：梁启超、章太炎、胡适与中国学术思想史典范的确立》，社会科学文献出版社 2013 年版，第 31 页。

④ 张勇：《章太炎学术文化随笔》，中国青年出版 1999 年版，第 272 页。

吾国学生游学他国者，不患科学程度之不若人，患其模仿太过而消亡其特性。所谓特性，即地理、历史、家庭、社会所影响于人之性质者也。学者言进化最高级为各具我性，次则各具个性。能保我性，则所得于外国之思想言论学术，吸收而消化之，尽为"我"之一部，而不为其所同化。①

蔡元培的思想资源固然有来自德国的哲学思辨，但也不可忽视其中有来自他对传统学术的特殊评价与吸收，这是他的大学理念之另一个印记。②

复旦大学的创始人马相伯，也持有同样的观点，他指出："一国有一国的文化精神，一国有一国的语言文字，尤其是我国自数千年的历史，当自家爱护发扬它。"③浙江大学校长竺可桢认为："大概办理教育，须明白过去的历史，办中国的大学，当然须知道中国的历史，洞明中国的现状。我们应凭借本国的文化基础，吸收世界文化的精华，才能养成有用的专门人才。"④

(三)近代中国大学的性格：大学制度"他性"与"我性"的融通

英国科技史学者洛伦·格雷厄姆说："要使文化思想从一种文化轻易地输入另一种文化，这不仅要求第一种文化的思想具有容易被接受的形式，第二种文化应该有吸收与传播这一特定文化思想的设备和需求。"⑤我国在建立新制度的过程中，虽然大量借用了西方的制度，但是也同时对西方的制度进行了中国化改造。这个过程表现为两个方面，一个是西方的转化为中国的，一个是传统的转化为现代的，现代中国大学制度就是经此转化而来的。⑥

---

① 高叔平：《蔡元培教育论著选》，人民教育出版社1991年版，第80—83页。
② 参见钟有良：《文化现代化与大学治理：清末以来知识分子的大学论述》，台湾东海大学社会学系博士论文，2016年7月。
③ 马相伯：《朱维铮马相伯集》，复旦大学出版社1996年版，第339页。
④ 竺可桢：《大学教育之主要方针》，《国立浙江大学校刊》第248期，1936年。
⑤ [英]洛伦·格雷厄姆：《俄罗斯和苏联科学简史》，复旦大学出版社2000年版，第8页。
⑥ 参见金耀基：《中国的现代转向》，牛津大学出版社(中国香港)2013年版，第15页。

王国维在 1905 年发表的《论近年之学术界》一文中指出："西洋之思想不能骤然输入我中国，亦自然之势也。况中国之民固实际的而非理论的，即令一时输入，非与我国固有思想相化，决不能保其势力。"① 梁启超则提出："盖大地今日只有两种文明：一泰西文明，欧美是也；二泰东文明，中华是也。二十世纪，则两文明结婚之时代也。"② 梁启超代总理衙门起草的《京师大学堂章程》中，体现了中西汇通的大学观，该章程一方面以西方大学为榜样进行组织规划，另一方面其所揭示的学术观念和人才标准则延续了梁启超带有文化主体性的大学理想。

蔡元培在 1917 年对北京大学进行改造时，其基本的思想基础是来自西方的学术自由观念，但是他的提法是国人易于理解和接受的中式话语体系，即"兼容并包"。许美德教授在一次研讨会上曾经提出过这样一个问题："兼容并包属于学术自由吗？"对这个问题我的回答是：这是中国的学术自由观念。蔡元培还直接引用《中庸》中的观点"万物并育而不相害，道并行而不相悖"来论述他的现代大学理念——大学是"囊括大典、网罗众家之学府"。1921 年蔡元培在美国伯克利大学中国学生会演讲中将理想的大学阐述为"中国传统的孔墨精神，加上英之人格教育、德法之专深研究、美之服务社会"③。涂又光先生认为，民国时期北大等校的教授治校之所以成功，有三个方面的原因：第一是我国有"尊师重道"的民族文化心理，这是根本的原因；第二是继承了中国私学、太学和书院教授治校的传统；第三是吸收了西方大学的相关经验。④

梅贻琦在论述大学的学术自由时，也从中国古代的传统中找到现实依据。他说："宋儒安定胡先生有曰，'良言思不出其位，正以戒在位者也，若夫学者，则无所不思，无所不言，以其无责，可以行其志也；若云思不出其位，是自弃于浅陋之学也'。此语最当。所谓'无所不思，无所不言'，以今

---

① 《王国维文集》（第 3 卷），中国文史出版社 1997 年版，第 39 页。
② 梁启超：《论中国学术思想变迁之大势》，上海古籍出版社 2001 年版，第 8 页。
③ 刘琅、桂苓：《大学的精神》，中国友谊出版公司 2004 年版，第 6—7 页。
④ 参见涂又光：《中国高等教育史论》，湖北教育出版社 1997 年版，第 315 页。

语释之，即学术自由（Academic Freedom）而已矣。"① 梅贻琦在清华比较重视从美国研究型大学学习而来的通识教育，但是论及重要意义的时候，也是借助儒家大学的语言，他在《大学一解》中提出："今日之大学教育，骤视之，若与明明德、新民之义不甚相干，然若加深察，则可知今日大学教育之种种措施，始终未能超越此二义之范围，所患者，在体认尚有未尽而实践尚有不力耳。大学课程之设备，即属于教务范围之种种，下自基本学术之传授，上自专门科目之研究，固格物致知之功夫而明明德之一部分也。"涂又光先生认为梅贻琦因为实地体验到西方大学与中国《大学》的对应关系，故能吃透两头，即中国《大学》与西方大学这两头，写出《大学一解》。②

近代中国的大学是通过儒家的书院改制而来，因此有学者认为："书院改学堂接通了中国古代与近现代教育的血脉，古老的书院在改制中获得永生。"③ 马相伯在谋划建立辅仁大学时提出将欧美新科与中国旧有之文学、道学、美学等融为一体，建设具有中国民族特色的现代大学，能够"齐驱欧美，更驾而上之"④！毛泽东 1920 年创办湖南自修大学，1921 年 8 月招生，他亲自起草了《湖南自修大学创立宣言》，其中对书院制度进行了肯定：一是师生感情深厚；二是自由研究；三是课程教学简约而重视研讨。张伯苓在创办南开大学时提出："中国自有其天然特别环境，革新必须土货化，而后能有充分之贡献。"土货化即"关于中国问题之科学知识"和"中国问题之科学人才"。"吾人所谓土货化的南开，即以中国历史、中国社会学术背景，以解决中国教育问题为教育目标的大学。"⑤ 曾在美国两所著名大学获得博士学位的现代教育家庄泽宣认为："我们以往的错误，便是把实业已经发达国家的教育制度搬到中国来；所以只是造成了若干的高等游民，于国家社会毫无裨益……改造中国教育之路，则曰从各国新实验里找，从专家研究里找，

---

① 梅贻琦：《大学一解》，《清华学报》第 13 卷第 1 期，1941 年 4 月。
② 参见涂又光：《中国高等教育史论》，湖北教育出版社 1997 年版，第 335 页。
③ 邓洪波：《中国书院史》，台湾大学出版中心 2004 年版，第 729 页。
④ 黄书光：《论马相伯在中国近代高等教育史上的地位》，《高等教育研究》2003 年第 6 期。
⑤ 王文俊：《南开大学校史资料选》，南开大学出版社 1989 年版，第 38—39 页。

从本国实例找，从本国需要找，而归终则在中国教育家自为研究与试验。"①

正是基于上述思想，在 20 世纪二三十年代，国内一批著名大学都努力追求教学和研究的中国化，并且取得重要的成绩。国联教育考察团的一份报告指出："现有某数大学，用本国之生活及文化为大学功课之中心，而教学计划，亦尽在可能的范围内，设法由各方面阐明此中心题目。达此目的所必要的主要方法，似有两项。其一，决定所用课程及课本教材，应视此项教材能否满足将来在中国生活之青年男女之需要，以为选择之标准。其二，聘任教师时，不但应注意其普通之教育学识，且应注意其应付本国材料之能力。"② 当时的留美预备学校清华大学也受到新文化运动的影响，在校园内发起了清华文化运动，运动中清华师生对清华美国化的办学方针进行了反省，重新检视了清华的功能和办学定位，逐步形成"东西文化，荟萃一堂"和"新旧同治，殊途同归"的包容性学术文化。③

近代中国大学集中了一批学贯东西的大学校长和大学教授，由于处于特殊的转型期，他们是中外两种文化熏陶的结果。一方面，他们都接受了完整的儒学教育，都是儒式大学合格的甚至是优秀的毕业生，他们在知识观、价值观和文化观上对中国传统总体上是认同的，他们的思维与论说方式也是中国风格的。但是，作为那个时代的知识精英，他们又有着深厚的西方文化基础，对西方现代性也有强烈的认同，多数人抱着救亡图存的信念来学习和提倡西方大学在物质、制度和精神上的成果。在中西两种观念的冲突中，他们曾经有过彷徨、有过紧张、有过失落，但是他们继承了儒家大学包容性的品格，最终将中国知识分子遗传基因中的"人文"与西方移植来的科学因子有机地整合于一体，培育出他们独特的大学理念，为中国从传统走向现代，但又能保持民族特色，作出了历史性的贡献。

---

① 庄则宣：《如何使教育中国化》，民智书局 1929 年版，第 1—2 页。

② 国联教育考察团：《中国教育之改进》，载《中国教育年鉴》（第二册），台北宗青图书公司 1977 年版，第 184 页。

③ 参见朱洪斌：《从"美国化"到"本土化"：清华国学研究院的缘起》，《南开学报》（哲学社会科学版）2009 年第 3 期。

三、"高等教育延安道路"：中国特色现代大学制度的红色基因

中国特色现代大学制度第三个也是最重要的历史遗产就是中国共产党在老革命根据地创办的高等教育。由于处于特殊的社会环境，革命根据地大学更多地体现了中国共产党的高等教育主张。许美德教授曾指出："在战争时期的困难条件下，共产党也建立了一套自己的高等教育制度，这种制度基本没有受到西方大学价值观的影响，保持了革命传统和中共传统认识论的某些特征。"① 革命根据地的大学，如果套用现代正规大学的属性和功能，可能多数够不上大学的标准。但正是这些特别的大学，形塑了我们中国特色现代大学制度的核心要件。

（一）高等教育延安道路的内涵

延安时期的高等教育，在以往的研究上大概有这样几种取向。一是将其纳入"老解放区教育"研究的范畴，这些研究成果没能集中凸显延安高等教育的特点。二是亲历者回忆性质的研究成果，譬如革命教育家成仿吾著有《战火中的大学》（人民出版社 2014 年版）一书，回顾陕北公学的创办过程和办学经历，充满着革命浪漫主义精神，但这部书总体上应该属于资料的性质。三是将延安时期的高等教育归结为干部教育和培训体系，忽视了延安时期高等教育的人民性和专业性。针对上述的情况，近年来有学者提出了"高等教育的延安模式"这一新的概念，并且认为延安模式是我国当代高等教育模式的真正源头和基本范式，是中国共产党领导中国人民扎根中国大地办大学的一次伟大探索，其办学经验为新中国成立后我国高等教育改造奠定了思想和组织基础，也是中国特色高等教育体系形成和发展的逻辑起点。② 这一新颖的观点，将延安时期的高等教育思想和制度上升到一个新的高度。

本书不使用高等教育延安模式的概念，而是借用美国学者马克·赛尔登著作《革命中的中国：延安道路》（社会科学文献出版社 2002 年版）中的

---

① ［加］许美德：《中国大学 1895—1995：一个文化冲突的世纪》，许杰英译，教育科学出版社 1999 年版，第 91 页。

② 参见姚瑜、周光礼、罗云、曾鹿平：《高等教育的"延安模式"及其当代价值》，《高等教育研究》2017 年第 11 期。

说法，提出了"高等教育延安道路"这一概念。

高等教育延安道路，是指抗日战争期间中国共产党和陕甘宁边区政府基于民族解放和建立新民主主义国家的政治需要，独立自主发展各类高等教育机构过程中呈现出来的新理念、新制度以及相应探索性活动的总称。用延安道路来指称延安时期高等教育的办学理念和实践成果，有着充分的理由。一是高等教育延安道路这一概念有着动态性，可以比较好地反映延安时期高等教育实践与土地革命时期瑞金苏区政权高等教育活动之间的关联，也可以反映出延安高等教育与解放战争后期和新中国成立后中国共产党建立正规高等教育制度之间的关联。二是高等教育延安道路这一概念可以反映出延安时期高等教育活动的探索性。延安时期的高等教育是在特殊历史阶段、特殊办学条件下，为了完成特殊历史任务而形成的特殊类型的高等教育，没有现成的经验可借鉴，只有独立自主地开创新的高等教育发展道路，用延安道路可以比较好地反映其创新精神和创新成果。三是之所以不用延安模式，是因为模式往往表达的是一种相对成型的结构，而延安时期的高等教育既没有形成完整的结构，也不追求完整的结构，相反它更重视根据革命需要和社会现实不断调整和充实自己的结构，不断将新的要素纳入原有的结构，用"道路"一词可以更好地表达这种不断革命的价值追求。四是在新时代党和国家高度强调道路自信，而中国特色高等教育道路自信的根基主要就是在延安时期形成的，用延安道路可以更好地与新时代高等教育道路自信进行文化对接。

高等教育的延安道路向前可追溯到毛泽东早年的教育思想和举办湖南自修大学的实践，也是江西苏维埃政府时期高等教育办学活动的一个延续。但是，延安道路比中国共产党早期高等教育实践更加制度化和体系化。抗日战争期间，中国共产党是被国民政府公开承认的合法政党，边区政府也是得到承认的合法政府，这为我党发展高等教育提供了有利条件。而随着根据地规模的不断扩大，边区政府和各抗日根据地对高等教育人才培养的需要更加强烈和更加多样化。这也促进了各种类型的高等教育机构的出现。这些新创办的机构虽然在规模、专业性和正规性上还远不如国统区的大学，但是也自成体系，独具特色，既有培养医学、艺术等专业人才的专业性学院，也有科类比较全的综合性的大学，甚至还有承担研究任务的研究院。学生层次也表现出多样化，有少量的研究生和外国留学生。教师当中除了革命的知识分子外，也有少数来自国统区的高水平教授，有一些还是欧美和日本的留学归国人员，甚至有世界著名大学毕业的博士。他们有的信奉马克思主义，有的只是同情中共的普通知识分子。

高等教育延安道路向后延展，与解放战争时期华北和东北解放区以及新中国成立后的高等教育自然对接，成为新的结构中的有机组成部分。1949年12月全国第一次教育工作会议制定的对过去教育的改造方针是："以老解放区教育经验为基础，吸收旧教育有用经验，借助苏联经验，建设新民主主义教育。"日本学者大塚丰认为："解放区大学在抗日战争、解放战争和建国初都一直存在，与新中国教育制度的形成有重要的关系。"① 从陕北延安公学发展壮大起来的华北大学，新中国成立后成为很多新大学的母体大学，20世纪50年代初期设立的中国人民大学、中国农业大学、北京工业学院、中央戏剧学院、中央美术学院等都是以华北大学相关部分为基础开办的。尤其重要的是，高等教育延安道路是毛泽东教育思想体系形成的最重要的实践基础，对新中国成立后我国高等教育产生了巨大而深远的影响。

总而言之，高等教育延安道路，是中国历史上具有里程碑意义的大学模式。这个模式具有承前启后的性质，它是中国共产党早期教育主张的大规模实践，也是中华人民共和国成立后新型高等教育制度的原点，更是毛泽东社会主义教育思想体系的主要实践基础。高等教育的延安道路，后来与从苏联引进的替代性的现代大学模式构成了一种内在的张力，分别代表着依附与自主、学术与政治、精英与大众、学校与社会、理论与实践、刚性与弹性、正规化与灵活性关系处理的不同教育主张，这两种模式的内在张力，不仅构成了改革开放前30年中国高等教育变革的主线，而且也是改革开放40年以来建设中国特色社会主义高等教育体系必须要回答的核心问题。

美国学者将位于"世界边缘地带"的陕甘宁边区的革命实践总结为

---

① ［日］大塚丰：《现代中国高等教育的形成》，北京师范大学出版社1998年版，第57页。

"延安道路"①，并暗示这一道路对当下和未来，对中国和第三世界都具有深远意义。一位跟随世界学联代表团访问过根据地的法国友人曾说："你们这所大学设备之差是世界其他国家少有的，而你们这种先进思想也是世界其他国家少有的。"②许美德教授也曾评论道：中国共产党在延安和陕甘宁边区的13年中显示出真正的"东方魅力"，以至于20世纪60年代世界上还有人相信，中国当时的大学还是以延安时期的抗日军政大学为榜样的。③美国学者裴宜理认为，无论中国的政治制度最终是否会被证明是经济发展的束缚，但中国革命遗产中的大量因素确实促进了当前的成功。④

（二）高等教育延安道路的制度载体

延安时期高等教育机构的称谓多种多样，主要的高等教育机构如下：

抗日军政大学。前身是1931年秋成立的中央红军学校，1933年11月更名为中国工农红军大学，1936年6月更名为中国抗日红军大学，1937年1月更名为中国人民抗日军事政治大学，是一所以培养抗日战争中军事政治领导干部为目的的高等学校。

陕北公学。1937年8月成立于延安，1937年7月筹办时计划开设政治经济系、师范速成系、医学系、国防工程系、日本研究系。开办后由于亟须抗日干部，陕北公学重新进行了定位，以通过短训的方式培养从事抗日政治工作的干部为办学目的。1939年7月并入华北联合大学。

鲁迅艺术文学院。1938年成立于延安，先后创办戏剧系、音乐系、美术系、文学系等，培养适合抗战需要的艺术干部和新时代的艺术人才。

延安大学。1941年9月22日由原来的陕北公学、中国女子大学、泽东青年干部学校合并成立。延安大学是规模比较大的综合性大学，开办之初有社会科学院、法学院、教育学院、俄语系、英语系、体育系、中学部。

① ［美］马克·赛尔登：《革命中的中国：延安道路》，魏晓明、冯崇义译，社会科学文献出版社2002年版，第310页。

② 郑登云：《中国高等教育史》，华东师范大学出版社1994年版，第300页。

③ 参见 ［加拿大］许美德：《中外比较教育史》，上海人民出版社1990年版，第341页。

④ 参见 ［美］裴宜理：《中国政治研究：告别革命》，《国外理论动态》2013年第9期。

其中三个学院为本科，学制为三年。1943年4月，鲁迅艺术文学院、自然科学院、民族学院和新文字干部学校并入延安大学，1944年5月行政学院并入延安大学。专业门类相对齐全，设立行政学院（下设行政、司法、财经、教育四系）、自然科学院（下设机械工程、农业、化学工程三系）、鲁迅文艺学院（下设戏剧音乐、美术、文学三系），还有一个校直属的系——医药系。

中国医科大学。1940年9月在延安成立，前身为1931年瑞金苏区时期的红军军医学校。毛泽东曾为这所学校题词："救死扶伤，实行革命的人道主义。"延安时期的《中国医科大学校章》规定：学校的教育方针是培养政治坚定、思想正确、忠于职责、贯彻始终的卫生工作者。学校设高级班和初级班两个层次的教学组织，学习的课程包括解剖、组织、生化、生理、病理、微生物、寄生虫、药理、内科、外科、妇产科、儿科、五官科。此外，学生还学习政治、军事等课程。

（三）高等教育延安道路的核心理念

1.以"中国化的马克思主义"作为大学的指导思想

延安时期，是毛泽东思想最终形成的时期。毛泽东思想是马克思主义中国化的结果，是马克思主义普遍真理与中国革命具体实践相结合的产物。1938年10月，毛泽东在《中国共产党在民族战争中的地位》一文中指出："离开中国特点来谈马克思主义，只是抽象的空洞的马克思主义。因此，使马克思主义在中国具体化，使之在其每一表现中带着必须有的中国的特性，即是说，按照中国的特点去应用它，成为全党亟待了解并亟须解决的问题。"他强调："洋八股必须废止，空洞抽象的调头必须少唱，教条主义必须休息，而代之以新鲜活泼的、为中国老百姓所喜闻乐见的中国作风和中国气派。"① 毛泽东认为："对于马克思主义在中国的应用也是这样，必须将马克思主义的普遍真理和中国革命的具体实践完全地恰当地统一起来，就是说，和民族的特点相结合，经过一定的民族形式，才有用处，决不能主观地公式地应用

---

① 《毛泽东选集》第二卷，人民出版社1991年版，第534页。

它。"①1941 年 5 月，毛泽东《在延安文艺座谈会上的讲话》指出："我们说的马克思主义，是要在群众生活群众斗争里实际发生作用的活的马克思主义，不是口头上的马克思主义。把口头上的马克思主义变成为实际生活里的马克思主义，就不会有宗派主义了。"②1941 年 9 月，毛泽东在中共中央政治局扩大会议上的讲话中提出："我们要使中国革命丰富的实际马克思主义化。"③毛泽东还强调"我们要把马、恩、列、斯的方法用到中国来，在中国创造出一些新的东西"④。1944 年 7 月，毛泽东在同英国记者斯坦因的谈话中说："我们中国人必须用我们自己的头脑进行思考，并决定什么东西能在我们自己的土壤里生长起来。"⑤

1940 年 1 月，毛泽东发表《新民主主义论》，提出了新民主主义教育的文化教育是民族的、科学的、大众的教育。延安高等教育一个最显著的特点就是办学的指导思想是以中国化的马克思主义为指导，独立自主地发展适合中国革命国情的大学制度。

2. 以"为人民服务"作为大学的重要使命

毛泽东在 1921 年 8 月创办湖南自修大学的过程中，就批评过去的书院和近代政府办的大学将学术神秘化，宣称湖南自修大学是有心向学者都可以进入的"平民主义的大学"。毛泽东和中国共产党人的平民教育思想，一方面是中国共产党的阶级基础决定的，另一方面也是中国革命的特殊性所决定的。与苏俄革命不同，中国革命走的是农村包围城市的道路，这就要求通过文化教育和宣传活动对底层民众进行社会动员。正如毛泽东在苏区的报告中所言："革命战争是群众的战争，只有动员群众才能进行战争，只有依靠群众才能进行战争。"⑥因为认识到文化教育在中国革命中的重要地位，苏维埃政府在艰苦的条件下也积极发展包括高等教育在内的各类教育，培养革命力

---

① 《毛泽东选集》第二卷，人民出版社 1991 年版，第 707 页。
② 《毛泽东选集》第三卷，人民出版社 1991 年版，第 858 页。
③ 《毛泽东文集》第二卷，人民出版社 1993 年版，第 374 页。
④ 《毛泽东文集》第二卷，人民出版社 1993 年版，第 408 页。
⑤ 《毛泽东文集》第三卷，人民出版社 1996 年版，第 192 页。
⑥ 《毛泽东选集》第一卷，人民出版社 1991 年版，第 136 页。

量。1934 年 1 月，毛泽东在第二次苏维埃全体大会的报告中说："苏维埃文化教育的总方针在什么地方呢？在于以共产主义的精神来教育广大的劳苦群众，在于使文化教育为革命战争与阶级斗争服务，在于使教育与劳动联系起来，在于使广大中国民众都成为享受文明幸福的人。"①

延安时期，中国共产党成为合法政党，并承担领导中国人民抗日救亡的历史重任。以毛泽东为代表的共产党人认为，抗战胜利的重要保障就是建立全民族的统一战线，全面开展人民的战争。发动人民、依靠人民、为了人民的思想成为中国共产党抗战的基石。1938 年 10 月，毛泽东在中国共产党六届六中全会上的政治报告中有 83 次提到人民，人民成为中国共产党政策的基础和政党精神的核心话语。这种"来自人民，服务人民"的人民属性，是陕北公学、华北联合大学长期坚持的办学理念。②延安时期各大学的学生都免交学费，学校还提供衣食住和学习用品。毛泽东指出："无产阶级领导的文化教育，是属于人民大众和为了人民大众的。"③

3. 以培养具有坚定政治方向的革命先锋队作为大学的办学宗旨

1937 年 10 月毛泽东为陕北公学题词，提出陕北公学要培养"革命先锋队"。这样的人才要具备"政治远见"、"斗争精神"、"牺牲精神"和"实际精神"。④延安大学校长吴玉章提出："我们延大不应当只是学科学的学校，而应当是学做人的学校。"⑤所谓先锋队，就是带头作用，站在革命队伍的前列。具有政治远见的先锋队首先就要具有坚定的政治方向。当时，在国共合作和建立最广泛的抗日统一战线的情况下，党内少数领导者提出了"一切经过统一战线"、"一切服从统一战线"的口号，并试图用这种无原则、无立场的观点改变根据地大学的性质，提出"抗大是统一战线的学校，不是某党某派的私有学校"，抗大的教学要用"更加适合于统一战线的方法来教"，

① 《毛泽东 邓小平 江泽民论教育》，中央文献出版社 2002 年版，第 9 页。
② 参见吴付来、杨子强：《抗战时期中国共产党创办新型高等教育的特点探析》，《中国高等教育》2017 年第 19 期。
③ 《毛泽东著作选读》（下册），人民出版社 1986 年版，第 532 页。
④ 参见《毛泽东年谱（1893—1949）》（中卷），中央文献出版社 2013 年版，第 34 页。
⑤ 《解放日报》1942 年 9 月 24 日。

因此不应该讲授马列主义和阶级教育。① 为了肃清这种观点的影响，毛泽东在 1938 年 3 月为抗大题词，提出抗大的教育方针是"坚定正确的政治方向，艰苦奋斗的工作作风，灵活机动的战略战术"。同年 4 月，毛泽东在陕北公学第二期开学典礼上的讲话中提出，要赠送学校两件礼物，第一件就是坚定正确的政治方向。1939 年 5 月，毛泽东在为纪念抗大成立三周年所写的文章中重申了这个方针。同年 7 月，在《中共中央军事委员会关于整理抗大问题的指示》中，毛泽东进一步明确提出："抗大不是统一战线的学校，是党领导下的八路军干部学校。"针对抗大第二期开始知识分子增多的实际情况，毛泽东提出了著名的"学校的一切工作都是为了转变学生的思想"的论断。1939 年 6 月，毛泽东的延安模范青年授奖大会上重申了这个观点："青年应把坚定的政治方向放在第一位。"

那么什么是正确的政治方向呢？毛泽东反复告诫青年学生，正确的政治方向从根本上说就是在中国实现社会主义和共产主义，为了实现这个目标首先要进行反对帝国主义和封建主义的伟大斗争，实现民族独立和社会民主。毛泽东指出：正是中国共产党坚持这个方向，才获得了广大人民群众的喜爱。青年大学生要成为革命的先锋队，除了具备坚定正确的政治方向外，还要能够不怕艰苦，不怕牺牲，百折不挠，坚持到底，还必须向工农大众学习，自愿与工农大众相结合。陕北公学是属于中华民族的，因为它是为着抗日救亡而设的，有了陕北公学，中国就不会亡。

4. 强调需求导向的大学课程与教学内容

日本学者大塚丰认为："解放区大学对新中国高等教育影响最大的部分，可以称之为高等教育灵魂的部分，是有关马列主义或社会主义思想政治教育方面的内容，而这些正是解放区大学教育内容的精髓。"② 延安大学从课程设置、教学内容以至整个教学过程都紧密结合革命斗争和边区建设的实际，使延安大学不但成为培养边区各种工作干部的教育机关，同时也成

---

① 参见车树实：《毛泽东思想与当代的新发展》，青海人民出版社 1993 年版，第 64—65 页。
② ［日］大塚丰：《现代中国高等教育的形成》，北京师范大学出版社 1998 年版，第 82 页。

为总结边区工作经验的辅助机关。①1941 年 5 月，毛泽东在《改造我们的学习》的报告中提出："教哲学的不引导学生研究中国革命的逻辑，教政治学的不引导学生研究中国革命的策略，教军事的不引导学生研究适合中国特点的战略战术，诸如此类。其结果，谬种流传，误人不浅。"② 为了从根本上消除这种现象，毛泽东提出："应确立以研究中国革命实际为中心，以马克思列宁主义基本原则为指导的方针，废除静止孤立地研究马克思列宁主义的方法。"③

1941 年 12 月 7 日中共中央政治局通过的《关于延安干部学校的决定》中提出："目前延安干部学校的基本缺点，在于理论与实际、所学与所用的脱节，存在着主观主义与教条主义的严重毛病。这种毛病，主要表现为学生学习一大堆马列主义的抽象原则，而不注意或几乎不注意领会其实质及如何应用于具体的中国环境。关于马列主义的教授和学习，应坚决纠正过去不注重领会其实质而注重了解其形式，不注重应用而注重死读的错误方向，学校当局和教员必须全力注意使学生由领会马列主义实质到把这种实质具体地应用于中国环境的学习，学生是否真正领会（理解、认识、懂得），要以学生是否善于应用为标准。这里所说的应用，是指用马列主义精神与方法去分析中国历史和当前的具体问题，去总结中国革命的经验，使学生养成这种应用的习惯，以便在他们出校之后善于应用马列主义的精神与方法去分析问题与指导实践。"④ 正是因为坚持了需求导向的课程与教学内容，根据地的大学"始终与中国革命的现实紧密相连，坚持扎根中国大地办教育，围绕中国问题，寻找中国出路"⑤。

5.重视实践育人和主动学习的人才培养模式

延安时期的高等教育，特别重视将教育同边区的各种实际相结合，为

---

① 参见《解放日报》1944 年 4 月 23 日。
② 《毛泽东选集》第二卷，人民出版社 1991 年版，第 798 页。
③ 《毛泽东选集》第二卷，人民出版社 1991 年版，第 803 页。
④ 《中共中央关于延安干部学校的决定》，《解放日报》1941 年 12 月 20 日。
⑤ 吴付来、杨子强：《抗战时期中国共产党创办新型高等教育的特点探析》，《中国高等教育》2017 年第 19 期。

抗战和边区的政治、经济、文化建设服务。这种重视实践育人模式的思想来源，是以毛泽东思想为基础，学习借鉴了人民教育家陶行知先生的理论观点而形成的。① 革命教育家徐特立在延安生活教育社成立 15 周年大会上指出："生活教育社创始人陶行知先生的中国式的不屈不挠的革命精神与美国式的实际主义作风，最值得我们学习。"②1919 年，毛泽东发表的《体育之研究》一文中提道："清之初世，颜习斋、李刚主文而兼武。习斋远跋千里之外，学击剑之术于塞北，与勇士较而胜焉。故其言曰：'文武缺一岂道乎?'此数古人者，皆可师者也。"③1921 年毛泽东在《湖南自修大学创立宣言》中批评旧式教育"用一种划一的机械的教授法和管理法戕贼人性"，"学校乃袭专制皇帝的余威，蔑视学生的人格，公然将学生管理起来"，"钟点过多，课程过繁，终日埋头上课，不知上课之外还有天地"。

1941 年，中央发布的《关于延安干部学校的决定》中指出："教师应该认真研究教课内容与教学方法，使理论与实际一致的原则。在教学方法中，应坚决采取启发的、研究的、实验的方式，以发展学生在学习中的自动性与创造性，而坚决废止注入的、强迫的、空洞的方式。在教学中，陕甘宁边区及其近邻地区的实际材料，应经过各种调查研究的方式充分的利用之。"《解放日报》1942 年 1 月 13 日发表社论称：《关于延安干部学校的决定》是培养干部工作的新纪元，这是中国教育上的一个革命。华北联合大学时期，教师经常在课外带领学生奔赴第一线参与实际工作，譬如参与地方政权的民主选举、实地调查边区政治、经济和军事状况。

6. 坚持自由思想和组织纪律统一的校园文化

当时延安的文教政策规定："应容许资产阶级自由主义的教育家、文化人、记者、学者、技术家来根据地和我们合作，办学、办报、做事。应吸收一切有抗日积极性的知识分子进我们所办的学校，加以短期训练，令其参加军队工作、政府工作和社会工作；应该放手地吸收、放手地任用和放手地

---

① 参见潘懋元：《中国高等教育百年》，广东教育出版社 2003 年版，第 190 页。

② 刘宪曾：《陕甘宁边区教育大事记》，陕西教育出版社 1990 年版，第 138 页。

③ 《新青年》第 3 卷第 2 期，1919 年 4 月 7 日。

提拔他们。"①《关于延安干部学校的决定》提出：应在学校内养成学生自由思想、实事求是、埋头苦干、遵守纪律、自动自治、团结互助的学风。

延安大学制定了大量行之有效的管理制度，如《延大学生学习生活通则》、《延安大学请假规则》、《延安大学出入规则》、《延安大学学生会简章》等。学校在注重建立健全各项规章制度的同时，狠抓各项制度的贯彻落实，从严从难要求。对于违反纪律的学员召开民主生活会进行批评帮助，严重违反校纪校规的要给予纪律处分，使学员培养成严格的组织纪律观念和良好的生活作风。②

陕北公学的校训是"忠诚、团结、紧张、活泼"；中国女子大学的校训是"紧张的学习，艰苦的生活，高尚的道德，互助的作风"；鲁迅艺术文学院的校训是"紧张、严肃、刻苦、虚心"。抗日军政大学的师生每周都要开生活检讨会，开展批评与自我批评，共同纠正错误的思想和不良倾向。陕北公学也有生活检讨会制度，每星期以班组为单位开一次会，主要任务是开展批评与自我批评，学生之间相互提意见和建议，学生也可以给学校干部和教师提意见。有些刚入学的学生开始不习惯尖锐的批评，但后来都习惯于这种特殊的教育方式了。在延安的各大学里学生"脱离集体而追求个人发展，或者突出个人才能，被认为是可耻的事"③。学校推行的这种"批评与自我批评的民主生活，促进了思想上的进步和政治上的团结"④。

（四）高等教育延安道路的治理特征

1. 外部治理实行"部门管理"

苏区时期颁布的《教育行政大纲》规定：中央设立的高级干部学校，如苏维埃大学、列宁师范学院、高尔基戏剧学校等由中央教育人民委员会管理，红军大学由中央军事委员会管理，这是实行部门管理的开始。到了延安

---

① 《毛泽东著作选读》（上册），人民出版社1986年版，第418页。
② 参见苗均全、刘东朝：《论民主革命时期延安大学的办学特色》，《延安大学学报》（社会科学版）1992年第1期。
③ 王瑞琦：《百年来中国现代高等教育》，台北政治大学中国大陆研究中心2007年版，第110页。
④ 成仿吾：《战火中的大学——从陕北公学到人民大学的回顾》，人民出版社2014年版，第70—71页。

时期，高等教育的行政职能集中在中央宣传部，但是在具体管理上有明确的分工。中央研究院直属中央宣传部，中央党校直属中央党校管理委员会，军事学院直属军委参谋部，延大、鲁艺、自然科学院直属中央文委。按照规定，学校的主管部门，都要把直属学校的工作，当作业务工作的重要组成部分。中央宣传部对各校课程、教员、教材及经费，应协同各主管机关进行统一的计划、检查与督促。① 这样做的理由是："一定的学校必须与一定的工作机关或事业部门相结合，必须进行定期的实际观察，补充和检验正规的教学。学生在处理事务的过程中，自然就会获得分析、比较和综合等经验，加强对学习内容的自信与运用能力。"②

多数院校聘请了中央、边区政府领导和专家参加学校管理。如行政学院及所属行政、财经、教育和司法四系均由陕甘宁边区政府及对口主管部门行政首长兼任。行政、司法、财经、教育四系，系主任分别由陕甘宁边区政府民政厅厅长刘景范、边区高等法院院长雷经天、边区政府财政厅厅长高自立、教育厅厅长柳湜兼任。行政学院当时的教育方针强调：本校教育要与边区各实际工作部门及实际活动相结合，以期将实际经验提升至理论高度，达到理论与实际的统一，学与用一致。具体的做法有：一是学校与边区政府各有关实际工作部门建立一定组织上或工作上的联系，政府有关实际工作部门负责人，直接参加本校有关院系的教育工作和领导；二是将边区建设各方面的政策方针与经验总结，作为学校教学的主要内容；三是学校的研究人员有计划对边区建设各方面实际问题进行研究，并定期参加各实际部门的工作；四是学生在休息期内定期分别到各个实际工作部门进行实习；五是实行教育与生产结合，以有组织的劳动，培养学员的建设精神、劳动习惯和劳动观点。③

2.校内领导关系实行党政分工的体制

陕北公学的最高领导机关是党组，党组直属中央宣传部和组织部领导。

---

① 参见《中共中央关于延安干部学校的决定》，《解放日报》1941 年 12 月 20 日。

② 《教育上的革命》，《解放日报》1942 年 1 月 13 日。

③ 参见曾鹿平：《西北政法大学：中国共产党延安时期法律高等教育的直接延续》，《法律科学》2013 年第 3 期。

陕北公学第一任校长成仿吾，既是党组书记又兼任校长。学校实行党组领导下的校长负责制，党总支在党组领导下专管党务工作。延安所有的大学，均设有党组织，党务工作没有专职岗位，都是行政人员、教师和学生兼任。学校党组织接受上级组织的领导，与学校行政组织是平行的，两者不存在领导与被领导的关系。学校党组织的任务，是保证学校教学计划的完成，对党员进行管理和教育，对干部、教师和学生进行政治上的甄别审查，号召党员发挥模范先锋作用。①

延安时期的大学校长具体负责学校的行政事务，校长是中央任命产生的。校长之下设立校务委员会，校长是委员会的主任，组成人员包括校长、副校长、行政处室领导、院系负责人以及教师和学生代表。也有部分学校邀请校外有影响的领导人或学者担任校务委员会委员的情况。以校长为首要的校务委员会是学校的决策和领导机关，决定学校教育方针的制定、教师的聘用、机构的设置、课程的安排和经费使用等事项。校务委员会通过召开行政会议负责处理日常事务，通过召开教育会议研究学术事务。

3. 坚持集中统一领导与民主管理相结合

坚持走群众路线是延安时期高等教育内部管理的一个重要特征。"群众路线的领导方法是中国共产党的政治与思想传统中一个非常重要的方面，它把中国的共产主义同苏联区别开来。"② 毛泽东指出："中国共产党人无论做任何工作，有两个方法是必须采用的，一是一般和个别相结合，二是领导和群众相结合……在我党的实际工作中，凡属正确的领导，必须是从群众中来，到群众中去。"③ 群众路线在大学内部治理中的体现是多方面的，譬如在制定学校教学计划的过程中，学校会组织发动全校的同学来参与讨论，学生讨论的意见会上报学校认真得到处理。再比如在考核和评比中也运用群众路线的方法，当时主要的考试方法是民主鉴定法，由班上全体学员集体讨论评

---

① 参见曾鹿平：《延安大学史》，人民出版社 2008 年版，第 242 页。

② ［美］斯图加特·施拉姆：《毛泽东的思想》，田年、杨德译，中国人民大学出版社 2005 年版，第 38 页。

③ 《毛泽东选集》第三卷，人民出版社 1991 年版，第 852—855 页。

定某一同学成绩，本人有不同意见可附入鉴定内。根据实际效果鉴定，如鲁艺戏剧音乐系采用在群众中调查搞鉴定。延安的大学都设有学生会组织，学生会干部是民主选举出来的，日常管理也坚持民主集中制的原则，用民主的方法处理工作。学生会有代表参加学校的一切会议，学生像学校主人一样关心学校的发展建设。

第二节　中国特色现代大学制度的理论逻辑

一、多元现代性视野中的中国特色现代大学制度

（一）多元现代性理论的基本观点

多元现代性（Multiple Modernities）是以色列社会学家艾森斯塔特20世纪80年代提出的一种新的现代化理论。多元现代性理论是一种复数的现代性理论，它的核心观点就是要从非西方视野理解现代性，认为现代性的实现可以有多种路径。多元现代性理论"一方面强调现代性作为一种独特文明的特殊性，另一方面强调其中的具体制度和文化模式具有巨大的可变性和易变性"[①]。

多元现代性理论反对将欧洲现代性理论体系的启蒙理性作为一种普遍的范式，认为按照启蒙理性所预设的现代性模式，只能是一种单一的现代性（Single Modernity）。按照这种单一现代性的观点，启蒙理性指导下的现代性具有普遍主义的价值，一切民族和国家的现代性生成与演变，都必须以启蒙理性为中轴，最后趋同于启蒙理性指导下的现代性方案。[②] 单一现代性理论，在多元现代性理论提出之前，就已经遭到来自后现代主义者的批判。后现代主义代表人物利奥塔就认为现代性的基础已经不再存在，因为"一切宏大叙事，无论是启蒙的叙事，还是解放的叙事，都已经没有了可信性"。

艾森斯塔特认为，"全球现代性"（Global Modernity）的表述是一种误

---

① ［以］S.N.艾森斯塔特：《反思现代性》，旷新年等译，三联书店2006年版，"中译本前言"。
② 参见［以］S.N.艾森斯塔特：《反思现代性》，旷新年等译，三联书店2006年版，第90页。

导。因为全球体系由文化、经济、政治和技术等不同要素所构成，所以现代化应该具有不同的形式和符号表达。多元现代性反对来自西方的单一现代性模式，但也不把社会结构说成是二元对立的。"现代化既不是朝向普世方向的进化之路，也非建基其上。"现代性并非必定要从欧洲轴心文明中产生，相反存在多元的轴心文明和多元的现代性。结构进化体现了现代性的共同特点，就像多元现代性中的某一种现代性体现了源于欧洲的轴心文明的结构进化。①

多元现代性理论的提出，不是思想家书斋里的产物，而是对中国和亚洲等国现代化成就和经验的总结。多元现代性的学者认为，后现代主义所谓的现代性的终结只是针对西方而言，在东亚和世界其他一些地方现代性则没有疲惫之感，这些地区正在追求他们自己的现代性，也就是多元的现代性。②与激进的后现代主义的强烈的否定现代性的态度不同，多元现代性理论近似于温和的建设性后现代的观点，它并不否认西方经典现代性的历史地位及其参照作用，只是反对西方单一现代性的趋同论，重视非西方国家固有文明的作用。③基于上述观点，多元现代性理论重新界定了现代化的本质，即"视自己的社会为现代社会——具备一套独特的文化和政治方案，又与其他类型社会保持联系——这是现代化的本质所在"。④

（二）多元现代性理论与中国特色现代大学制度的文化逻辑具有一致性

多元现代性理论对于我们建设和分析中国特色现代大学制度具有重要意义，二者之间在文化逻辑上具有内在的一致性。具体说，多元现代性理论对中国特色现代大学制度建设的意义有如下两个方面：

1.有助于我们更加清醒地认识到现代大学普遍主义背后的文化霸权

单一现代性宣扬自己具有普遍主义的情怀，"欧洲人把自己的文明、历

---

① 参见 [德] 格哈特·普莱尔：《艾森斯塔特的多元现代性范式》，鲍磊译，《南京大学学报》（哲学社会科学版）2012 年第 1 期。

② Cf. Mike Featherstone，"Undoing Culture：Globalization"，*Post-Modernism and Identity*，London：Sage Publications，1995，pp.83-84.

③ 参见蒋红群：《多元现代性的出场路径及其理论意义》，《学理论》2017 年第 4 期。

④ [德] 格哈特·普莱尔：《艾森斯塔特的多元现代性范式》，鲍磊译，《南京大学学报》（哲学社会科学版）2012 年第 1 期。

史和知识作为普遍的文明、历史和知识投射给别人。"① 但真实的一面却是，它将不属于欧洲文明的文化都视为需要被同化的"他者"，充斥着西方中心主义的傲慢和偏见。英国学者纽曼在《大学的理念》一书中就曾提道：

> 我不否认例如中国的文明，但它是缺乏吸引力的文明。其他种族的每一种文明，都是他们自己的文明，其中许多是暂时性的，没有一个能够与我描述的配得上那种名称的社会和文明相比较。②

第二次世界大战后西方出现的各种现代性思潮，从本质上说就是美国的社会思潮。冷战时期，美国在西方世界具有领导地位，这种领导地位在学术上的表现就是，现代化的概念被转化成为了美国式的话语体系。美式现代化话语体系的基本主张就是，宣扬现代社会只有一个体系，那就是美国领导的西方社会体系，美国制度是社会发展的典范，是人类社会进步的最高层次。"我们有一些东西可以送给这个世界其他地方的人，如现代化、教育，以便帮助他们从传统的偏见中解放出来。"③

美式现代化话语体系，在高等教育领域的影响可谓巨大。第二次世界大战后美国高等教育体系表现出相当地灵活性和适应性，高等教育实现了大众化，并且出现了一批世界一流大学，"大学的美国模式"俨然已经成为新时期的典范。我国一些学者在探讨我国高等教育发展历程时，认为改革开放后中国高等教育改革发展的过程也是重新学习美国模式的过程。在我国建设世界一流的过程中，这种依附性心态也表现得十分明显。一些人认为，我们建设一流大学，就是应该"将西方最好的大学和研究机构的那些规则、思路和组织方式尽快引进中国大学里面来"。按照多元现代性的观点，单一现代

---

① Mike Featherstone，"Undoing Culture：Globalization"，*Post-Modernism and Identity*，London：Sage Publications，1995，p.10.

② [英] 约翰·亨利·纽曼：《大学的理念》，高师宁等译，贵州教育出版社 2003 年版，第348 页。

③ Robert Bellah，*The Good Society*，New York：Vintage Books，1992，p.233.

性的大学想象和发展逻辑，表面上提倡的是客观、公正、文明、进步、民主、自由等普遍价值，但其背后则隐藏着西方的文化霸权与话语暴力。对于这种极力推销美式高等教育现代性的做法，中外一些学者提出了质疑。北京大学钱理群教授尖锐地指出，在与国际学术接轨的口号下，中国学术的西方化、美国化，将会使中国学术从根本上丧失学术自信力，甚至独立性"。① 张旭东教授针对这种情况也严肃地提出：如果中国学术向海外的"汉学"或"中国研究"接轨，恐怕只会让中国历史文化的整体内容被窄化为受支配地位的"地方性知识"。②

2. 有助于我们更加坚信中国特色现代大学制度的制度优势

由于西方文明首先孕育和发展了现代性，其他文明被迫但是也无可避免地卷入了全球现代化的历史过程中。这种境遇下，其他文明与西方文明的关系似乎不仅是特殊文明之间的关系，而且也是特殊与普遍之间的关系，或至少是学生和老师、模仿与原型的关系。近代以来中国思想的基本脉络——所谓古今中西问题，实际上是一切前现代文明面对扩张的西方的共同焦虑。③

多元现代性理论的主张，为我们消除这种现代性的共同焦虑提供了思想武器。按照多元现代性的观点，现代性的建构虽然离不开西方理性主义文化，但更需要一种能将工具理性和价值理性、科学精神和人文精神融为一体的现代性文化方案。因此，多元现代性理论更加重视地方性知识和文化资源在构建新的现代性方案中的作用。香港中文大学李军和加拿大多伦多大学许美德教授提出要构建"大学的中国模式3.0"，他们提出了如下重要的学术观点：

> 如果按照西方模式建设中国的世界一流大学，或许能够成功，但不过也就是在中国办了几所牛津剑桥、耶鲁哈佛而已，它们难以具备

① 钱理群：《论北大》，广西师范大学出版社2008年版，第297—298页。
② 参见张旭东：《中国大学精神的使命——在美国看北大改革》，http://people.com.cn/GB/jiaoyu/1055/1974376.html.2014/06/28。
③ 参见丁耘：《儒家与启蒙》，生活·读书·新知三联书店2011年版，第1—6页。

中国文化的特点。今天已经到了可以讨论大学"重回中国"的时候了，虽然这要经历一个凤凰涅槃的艰难历程。①

二、高等教育生态学视野中的中国特色现代大学制度

(一) 高等教育生态学理论的基本观点

生态学这一概念是 1866 年德国学者海格尔提出的，生态学理论主要研究的是生物有机体之间、生物有机体与环境之间相互作用关系的学说。随着西方社会科学的发展，生态学的概念及其相关理论也逐步扩大到研究人与自然、人与社会相互关系的问题上来。1966 年，英国剑桥大学副校长阿什比博士第一次提出了高等教育生态学的概念 (Ecology of Higher Education)。这一理论提出的背景是 20 世纪 60 年代非洲的英国原殖民地国家大规模引进英国大学模式，对于这一现象，生物学家出身的阿什比利用生态学的理论对英国模式的海外移植进行了跨学科的研究。1966 年阿什比出版了高等教育生态学理论的开山之作《英国、印度和非洲的大学：高等教育生态学研究》。1976 年阿什比出版《科技发达时代的大学教育》一书，进一步完善了它的高等教育生态学理论。

阿什比的高等教育生态学理论观点主要有五个方面：

一是大学与生物体系类似，也不断地向前进化，"任何大学都是遗传和环境的产物。"② 遗传就是大学共有的历史传统，表现为大学教师对大学意义的共识性理解，这些共识性理解是大学发展的"内在逻辑"，它对高等教育体系的作用"如同基因对于生物体系的作用，是这种体系保持特性的原因所在，是这种体系的内在回转仪"③。

---

① 李军、许美德：《构建大学的中国模式 3.0》，《社会科学报》2013 年 4 月 18 日。
② ［英］阿什比：《科技发达时代的大学教育》，滕大春等译，人民教育出版社 1983 年版，第 147 页。
③ ［英］阿什比：《科技发达时代的大学教育》，滕大春等译，人民教育出版社 1983 年版，第 139 页。

二是大学的进化过程也是与外部环境的适应过程。当一种基因进入新的环境时，形态就会发生变化，大学也是如此。如果从外部植入的大学要生存就必须有足够的行动同支撑它的社会保持联系。① 大学所处的社会环境的引力和推力构成了大学发展的外部逻辑，外部逻辑使得各地方的大学虽然有相似之处，但又彼此各不相同。阿什比指出："19世纪后随着自然科学进入大学，英、法、德等国家的大学虽然还保持部分共同理想，但它们都根据所处社会环境调整了自己的模式，形成了各自民族的特色。"②

三是大学移植会遇到种子与土壤之间的匹配问题。他将模式输出国的大学比喻为"种子"，把模式输入国的社会定义为"土壤"，认为如果作为种子的大学不能适应于新的土壤，则移植不会取得成功，这时要做的就是寻求新的生长方式，探索新的匹配模式。

四是大学移植国创办的新大学对榜样大学也会产生一定的影响。阿什比观察到，19世纪冲过海峡并越过大西洋的德国大学影响的洪流，在20世纪中叶开始向德国回流，德国大学开始向曾经的学生学习。这一特点在英国向非洲输出大学制度时也有体现。阿什比指出："西方文明在注入非洲村寨发挥其优势的同时，本身也受到了非洲价值观的影响，隶属于其中的大学也不例外。"③

五是大学模式植入一个新的环境时，会发生"选择性嵌入"。从他地移植来的大学制度，有些符合环境的因素被保留下来，而一些不适合环境的东西则放到了一边。阿什比认为这个特性在英、美两国引进德国大学制度的时候体现得十分明显。他认为，德国大学模式中的学习自由，一直无法在英国生根，这是因为英国大学都自命是学生的代理人，没有给学生更多地选择科系、课程和学习方式的自由，"洪堡关于学生独立和自由的观点，英国大学

---

① Cf. Eric Ashby, *Universities：British，India，African；A Study in the Ecology of Higher Education*，London：The Weldenfeld & Nicolson Press，1966，p.4.

② Eric Ashby, *Universities：British，India，African；A Study in the Ecology of Higher Education*，London：The Weldenfeld & Nicolson Press，1966，p.3.

③ 刘延云：《阿什比大学移植观研究与启示》，《科学技术与管理》2004年第2期。

从来未曾接受。"而德国大学教师教学自由的观点却得到了英国的欢迎，甚至扩大到教室外，使大学教授可以超越他专业的范围，毫无顾虑地发表自己的主张。英国之所以很容易接受教师的学术自由，是因为英国大学从来就不是政府组织，它们一直是自治团体。①

六是大学制度适应环境的过程也是应激反应的结果。阿什比认为，像大学这样的社会组织机构，在进化过程中也和生命有机体一样，不是在预见环境将要产生变化时，早早开始进行适应性变革，而是临到环境的变化已经发生时，才开始进行反应性的改革，这是人们不得不承认的社会生物学事实。②

（二）高等教育生态学理论对中国特色现代大学制度具有解释功能

高等教育生态学基本理论观点对于解释中国大学模式建构过程中存在的一些现象具有重要意义。这主要表现在两个方面：

一是有助于中国特色现代大学制度的定型。根据高等教育生态学理论，"有机界中与大学中一些新的形态出现，都要经过更新和杂交的过程。"③ 在中国大学发展的一百多年历史中，日本、德国、法国、英国、美国、苏联等国的大学模式都曾经不同程度地被引入我国，这一过程中也存在大量选择性嵌入的现象。每一次从域外引进的理念与制度安排都曾经与中国的传统和社会现实发生碰撞，产生了相互融合，经历了反复的更新和杂交。当代中国大学模式的结构有很多来自多域外的东西，也有很多本土创造的东西，但更多的则是中外结合的东西。按照高等教育生态学理论，这正是新模式形成的客观条件。

二是有助于解决大学模式移植过程中的生态学难题。在大学制度的全球性流动中，有些在域外是比较有效率的制度安排，在引入本土后却发生了

① 参见［英］阿什比：《科技发达时代的大学教育》，滕大春等译，人民教育出版社1983年版，第10—11页。
② 参见［英］阿什比：《科技发达时代的大学教育》，滕大春等译，人民教育出版社1983年版，第147页。
③ ［英］阿什比：《科技发达时代的大学教育》，滕大春等译，人民教育出版社1983年版，第7页。

因"血型"不匹配而导致的制度意外现象。庆幸的是，借助儒家文明的包容性，我们找到了一个解决血型匹配或者让种子与土壤相适应这样一个生态学难题的方法，就是将西方的理念与制度"中国化"，将域外大学文明的枝条嫁接在中国本土文明的大树上，这样做就不会再发生水土不服的生态学问题，能够比较顺利地整合全人类的大学文明成果，体现了中国大学模式显著的包容性品格。

三、高等教育中心转移理论视野中的中国特色现代大学制度

（一）高等教育中心转移理论的基本观点

高等教育中心转移的理论是从科学中心转移理论的系统观点中衍生出来的。科学中心的概念是英国著名科学家丹皮尔在 1927 年首次提出来的。1954 年英国科学家贝尔纳在《历史上的科学》一书中第一次描述了科学活动的主流在世界范围内随时间流动的现象。1962 年日本神户大学科学史学教授汤浅光朝在贝尔纳思想的影响下，运用计量学方法研究科技发展的历史，提出了"世界科学中心转移"的理论。这个理论认为：当一个国家的科技成果数量达到世界总量的 25% 以上时，这个国家就会成为世界科学的中心。科学中心的形成是多种因素影响的结果，因此科学中心会在不同国家间产生位移。从世界范围看，科学中心首先在意大利产生，后来发生了转移，转移的进程依次为英国、法国、德国和美国。

由于高等教育和科学技术之间存在着高依存关系，学者们也开始了对高等教育中心转移的研究，并得出了一些重要的理论观点。20 世纪 60 年代，英国学者本－大卫等发表了论文《现代社会中的大学和学术系统》，1972 年本－大卫为美国卡内基高等教育委员会起草了一份报告《学术中心：英国、法国、德国和美国》。在这两个研究中，本－大卫对高等教育中心转移问题进行了描述和分析。本－大卫认为，19 世纪以来，法国、德国和美国先后成为世界高等教育中心，英国一直处于次中心的地位。而高等教育中心转移的原因是多方面的，但最重要的一点就是高等教育系统通过体制性改革，提

高专业化程度，保持系统的开放性和发挥科学家的作用。①国内一些学者近年来也就高等教育中心转移的问题进行了研究，这些研究的观点大体如下：意大利曾是世界上第一个高等教育中心，此后每隔一段时间高等教育中心都会发生转移，第一次转移到了英国，第二次转移到了法国，第三次转移到了德国，第四次转移到了美国。学者们对高等教育中心转移的成因也进行了分析，认为有如下五个要素起着关键性作用：一是转移目标国的经济社会发展处在一个重要的转折关头；二是转移目标国经济和科技水平发展到较高的程度，社会稳定、思想活跃；三是高等教育中心转移的过程中，转移目标国的政府和民间力量都曾各自发挥着重要的作用；四是转移目标国在大学理念和制度安排上重视学习借鉴，更重视自我创新。

（二）高等教育中心转移理论证明中国特色现代大学制度的现实意义

由于历史和社会等因素导致了大学在世界各地的发展是不平衡的，客观上存在"中心大学"和"边缘大学"两个体系。前者具有辐射与示范作用，后者对前者在一定程度上形成了依附的关系。近代以来通过借鉴西方而发展起来的中国大学，曾长期处于世界大学体系的边缘，客观上形成一定的依附关系。换句话说，我们始终是学生，高等教育交流中输入的多，输出的少。

高等教育中心转移的理论成果也表明，中心大学和边缘大学的地位不是一成不变的，而是会随着社会环境和大学发展变化的实际而发生转移。我国改革开放的伟大成就，已经使我们具有成为世界科学中心和高等教育中心的可能。当然这只是一种可能，获取中心地位的过程还会比较曲折，也难以设计固定的时间表。但是，这种可能性的获得也是来之不易的，如何将可能变为现实，就更需要我们认真思考和面对。

世界高等教育发展过程表明，除了社会环境这一个外生变量外，大学自身的改革和完善这一内生变量，也是高等教育中心形成的重要因素，有时

---

① 参见阎凤桥：《本－大卫对世界科学中心转移的制度分析》，《高等工程教育研究》2010年第4期。

还是决定性的因素。譬如德国现代研究性大学群体的崛起，并非国家整体实力所导致的，而是大学制度自我创新的结果，是柏林大学等一批新的高等教育机构的诞生及其发挥的示范作用，将德国大学的整体实力推升到世界体系的顶端。但是德国的现代大学制度在后来开始呈现僵化和保守的倾向，对实用技术和服务社会的使命不够重视，从而很快失去了高等教育中心的地位。而继德国之后的高等教育中心美国，则继承了现代德国的创新精神，形成了更具活力的高等教育制度，从而实现了高等教育强国的美国梦。美国学者鲁迪曾说："在这些年中，新世界土壤的土生的力量与来自西欧的影响相结合产生了一个新的高等教育机构，它包括源于英国学院和德国大学的要素，经融合和改造，成为世界教育史上独一无二的机构。"① 正是因为美国创造出了一种新的高等教育模式，使得美国适应能力大大增强，当德国大学走向衰落之际，美国顺理成章地接过来自德国的接力棒，逐渐成为世界高等教育的中心。②

21 世纪是中国高等教育的机遇期，也是挑战期。面对新时代的新情况和新要求，我们要进一步认识到大学中国模式的重要意义，要继续坚持改革开放的态度，在理论和实践上不断完善中国特色现代大学制度的结构，实现大学治理体系和治理能力现代化，这样才能实现世界一流的高等教育梦想。

第三节　中国特色现代大学制度的实践逻辑

中国特色现代大学制度的核心要义，就是通过来自基层的改革实践来建构与检验大学模式，而不是从预设的理想结构出发。我国学者提出的"实践社会学"理论认为："真正的社会事实，或真正的逻辑，只有在实践状态中才能呈现出来，才不会被所谓的结构所遮蔽。"③ 我国的高等教育改革具有

---

① S. Willis Rudy, "The Revolution in American Higher Education, 1865—1990", *Harvard Educational Review* 21, 1951.
② 参见贺国庆：《德国和美国大学发达史》，人民教育出版社 1998 年版，第 184 页。
③ 郭于华：《转型社会学的新议程——孙立平"社会断裂三部曲"的社会学评述》，《社会学研究》2006 年第 6 期。

增量改革的典型特点，即在原有的结构之外加入一种新的结构，形成新旧并行的制度安排。这种特殊的改革方式，使我们无法从过去的理论中找到依据，也无法从域外直接引进相关理论，而是必须探索出一条适合自己的高等教育改革模式。改革实践证明，中国特色现代大学制度作为一个新的制度安排，极大地促进了我国高等教育的改革发展。

一、中国特色现代大学制度提升了高等教育资源供给能力

（一）改革开放以来我国高等学校数量得到大幅度增长

1978 年我国有普通高等学校 625 所，到了 1987 年达到了 1063 所。由于合并和重组等情况，而后 15 年高校数量进入相对稳定阶段。2001 年开始高校数量又进入快速增长时期，到 2016 年普通高校数量已经达到了 2596 所（具体见图 1–1），比 1978 年增长了 4 倍多。

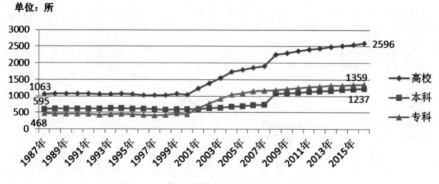

图 1–1　普通高校数量增长情况示意图

（二）改革开放以来我国高等学校在校生规模大幅度增长

1978 年，高校在校生规模 86.7 万人，到了 1987 年达到 196 万人，而后经历了十年左右的慢速增长期。1999 年开始高等学校的招生数和在校生规模进入大幅度增长时期，到 2016 年我国高校普通本专科学生在校人数高达 2795 万人，是 1978 年的 32 倍还多（见图 1–2）。1978 年，我国高等教育毛入学率仅为 1.5%，到 1994 年达到了 6%，2002 年达到 15%，进入国际公认的高等教育大众化水平，到 2016 年达到 42.7%，明显高于世界平均水平，

并预计在 2019 年达到 50%,进入高等教育普及化阶段(见图 1–3)。中国高等教育大众化的速度惊人,在高等学校毛入学率从 5%—15% 的过程中,美国用了 30 年、日本用了 23 年、韩国用了 14 年、巴西用了 26 年。我国从毛入学率 3.4%—15%,仅用了 12 年的时间。

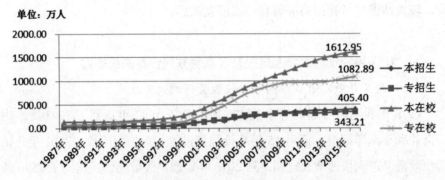

图 1–2　本专科学生招生数与在校数增长情况示意图

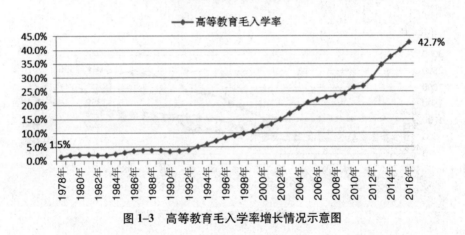

图 1–3　高等教育毛入学率增长情况示意图

(三)改革开放以来我国高校教师数、经费数和学校建筑面积大幅度增长

从教师、经费与学校建筑面积上,更可以直观反映高等教育的供给能力。1987 年我国高校有专任教师 38.54 万人,到 2016 年高校专任教师数量达到 160.2 万人(见图 1–4)。1997 年我国普通高校教育经费投入为 375.6 亿元①。

①　参见郭海:《20 世纪 90 年代中国高等教育经费的来源构成变化》,《清华大学教育研究》2004 年第 5 期。

到 2015 年我国高等教育总投入经费为 9518 亿元①。1987 年我国公立高校校舍建筑面积为 84.32 百万平方米，到 2015 年达到 926.71 百万平方米。

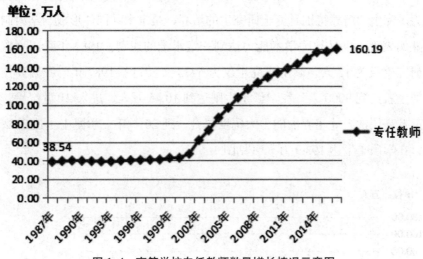

图 1-4 高等学校专任教师数量增长情况示意图

　　从上述几个指标看，改革开放之初我国高等教育供给能力严重不足，大学入学考试被形象地称为"千军万马过独木桥"，考试结束后老师要叮嘱考生"一颗红心两种准备"，防止因高考落榜造成心理问题。经过 40 年左右的发展，我国高等教育资源供给不足的问题得到根本解决，在学生规模方面，我国已经是世界第一高等教育大国，这种规模扩张的速度在世界高等教育史上都不能不说是一个奇迹。在我国高等教育跨越式发展中，体制机制创新起到了非常重要的作用，改革的红利激发和释放了高等教育的发展潜力。如果没有高等教育思想观念的现代化转向，如果没有高等教育管理体制垂直结构与水平结构的去中心化，如果没有投资与办学体制的多元化改革，这种跨越式发展不可能实现。

---

① 参见方芳、刘泽云：《2005—2015 年我国高等教育经费投入的变化与启示》，《中国高教研究》2018 年第 4 期。

二、中国特色现代大学制度提升了高等教育的质量

（一）高层次人才培养能力显著提升

高等教育培养人才的层次在一定程度上可以反映出高等教育的质量，因为研究生的培养特别是博士研究生的培养，是学术共同体形成与学科制度成熟的表现，也是教师学术能力达到一定水准的表现。1982 年我国高校博士研究生仅为 13 人，硕士研究生仅为 5773 人。到了 1987 年，我国高校在学博士就达到 9000 人，在学硕士生则达到 10.45 万人。进入 21 世纪后，我国高校高层次人才培养的能力大幅度提升，到 2016 年在学博士生达 34.2 万人，在学硕士生达 193.9 万人（见图 1–5）。

单位：万人

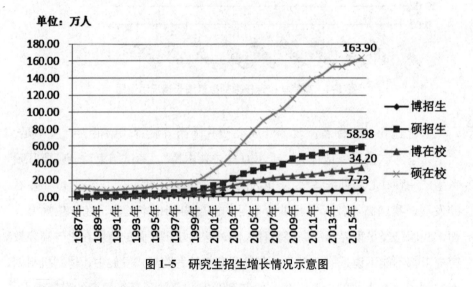

图 1–5　研究生招生增长情况示意图

（二）高等学校国际竞争力显著提升

2005 年发表的一份研究报告表明：从 1995 年到 2005 年，中国 28 所大学和美国大学联盟大学的差距，特别是在科学研究能力和高层次人才培养方面的差距已经在迅速缩小。2016—2017 年英国泰晤士高等教育（THE）世界大学排名中，进入排行榜的全球 980 所大学中，中国大陆占 52 席。用排名榜主编菲尔·巴蒂的话称：亚洲正在演变成超级教育地区，尤其是中国，

与欧洲形成强烈对比。[①] 已经得到世界高等教育界公认并对高校与政府决策产生重要影响的"上海软科世界大学学术排名"也得出了类似的结论，这一排名表明：从 2003 至 2017 年，中国大学进入世界前 200 与前 500 的数量都在大幅度增长（见图 1–6）。

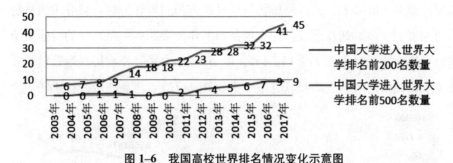

图 1–6　我国高校世界排名情况变化示意图

　　改革开放以来我国高等教育国际竞争力的提升，还表现在来华留学生的规模大幅度增长这一指标上。一般而言，留学生流动的方向往往也是高等教育水平相对较高的地方，如果一个国家高等学校中的国际学生持续增长，则可表明这个国家高等教育质量的提高。1978 年，来华留学生仅为 432 人，到了 2012 年达到了 10.64 万（见图 1–7）。2016 年外国留学生数量迅速攀升到 44.3 万人，比 2015 年同比增长 11.3%，成为世界留学市场新的增长极，而美国 2016 年录取海外学生数量同比下降了 3.5%，增长幅度下降了 5.7%。[②]

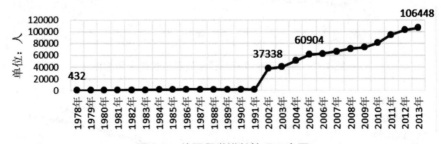

图 1–7　外国留学增长情况示意图

---

① 参见《环球时报》2016 年 9 月 23 日。

② 参见《金融时报》2017 年 12 月 19 日。

（三）高等学校的科技创新能力显著提升

改革开放以来，我国高等教育领域重点发展政策经过多次调整，但基本的原则没有太大改变，就是发展重点学科，而重点学科建设水平的核心指标则是科技创新能力，因此高校的科技创新能力可以直接反映出高等教育的质量。改革开放以来，我国高校科技创新能力得到显著提高，具有中国特色的研究型大学体系初步形成。这表现在如下几个方面：一是高校的科研经费持续大幅度增长（见图1-8、图1-9、图1-10）；二是高校承担课题数量与发表学术论文数量大幅度增长（见图1-11、图1-12）；三是高校的技术转让合

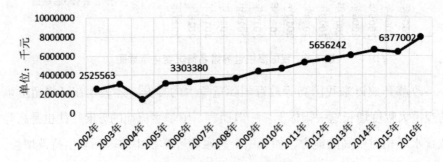

图1-8 高校科研事业费增长情况示意图

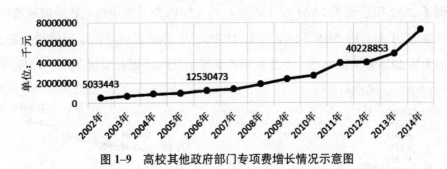

图1-9 高校其他政府部门专项费增长情况示意图

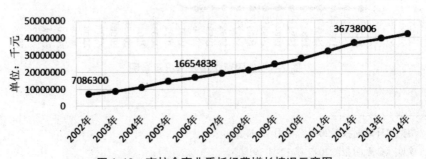

图1-10 高校企事业委托经费增长情况示意图

同数与科技转让收入大幅度增长（见图1-13、图1-14）；四是高校获得国家自然科学奖、技术发明奖、科技进步奖以及获得国务院各部门科技进步奖的数量持续稳定增长（见图1-15、图1-16、图1-17、图1-18）。以十二五期间（2011—2015年）为例，高校牵头承担80%以上的国家自然科学基金项目，牵头承建了国家"十二五"规划的16项重大科技基础设施中的5项，依托高校建设的国家重点实验室占总数的60.0%，获国家科技三大奖，占全部授奖数量的60%以上。高校服务产业、企业和社会需求获得的科研经费总额超过2028亿元，占高校科研经费总量的33.8%；科技成果直接交易额

图1-11　高校科技课题数量增长情况示意图

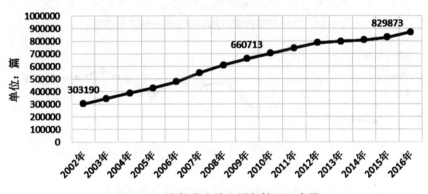

图1-12　高校发表论文增长情况示意图

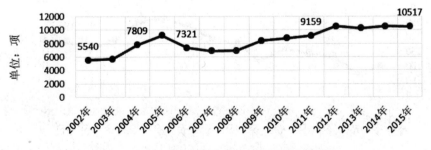

图1-13　高校技术专业合同数量增长情况示意图

超过 196 亿元，发明专利授权量占全国年发明专利授权总数的 26.3%，依托高校建设的各类科技园区已经成为创新创业和创客空间的主要聚集区。

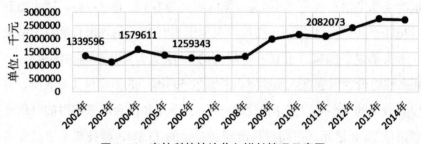

图 1-14　高校科技转让收入增长情况示意图

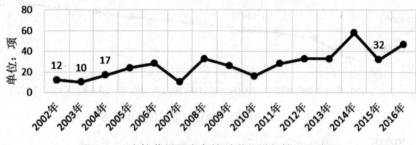

图 1-15　高校获得国家自然科学奖增长情况示意图

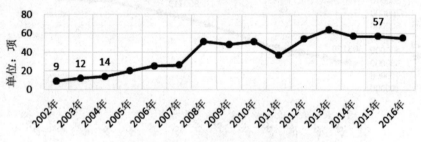

图 1-16　高校获得国家技术发明奖增长情况示意图

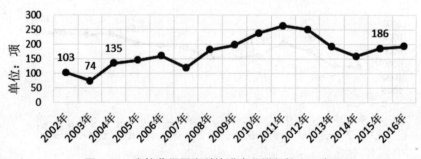

图 1-17　高校获得国家科技进步奖增长情况示意图

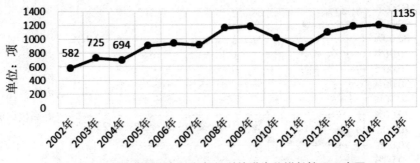

图 1–18　高校获得国务院各部门科技进步奖增长情况示意图

三、中国特色现代大学制度优化了高等教育的结构

（一）形成了公办民办相结合的多样化办学格局

随着我国办学体制改革的深入开展，我国民办高等教育也不断得到发展，为我国高等教育大众化作出了重要贡献。2002 年我国具有民办高校 131 所，2016 年已经发展到 734 所（见图 1–19）。在整个高等级体系中，民办高等教育所占份额逐步增长，形成了以公办为主、民办为辅的公办民办相结合的多样化办学格局，有效地满足了不同消费群体的高等教育需求（见图 1–20）。

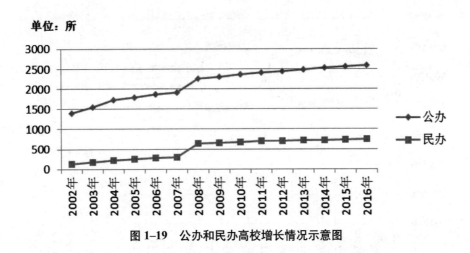

图 1–19　公办和民办高校增长情况示意图

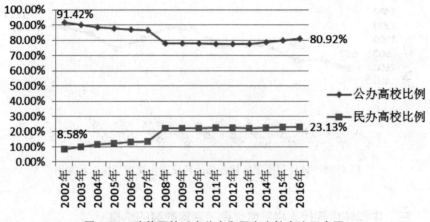

图 1-20 改革开放以来公办和民办高校占比示意图

（二）形成了本专科教育协调发展的多样化办学层次

1978 年以来，我国社会结构也发生了巨大变化，人才结构随之也发生变化。社会需求岗位与高校培养人才规格发生错位现象。在供求错位的情况下，我国本科高校和专科高校的数量比例得到了适当的调整，尤其是在2001 年，专科高校的数量逐渐超过本科高校（见图 1-21），努力培养专门型人才，以解决人才供求错位的问题。因此，高等教育在办学层次上结合我国

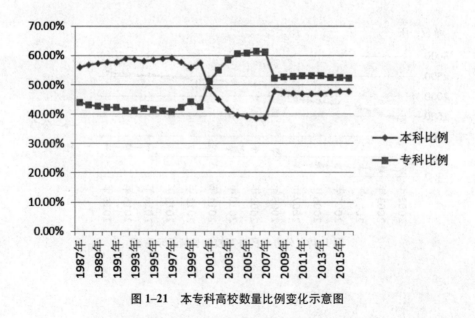

图 1-21 本专科高校数量比例变化示意图

社会人才的供求实际，不断进行调整，实现了高等教育领域办学层次的多样化发展。

（三）形成学术型与应用技术型共存的多样化办学类型

我国本科教育长期以来有"重学轻术"的传统，专业定位、课程体系与人才培养模式不是基于社会行业与职业，而是基于学科体系。21世纪初我国有600所左右专科层次的高等学校升格为本科院校，这些新升本科院校在办学层次提高后，也有比较明显地向传统体系靠拢的倾向。随着我国产业结构的转型升级，传统意义上的学术型本科教育体系已经不能满足经济社会发展的需要。2014年我国提出要建设现代职业教育体系，发展本科层次的职业技术教育，引导部分地方本科高校转型发展，建设成为应用技术型大学。在国家多项政策的鼓励支持下，2016年全国有200余所公立本科高校在整体上进行了转型发展的试点，还有更多的高校在学院或专业层面进行了转型发展的尝试。这些转型学校、转型学院和转型专业，在定位上从学术取向转向了职业取向，在课程开发与实施上重视产教融合、校企合作，在教师队伍建设上重视双师型教师的培养，在科研上重视应用技术的开发和成果的转化，在学校治理结构、评价制度和学校文化建设上也发生了相应的改变。经过改革，我国本科高等教育结构发生了重大改变，形成了学术型与应用技术型共存的多样化办学类型，现代职业教育体系建设取得重大进展，为我国产业结构转型升级与供给侧结构性改革创造了条件。

四、中国特色现代大学制度发展了高等教育治理理论

我国高等教育改革是在社会转型的特殊背景下开展的，因之也具有我国社会转型的基本特征。在改革内容上，我国高等教育改革属于增量改革，即在原有的结构之外加入一种新的结构，形成新旧并行的制度安排。在改革的路径上，我国高等教育改革属于渐进性的制度变迁，将改革中引入的增量作为试点，成功则大范围推广，失败则不再进行。这种特殊的改革方式，导致我们无法从过去的理论中找到依据，也无法从域外直接引进相关理论，而是必须"边改革、边实践、边探索"，将改革实践与改革理论建设结合起来，

构建具有中国特色的高等教育理论体系，并在这方面取得了实质性进展。譬如在高等教育功能和高等学校职能定位的认识上，在大学—国家—市场三者协调机制的认识上，在高等教育管理与服从二元对立关系的认识上，在高等教育大众化理论的认识上，在高等教育标准本土取向与世界取向如何平衡的认识上，在高等教育公平与效率关系的认识上，在高等教育内外部治理结构的设计理念上等，都形成了新的观点，并经过了改革实践的检验，为高等教育治理理论创新贡献了中国智慧和中国方案。

第 二 章

中国特色现代大学制度的设计理念

改革开放 40 年来我国大学理念变革是在社会转型的特殊背景下展开的，因此集中地遭遇到全球认知与本土认知、国家治理与地方治理、外部治理与内部治理、学术治理与行政治理、刚性制度与知识共同体精神气质之间的强大张力。在这样制度环境下形成和发展起来的大学理念，在变革逻辑和样态上与其他国家有很大的不同，形成了大学理念变革的中国特色和中国经验。

第一节　中国特色现代大学制度设计理念的内涵与意义

一、中国特色现代大学制度设计理念的内涵

中国特色现代大学制度的设计理念，特指在我国高等教育改革发展中由高等教育改革主体提出的具有指导意义和实践价值的思想、观念和理论的统称。本书所指称的大学设计理念与我们一般指的大学理念既有联系又有区别。两者的联系是，大学理念是大学设计理念的上位概念，前者是后者的理论基础，也是包含与被包含的关系。两者的区别是，大学的设计理念只是大学理念中的部分特定内容，而不是它的总体。大学理念在形成机制上有的是自然演进的，有的是人为设计的，大学的设计理念专指人为设计的部分。大学理念的内容有些被物化，成为新的大学模式的文化基因和精神支持，有些仅仅停留在了观念的层面，并没有发挥指导实现的功能。而大学的设计理念，无论效果如何，都是对高等教育实践产生重要影响的理念。本书的大学

设计理念专指那些在中国特色现代大学制度建构过程中发挥了重要作用的理念系统。基于这一思路，笔者以为，能够称得上中国特色现代大学制度设计理念的东西，应该具有如下八个基本特性：

第一，具有独特性。中国特色现代大学制度设计理念必须与其他类型的设计理念有所不同，否则难以构成中国特色现代大学制度的要件。

第二，具有自主性。中国特色现代大学制度设计理念在建构中不会排斥向不同国家的大学文明学习，但它的主体内容理应是中国人自己创造的，不是从外部舶来，而是中国高等教育文化自觉、文化自强和文化自信的产物。

第三，具有系统性。中国特色现代大学制度设计理念应该具有稳定的性格和整体性的结构，而不是"只言片语"或"忽东忽西"。

第四，具有共识性。中国特色现代大学制度设计理念的来源是多方面的，但它一定是各种观点整合的结果，在各种不同观点之间达成了共识，并在实践中得到广泛地响应。

第五，具有进取性。中国特色现代大学制度设计理念应具有强烈的社会关怀，它的文化追求不是学理上的知识目标，而是社会改造。特定时代的大学设计理念，往往不是单一的，而是多样的，各种设计理念之间往往会产生激烈的冲突，这些冲突来源于认知和利益多种原因，而真正的大学设计理念必须具有进取精神，有着强烈地走向主流的意识，能够旗帜鲜明地与其他理念进行博弈。

第六，具有先进性。中国特色现代大学制度设计理念应具有价值属性和文化立场，要对其进行正确和错误之分。错误的设计理念指导下建立起的大学模式，不会将大学引向进步，而是会引向落后。中国特色现代大学制度设计理念是对中国大学发展构成积极影响的那部分东西，是代表先进文化和正确价值观的理念。

第七，具有实效性。按照中国特色现代大学制度设计理念构建的制度安排，应当被实践证明是有效的，可以比较好地完成高等教育的国家使命和个人发展的需要。

第八，具有示范性。中国特色现代大学制度设计理念应当对其他国家和地区产生一定的吸引力，对域外国家和地区的大学改革也产生了积极影响。

二、中国特色现代大学制度设计理念的意义

设计理念虽然是思想、观念和理论层面的东西，但是它的影响是巨大的，它凝聚和释放出的物质力量是惊人的。西方宏观经济学鼻祖凯恩斯认为，经济学家和哲学政治家的思想所具有的力量，往往超出了人们的想象，真正统治这个世界的就是一些思想而已。现代社会学的奠基人韦伯把理念比喻为"铁道上的转辙器"，可以决定轨道的方向。[1] 诺贝尔经济学得主哈耶克在《通往自由之路》中指出："观念的改变和人类意志的力量，塑造了今天的世界。"[2] 中国共产党在革命和建设中也始终高度强调思想动员、思想解放和理念创新的作用。习近平总书记指出：

> 理念是行动的先导，一定的发展实践都是由一定的发展理念来引领的。发展理念是否对头，从根本上说决定发展的成效乃至成败。实践告诉我们，发展是一个不断变化的过程，发展环境不会一成不变，发展条件不会一成不变，发展理念自然也不会一成不变。[3]

从理论上说，设计理念本身就构成了中国特色现代大学制度的重要组成部分。历史学家格雷夫在《历史的制度分析》一文中认为，制度是关于他人行为和我们周围世界以及行动和结果之间关系的"共同信仰"。这个观点比较明确地将设计理念与模式化制度等同起来。笔者认为，大学模式的设计理念既是大学模式中特定的内容，也是大学模式各种制度安排的"元规则"，即规则的规则，元规则是各种具体的和多样化的制度安排能够保持特定模式

---

[1]　参见何怀宏：《观念的力量》，《读书》2008 年第 1 期。
[2]　韦森：《改革没有完成时——评〈中国改革三部曲〉》，《读书》2018 年第 1 期。
[3]　《习近平谈治国理政》第二卷，外文出版社 2017 年版，第 197 页。

特性的根基所在。①

高等教育发展的历史表明，中国特色现代大学制度设计理念具有极其重要的价值。"文化大革命"结束后，我国提出"拨乱反正"，开始重新规划国家现代化方案。对于什么是"乱"，大家的认识比较一致，就是极"左"思想及其指导下激进的政治运动，因为它的危害大家都看得到，将国民经济推向了崩溃的边缘，使我国的教育和科技水平大大落后。但是对于什么是"正"，则存在不同的认识，也存在一个选择什么样的发展道路的问题。在这历史性的重大选择时刻，以邓小平为代表的一批具有领导力的中国共产党的领导者们提出了正确的现代化设计理念，那就是恢复了中国共产党实事求是的传统，高举思想解放的旗帜，不从本本出发，不预设理想的结构模式，坚持实践标准，通过渐进式改革，不断创造、完善、丰富和发展有中国特色的社会主义。改革开放的历史就是思想解放的历史，改革开放离不开思想解放。思想解放是社会变革的先导，是改革开放的火车头。在新的历史起点上坚持改革开放，还需要继续解放思想。②

剑桥大学教授阿克顿曾说："观念不是公共事件的结果而是其原因。"③用这个观点总结分析中国特色现代大学制度设计理念的意义一点也不过分。改革开放40年来，我国大学进行了系统性改革，推动着我国大学不断由世界体系的边缘向中心进行转移。在这一过程中大学设计理念始终发挥着凝聚改革共识、提供改革动力和引导改革方向的重要作用，成为体制改革、教学改革和其他操作层面各项改革的先导性要素。周远清在1996年接受《中国高等教育》记者采访时就提道：

> 总结这几年的工作经验，越来越感觉到教育思想、教育观念的改革非常重要。如果教育思想、教育观念问题不解决好，很多工作就难

---

① 参见朴雪涛：《知识制度视野中的大学发展》，人民出版社2007年版，第32页。

② 参见光明日报编辑部：《实践是检验真理的唯一标准——纪念真理标准讨论30年》，光明日报出版社2008年版，第41—43页。

③ 何怀宏：《观念的力量》，《读书》2008年第1期。

以推动，特别是改革就很难深化。教育思想、教育观念改革是体制改革和教学改革的先导。[①]

第二节　中国特色现代大学制度设计理念的生成机制

刘献君教授的研究表明，新中国成立以来，我国大学理念的来源有三个渠道：一是通过引进和消化而形成的外生转换性理念；二是从国家政治和政策衍生出来的政治嫁接性理念；三是通过实践总结的自发内生性理念。[②]周远清提出，中国特色高等教育思想体系应该具备全方位、多角度和系统性的特点，构建这个体系要从三方面进行梳理和挖掘：一是要从中国特色社会主义道路、制度、思想里挖掘高等教育思想体系的内容；二是要从中国的传统文化里去挖掘高等教育思想体系的内容；三是要从传统的教育思想以及正反两方面的教育实践中挖掘高等教育思想体系的内容。[③]

上述两位专家的观点对于理解中国特色现代大学制度设计理念，具有重要的启发意义。但要阐释与分析中国特色现代大学制度设计理念的生成机制，还需要进一步加以研究，因为各种影响理念生成的因素不是静止和孤立地发挥作用，它们之间的关系模式可能更为重要，关系模式直接决定了中国特色现代大学制度生成的复杂性。本节从"古今"、"中西"、"内外"、"上下"几个方面关系的视角，对中国特色现代大学制度的设计理念进行研讨，提出了如下四个重要的生成机制：

一、古今文化贯通

涂又光先生将我国高等教育历史分为三个阶段：第一个阶段是"人文"

---

① 陈浩：《跨世纪的课题：改革教育思想观念——国家教委副主任周远清访谈录》，《中国高等教育》1996 年第 Z1 期。
② 参见刘献君、周进：《建设高等教育强国：六十年的理念变迁及其启示》，《高等工程教育研究》2009 年第 5 期。
③ 参见周远清：《从"梳理"到"挖掘"——开展"高等教育思想体系研究"的一点想法》，《中国高教研究》2014 年第 5 期。

阶段，时间从成均设立到清末之前；第二个阶段是"科学"阶段，是近百年来引进西方高等教育制度的过程；第三个阶段是目前正在形成的"人文·科学"阶段。① 这个阶段划分的思路具有特别的意义，简洁地表述了历史与现实的关联。"人文·科学"阶段的大学设计理念，不是用历史反对现实，也不是用现实否定历史，而是将古今文化贯通，建设一个新的大学模式。

（一）儒家大学与中国特色社会主义

儒家大学包括儒家的知识体系、儒家学术传播的制度化组织和儒家的文化精神三个组成部分。近代以来，制度化儒家不复存在，但是知识化的儒家和文化意义的儒家却始终没有退场。中国各个时期的社会主义革命和建设，都无法回避儒家的存在。美国学者墨子刻认为："尽管毛泽东领导的革命运动，猛烈地抨击儒家传统的腐朽和病态，这一点本身并不能证明儒家传统他们追求的理想就没有影响……现代中国与前现代中国之间意识形态上的连贯性，要远远超过大多数历史学家的研究所已经认识的那种程度。"②

在革命话语占据主位的抗战期间，毛泽东在 1938 年 10 月中共六届六中全会上发表的报告《论新阶段》中指出："今天的中国是历史的中国的一个发展，……从孔夫子到孙中山，我们应当给以总结，继承这一份珍贵的遗产。"③ 新中国成立以后，在极"左"思潮横行的时代，以孔子为代表的儒家思想曾经被彻底否定，将其人为地与社会主义对立起来。改革开放以后，儒家大学文化价值再次得到肯定，儒家大学的文化地位也再一次得到承认。1984 年，中央办公厅批复成立孔子基金会，时任国务院副总理的谷牧担任名誉会长。1994 年，国际儒学联合会成立，江泽民接见了参加成立大会的各方代表，谷牧与原政协副主席叶选平先后担任会长。2004 年，胡锦涛批示将孔子的故里济宁设定为"中华文化标志城"，以传播汉语和汉文化的国际教育机构被命名为"孔子学院"（Confucius Institute）。中国特色社会主义

---

① 参见涂又光：《中国高等教育史论》，湖北教育出版社 1997 年版，第 1 页。

② ［美］墨子刻：《摆脱困境——新儒学与中国政治文化的演进》，颜世安译，江苏人民出版社 1990 年版，第 16 页。

③ 《毛泽东选集》第二卷，人民出版社 1991 年版，第 534 页。

进入新时代后，儒家的文化地位更加受重视。2014 年，习近平亲自参加纪念孔子诞辰 2565 周年的国际学术研讨会，这是我国最高领导人第一次出席这个会议，习近平在讲话中指出，中国共产党人"坚持和发展中国特色社会主义，但中国共产党人不是历史虚无主义者，也不是文化虚无主义者。……中国共产党人始终是中国优秀传统文化的忠实继承者和弘扬者，从孔夫子到孙中山，我们都注意汲取其中积极的养分。中国人民正在为实现'两个一百年'奋斗目标而努力，其中全面建成小康社会中的'小康'这个概念，就出自《礼记·礼运》，是中华民族自古以来追求的理想社会状态"[1]。

随着儒学文化价值和文化地位的提升，学术界对儒学与社会主义之间内在关联的研究也开始兴起，人们开始将儒学传统中的大同社会理想、平等观念、伦理本位、和谐意识、志士人格等观念与中国特色社会主义的主张联系起来。正如德国前总理施密特曾经说过："中国进行着一项伟大的实验。以邓小平为首的新一代领导人进行了迄今为止最辉煌的实验。可以肯定的是，假如没有先前的儒家学说，这种实验不会取得如此大的成效。"[2]

（二）儒家大学的知识体系、知识制度和文化精神的回归

儒家大学的回归可以从如下三个方面得到印证：一是儒家大学知识体系的价值得到重视，国学热的兴起正说明了这个问题。华中科技大学从 20 世纪 90 年代开始重视对学生进行文化素质教育，其教育内容之一就是儒家的知识，校方曾规定硕士研究生必须读《论语》并提交读书报告。中国人民大学、清华大学等学校开设或恢复了国学院，将以儒家学说为代表的中国传统学术整合为新的学科建制。二是儒家大学知识制度再度出现，孔子学院是典型的儒学制度化安排，目前已经遍布全世界，成为中国文化的象征。还有很多大学重新规划学校内部的组织结构，传承中国古代的书院精神，规划建设"书院制大学"。大学内部的国学研究院也是一种特殊的知识制度，将国学的

---

① 习近平：《在纪念孔子诞辰 2565 周年国际学术研讨会暨国际儒学联合会第五届全员大会开幕会上的讲话》，人民出版社 2014 年版，第 13 页。

② 《"中国进行着一项伟大的实验"——德国前总理赫尔穆特·施密特谈中国的儒家学说、共产主义和文化传统》，德国《每日镜报》2008 年 4 月 6 日。

传承、研究和推广制度化。三是儒学的文化精神成为新时期大学文化建设的重要来源。大学校长、院系主管和大学教师在开学典礼与毕业典礼的讲话中，往往都会引述儒家经典作为立论依据。很多大学，既包括新中国成立前创立的老大学，也包括新中国成立后创立的新大学和改革开放后才陆续创立的新兴大学，在设计校训和院训时，都不约而同地从儒家经典中寻找启迪，很多校训的话语直接就撷取了儒家经典中的具体表述。

（三）儒家大学对国家高教政策制定和实施的影响

儒家大学的观念对我国高校政策的影响包含两个方面：一是政策内容与儒家基本精神相契合。改革开放以后我国制定的优先发展教育战略，就是儒家重视教育传统的具体体现。我国几代领导人都强调重视高校的思想政治工作，将德育工作放在首位和突出立德树人原则，也是儒家大学传统的延续。二是政策实施与中国社会的文化心理相契合。我国高等教育大众化的发展政策，是典型的跨越式发展模式，如果放在其他国家恐怕难以实现。但是由于我国受儒家思想的长期影响，全社会都有重视教育的传统，为了培养自己的孩子上大学，父母可以节衣缩食，亲朋好友能够出手相助，正是这种望子成龙的儒家文化心理，促成了中国模式的高等教育大众化，整个过程不仅速度惊人，而且也相当平顺。从某种意义上说，正是儒家大学文化内核所发挥的激励和黏合作用，帮助了中国模式的高等教育大众化取得成功。

二、中西文化交融

改革开放，是一个问题的两方面，对内改革与对外开放是一种内在的统一。对内改革是目的，对外开放是手段。对外开放不仅要引进西方先进国家的技术和利用国际市场，也包括向西方学习先进的管理经验。1983年，邓小平指出："我们要向资本主义国家学习先进的科学、技术、经营管理方法以及其他一切对我们有益的知识和文化，闭关自守、故步自封是愚蠢的。"① 美国学者傅高义曾说："在中国和西方道路之间找到适当的平衡并不

---

① 《邓小平文选》第三卷，人民出版社1991年版，第44页。

容易，但是对外开放政策带来了中西的杂交优势和思想的复兴，它们随着时间的推移将重新塑造中国。"① 正是由于在文化教育领域实行对外开放的大环境，使得长期以来被认为是完全错误的西方现代大学设计理念也有了重见天日的机会。

这里所说的西方现代大学的设计理念，就是 19 世纪以后在欧洲理性主义和启蒙主义旗帜下生成的所谓"学术自由"、"大学自治"和"教授治校"等内容。西方现代大学的设计理念在美国得到发展，形成了威斯康星思想和多元巨型大学的概念。西方现代大学的设计理念在内容和价值取向上与西方的政治、经济和结构相适应，但也是学术内在逻辑的反映。西方现代大学设计理念在很长一段时间内，都被视为大学发展和进步的根基所在，是导致"欧洲大学的凯旋"的根本原因。在西方现代大学设计理念中，最最核心的内容是学术自由。阿什比曾说：

> 在文明的国家里，学术自由已受到特别地保护。学术自由不是一种个人的特权，而是一种工作的条件。大学教师享有学术自由，是从事传授与探索真理工作所必需的。学术自由的气氛，是研究最有效的环境。②

西方现代大学学术自由的思想，在新文化运动后，迅速传入中国，很多大学校长和大学教授都服膺和宣传这一主张，将学术自由思想的贯彻与中国大学的发展进步联系起来。中国共产党是受十月革命和马克思主义影响而成立的革命政党，但也是新文化运动的重要成果之一。历史上，中国共产党并不反对学术自由观念，相反还曾经大力提倡过学术自由。1946 年在中共提交政治协商会议的纲领中就明确指出：

---

① ［美］傅高义：《邓小平时代》，冯克利译，三联书店 2013 年版，第 344 页。

② Eric Ashby, *Universities：British, Indian, African, A Study in the Ecology of Higher Education*, Harvard University Press, 1996, p.290.

政府应保障国内人民享受一切民主国家在平时应享受之思想、信仰、言论、出版、集会、结社、通讯、居住、迁移、营业、罢工、游行、示威及免于贫苦、免于恐怖等自由。废除党化教育，保障教学自由。大学采取教授治校制度，不受校外不合理之干涉。①

新中国成立以后中国的高等教育开始学习苏联模式，苏联模式存在一个缺陷就是人为地割裂社会主义同资本主义的联系，无视科学规律的普遍性，将科学与政治混为一谈，创造出所谓的"社会主义优生学"、"社会主义生物学"的说法。这样的问题在我国社会主义建设初期进行知识分子思想改造时也不同程度地存在，将一些中国传统中就已经存在，或者是人类共同遗产性质的思想观念，简单地说成是美帝国主义的文化主张来加以批判，造成了一定的后果。1956年以后，中国共产党在社会主义建设的模式上开始提出走中国道路的问题。1957年春，中国共产党提出在科学和文化建设上实行百家争鸣、百花齐放的"双百方针"。但由于众所周知的原因，"双百方针"在我国很长一段时间里，贯彻得并不好，学术自由思想长期被认定为是资产阶级的专用品而被大肆批判。

改革开放后，我党恢复了实事求是的思想路线，再度提倡双百方针，党的主流媒体也开始讨论学术自由的问题。1986年，江西省委党校主办的理论刊物《求实》就发表了一篇没有署名的文章《实行"双百方针"要保障学术自由》，主要观点是：

双百方针的提出已经有三十年了，这是我们党和国家发展科学和繁荣学术的既定方针，也是一项基本国策。我们认为，贯彻双百方针一个十分重要的问题就是要切实保障社会科学理论者的学术自由。马克思主义是主张学术自由的。倡导学术自由，绝不是搞什么资产阶级自由化，而是在坚持四项基本原则的前提下，发展社会科学的客观要

① 《和平建国纲领草案》，《解放日报》1946年1月24日。

求。它是和创作自由、研究自由、出版自由、言论自由一样，都是社会主义政治民主的表现。①

1990 年 5 月，江泽民在首都青年纪念五四报告会上发表《爱国主义和我国知识分子的使命》的讲话，特别提到了学术自由和创作自由，他说：

> 我们要继续贯彻"百花齐放，百家争鸣"的方针。"双百"方针同四项基本原则是统一的而不是对立的。要在坚持四项基本原则的前提下，努力发展学术自由和创作自由。要继续提倡不同学术艺术流派、不同学术艺术观点的争鸣，鼓励知识分子研究我国建设和改革的现实问题，研究国外的情况和介绍国外先进的东西，鼓励他们解放思想、畅所欲言，努力创造一种勇于探讨和创新的气氛，增进不同学术艺术观点之间的相互了解、相互借鉴。实践是检验真理的唯一标准，科学文化领域里的是非，最终要靠实践来评判。②

2008 年 5 月，胡锦涛在北京大学师生座谈会上的讲话中也明确提到了学术自由，他说：

> 要进一步完善科研体制机制，尊重学术自由，营造宽松环境，切实把广大科研人员的积极性、主动性、创造性激发出来。要广泛参与国际学术交流合作，及时了解国外最新学术动态和学科发展趋势，不断提高学术成果的国际化水平。③

2016 年 5 月，习近平在哲学社会科学工作座谈会的讲话中明确提出了学术自由的观点，他指出：

---

① 《实行"双百方针"要保障学术自由》，《求实》1986 年第 4 期。
② 《江泽民文选》第一卷，人民出版社 2006 年版，第 131—132 页。
③ 胡锦涛：《在北京大学师生代表座谈会上的讲话》，人民出版社 2008 年版，第 6 页。

百花齐放、百家争鸣，是繁荣发展我国哲学社会科学的重要方针。要提倡理论创新和知识创新，鼓励大胆探索，开展平等、健康、活泼和充分说理的学术争鸣，活跃学术空气。要坚持和发扬学术民主，尊重差异，包容多样，提倡不同学术观点、不同风格学派相互切磋、平等讨论。①

2016 年 12 月，习近平在全国高校思想政治工作会议上的讲话中明确提出学术自由的重要性，他说：

坚持潜心问道和关心社会相统一，坚持学术自由和学术规范相统一。②

1957 年毛泽东提出"百家争鸣、百花齐放"，这两句话的思想内涵和话语样式都来源于中国的历史文化传统。然而，"双百"方针在改革开放前并没有长期得到坚持和贯彻执行。改革开放后，坚持和发扬学术自由成为新时期贯彻"双百"方针的一个重要的标志。我们梳理中国共产党几代领导人的观点后，可以得出如下结论：中国共产党在大学设计的理念上，并不排斥西方现代性的东西，相反还大力提倡学习和借鉴。但是，学习和借鉴的目的，不是盲目地抄袭和照搬，而是要建设中国自己的大学设计理念。正如习近平所指出的：

着力提出能够体现中国立场、中国智慧、中国价值的理念、主张、方案。我们不仅要让世界知道"舌尖上的中国"，还要让世界知道"学术中的中国"、"理论中的中国"、"哲学社会科学中的中国"，让世界知道"发展中的中国"、"开放中的中国"、"为人类文明作贡献的中国"。③

---

① 习近平：《在哲学社会科学工作座谈会上的讲话》，人民出版社 2016 年版，第 28 页。
② 《习近平谈治国理政》第二卷，外文出版社 2017 年版，第 379 页。
③ 《习近平谈治国理政》第二卷，外文出版社 2017 年版，第 340 页。

习近平总书记在这段话中的若干个"中国"的表述，既是中国共产党人的一贯思想，也是中国特色社会主义进入新时代后中国共产党科学教育主张的一次重大创新，具有重要的理论意义和实践价值，是改革开放进入新的阶段后我国大学设计理念的指导思想。

改革开放以后，中国共产党人在中西文化关系上的系统观点，对于大学中国模式的设计理念的重要影响表现在两个方面：一方面，这些主张有助于我们反对文化保守主义，从而可以吸收一切人类创造出的大学文明成果；另一方面，这些主张也是我们批判西方中心主义大学现代性的重要理论武器，从而使我们的大学改革能够高举自己的旗帜，走自己的路。正是基于这两点，改革开放以来我国大学在高等教育全球化浪潮中，能够拥有文化自信，能够坚持自己的特色，能够建设自己的标准，总体上做到了不孤立、不落伍、不盲从、不迷失。

三、内外逻辑并举

美国高等教育哲学家布鲁贝克将高等教育哲学分为政治论和认识论两种类型，前者强调大学的社会逻辑，后者则强调大学作为高深学术机构的内部逻辑。布鲁贝克认为，这两种逻辑在美国等国家的大学发展中是交替发生作用的。而改革开放 40 年来中国大学理念的变革，总体上体现了双重逻辑同时存在的特征。

（一）大学理念变革始终与国家现代化方案高度契合

新中国成立至改革开放前，我国事实上存在两种不同的高等教育观念，一是借鉴高等教育"苏联模式"，二是延续"延安道路"。① 前一种观念也被称为"专业模式"，强调大学的专业化；后一种观念也被称为"革命模式"，强调大学的社会主义理想。这两种不同的理念差别很大，体现着对高等教育现代化的不同理解，但它们都属于政治论高等教育哲学的范畴。

---

① Cf. Peper，S.，"Chinese Education after Mao: Two Steps Forward，Two Steps Back and Began Again?" *The China Quarterly*，1980（81）：1-65.

改革开放以后，我国设计出了一种新的现代化方案，那就是有中国特色的社会主义。在新的现代性方案的牵引下，大学理念变革也结束了专业模式和革命模式的二元对立，开始以邓小平"一个中心"和"两个基本点"主导大学理念变革。1983年，邓小平提出了"教育要面向现代化、面向世界、面向未来"。1985年，《中共中央关于教育体制改革的决定》中明确提出教育体制改革必须要遵循"三个面向"的指导思想。

改革开放40年来我国处于一种特殊的社会转型状态，产生了新的经济社会结构和多元利益主体，这种社会转型的拉力成为大学理念重组和再造的主要动力。在社会转型的不同阶段，我国的大学理念都会基于外部制度环境和需求的变化而不断调试和修正自己的体系，大学理念变革始终与我国新的现代性方案高度契合。大学理念变革过程中，大量反映中国社会变迁的特有词汇，被深深嵌入大学理念的话语体系中，比如"四个现代化"、"思想解放"、"以经济建设为中心"、"社会主义初级阶段"、"商品经济"、"中国特色社会主义"、"体制改革"、"社会主义市场经济"、"科学发展观"、"新常态"，等等。新的大学理念话语体系，成为改革不同时期高等教育凝聚力量、调控方向的"改革共识"，对体制改革和教学改革起到了重要的先导性作用。

从大学理念供给方式和其特定内涵看，改革开放40年来大学理念变革的逻辑无疑具有政治论高等教育哲学的典型特征。

（二）大学理念变革也体现了大学内在逻辑的要求

大学是以高深学问为基础发展起来的高度专业化组织，它的运行有着自身的逻辑。对大学内在逻辑的尊重与认同是大学发展的客观要求，同时也是现代大学理念体系中最核心的成分。

改革开放前很长一段时间，基于内在逻辑而产生的西方现代大学理念，被简单地当作"毒草"而被全盘否定。改革开放后，邓小平提出的"尊重知识、尊重人才"成为新的社会价值取向，长期盛行的"反智主义"思潮得到纠正，大学教师的文化身份得到国家和社会认同，学者群体在大学中的地位和作用得到肯定，大学的自主权得到重视和保护。有关学术自由的讨论不再是禁区，逐步成为学术界一个重要的论域，并且在国家领导人的讲话和中央教育政策文件中，学术自由和学者治学的主张也得到体现。加拿大比较教育学者许美德教授曾评论道："改革使中国大学获得了比 1949 年革命以来的任何时候都更大的自主权，而且中国的学术自由在最近几年已经得到极大的改善。"① 从这个意义上讲，在改革开放以来的大学理念变革中，大学的内在逻辑也发挥着重要作用，新的大学理念无疑也具有"认识论"高等教育哲学的特征。以学术自由为核心的内在论大学理念在我国再度崛起，主要有如下三方面的原因：一是改革开放促使我国大学加入了全球化的知识体系，其中不可避免地要受到西方国家大学理念的影响；二是改革后中国共产党恢复了实事求是的思想路线，从而使大学理念变革能够根据内在规律来推进；三是我们在思想解放的社会生态中不再割裂历史，历史上形成和发展起来的中国现代大学精神也得到应有的重视和肯定。

　　基于以上分析，我们可以看出改革开放 40 年来我国大学理念变革既是外部逻辑引导的结果，也是内部逻辑推动的产物，双重逻辑同时发生作用并达成了一种动态的平衡。这种大学理念变革的双重逻辑，在理论和实践上都超越了政治论与认识论高等教育哲学的分野，创造出了大学理念变革的中国经验。

四、上下力量结合

　　改革开放后我们寻找的新的现代性方案，是一个未知的方案，建设中国特色社会主义是一项全新的事业，因而无法依照过去的经验或者从域外引进相关的模式，必须通过实践进行探索，邓小平用"摸着石头过河"这一形象的比喻来说明改革的艰难性和曲折性。为了实现改革创新，党和国家高度重视从基层群众的呼声或从基层的改革实践中总结改革的规律，通过局部改革的经验带动国家整体的改革。譬如，我国 20 世纪 80 年代农村进行的产权改革就是通过安徽凤阳小岗村农民的实践带动起来的。在党和国家的鼓励和支持下，我国基层单位的改革精神被充分调动起来，很多局部的和个别的

---

① ［加拿大］许美德：《追求世界一流：面对全球化和国际化的中国大学》，林荣日译，《复旦教育论坛》2005 年第 3 期。

改革经验后来都为国家制定全局性的改革政策提供了强大的支持。1993 年，中国共产党十四届三中全会发布的《中共中央关于建立社会主义市场经济体制若干问题的决定》中指出：尊重群众首创精神，重视群众切身利益。及时总结群众创造出来的实践经验，尊重群众意愿，把群众的积极性引导好、保护好、发挥好。

改革开放 40 多年来，中国特色现代大学制度设计理念的变革也体现出上述的特征。1982—1992 年担任教育部部长和国家教委副主任的何东昌曾经讲过：

> 真正重大的教育决策，很多都是来源于教育第一线的实践。在高等教育的改革中，比如说要重点建设高水平大学的问题，最早是 1983 年在武汉召开的教育会议上，由浙江大学的刘丹、南京大学的匡亚明等四位校长提出。他们的建议得到了小平同志的支持……凡是重大的事情都是群众中创造的，教育领导部门总得有若干个典型在手里，必须懂得用实践检验。[①]

1991 年，原国家教委主任李铁映在直属高校工作咨询委员会第二次全体会议上对推进学校内部管理体制改革提出了如下意见：

> 改革过程要进行总体设计，但也要充分发动群众，努力使改革成为群众的共识。改革是一个长期的任务，要一步一步地走，大家接受了再进行下一步的工作。对于改革方案，应允许别人提不同的意见，评价一所学校改革方案，主要的标准就是是否得到广大教职工的拥护和支持。[②]

20 世纪 90 年代分管高等教育工作的教育部副部长周远清也曾说过：

---

① 中国高等教育学会：《改革开放 30 年中国高等教育改革亲历者口述纪实》，教育科学出版社 2008 年版，第 14—15 页。
② 李铁映：《扎扎实实地推进高校内部管理体制改革》，《中国高等教育》1992 年第 6 期。

20 世纪 90 年代初，一场教育思想观念的大讨论悄然兴起，为什么说是悄然兴起呢？因为主管部门并没有布置这项工作，是各个学校自己感觉到，教育思想观念不改革，学校的整个改革就很难跟得上。①

重视基层的首创精神，并不意味着放任自流。中国特色现代大学制度的设计理念在形成过程中，党和国家的领导人都亲自参与，高度重视，国家教育行政部门能够及时跟进、追踪、总结和推广基层的先进经验，能够迅速贯彻落实国家领导人的重要教育指示，进而能够形成上下联动、上下结合的理念供给机制。

改革开放进入新的阶段后，党和政府为了增强改革的系统性和综合性，提出了加强顶层设计的改革新思路。但这并没有忽视基层改革的意义。2014年 12 月，习近平在中央深化改革领导小组第七次会议上指出：

改革开放在认识和实践上的每一次突破和发展，无不来自人民群众的实践和智慧。要鼓励地方、基层、群众解放思想、积极探索，鼓励不同区域进行差别化试点，善于从群众关注的焦点、百姓生活的难点中寻找改革切入点，推动顶层设计和基层探索良性互动、有机结合。②

第三节　中国特色现代大学制度设计理念的主体内容

一、复数的大学职能观

（一）大学的科学研究职能不断得到强化

现代大学的重要起源是西欧的中世纪大学，一直到 18 世纪欧洲的大学模式都没有太大的变化，在职能上都是以培养人才为唯一的目的，重视古典

---

① 中国高等教育学会：《改革开放 30 年中国高等教育改革亲历者口述纪实》，教育科学出版社 2008 年版，第 14—15 页。

② 《鼓励基层群众解放思想积极探索　推动改革顶层设计和基层探索互动》，《人民日报》2014 年 12 月 3 日。

知识和恪守人文教育传统。古典大学理念的拥戴者纽曼认为：大学的功用是传授学问，而不是发展知识。大学应当主要是一个教学的场所，一个塑造人特殊性格的机构和一个保存文化传统的地方。进入 19 世纪，德国新式大学的创办者摆脱了古典大学理念传统的束缚，提出了"教学与研究相统一"这个新的大学设计理念。新的原则将教师的责任定义为"创造性的学问"，而不是单纯地传授知识。德国研究型大学的观念在 19 世纪成为大学的典范，成为美国等高等教育后发展国家仿照的对象，也成为英国等高等教育先发展国家大学改革的样板，德国大学新的设计理念被学者们称为"现代大学理念"。

新中国成立后，我国的大学在职能的定位上是比较单一的，主要体现在将大学主要看作培养人才的机构，而不是同时具有发展科学的职能。这种状况的出现也是我们高等教育向苏联学习的结果。我们学习苏联教育和科研分离的体制，在大学之外成立科学院系统，而新成立的科学院的人力资源基本上都是从大学调出的，当时还引发了负责高教工作的领导和负责科学院工作的领导之间的矛盾与争论。苏联教育与研究相分离体制的建立有两方面的历史原因：一是科学院的成立先于大学，更早地取得官方的重要地位；二是苏联十月革命基于政治稳定的需要，让老一代知识分子到独立的科研系统从事高深学问的研究，而将大学变成一个"遵守社会主义方针的群众机构"。[①]这一体制在 1956 年后已经发生改变，苏联政府在一批大学中逐步建立起各种专题实验室和部门实验室。可见，在我们学习苏联体制时，他们的体制已经发生了变化。

1956 年后苏联模式一定程度上被突破，大学的科研工作开始被列入国家的科研规划，但是只是居于次要地位。1961 年中央发布的"高教 60 条"中还专门指出：高等学校要以教学为主，克服科学研究和社会活动过多的混乱现象。

---

① 参见［英］洛伦·R.格雷厄姆：《俄罗斯和苏联科学简史》，复旦大学出版社 2000 年版，第 198—199 页。

改革开放后，大学的职能观发生了很大的变化，科学研究重新被看作大学的重要职能之一。这一转变的开始是邓小平 1977 年 7 月提出的"两个中心"的思想。他提出："重点大学既是办教育的中心，又是办科研的中心"。①1978 年《全国重点高等学校暂行规定》中提出："重点高校要逐步增加科学研究的比重，建设成为既是教学中心，又是科学研究中心。"

1985 年前后在国家制定起草科技体制改革决定的过程中，有 5 位著名大学的校长联名给中央负责这项工作的同志写信，提出即将要发布的《关于科学技术体制改革的决定》中要充分体现高等学校在发展科学技术事业中的战略地位，改变长期以来形成的科技与教育分隔的体制，以有利于多出成果和培养高质量的人才。②正是在教育界人士的争取下，中央发布的《关于科学技术体制改革的决定》中，体现了科研院所、大学和企业合作的思想，并提出"有条件的高等学校也可以建立一些确有特色的精干的研究机构"。

此后"两个中心"的思想不断得到深化和制度化。1985 年《中共中央关于教育体制改革的决定》中提出"根据同行评议、择优扶植的原则，有计划地建设一批重点学科，重点学科比较集中的学校将自然形成既是教育中心，又是科学研究中心"。20 世纪 90 年代初我国实施高等教育领域的"211工程"计划，开始有计划地谋划和建设中国特色的研究型大学。我国 20 世纪 90 年代中期"科教兴国"战略提出后，对大学的职能的认识再一次得到深化。1998 年 5 月江泽民在庆祝北京大学建校一百周年大会的讲话中提出，中国的世界一流大学应该是培养和造就高素质创造性人才的摇篮，应该是认识未知世界、探求客观真理、为人类解决面临的重大课题提供科学依据的前沿，应该是知识创新、推动科学技术成果向现实生产力转化的重要力量，应该是民族优秀文化与世界先进文明成果交流借鉴的桥梁。③

在这一精神指导下，我国启动了高等教育的"985 工程"计划，并以此

---

① 《邓小平文选》第二卷，人民出版社 1994 年版，第 423 页。

② 参见中国高等教育学会：《改革开放 30 年中国高等教育改革亲历者口述纪实》，教育科学出版社 2008 年版，第 173 页。

③ 参见《江泽民文选》第二卷，人民出版社 2006 年版，第 123 页。

为契机开展了系列高等教育体制和机制创新，造就出了一批具有中国特色的"多元巨型大学"。

（二）大学的社会服务职能不断得到重视

第二次世界大战后，美国大学在职能上再次进行了创新，将19世纪末和20世纪初形成的提倡大学为社会服务的"威斯康星思想"发扬光大，创造出大学美国模式的重要制度安排——"多元巨型大学"。这一概念是美国高等教育家科尔提出的，用来表达大学多元职能的特征，明确提出了将大学从"教学和科研"领域扩展到"服务"领域。科尔的大学设计理念也被高等教育史学家称为"当代大学理念"。

1985年发布的《中共中央关于教育体制改革的决定》中提出："高等学校担负着培养高级专门人才和发展科学技术文化的重大任务。"1993年发布的《中国教育改革和发展规划纲要》中提出："高等教育担负着培养高级专门人才、发展科学技术文化和促进现代化建设的重大任务。"从两大任务到三大任务，体现了中国高教界对于大学职能认识的深化，社会服务职能被突出地强调出来了。1998年通过的《中华人民共和国高等教育法》再一次提出："高等教育的任务是培养具有社会责任感、创新精神和实践能力的高级专门人才，发展科学技术文化，促进社会主义现代化建设。"

在充分认识到大学社会服务职能意义的同时，在相关政策的引领下高等学校创造出了多种服务社会的方式。比较典型的做法有：一是走"产学研相结合"的道路；二是建设大学科技园，孵化高新技术企业；三是透过各类培训和科技服务直接服务地方经济社会发展；四是建设高校智库，为政府和企事业单位发展献计献策；五是通过开展艺术惠民、送教、送医下乡、公益性咨询讲座和派遣干部教师到基层、农村任职等方式服务社会；六是开放学校图书馆、体育场地等服务社会。在我国改革开放和社会主义现代化建设进入新时代以后，大学的服务职能更加被强化，服务国家重大需要成为宏观高等教育政策的重要导向，进而成为大学专业建设和学科建设的一个重要风向标，"以服务求发展"、"有为才能有位"的观念成为重要的大学设计理念。2016年12月，习近平总书记在全国高校思想政治工作会议上，对大学的社会服务职能进行了新的和更加全面地概括：

> 我国高等教育发展方向要同我国发展的现实目标和未来方向紧密联系在一起，为人民服务，为中国共产党治国理政服务，为巩固和发展中国特色社会主义制度服务，为改革开放和社会主义现代化建设服务。①

（三）提出了大学文化传承创新的新观点

2011 年，胡锦涛在庆祝清华大学建校 100 周年大会上讲话中将大学的职能明确为"人才培养、科学研究、服务经济社会发展和文化传承创新"四个方面。胡锦涛提出：

> 高等教育是优秀文化传承的重要载体和思想文化创新的重要源泉。要积极发挥文化育人作用，加强社会主义核心价值体系建设，掌握前人积累的文化成果，扬弃旧义，创立新知，并传播到社会、延续至后代，不断培育崇尚科学、追求真理的思想观念，推动社会主义先进文化建设。②

有学者据此将文化传承创新作为大学的第四职能，并提出将文化传承作为大学的第四职能具有重要的意义，它有利于大学文化的自识、自信与自律和有利于人才培养、科学研究、社会服务三大职能的深化与融合。③

（四）从构建人类命运共同体视角重新设计大学职能体系

党的十八大以来，在习近平新时代中国特色社会主义思想引领下，我国实施了高等教育"双一流建设"，对大学职能观有了更新的认识。2017 年，中共中央发布的《关于加强和改进新形势下高校思想政治工作的意见》中将

---

① 《习近平谈治国理政》第二卷，外文出版社 2017 年版，第 376—377 页。
② 胡锦涛：《在庆祝清华大学建校 100 周年大会上的讲话》，人民出版社 2011 年版，第 9 页。
③ 参见阚莉：《文化传承与创新：大学"第四职能"的理性分析》，《现代教育管理》2014 年第 11 期。

大学的职能进一步扩展为"人才培养、科学研究、社会服务、文化传承创新、国际交流合作"这五个方面。将国际交流合作作为大学新的职能，是一种理论创新，也是习近平人类命运共同体思想在高等教育领域的一种体现。2015年9月28日，习近平在联合国总部发表了《携手构建合作共赢新伙伴，同心打造人类命运共同体》的演讲。习近平认为打造人类命运共同体，是全人类的共同价值，为了实现这一目标，就要求"促进和而不同、兼收并蓄的文明交流"。习近平指出：

> 不同文明凝聚着不同民族的智慧和贡献，没有高低之分，更无优劣之分。文明之间要对话，不要排斥；要交流，不要取代。人类历史就是一幅不同文明相互交流、互鉴、融合的宏伟画卷。我们要尊重各种文明，平等相待，互学互鉴，兼收并蓄，推动人类文明实现创造性发展。①

进入21世纪以来，如何超越传统政治论、经济论、知识论的大学职能观，建构一种新的结构与体系，已经成为大学设计理念创新的前沿性命题。习近平关于构建人类命运共同体的思想，为重新思考大学的职能体系提供了新的研究视角和理论基础。人类命运共同体视域下的大学职能观，是对传统职能的超越。以往大学的人才培养、科学研究、社会服务和文化传承创新四项职能，在实践中主要是在民族国家范围内展开的，主要强调的是大学的国家责任、民族责任。而在新的视域下，大学是人类的，超越意识形态和局部利益，在世界历史的高度发挥新的职能，强调的是人类责任、世界责任，体现全人类的共同价值，由内向性转为外向性。

基于人类命运共同体的视角而提出的大学职能观，是一种文化论的大学理念，它要求大学要更加重视实现高等教育的文化功能，特别是要实现建设新的世界文化的功能。从大学的历史、性格、使命等方面来看，大学在构建世界文化，打造命运共同体的历史任务面前可以承担重要的责任，发挥

---

① 《习近平谈治国理政》第二卷，外文出版社2017年版，第524—525页。

重大的作用。这些作用具体表现为：保护文化的多样性，促进异质文明的对话；建设包容性的文化体系，形成"和而不同"的发展共识；发展"无边界大学"，将世界文化的发展组织化和制度化。

改革开放以来，我国学术界对大学的职能也进行了很多深入研究，提出了很多有价值的观点。大学职能观由单数到复数的演进过程，党和国家领导人对高等教育的战略思考，国际大学发展的经验，我国大学自主探索的成果，都发挥了重要的作用，从而形成了大学的整体性职能观。

二、本体论的大学价值观

大学价值观，是大学利益相关者对大学本质属性与社会功能所持有的系统性观点。改革开放前，我国的大学价值观存在两种倾向：一是"政治化倾向"，将大学狭隘地理解为无产阶级专政的工具；二是"从属论倾向"，将大学简单地视为计划经济体系中的组成部分和政府的附属机构。改革开放后，在发展商品经济和社会主义市场经济的过程中，政治化倾向淡化了，但是转而形成了"经济化倾向"，这显然仍是一种工具化的大学价值观。这几种倾向都是从外部考量大学的属性，而没有从大学内在的文化身份出发来厘定大学的价值。改革开放以后40年的时间里，我国大学价值观突破了传统藩篱，纠正了政治化、从属论和工具性三种倾向的偏颇，对大学的本质属性和社会功能有了全面而深刻的认识，逐步形成了本体论的大学价值观。本体论大学价值观的核心要义，就是承认大学独特的社会地位，认同大学独特的价值取向。

（一）对大学独特的文化属性有了新的认识

20世纪80年代，我国教育界发动了关于教育本质的大讨论，讨论的焦点一开始主要集中在教育是上层建筑还是生产力这两个问题上。但是随着讨论的深入，人们对教育的本质有了新的认识，开始超越工具论的认知模式，从教育与人的关系、教育与文化的关系等入手探讨教育的本质。这次讨论对高等教育也产生了重要的影响，人们对高等教育的政治功能、经济功能、文化功能有了比较全面的理解，对于高等教育的个体发展功能和向上流动机制也有了正确的认识。改革开放后，随着我党工作重心从阶级斗争转为社会主义现代化建设，高等教育不再被当作阶级斗争的工具，但是也出现了另外一种倾向，将高等教育和大学异化为经济活动的手段。针对这种情况，我国学者进行了严肃的批评和认真的反思，比较有代表性的观点是华中科技大学讲授教育哲学的涂又光先生，他指出：

> 教育自身是文化活动……教育自身要为政治、经济服务。但是，"打铁先需身子硬"，在真理不明、学术不兴、人才不立的情况下，教育自身拿什么为政治、经济服务呢？教育自身为政治、经济服务，必须立人先立己，追求真理，繁荣学术，培育人才，保持自己作为文化活动的本性。本性若失，教育自身就会失位、错位，沦为政治的影子、经济的奴隶。①

涂又光先生的大学价值观非常鲜明，就是承认大学具有服务政治、经济活动的职能，但是大学必须留在"文化"领域里，大学就是它自身，而不是其他的东西。笔者 2001 年曾作为博士生聆听涂先生的授课，他讲到这个观点的时候，显得格外动情，这是一个有过太多人生经历而又具有强烈文化使命的知识分子的呐喊。涂先生的观点在我国高等教育研究界产生了重要影响。虽然不一定每个人都会完全认同他的观点，但是大学的本质属性是文化的属性这一观点已经成为共识。

基于这种文化本体论的大学价值观，很多学者提出要重新思考大学的组织特性。张应强教授认为，我国建设现代大学制度的一个重要前提，就是回归大学学术组织的本性，按照学术组织的个性重新规划大学的制度安排。他说：

> 大学是一种特殊的社会组织，是社会的人才培养机构和学术组织，

---

① 雷洪德：《论教育自身——涂又光教育哲学之本体论》，《高等教育研究》2005 年第 8 期。

以人才培养和学术创新服务于国家目的和社会需要是大学本质属性的体现。尽管现代大学与过去的学者行会和"知识金庙"有了很大不同，但大学作为人才培养机构和学术组织的性质并未改变。①

（二）对大学独特社会价值的理解在全社会达成了共识

改革开放前一段时间甚嚣尘上的"大学无用论"、"知识分子反动论"、"开门办学论"等极左思潮被否定，党和政府明确提出了"教育必须为社会主义现代化建设服务，社会主义现代化建设必须依靠教育"的观点，提出了教育优先发展的战略。在 20 世纪 90 年代后国家实施科教兴国战略和创新型国家战略过程中，高等教育的作用和地位进一步得到重视提升，大学被纳入国家创新体系中最重要的组成部分。在中国特色社会主义进入新时代后，大学的本体价值再一次得到确认。2016 年 12 月，习近平总书记在全国高校思想政治工作会议的讲话中指出：

> 高等教育发展水平是一个国家发展水平和发展潜力的重要标志。实现中华民族伟大复兴，教育的地位和作用不可忽视。我们对高等教育的需要比以往任何时候都更加迫切，对科学知识和卓越人才的渴求比以往任何时候都更加强烈。②

在新的大学价值观的引领下，我国的大学发展得到了全社会的重视和支持，形成了大学发展的良好政策环境和舆论环境，大学逐步从社会的边缘走向了社会的中心，成为了我国社会转型和现代化建设的重要力量。

三、协同性的大学发展观

大学发展观，是大学利益相关者对于大学发展动力机制、发展模式和

---

① 张应强：《把大学作为学术组织来建设和管理》，《中国高等教育》2006 年第 19 期。
② 《习近平谈治国理政》第二卷，外文出版社 2017 年版，第 376 页。

发展目标的系统看法，具体要回答的问题是大学发展中个人需要和国家社会需要的关系、规模与质量的关系、公平与效率的关系、学习借鉴与自主创新的关系。改革开放前，我国大学发展观缺乏系统性思维，经常处于左右摇摆不定的状态。改革开放 40 年来，我国对上述问题在理论和实践上都进行了系统性探索，形成了协同性的大学发展观。

（一）在满足社会与个体两个方面需要中提倡协同

在高等教育个人需要和国家社会需要的关系上，改革开放以来我国高等教育学术界超越了长期以来非此即彼的二元对立思维，提出高等教育要同时满足两种需要，并进而提出了"高等教育内外部关系的规律"。[1] 高等教育内外部关系规律是我国高等教育学界的元老厦门大学潘懋元先生的基本学术主张，他认为在各种教育规律中，最基本的有两条：一是教育与社会发展关系的规律，表现为教育的外部关系规律；二是教育和人的发展关系的规律，表现为教育的内部关系规律。教育外部关系规律制约着教育内部关系规律的作用，但教育的外部规律也只能通过内部规律来实现。[2]

党的十八大以后，对高等教育内外部关系规律的认识更加全面和深刻。党和国家一再强调要加强党对高等教育的全面领导，大学发展要满足国家重大发展战略，要为实现社会公平正义和提高综合国力服务。同时也更加强调要"办好人民满意的高等教育"，旗帜鲜明地提出了"以人民为中心"的大学发展观。

（二）在处理外延发展与内涵发展两种增长方式上提倡协同

所谓外延发展，简单地说就是量的增长。无论对于高等教育系统而言，还是对于个体高等学校来说，量的增长都是一种外显的发展，都是容易被识别和认同的发展。改革开放后的很长一段时间，我国高等教育在量上的供给严重不足，所谓"千军万马过独木桥"是当时高等学校招生的真实写照。因此在规模上实现增长长期以来一直是我国大学发展的重要内容。但是，在量

---

① 参见张应强：《教育内外部关系规律及其对高等教育学学科建设的意义》，《山东高等教育》2015 年第 3 期。

② 参见李枭鹰：《高等教育内外部关系规律的元研究》，《中国高教研究》2016 年第 11 期。

的增长上是"适度"发展，还是"积极"发展上存在着两种不同的主张。主张适度发展的观点认为，应该根据我国社会主义初级阶段能够提供的办学条件和就业机会确定高等教育的规模。主张积极发展的观点则认为，高等教育不仅是消费，而且也是一种特殊的生产，高等教育不仅培养就业者而且可以培养创业者，高等教育资源不足与体制机制的滞后有关，如果进行体制机制创新，就可以实现高等教育的快速发展。

1999 年后持续多年的大学扩招的行动表明积极发展的观点赢得了这场辩论的胜利。按照国家计划到 2010 年实现高等教育毛入学率 15% 左右，而这一指标到 2002 年就提前 8 年实现了。根据以往的经验，我们所制定的规划目标往往需要延后实现，而大众化目标却是大大地提前实现，这不能不说是高等教育外延发展观推动的结果。有学者就提出要在原高等教育系统的外部建立有别于精英结构的新的体系和结构，用来实现高等教育规模的发展。我国高等教育的外延式发展模式在迅速扩大规模的同时，也带来了诸多新的问题，主要表现为三点：一是高等教育结构不够合理，这成为长期以来大学毕业生结构性失业的主要原因；二是高等教育的整体质量不高，出现了社会拒绝使用大学毕业生的现象；三是高等教育整体的办学效益不好，资源闲置、浪费现象突出。

客观而言，虽然外延式发展存在上述诸多问题，但是这种发展观及其模式的历史贡献是巨大的，它使得我国在很短的时间里成为世界第一高等教育大国。不过，规模大并不等同于实力强。党和政府都逐步认识到，要建设高等教育强国，就必须在内涵发展上下功夫。2011 年胡锦涛《在庆祝清华大学 100 周年校庆大会上的讲话》中指出：坚持走内涵式发展道路，全面提高高等教育质量。2012 年党的十八大报告中再次提道，要深化教育领域综合改革，推动高等教育内涵式发展。2017 年党的十九大报告中又一次提出，要加快一流大学和一流学科建设，实现高等教育内涵式发展。从坚持到推动再到实现，这并不是简单的表达方式的不同，而是发展理念的重大变化。原中国高教学会会长瞿振元指出：

党的十九大报告将"推动"提升为"实现",这是从柔性到刚性的变化,是高等教育发展方式的升级换挡,也是面对当下个别高校的思想还停留在外延式发展的思路上,还在纠结于规模扩张、校名更改、土地扩大、层次升格,还没有适应发展方式换挡要求的背景下的一个必然要求。①

考察新中国成立后特别是改革开放以来我国高等教育发展的历史可以发现,从规模扩张到质量提升的转变,并不是一个线性的过程,而是一个复杂的循环往复的过程。世纪之交外延式发展观占据了主导,是高等教育客观发展需要的结果,如今内涵式发展成为主流,也是我国新时代高等教育发展客观需要的结果。再过一段时间,高等教育的外延发展观也许还会发挥重要的作用,因为我国高等教育的整体规模虽然高,但是人均规模还不足,与发达国家相比还有很大的差距,发展是硬道理在高等教育领域还是必须要坚持的方针。

总之,改革开放以来,我国高等教育界通过理论创新和实践探索逐渐形成了要实现"规模、结构、质量、效益"协调发展的观点,正确处理了改革、稳定和发展的关系,②从而比较好地解决了普及与提高、规模与质量、精英与大众等几个重要的高等教育发展命题。

（三）在平衡公平与效率两种发展指向上提倡协同

公平与效率是高等教育发展中的一对矛盾体,改革前很长一段时间里,高等教育被政治化理念所裹挟,一味地追求公平,忽视甚至否定效率,或者认为公平会自然产生效率。这种观念的结果是造成了低效率的公平和形式上的公平,并没有真正实现现代意义上的教育公平。改革前存在很长一段时间的所谓教育两条路线斗争,在本质意义上说都是因对公平与效率关系的观点分歧导致的。改革开放后,我们明确了社会主义初级阶段的性质,不再恪守

---

① 瞿振元:《高等教育内涵发展:从"推动"到"实现"》,《人民日报》2012年12月21日。
② 参见《李岚清教育访谈录》,人民教育出版社2003年版,第220页。

低效率的公平，允许一部分人先富起来，最后再达到共同富裕的目标。这种新的发展观，在高等教育领域也得到了体现。为了顺应经济体制改革和大力发展高等教育客观需要，我国在 20 世纪 90 年代逐步明确了"效率优先、兼顾公平"的发展观，以此为指向完成了缴费上学、重点建设等新的制度安排。高等教育的政策导向也积极鼓励不同地区和不同的学校间开展竞争，政策和资源向优质机构和个体倾斜，大力提倡扶优、扶特、扶强。从实践效果来看，效率优先、兼顾公平的发展观有效地促进了高等教育领域形成"力争上游"的竞争氛围，也促使高等教育资源流向了效率更高、质量更好、效益更突出的地区或机构，从而起到了促进高等教育快速发展的效应。

坚持效率优先的发展导向，的确做大了蛋糕，但是也带来了如何分配蛋糕的问题。很长一段时间里，高等教育的蛋糕分配不够合理，高等教育公平的目标未能充分实现，带来了高等教育发展不充分不平衡这一新的矛盾。

进入 21 世纪以来，学术界对高等教育发展中公平与效率这对矛盾再次进行了讨论，2002 年厦门大学高等教育研究中心组织发起了主题为高等教育公平与效率的国际学术研讨会。潘懋元教授对高等教育公平与效率的关系提出了新的看法，他认为：

> 公平与效率并不必然成为矛盾，两者如果协调得当，可以双赢；处理失当，可能两败。为实现公平而置效率于不顾，或为追求效率而置公平于不顾，都是不足取的。理论研究者、政策研究者的任务就是在公平与效率之间，寻找它的平衡点，即公平与效率间的最佳区域。①

党的十七大之后，在科学发展观与和谐社会建设的指导下，大学发展中的公平问题得到关注。党的十八大以来，以习近平同志为核心的党中央更加强调大学发展中的公平取向。习近平特别强调指出：

---

① 张慧洁、吕东伟：《高等教育改革必须处理好公平与效率的关系——"公平与效率：21 世纪高等教育"国际学术研讨会综述》，《中国高等教育》2002 年第 22 期。

　　教育公平是社会公平的重要基础，要不断促进教育发展成果更多更公平惠及全体人民，以教育公平促进社会公平正义。①

　　（四）在学习借鉴与自我创新两种发展机制上提倡协同

　　在发展目标的取向上，我国高等教育界在学习借鉴与自我创新的关系上取得共识。有学者在 20 世纪 90 年代就提出我们要发展"中国的大学"（University of China），而不是"在中国的大学"（University in China）。② 习近平 2014 年在北京师范大学与师生代表座谈时指出：办好中国的世界一流大学，必须有中国特色。没有特色，跟在他人后面亦步亦趋，依样画葫芦，是不能办成功的。我们要认真吸收世界上先进的办学经验，更要遵循教育规律，扎根中国大地办大学。2016 年习近平总书记在全国高校思想政治工作会议上再次强调：我国有独特的历史、独特的文化、独特的国情，这决定了我国必须走自己的高等教育发展道路。正如许美德教授所评论的：

　　　　如何确立自身的认同，形成自己的特色，是中国大学百年发展的核心问题，改革开放后中国大学重新融入世界知识体系，但是也力求形成自己的风貌，确立自己的地位和风貌，建立自己独特的社会、文化、经济和政治关系。③

　　四、包容性的大学办学观

　　大学办学观，是大学的利益相关者在大学举办权与治理权方面的系统性观点。改革开放前，我国的大学办学观是计划经济的典型产物，政府集大学的举办者、管理者和办学者为一身，这导致改革开放前我国大学的办学体

---

① 习近平：《全面贯彻落实党的教育方针　努力把我国基础教育越办越好》，《人民日报》2016 年 9 月 10 日。
② 参见涂又光：《文明本土化与大学》，《高等教育研究》1998 年第 6 期。
③ [加] 许美德：《中国大学 1895—1995：一个文化冲突的世纪》，许杰英译，教育科学出版社 1999 年版，第 176 页。

制和治理结构非常单一。改革开放后，单一的排他性的大学办学观无法适应
建立社会主义市场经济体制的客观需要，因而发生了重要改变。新的大办学
观的主要特点是将大学不同利益相关者融入新的治理结构中，形成了包容性
的大学办学观。

(一) 提出了政府为主社会力量多方面参与办学观

计划经济条件下，大学的办学体制的基本特点是政府对大学大包大揽。
具体体现在：一是政府包办大学，形成政府办学的单一格局；二是政府包办
学校的事业费和其他投资经费；三是学生的学习费用基本上由政府包下来；
四是政府包办大学生的就业。这种办学体制，长期以来都曾被当作社会主义
制度的优越性被广泛加以宣传。改革开放以后，随着经济体制改革的逐步深
化和社会主义市场经济体制的建立，政府包揽大学办学的旧体制和旧观念已
经不再适应发展的需要。为了调动和释放社会各种力量的办学积极性，提高
高等教育的资源供给能力，促进高等教育的快速发展，20 世纪 90 年代初期
我国提出了新的大学办学观，其基本内涵是：

> 打破国家对高等教育包得过多的局面，在办学格局上实现大的突
> 破，走出一条多形式、多途径发展高等教育的新路子。要积极支持和
> 鼓励社会力量办学，鼓励境外机构捐资助学和开展国际合作办学。要
> 逐步建立和完善国家财政拨款为主，多渠道筹措教育经费的投资体制。
> 改革高校招生和就业制度，逐步实行国家指导、学生自主择业的就业
> 制度。①

(二) 提出了政府宏观指导高等学校自主办学的办学观

计划经济条件下，政府与学校的关系是一种简单的上下级关系，学校
被视为政府主管部门下设的一个事业单位，学校的办学行为主要是执行上级

---

① 李铁映：《振奋精神　真抓实干　促进高等教育上新台阶》，《中国高等教育》1993 年第
3 期。

主管部门的指令。在市场经济体制下，政府管得过细、统得过死的问题日益显露，大学的办学自主权成为制约学校改革发展的重要因素。自 20 世纪 80 年代开始，教育行政部门开始陆续出台文件，在制度层面扩大和落实大学的办学自主权，并在 20 世纪 90 年代初期，形成了如下比较系统的观点：

> 在政府与学校的关系上，政府要转变职能，由对学校的直接行政管理，转变为运用法律、经济、检查评估及必要的行政手段进行宏观管理，加强决策咨询、审议监督机构，提高科学管理水平。要建立和形成高等学校自主办学的制度，赋予高等学校更大的办学自主权，使高等学校形成自主发展、自我约束机制，成为主动适应经济和社会发展需要的具有法人地位的教育实体。[①]

党的十八大以后，党和政府为了更加有效地释放企业和各种社会组织的创新活力，提出了推进"放、管、服"（简政放权、放管结合、优化服务的简称）改革的主张。这在高等教育领域也得到了具体的体现，李克强总理 2016 年 4 月在高等教育改革创新座谈会上提出：要加快推进高等教育领域"放、管、服"改革。结合高校特点，简除烦苛，给学校更大办学自主权。凡高校能够依法自主管理的，相关行政审批权该下放的下放，要抓紧修改或废止不合时宜的行政法规和政策文件，破除制约学校发展的不合理束缚。同时，有关部门要完善督导监管，积极探索为学校、教师、学生服务的新途径、新方式。各级党委、政府要健全制度，完善政策，为教育发展创造更好环境。

教育部等五部门在 2016 年 4 月发布了《关于深化高等教育领域简政放权放管结合优化服务改革的若干意见》，其中提出：完善中国特色现代大学制度，破除束缚高等教育改革发展的体制机制障碍，进一步向地方和高校放

[①] 李铁映：《振奋精神　真抓实干　促进高等教育上新台阶》，《中国高等教育》1993 年第 3 期。

权，给高校松绑减负、简除烦苛，让学校拥有更大办学自主权，激发广大教学科研人员教书育人、干事创业的积极性和主动性，培养符合社会主义现代化建设需要的各类创新人才，培育国际竞争新优势。

（三）提出了管、办、评分离的办学观

在改革的实践中，我国逐步深化了政府、大学和社会三者之间关系的认识，逐步明确了高等教育"管办评分离"的观点，即大学的管理、办学和评估三项职能分开，政府负责管理、大学负责办学、社会专业性组织负责评估。这种观点在 2010 年发布的《国家中长期教育改革和发展规划纲要（2010—2020 年）》中得到了体现，2013 年 11 月党的十八届三中全会通过的《中共中央关于全面深化改革若干重大问题的决定》中再一次提出深入推进管办评分离。根据中央的精神，教育部于 2015 年 5 月发布《关于深入推进教育管办评分离促进政府职能转变的若干意见》。其中提出："推进管办评分离，构建政府、学校、社会之间新型关系，是全面深化教育领域综合改革的重要内容，是全面推进依法治教的必然要求。"对于管办评分离的改革，学者们给予充分的肯定，中国教育科学研究院曾天山认为：

管办评分离的改革意义重大。从当前看，是推动转变职能、简政放权、放管结合、优化服务、提高效能的现实需要；从长远看，是实施政事分开、权责明确、统筹协调、规范有序的现代教育管理制度的重要步骤，是促进教育治理体系和治理能力现代化的关键环节。[①]

五、多样化的大学质量观

大学质量观，反映的是对大学满足国家、社会和知识发展需要的认识。一般而言，如果大学满足上述三种需求的程度高，则说明质量好，反之则说明质量差。但因为国家、社会和知识发展之间的需要并不是完全统一的，有时甚至相去甚远，因此大学质量观也存在很大的差异。不同大学质量观之间

---

① 曾天山：《如何把管办评分离落到实处》，《中国高等教育》2015 年第 20 期。

的争论在很大程度构成了大学操作层面改革发展的张力，直接影响着专业设计、课程体系、教学内容和人才培养模式的结构与样态。改革开放后，在经济体制改革、知识经济来临和社会高等教育需求变化的背景下，我国大学质量观逐步改变了过去单一僵化的模式，建构起了多样化的大学质量观，具体表现为如下三点：

（一）提出了基于素质教育的大学质量观

新中国成立以后，我国高等教育通过向苏联学习建立起了一种新的高等教育的专业教育模式。专业教育模式的基本特征是：

一是建立专业性的单科性大学，培养特定行业的专业人才，综合大学主要是开展文科和理科教育，工科、医科、农科、师范、体育、艺术等都单独建校；

二是专业口径划分细致，以实现学用一致和专业对口；

三是专业性的大学或学院主要依托行业主管部门进行具体的管理，教育行政部门只行使指导的责任；

四是重视专业知识和专业技能的训练。

客观而言，这种模式对于新中国成立以后的工业化转型作出重要贡献，是符合我国当时国情的高教模式。但是随着我国建立社会主义市场经济体制和高等教育规模的不断扩大，这种模式的弊端也逐渐显露出来了，其中主要的问题就是培养的学生适应性不强，创新能力薄弱。有很多学者将新中国成立后大学没有培养出一批学术大师归结为这种过度窄化的专业教育模式，认为文科大学生缺乏科学素质，理科大学生缺乏人文修养，是我国本科教育最大的问题之一，应该对高等教育本科的目标作出战略性调整，树立"高科技水平"与"高文化素养"双重培养目标。①

正是基于对上述问题的反思，国家教育行政部门在部分大学先期探索的基础上，20 世纪 90 年代中期在大学开始了推行文化素质教育的探索和实

---

① 参见文辅相：《21 世纪的大学教育目标：高科技水平与高文化素养》，《高等教育研究》1995 年第 6 期。

践。大学开展素质教育一开始就与中小学有所不同，中小学的素质教育往往是被看成是与应试教育相对的一种教育模式，而大学开展素质教育要解决的问题和切入点都有所不同。华中科技大学文辅相教授认为：

> 素质教育不是一个具体的教学模式，而是一种教育观。素质或素养与品质，与质量是一个含义。从根本上说，提高素质就是提高教育的质量。[1]

按照当年负责启动组织这项工作的教育部原副部长周远清的观点，基于素质教育的大学质量观在发展中大体经历了四个阶段：

第一个阶段是 1994 年提出"三注"，即注重素质教育，注视创新能力培养，注意学生个性发展；

第二个阶段是 1998 年提出"三提高"，即提高大学生的文化素质，提高大学教师的文化修养，提高大学的文化品位；

第三个阶段是 2005 年提出"三结合"，即大学生文化素质教育与教师文化素养提高相结合，文化素质教育与思想政治教育相结合，人文教育与科学教育相结合；

第四个阶段是 2010 年《国家中长期教育改革和发展规划纲要（2010—2020 年）》将素质教育确定为国家高等教育改革发展的"战略主题"。[2]

基于素质教育的大学质量观的提出对高等学校的教学改革和文化建设都产生了重要影响。为了有效推进大学生的文化素质教育，中央教育行政部门通过遴选大学生文化素质教育试点学校、大学生文化素质教育基地等方式实验、总结、交流和推广各校的经验，中央教育行政部门还制定若干相关的政策，引领各地和各高校广泛开展文化素质教育。各大学则通过开设文化素质教育的学术讲座、开设相关选修课程、规定必读的经典书籍和探索通过专

---

[1]　文辅相：《素质教育是一种教育观而不是一种教育模式》，《高等教育研究》2000 年第 3 期。

[2]　参见周远清：《我的素质教育情怀》，《中国高教研究》2015 年第 4 期。

业教学开展素质教育的方式方法等积极尝试这项改革工作。这一过程中涌现出了大批典型，譬如华中科技大学常年每周举办人文素质教育讲座，邀请国内外知名的思想家和学者为本科生作报告，深得学生的喜爱，很多专家报告被华中科技大学出版社出版发行，成为大学文化素质教育的重要成果。一批有志于这项工作的领导和学者还成立了中国高教学会的大学素质教育研究会，每年都召开专业性的会议，参加人员有教育部相关部门的领导、中国高教学会的领导、部分大学的党委书记和校长、相关研究领域的专家。

1994 年教育部在武汉华中科技大学召开工作会议，启动我国高等教育领域素质教育，以后的 20 多年时间里，大学素质教育思想"经历了一个从萌芽到逐步体系化、不断丰富和发展的过程"。[①]1999 年《中共中央、国务院关于深化教育改革、全面推进素质教育的决定》中提出，高等教育要重视培养大学生的创新能力、实践能力和创业精神，普遍提高大学生的人文素养和科学素质。

（二）提出了高等教育大众化时代的大学质量观

我国高等教育界从 20 世纪 90 年代末开始讨论高等教育大众化的问题，讨论的主要议题是介绍马丁·特罗为代表的西方高等教育大众化理论，以及我国实现高等教育大众化的可能性等问题。1999 年《中共中央、国务院关于深化教育改革、全面推进素质教育的决定》提出，在 2010 年高等教育的毛入学率要达到 15% 左右，实现我国的高等教育大众化目标。但是由于我国在 1999 年持续大规模扩招，新办高等学校和其他各种形式的高等教育结构不断涌现，这一指标在 2002 年就提前 8 年实现了。我国高等教育大众化的速度在世界高等教育的历史上无疑是一个奇迹，值得我们骄傲和自豪。我们也应该总结这个过程中的历史经验，这个经验无疑应该是大学中国模式的重要内容之一。

高等教育大众化快速发展也带来了一系列新的问题，其中一个典型的

---

① 参见马陆亭、王静修：《我国高等教育中素质教育思想的确立——学习周远清同志对素质教育思考和工作推动的体会》，《中国高教研究》2015 年第 8 期。

问题就是如何看待大众化时期大学的质量。如果还是按照精英阶段的教育标准和价值体系来评判大众高等教育活动，将会带来很多难以解释和解决的问题。对此，我国高等教育界有着比较清醒的认识。早在 2000 年，我国刚刚提出要在 10 年后实现高等教育大众化的目标时，我国高等教育理论界的元老厦门大学潘懋元教授就意识到即将到来的高等教育大众化，不仅是一个高等教育规模的变化，也是高等教育性质的变化，我国要发展大众化高等教育必须要转变传统的高等教育质量观。①

2001 年张应强教授针对我国高等教育规模快速扩张的现实，提出了如下有针对性的观点：

> 质量观对于高等教育大众化的进程具有重要的影响作用。为了适应我国高等教育大众化发展的客观需要，应建立"发展的质量观"、"多样化的质量观"和"整体性的质量观"。要用"市场力"来检验高等教育质量、约束高等教育质量、提高高等教育质量、保障高等教育质量。②

2001 年潘懋元教授对大众化高等教育的质量观做了进一步的阐释，他说：

> 高等教育大众化的前提是办学模式的多样化，而其核心则是教育质量的多样化。既然办学的层次与类型、培养目标与规格、课程与教学内容需要多样化，那么高等教育的质量必然要体现多样化的特点。但是，质量多样化不等于不要质量，而是不同类型、不同培养目标与规格的大学，应建立各自的质量标准，并按照各自的标准追求高质量。③

---

① 参见潘懋元：《高等教育大众化的教育质量观》，《清华大学教育研究》2000 年第 1 期。
② 张应强：《高等教育质量观与高等教育大众化进程》，《江苏高教》2001 年第 5 期。
③ 潘懋元：《中国高等教育大众化的理论与政策》，《高等教育研究》2001 年第 6 期。

客观而言，我国学者关于大众化高等教育质量观的研究是具有前瞻性的，对于 21 世纪我国高等教育规模、结构、质量和效益的协调发展具有重要理论指导意义。综合学术界各种学术观点，大众化高等教育质量观的基本内涵体现在如下几个方面：一是大众化时期的高等教育质量是一个多层面的概念，不同类型和不同培养规格的大学应该具有不同的质量标准；二是高等教育质量观是一个"适切性"的概念，关照和反映的是高等教育满足国家、社会和个体世纪需要的程度。为了实现高等教育质量观的多样化发展，需要改革高等教育质量评估标准，体现多样化的需求。在建立我国高等教育新的质量标准的过程中，我们既要避免大众高等教育向精英标准看齐，也要避免我国向某一国家的标准看齐。高等教育质量多样化不等于不要质量，也不是不要学术质量，而是需要规定最低的质量标准，以适应高等教育大众化发展的实际需要。①

（三）提出了特色化的大学质量观

20 世纪 90 年代中后期以来，我国高等学校在规模上实现了快速增长，特别是普通本科大学的数量不断创历史新高。这个过程中，大批原来的以"学院"命名的普通高校也纷纷创造条件"更名"为大学，原来大批专科层次的学校升格为大学，原来一些专科学校和中等专业学校通过并入大学变相成为大学。在大学数量大规模扩张的情况下，大学系统内部本来应做好分工协作，规划设计好各自的服务面向和价值取向，形成多样化和特色化的办学格局。但是，在我国的大学系统中却出现了比较严重的办学趋同现象。趋同现象的表现是多方面的，包括办学定位趋同、办学理念趋同、办学目标趋同、质量标准趋同、课程体系与人才培养模式趋同、资源配置方式趋同、治理结构趋同等等。系统趋同的直接后果就是"千校一面"，学校间的专业分工不合理，学校缺乏优势与特色。

造成这种趋同的现象主要有三个方面的原因：一是重点建设政策带来的

---

① 参见潘懋元、肖海涛：《改革开放 30 年中国高等教育思想的转变》，《高等教育研究》2008 年第 10 期。

诱导机制。我国高等教育发展中，有一种长期使用的策略——"以重点带动一般"。这种策略会在系统内产生竞争氛围和有助于减低制度创新成本。但是在高等教育大众化阶段，这个策略很容易让"非重点"机构产生误判，以为重点大学的今天就是它们的明天，因而处处以重点为榜样，想尽办法向重点看齐，诱导众多高等教育机构普遍产生向上漂移的冲动与偏好。二是建设高水平大学与高等教育大众化发展中的模仿机制。我国"211工程"和"985工程"实施以后，这些国家重点建设的大学为了实现世界知名或一流的目标，都不约而同地模仿美国等国家一流大学的标准进行学校定位，几乎所有重点高校都将"综合性"、"国际化"和"研究型"作为自己的定位。而一些新增本科学校在办学过程中，由于没有相关经验，专业标准、课程体系和人才培养方案都需要从零开始设计。在设计的过程中，这些本该属于应用性的大学也倾向于按照重点大学的标准和模式设计专业培养方案。三是在全国范围进行的办学水平评估等工作中，没有能够很好地考虑各学校的差异和定位，用一把尺子量所有的大学，这从制度上强化了大学办学的趋同性。

为了解决大学系统趋同的问题，我国高等教育界开始广泛研究讨论大学特色化办学的问题，形成了系列的思想观点。具体表现在如下四个方面：

第一，立足中国，形成特色。在我国建设世界一流大学和高等教育强国的征程中，我们对如何建设世界一流的现代教育体系有了更新的和更全面的认识。一个基本的观点就是我们建设的一流教育，不是盲目与西方大学接轨的教育，不是照搬西方大学模式的教育，而是立足中国，办出民族特色的教育。2014年习近平在北京大学师生座谈会上的讲话中指出：

> 办好中国的世界一流大学，必须有中国特色。没有特色，跟在他人后面亦步亦趋，依样画葫芦，是不可能办成功的。这里可以套用一句话，越是民族的越是世界的。世界上不会有第二个哈佛、牛津、斯坦福、麻省理工、剑桥，但会有第一个北大、清华、浙大、复旦、南大等中国著名学府。我们要认真吸收世界上先进的办学治学经验，更

要遵循教育规律，扎根中国大地办大学。①

第二，通过比较，凝练特色。我国在建设一流大学的过程中逐渐认识到，一流大学并不是所有的学科和专业都是一流的，而是在关键领域形成了自己独特的优势和特色。一些地方普通高等学校在面临着高等教育系统内部的压力下，也深感学科专业特色的重要性。因此，无论是重点建设大学还是主要服务地方的非重点机构，都意识到差异性发展战略的重要性，都有意识地通过与竞争对手进行比较，重新规划和设计自己学校的办学目标，力求做到"人无我有"、"人有我优"、"人优我特"。

第三，依托行业，夯实特色。行业办学曾经是我国高等教育的一个显著的特征，很长一段时间教育部主要直接管理全国性的文理院校，大量的单科学校都是由各行的主管部门管理。在 20 世纪 90 年代末的体制改革中，大量的行业性学校划归为中央和地方两级教育行政部门管理。由于隶属关系的变化，也由于这些单科性学校不断向综合化发展，原有的服务行业的特色逐渐被淡化。这时候，人们又开始认识到行业办学也有一定的优势，开始重新寻求依托行业，夯实办学特色的路径。这方面采取的措施主要有三个方面：一是在中央教育行政部门的协调下一批下放给省级人民政府管理的原部委院校通过协议的方式尝试省部共建的新体制，二是以学校为主体与行业部门建立协同创新中心，三是在学校内部设立由行业代表组成的理事会或董事会。

第四，借助转型，再造特色。21 世纪初期，我国有一批高等职业学校通过两所以上学校的合并和重组而升格为普通本科学校，这些学校大约有600 所左右，在我国普通本科院校中占有很大的比例。这些新增本科院校原来的办学特长是面向生产一线培养应用性技术的人才，在培养过程中强调理论知识以够用为度，重视实训实习等实践环节。升格为本科院校后，这部分学校的定位开始出现了问题，很多学校都开始向老的学术性本科看齐，并准备在新的起点上继续发展研究生教育。由于这些新增本科学校的学科基础相

---

① 《习近平谈治国理政》第一卷，外文出版社 2018 年版，第 174 页。

对薄弱，不仅无法承担起学术性本科的培养任务，而且还失去了原来的培养应用技术型人才的特色。基于这种情况，中央教育行政部门提出了高等学校转型发展的概念，并在 2014 年联合部分高等学校发布了旨在推动高校转型的"驻马店共识"，大力宣传和倡导高等学校向应用技术型转型，借此再造学校的特色。此后高校转型成为我国高等教育改革的一个热点，是进入 21 世纪以来高等教育改革力度最大的一次行动。各地方教育行政部门通过奖励和激励政策，遴选了一批整体转型的学校以及大批转型的学院和专业。转型学校或专业，都按照国家相关教育政策进行了新的规划和建设，譬如实行产教融合、校企合作、用产业行业标准作为专业和课程标准、建设双师双能型教师队伍等等。

我国大学改革是在社会转型的特殊背景下开展的，因之也具有我国社会转型的基本特征。在改革内容上，我国大学改革属于增量改革，即在原有的结构之外加入一种新的结构，形成新旧并行的制度安排。在改革的路径上，我国大学改革属于渐进性的制度变迁，将改革中引入的增量作为试点，成功则大范围推广，失败则不再进行。这种特殊的改革方式，导致我们无法从过去的理论中找到依据，也无法从域外直接引进相关理论，而是必须"边改革、边实践、边探索"，将改革实践与改革理论建设结合起来，构建具有中国特色的大学理念话语体系，并取得了实质性进展。譬如在对大学职能定位的认识上，在大学—国家—市场三者协调机制的认识上，在大学治理的管理与服从模式关系的认识上，在高等教育大众化理论的认识上，在大学国际化与本土化关系的认识上，在大学发展过程中公平与效率关系的认识上，在大学外部与内部治理结构的设计理念上，都形成了新的观点，并经受住了改革实践的检验。

第四节　中国特色现代大学制度设计理念前瞻

一、重新审视大学设计理念变革的"三种倾向"

虽然改革开放 40 年来我国大学理念变革在总体上适应了国家高等教育

发展的需求，但是受制于制度环境和发展状况的限制，我国大学理念变革还有很多需要正视的问题，其集中表现在如下三种倾向：一是大学理念供给的"行政化倾向"、二是处理大学理念分歧的"不争论倾向"、三是大学理念研究中的"单一现代性倾向"。

行政化倾向是指在大学理念改革中政府是新理念的主要提供者和解释者，并且通过自上而下层层传达的方式进行传播。由于我国的高等教育改革是政府主导的制度变迁，这种改革方式可以迅速达成改革共识和形成改革动力。但是这种方式也带来了相当严重的问题，这就是在我国高等教育经历了"大改革、大发展、大提高"后，没有产生一批在世界上有重要影响的大学校长和教育家群体。回顾世界范围内大学理念演变的历史我们可以清楚地看到，凡是对大学改革发展起到重要推动作用的大学理念，几乎都是大学"内部人"创造出来的。在我国高等教育"双一流建设"的背景下，我们需要改革大学理念供给的行政化倾向，尊重大学内部人关于大学的文化表达和价值追求。原中国高教学会会长周远清曾经指出："学校应该有自己的办学理念，一个高水平学校，不但要出人才、出科研成果，也应该出教育思想、教育理念。"①

不争论倾向是指在处理不同大学理念的冲突中坚持实践理性，不从先验的理论出发，以实践效果作为检验大学理念合不合适的主要标准。改革开放之后，为了避免不必要的意识形态争论，迅速完成国家工作重心的转移和建立社会主义市场经济体制，邓小平提出了著名的"不争论"理论。这种不争论理论在大学理念变革上也得到体现，李岚清在20世纪90年代推动高等学校体制改革的过程中也采取了这一策略。他提出：在体制改革中不必要的争论不但对改革无益，反而会影响改革进程。② 大学理念的不争论策略，有效地缓解了不同大学理想之间的各种矛盾，从而有效地形成了改革共识，并在高等教育领域产生了一场"静悄悄的革命"。但是，在我国大学发展已经

---

① 周远清：《在"促进人文教育与科学教育的融合高级研讨班上的讲话"》，《中国高教研究》2002年第6期。

② 参见《李岚清教育访谈录》，人民教育出版社2003年版，第472页。

进入新时代的情况下，我们是否仍然还要延续这种不争论的改革策略？笔者以为，在建设世界高等教育强国的重要节点，我们必须能够清晰和完整地表达中国特色大学理念的结构和内涵。历史上凡是成为世界高等教育中心的国家，都是由改革者设计出了非常清晰地并具有创新性地大学理念，才促使特定国家的大学形成了新的结构，逐步成为世界大学的典范。而新的大学理念在设计过程中，必然伴随着新旧范式的转换和利益相关者不同诉求所引发的各种冲突。解决这些冲突最好的办法，其实就是让不同范式和各种诉求能有一个对话的平台和机制。

单一现代性倾向是指在大学理念研究和讨论中以西方现代大学或追溯西方大学源流为根基来建构大学理念的认知与想象。改革开放以后，特别是20世纪90年代中期以后，关于现代大学理念研究的成果不断问世。但是细观之，很多所谓现代大学理念研究的成果存在明显的单一现代性倾向，论者往往是通过介绍西方大学理念或者回顾民国时期大学理念来立论，而民国时期大学理念的主体内容也都是从西方大学引进的。这样一来，现代大学理念俨然变成了西方的大学理念，似乎与西方大学理念接轨成为我国建设现代大学理念和制度的必然选择。不可否认，西方大学理念具有其独特的价值，并且也对我国大学改革产生了一定程度的积极影响。但是，非西方国家的大学若想从边缘或半边缘地位走向中心，刻意模仿与简单移植的方式是不可行的，这样或许能够成就个别大学，但无法实现整体的超越。作为超大高等教育规模的国家，我们要建设世界一流大学，就必须有勇气挑战西方中心主义的大学想象，珍视我国大学的文化传统和改革以来积累起来的大学发展经验，形成中国特色的大学理念体系。文化学者甘阳曾提出，如果不建立起中国人的学术和文化自信，我们的大学就必然会成为西方大学的附庸藩属。①

二、以"新发展理念"为指引重塑大学设计理念

改革开放以来，"发展"成为了我国包括高等教育事业在内各项事业的

---

① 参见甘阳：《华人大学理念与北大改革》，《21世纪经济报道》2003年7月3日。

主基调。改革开放总设计师邓小平一再告诫全党：发展是硬道理。发展是解决社会矛盾最有效的手段，发展也是体现社会制度优越性和中国共产党执政合法性最重要的基础。在发展是硬道理这一主基调引领下，我国经济和社会各项事业得到了飞速发展。就高等教育而言，我们从一个供给能力严重不足的高等教育资源匮乏性国家，发展成为规模居世界第一的高等教育大国。但是，我国包括高等教育在内的各项发展还不是高质量的发展，不同程度地存在大而不强、发展不平衡、效益不高、后劲不足等问题和风险。为了实现可持续发展，化解前进道路上存在的各种风险，习近平2015年10月在中共十八届五中全会第二次全体会议上发表《以新的发展理念引领发展》的讲话，明确提出了新发展理念，他指出：

> 发展理念是战略性、纲领性、引领性的东西，是发展思路、发展方向、发展着力点的集中体现。发展理念搞对了，目标和任务就好定了，政策举措跟着也就好定了。①

新发展理念反映了中国共产党对经济社会发展规律认识的深化，是我国发展理论的又一次重大创新。新发展理念是我国新时代经济社会发展的"指挥棒"和"红绿灯"，是建设现代化经济体系的观念基础，2018年3月《中华人民共和国宪法修正案》正式将新发展理念列入其中。

（一）新发展理念的结构与内涵

习近平将新发展理念概括为"创新、协调、绿色、开放、共享"，并指出这五大发展理念，是针对我国发展中的突出矛盾提出来的，是在总结过去的发展经验和分析未来发展趋势的基础上提出来的。具体说来，这五大发展理念的内涵和需要解决的主要问题分别是：

"创新"是要解决发展的动力问题。改革开放后很长一段时间，我国经济社会的发展主要依靠体制改革激发的活力、人力资源成本低的优势和不断

———————
① 《习近平谈治国理政》第二卷，外文出版社2017年版，第197页。

地增加投入。因此，目前虽然我国经济总量已经居于世界第二，但是创新能力不强，产业总体上还处于全球价值链的中低端，核心技术受制于人的问题还没有根本解决。如今我们面临改革红利和人口红利的释放已经达到阈值的现实，还要直面新一轮科技革命和工业革命的挑战，为了实现可持续发展就必须通过创新培育新动能。

"协调"要解决发展结构问题。很长一段时间内，我国的发展更多地关注增长的速度，因而没有很好处理各种发展之间的关系，在一定程度上造成了结构性失衡。具体表现在：区域之间发展不平衡、城乡之间不平衡、经济建设和社会建设不平衡、物质文明与精神文明建设不平衡、经济建设和国防建设不平衡等。各种发展的失衡，如果不能遏制和解决，一方面会引发和激化社会矛盾，造成社会不稳定；另一方面也会产生"木桶定律"中的"短板效应"，影响社会的整体发展进步。

"绿色"要解决发展质量问题。长期以来，我国的发展在很大程度上是粗放型的，这种发展方式的直接后果就是对资源的过度开发和对环境的破坏。这种方式虽然促进了经济的发展，却造成了人与自然关系的紧张，造成人生存环境的恶化。

"开放"要解决发展空间问题。开放的意义用习近平的话讲就是，"现在的问题不是要不要对外开放，而是如何提高对外开放的质量和发展内外联动性。"[1] 开放发展理念的目的是要充分利用好国际国内两个市场和两种资源，强化我国在国际上的话语权和国际治理规则的供给能力。

"共享"要解决发展目的问题。我们是社会主义国家，实现共同富裕，共享改革成果，是社会主义的本质要求，也是中国共产党一贯坚持的治国方针。但是改革开放以来，在蛋糕做大的情况下，我们分蛋糕的制度设计还存在不完善的地方，维护和重建社会的公平正义成为一项重大的工程。

五大发展理念是一个系统，各个发展理念之间既有区别又有内在的联系。从区别上看，每一个发展理念都对应着制约我们发展的显著问题，具有

---

① 《习近平谈治国理政》第二卷，外文出版社 2017 年版，第 199 页。

相对独立性。从联系上看，每一个具体的发展理念都是围绕同一个大的目标，就是实现高质量发展，为建设社会主义现代化强国服务。习近平指出：

> 坚持五大发展理念，是关系我国发展全局的一场深刻变革。五大发展理念相互贯通、互相促进，是具有内在联系的集合体，不能顾此失彼，也不能相互代替。哪一个发展理念贯彻不到位，发展的进程都会受到影响。①

（二）基于新发展理念的大学设计理念系统再造

新发展理念对完善大学中国模式具有重要的指导意义。我国高等教育中长期存在的一些深层次矛盾还没有解决，而破解这些问题，就"需要我们立足我国现代化建设的阶段性特征和国际社会发展潮流，以创新、协调、绿色、开放、共享的新发展理念为统领，遵循教育基本规律，顺势而为，积极作为"。②

贯彻"创新"发展理念，培育高等教育发展的新动能。创新大学的职能观，要让大学成为研究新发展理念的策源地，成为践行新发展理念的重要窗口，成为检验新发展理念的实验田。创新大学的价值观，要以建设一流大学、一流学科和实现高等教育强国为使命，将高等教育强国建设作为实现两个一百年奋斗目标的重要任务。创新大学的办学观，要扎根中国大地办大学，要面向世界办大学，要引领国际大学发展的潮流。创新大学质量观，要突出内涵建设，形成富有特色的大学质量文化。创新大学评价观，无论对大学的绩效考核，还是对教师、学生的学术评价，都应当从过去重视量，转为重视质，将创新精神与创新能力作为评价和奖励系统建设的主要依据。创新体制和机制，开展高等教育综合改革，实现我国大学治理体系和治理能力的现代化，继续释放改革的动能。

---

① 《习近平谈治国理政》第二卷，外文出版社 2017 年版，第 200 页。
② 瞿振元：《以新理念引领高等教育新发展》，《人民日报》2016 年 8 月 4 日。

贯彻"协调"发展理念，优化高等教育结构。要深刻理解和正确认识新时代高等教育发展的内涵，规模发展是发展，结构优化也是发展，而且是高质量的发展。要以协调发展为目的，对高等教育的内外部结构进行调整。要调整区域布局结构，重新规划不同区域高等教育发展格局，不让一个地区的高等教育掉队。要调整层次结构，按照国家高层次人才培养的需要，对各级各类高等学校重新进行定位。要重新调整学科专业结构，要按照市场选择原则和国家扶持原则，重新进行学科专业的整合。要重新调整高等学校的权力关系，要在学术权力与行政权力之间找到新的平衡，要在学术自由和学术规范、学术责任之间找到新的平衡，要在教师教学自主与以学习者为中心之间找到新的平衡。要在学术与职业、理论与实践、科学与人文、专业教育与通识教育、教学信息技术利用与言传身教之间找到新的平衡。

贯彻"绿色"发展理念，改善高等教育生态。大学发展建设中也要秉持环保理念，建设资源节约型、环境友好型的绿色大学。绿色大学建设中，不仅要让大学的环境变绿、变美，而且要让大学师生成为自觉践行绿色文明的先锋，成为环境保护和资源节约的模范，成为国家发展绿色产业的智库和技术产品的输出地。要以绿色发展理念重构被消费主义和庸俗人际关系污染的校园生态，教育和引领广大师生追求真理、追求卓越、追求自由平等、追求奉献他人和社会，讲规矩、讲正气，讲人伦，让大学成为人人向往的可以洗涤灵魂的精神家园。

贯彻"开放"发展理念，扩展高等教育发展空间。大学从产生之初就是一个具有国际性格的学术共同体。我们今天所处的时代，是一个新的全球化时代，是各国相互依存大幅加强的时代。历史证明，一个国家的高等教育或大学不能在封闭的社会中发展壮大，高等教育扩大开放是提高质量、提高核心竞争力和建设高等教育强国的必然选择。新形势下，我国高等教育的舞台是"国际舞台，坐标是国际坐标，标准是国际标准"[1]。要破除高等教育对

---

[1]　陈宝生：《认真贯彻习近平总书记高等教育重要论述　努力办好中国特色社会主义大学》，《中国高等教育》2017 年第 1 期。

外开放"事不关己"的陈腐观念，高等教育对外开放绝不仅是少数一流大学的事情，无论何种层次和何种类型的大学都应该主动承担起对外开放的任务。要充分引进和吸收国际上先进的理念、技术和制度安排，集百家之长，为我所用。要充分开发和利用国际高等教育资源市场，既请进来在本土联合办学，也要走出去到海外开辟一番新的天地。要在人才培养体系中体现"在地国际化"的理念，培育具有国际移动力的新型人才。要参与国际教育组织的建设，影响国际高等教育治理规则的制定，推广高等教育发展的"中国标准"。

贯彻"共享"发展理念，维护高等教育的公平正义。社会主义的目的是实现人人平等，社会主义高等教育的最高目标理应是让全体人民都能享有高质量的教育服务。当然，为了实现这个目标我们还需要付出长期的努力，用习近平的话讲就是需要实行"渐进共享"。高等教育贯彻共享的发展理念要在如下四个方面进行推进。首先，要追求高等教育的机会公平。在资源配置上要引入市场机制，让每一个地区、每一所大学、每一个学生都能有平等竞争的机会，都能够不受政策歧视，可以在自己的能力范围内实现发展的最大可能性。其次，要在文化和舆论上弘扬共享的教育价值观。改变长期以来效率优先兼顾公平的发展理念，树立整体发展的意识。再次，在政策层面要建立补偿机制。要用政府看得见的手弥补市场的不足和缺陷，政策导向不仅要扶强、扶优，更要扶弱、扶差，不让每一地区、每一所大学、每一个学生掉队。最后，要支持大学面向全体人民开展各种公益服务。大学的发展是全社会支持的结果，大学在发展中也要反哺社会、服务社会。大学图书馆、体育馆等设施要无条件地向社区居民开放，要开设多种多样的"假日学校"，丰富社区居民的精神文化生活，提高社区居民的专业化技能，让大学成为社会建设的重要力量和提供公共服务的重要基地。

三、完善和推广中国特色的高等教育话语体系

话语体系是一个文明体自身发展理念和价值观的集中体现，是国家和社会核心竞争力的重要组成部分。如果一个国家没有自己的话语体系，总是

借用外来的话语体系支撑社会运行，那么这个国家一定是边缘性国家和依附性国家。历史上，中国曾经具有独特的高等教育话语体系，大学之道在明明德、亲民和止于至善，就是两千年前我们话语体系的重要内容，这个话语体系发挥了重要的作用，不仅将中国塑造成一个"文明型国家"，也对东亚各国产生了重要影响，对世界作出了巨大贡献。

事实证明，中华人民共和国成立以后特别是改革开放以来，中国走出了另外一条通向成功的道路，在经济领域如此，在高等教育领域也是如此。中国高等教育快速发展的实际状况，已经远远超出了西方大学理念话语体系所能解释的能力和范围，因此我们必须要建立自己的大学理念话语体系来主导大学的发展。中国特色大学理念话语体系建设要做到解释清晰，传播到位，具体可从以下四个方面开展：

（一）在"事实层面"建立中国特色高等教育话语体系的内容架构

改革开放 40 年来，伴随我国大学的发展，我国已经初步形成了自己的大学理念。但是目前大学理念体系的内容还不够完备，迫切需要加强对大学理念话语体系的抽象概括与理论建构，搭建起坚实的中国特色大学理念内容框架。从实践上看，我国大学发展得益于如下独特的发展机制，大体概括为：在办学指导思想上坚持社会主义办学方向，坚持"三个面向"指导思想，坚持教育为人民服务的方针，坚持"创新、协调、绿色、开放、共享"的发展理念；在发展路径上发挥中央与地方两个方面积极性、大学与政府两个方面积极性、公共财政与社会资本两个方面积极性，对重点领域进行重点投资和政策扶持，走跨越式发展道路，鼓励地区与院校间的竞争，引导大学履行国家使命与社会责任，直接参与经济社会建设，建设有中国特色的现代大学制度，等等。对上述这些内容进行理论总结和提升，将有利于加快中国特色大学理念话语体系的定型，因而也迫切需要理论工作者开展这方面的研究。

（二）在"逻辑层面"建立中国特色高等教育话语体系的合法性基础

中国特色大学理念话语体系需要在逻辑上加以证明，如此才能有效发挥其应有的作用。一般而言，一种话语体系被证明需要依据归纳和演绎两种路线。从归纳的角度看，我们要从新中国成立以后特别是改革开放以来我国大学发展的成功经验中抽象出中国特色大学理念话语体系的合法性基础，中国大学的成功是中国大学理念话语权形成的关键所在，没有成功经验为基础的话语体系是脆弱的。从演绎的角度看，要继续研究、丰富和完善新时代中国共产党治国理政思想中体现出的大学理念，将其作为未来建构中国特色大学理念话语体系的理论基础。

（三）在"价值层面"建立中国特色高等教育话语体系的核心理念

价值层次是话语体系事实层次的高度浓缩，是具有标志性并容易识别的文化符号，是其核心理念，任何一种话语体系必然要在价值层次上进行清晰的表达。西方现代大学理念话语体系本质上说就是西方资本主义社会主流价值观的体现。新中国成立以后，中国共产党提出的"民族的、科学的、大众的"文教方针，也表现出新的话语体系的价值取向。当前，我们建设中国特色大学理念话语体系，也要鲜明地表达我们的价值追求。价值层次的话语体系建设要与社会主义核心价值观相契合，要将高等教育的"中国梦"融入其中，要将坚持社会主义办学方向、加强和改善党的领导、坚持以人民为中心和立德树人等思想观点有机地嵌入话语体系的价值层面。

（四）在"表达层面"建立中国特色高等教育话语体系的传播渠道

在国内与国际上讲好"中国大学的故事"，传播"中国大学的声音"，也是话语体系建设的重要内容。西方大学理念的话语体系之所以大行其道，与它重视文化传播有着直接的关系。这方面我们可以建设和利用的平台包括：利用海外孔子学院传播中国大学的核心理念，这就要求我们的汉语教师，不仅要是语言专家，而且要承担中国大学理念声音传播者的责任，在教学实践中要做立德树人和服务人民的典范；要以中国大学发展相关议题为主题举办多层次的学术论坛，让其他国家的大学校长、院长和教授们能有机会更多地了解中国大学、研究中国大学和传播中国大学；要建设好服务好我国大学国际化发展的专业智库，通过智库研究报告宣传大学的中国模式；要建立和完善中国自己的大学质量评价体系，发挥其在学术市场中的引领作用，逐步将大学的中国标准引入世界。

第 三 章

中国特色现代大学制度的治理模式

大学的治理模式，是调整大学利益相关者不同诉求的一种正式的制度安排，是决定大学资源配置方式的重要依据。改革开放以来，我国大学制度经历了重大的历史变迁，其核心内容就是通过治理改革，重新调整中央与地方、大学与政府、国家与社会以及大学内部的利益关系与权力分配。这一改革，是在中国社会转型时期逐步完成的，所形成的新的治理模式，与西方国家既有的大学治理模式有很大的不同，又具有典型的中国特色。那么，中国特色现代大学制度的治理模式仅仅是一个转型期的过渡性制度安排，还是一个具有可持续发展能力的新的大学制度类型？中国特色的大学治理模式仅仅是一个产生于中国并只适合中国的制度安排，还是具有一定推广价值的大学模式？要回答上述问题，必须说明大学中国模式制度的内涵及其运行机制，理解它的内在张力和演进的趋势。

第一节　中国大学治理改革的背景和特征

大学治理改革，简单地说就是一个去中心化（decentralization）的过程。20世纪50年代初期，我国高等教育"院系调整"，在调整过程中合并和创办了一批新的高等教育机构。这次调整从总体上来说是按照计划经济的思维设计的，一个突出的特征就是中心化的改革取向（centralization），当时中央政府专门设置高等教育部管理国家的高等教育事务。中心化取向表现在中央与地方高等教育的管理关系上，就是中央集权，地方没有多少管理权限。中心化表现在国家与社会的关系上，就是国家掌握着大学的举办权，社会力量没有权力举办高等教育。中心化表现在政府和大学的关系上，就是政府既是办学者，又是管理者，掌握着重要的资源配置权，大学没有自主办学的权力。这种中心化的高等教育体制，在"文化大革命"中受到一定冲击，但"文化大革命"的去中心化改革并不是真正制度化的治理，也不是基于扩大规模或提高质量而进行的治理，只是在中央与地方关系向度上进行了改变，其他两个向度没有任何变化。"文化大革命"结束后，在"拨乱反正"的调整中，之前建立起来的高等教育中心化管理体制得到恢复。改革开放后，我国高等教育开始了新一轮的去中心化改革，在中央与地方、国家与社会、政府与大学三个向度上都进行了重大调整，被称之为"第二次院系调整"。

一、大学治理改革的目的是为了解放高等教育生产力

"文化大革命"十年，受到波及最大的是教育事业，尤其是高等教育。党的十一届三中全会召开后，中国共产党不再将阶级矛盾作为社会的主要矛盾，认为"现阶段中国社会的主要矛盾是人民日益增长的物质文化需要同落后的社会生产之间的矛盾"，从此党的工作重心转到了社会主义现代化建设上来。中国实行改革开放，就是要解放生产力，生产力获得发展才能证明社会主义的优越性和中国共产党领导的正确性，而解放生产力，实现现代化，科技是基础，教育是关键。

改革开放之初，我国的高等教育在规模和质量上都不适应现代化建设的需要，大学生和研究生的数量严重不足，当时每年有大约 700 多万高中毕业生，大学招生数不到 30 万。高等教育在质量上与发达国家的差距更为明显，邓小平指出："六十年代前期我们同国际上科学技术水平有差距，但不很大，而这十几年来，世界有了突飞猛进的发展，差距就拉得很大了。同发达国家相比较，差距不只是十年了，可能是二十年、三十年，有的方面甚至

可能是五十年。"①

为了促进高等教育发展，1985 年 5 月发布了《中共中央关于教育体制改革的决定》。这份文件中提出要在大学外部治理的垂直和水平两个向度上进行改革，在垂直向度实行"中央、省（市、自治区）、中心城市三级办学体制"，在水平向度要"扩大高等学校的办学自主权"。这一改革的目的是为了发挥高等学校的"潜力"与"活力"和"调动地方各级政府办学的积极性"。

改革开放前的大约 30 年时间里，我国高等教育也曾有过几次改革，但是都是在上下级政府或同级政府之间进行高等教育管理权限的划分，从未深入高等学校内部。从这个意义上说，20 世纪 80 年代的这次改革是一个重大创举，《中共中央关于教育体制改革的决定》的发布，也结束了高等教育在管理上比较随意的非制度化模式。

1992 年 2 月，邓小平在南方谈话中提出了"社会主义的本质是解放和发展生产力"的观点。为了贯彻这一精神，1992 年 7 月国家教委召开直属高校工作会议，时任国家教委主任李铁映在会上指出："现在我们国家的经济体制有了一个大的转变，转变的目的是要建立一个充分解放生产力、大大促进生产发展的新的经济体制。那么教育制度也必然要有一个大的改革。高等教育尤其如此。"② 同年 11 月，国家教委主任李铁映在全国教育工作会议上的讲话中再次指出："面向经济建设，为解放和发展生产力服务，这是教育工作的一个根本指导思想。在这一点上，我们必须统一认识。"③

二、大学治理改革是为了建立与社会主义市场经济相适应的新体制

传统社会主义实行的是计划经济体制，它是与市场经济体制截然对立

① 《邓小平文选》第二卷，人民出版社 1994 年版，第 128 页。

② 李铁映：《高等教育体制改革与政治、经济、科技体制改革》，《中国高等教育》1992 年第 12 期。

③ 李铁映：《振奋精神 真抓实干 促进高等教育上新台阶——在全国教育工作会议上的讲话》，《中国高等教育》1993 年第 3 期。

的一种经济活动形式和资源配置制度。华人经济学家高希均认为："计划经济是由政府全然控制经济活动的共产经济，又被称为中央化的管制经济。计划经济有两个特性，一是政府拥有生产工具，二是人们没有经济自由。"① 高希均将美国作为市场经济国家的代表，将苏联作为计划经济国家的代表。中国的改革开放在理论和实践上都超越了计划与市场两种经济制度的二元对立，创建了社会主义市场经济体制。1992 年邓小平在南方谈话中时指出："计划多一点还是市场多一点，不是社会主义与资本主义的本质区别。计划经济不等于社会主义，资本主义也有计划；市场经济不等于资本主义，社会主义也有市场。计划和市场都是经济手段。"②1993 年《中共中央关于建立社会主义市场经济体制若干问题的决定》中指出："建立社会主义市场经济体制，就是要使市场在国家宏观调控下对资源配置起基础性作用。为实现这个目标，必须坚持以公有制为主体、多种经济成分共同发展的方针。"台湾政治大学杨景尧教授认为："市场融入社会主义后，高等学校改革可以更大胆地学习欧美发达国家的成功之处，而不必担心被指责为走资本主义道路。高等学校从此必须面对市场带来的竞争，从而有助于扩大高校的办学自主权。"③

在 1992 年全国教育工作会议上，国家教委主任李铁映发表讲话时提出：

> 建立社会主义市场经济，是理论和思想上的一次大解放。经济体制的巨大变化必然要求教育进行相应的变革，建立适应社会主义市场经济发展需要的新体制，是教育体制改革的主要目标。④

为了适应新的经济体制改革需要，1993 年 2 月中共中央、国务院发布

---

① 高希均：《经济学的世界》，台北经济与生活出版事业公司 1985 年版，第 296 页。
② 《邓小平文选》第三卷，人民出版社 1993 年版，第 373 页。
③ 杨景尧：《中国大陆文化大革命后之高等教育改革》，高雄丽文文化事业股份有限公司 1995 年版，第 107 页。
④ 李铁映：《振奋精神　真抓实干　促进高等教育上新台阶——在全国教育工作会议上的讲话》，《中国高等教育》1993 年第 3 期。

了《中国教育改革和发展纲要》，进一步推进大学的分权改革。这次分权改革的目标更加明确，就是要"解决政府与高等学校、中央与地方、国家教委与中央业务部门之间的关系，逐步建立政府宏观指导，学校面向社会自主办学的体制"。

在坚持社会主义基本制度的前提下引入市场变量，对我国大学治理产生了直接的影响。新的制度安排在一定程度上突破了制约大学治理改革的路径依赖，将大学治理置于一个新的场域之中，为大学治理各个向度和各个层级分权改革的启动与实施创造了一个有利的制度环境。

三、大学治理改革的基本特性是实践理性和渐进式改革

（一）实践理性：大学治理改革的核心理念

我国大学的治理改革，是我国整体社会体制改革的一个重要组成部分，与经济体制、科技体制、政府管理体制改革几乎同步开展，因此也具有我国社会改革的一般性特点。改革开放后我国大学的治理改革，都是根据实践理性的原则展开的。所谓实践理性，就是改革不预设前提，不根据书本权威理论或域外"先进模式"来设计改革，也不是在出台了理想化的方案后再进行改革，而是在大的方向定下来后，通过总结经验来不断完善改革方案，并最终以实践效果判断改革方案的优劣成败。这一治理改革的设计思路，用一句耳熟能详的话来说就是"实事求是"。诺贝尔经济学奖得主科斯指出：

> 改革之初，中国领导人没有现成的模式可以依靠，只能走实验之路，并对任何事先设定的蓝图产生了怀疑。当中国苦苦追求富强之路时，它逐渐摆脱了激进的意识形态，回归实用主义。在此争斗中，中国依靠的是自己的文化资源——实事求是。尽管邓小平把它称为马克思主义的精髓，但实事求是其实是传统中国的文化大义。①

---

① ［美］罗纳德·科斯：《中国的市场转型只是起步》，载黄亚生：《真实的中国：中国模式与城市化变革的反思》，中信出版社 2013 年版，"序言"。

1985 年一位非洲国家领导人曾向邓小平请教中国改革开放的经验，邓小平讲道："如果说中国有什么适用的经验，恐怕就是实事求是，也就是说，按照自己国家的实际情况来制定政策和计划。"这位总统后来讲道："西方人总给你规定一个模式，只能照搬，但邓小平说，千万不要照搬我们的模式，而是实事求是。这是有几千年文明的国家才能讲这样的话，这是一种西方远远不及的智慧。"①

1983 年 5 月中国高教学会首任会长蒋南翔在中国高教学会成立大会上作了题为《在马克思主义指导下实事求是地总结高等教育经验》的发言，他指出：

> 有中国特色的社会主义，要求我们不能照搬外部的经验和模式，经济建设如此，办文化教育也如此，都必须从中国实际出发，适合中国的国情和特点。不能不加分析地把西方世界不适合社会主义、中国国情的东西当作新思想、新经验来宣扬和模仿，轻率地抛弃我们自己在实践中行之有效的可贵经验。②

而对如何判断大学治理改革的效果，实践理性观认为关键一点是要看群众答应不答应、群众拥不拥护、群众满不满意。1991 年 9 月国家教委主任李铁映在布置学校内部体制改革的会议上指出：

> 各校的改革方案，只要改革方向对头，并能得到该校的广大教职工拥护和支持，能调动他们的积极性，就可以认为是符合他那个学校实际情况的较好方案。现在要肯定哪个学校的做法最好，为时尚早，只能让实践去作结论。③

---

① 张维为：《中国触动——百国视野下的观察与思考》，上海人民出版社 2012 年版，第212—213 页。
② 蒋南翔：《在马克思主义指导下实事求是地总结高等教育经验——在中国高等教育学会成立大会上的讲话》，《高等教育学报》1987 年第 Z1 期。
③ 李铁映：《扎扎实实地推进高校内部管理体制改革》，《中国高等教育》1992 年第 6 期。

正是由于始终坚持了实事求是的实践理性，我国高等教育一开始就努力探索具有中国特色的大学治理改革模式，而没有对西方现代大学制度进行简单地"模仿"和"跟随"，因而也创造出了高等教育现代化的一种新的典范。

（二）渐进性改革：大学治理改革的推进路径

我国大学的治理改革，主要是市场经济这一变量引发的，因此也不可避免地表现出中国式社会主义市场经济体制的特点。在 20 世纪 80 年代后期至 90 年代初，传统社会主义面对市场化改革分别有三种不同的态度和做法：第一种是不改革，或者仅仅进行局部的修复式改革；第二种是激进型改革，也被称为"休克疗法"，即在尽可能短的时间里实现经济自由化和产权私有化；第三种是渐进式改革，也称为治理改革的中国模式，就是不骤然打破原有的体制，在体制外通过增量改革逐步培育市场因素，逐步实现经济体制的转型。

对于我国为什么实行渐进式的改革，美国哈佛大学教授怀默霆认为："中国实行渐进性改革有两个原因，一是时间点的问题，中国推动市场改革先于苏联和东欧，因此之前从没有人讨论过从计划经济转型为市场经济的可能性。二是通过大爆炸（a big bang approach）方法完成市场化，会遭到各种力量的严重抵制。为了政治上的稳定，只能借助先行改革部门的良好效益，来获取对市场经济改革最广泛的支持。"① 这种判断基本符合实际，但是，他将渐进式改革完全看成是一种策略和手段，则是不准确的。中国式市场经济的制度设计，得益于中华文明的传统智慧，中国人向来反对"非黑即白"，邓小平的"猫论"就是这一智慧的体现。它体现在市场化改革上就是将社会主义的政治制度与市场经济的基本规则结合起来，在保持政治体制连续性的前提下实现市场化的改革目标。从这个意义上讲，渐进式改革是我国治理改革的主体形式。社会主义市场经济体制的建立，是一种创设式的制度

---

① Martin King Whyte, "Paradoxes of China's Economic Boom", *Annual Review of Sociology*, Vol.35, 2009, pp.371-392.

变迁，因此必须要有相应的试错和纠错机制，而渐进式改革的制度设计就正是这样一种机制。正如邓小平与外国领导人谈话时指出的："在前进的过程中要及时总结经验。好的坚持，贯彻下去，不好的，不大对头的，就及时纠正。恐怕这一条经验比较普遍适用。"① 从认识论的角度出发，渐进式改革也是人类社会的有限理性所决定的，哲学家卡尔·波普尔认为，那些基于认为掌握了社会历史规律而进行的社会改造工程最终成为乌托邦，而可行的方案是通过"试错"来排除错误、获得真知并推进的"零星的社会工程"。② 美国学者罗伯特·达尔认为："基于完全理性假设之上的战略是不现实的甚至是有害的，因为人无法获得做出这种决策所需要的所有知识。人们决策中应当进行小规模的实验和修补性的改变，将小的改变累积大的深刻的变化。"③

我国经济体制改革采取的渐进式改革路线在大学治理改革进程中也体现得十分明显，大学分权的渐进式改革的做法和经验可以概括为如下五个方面：

1. 注意大学治理改革的"顺序和时差"

渐进式改革，不主张一次完成多项改革和一次性实现所有的改革目标，而是要求改革要找准突破口，采取先易后难的顺序和时差进行改革。朱开轩曾指出："对于高等教育改革这样新的事务，我们不能急躁，要考虑到客观需要和群众的心理和社会环境的承受能力，要逐步进行，推广改革成果要因校制宜。原有改革的措施没有巩固和消化以前，出台新的改革要慎重。"④ 李铁映也曾经提出："改革要总体设计，分布到位，扎扎实实地进行，不要急于求成。改革是一个长期的任务，要一步一步走，进行一段，大家熟悉了，接受了，再进行下一步的工作。我们不可能通过一两次改革就建立起一个新

---

① 张维为：《中国触动——百国视野下的观察与思考》，上海人民出版社 2012 年版，第212 页。

② 参见魏波：《中国转型的系统困境与改革方略》，北京大学出版社 2014 年版，第 191—192 页。

③ [美] 罗伯特·达尔：《现代政治分析》，吴勇译，中国人民大学出版社 2012 年版，第205—208 页。

④ 朱开轩：《关于 1987 年高等教育的工作任务》，《中国高等教育》1987 年第 4 期。

的模式。"①

从我国大学治理改革的实践看，的确大量采取了这样一种突破方式。比如，大学内部治理改革中首先采取的行动是重新发布"高教60条"，但重新发布前进行了适当的调整，将原来规定设立的"校务委员会"，改为"学术委员会"。这一调整在当时看来是局部的微调，容易为人所接受，但是这一改革却是中国特色现代大学建设的起步，改变了原来大学内部行政权与学术权不分的状况。再比如，在纵向结构的治理改革中，20世纪80年代首先探索了不同隶属关系学校的"合作"和不同政府部门的"共建"，由于没有打破原来的利益格局，因此改革的阻力不大，甚至不同主体都感觉到从改革中可以获利，从而有参与改革的积极性。

2.通过"试点"对大学治理改革方案进行总结和推广

在治理改革的实施中，先选取部分地区或部分学校进行实验，如果证明效果是好的，有助于解放大学生产力并且没有引发社会稳定的问题，就在全局范围内推广。这种改革路径，在很大程度上降低了改革中的学习成本和适应成本，还可以有效避免因个别决策失误演化成的系统性错误。有学者研究表明，带有实验成分的改革政策，在20世纪80年代占50%，到90年代占40%。②

试点先行的原则在大学治理改革中表现得十分明显。比如，在大学内部治理改革中，1984年中央宣传部、教育部选取部分大学作为校长负责制的试点，1985年发布的《中共中央关于教育体制改革的决定》提出要逐步实行这一制度安排。20世纪90年代中期大学外部治理改革奉行的"共建、调整、合作、合并"八字方针，也是经过多年局部的试点形成的。再比如，2010年《国家中长期教育改革和发展规划纲要（2010—2020年)》发布后，为了更积极稳妥地推动大学治理改革等新的改革任务，国务院发布《关于开展国家教育体制改革试点的通知》，提出在北京等9个省市开展落实高等学

---

① 李铁映：《扎扎实实地推进高校内部管理体制改革》，《中国高等教育》1992年第6期。

② 参见魏波：《中国转型的系统困境与改革方略》，北京大学出版社2014年版，第202页。

校办学自主权的试点，在北京大学等 26 所学校进行建立健全大学章程、完善内部治理结构的试点，在清华大学等 8 所学校进行改革基层学术组织形式和机制的试点。该通知提出：要鼓励各地区各大学大胆实验，以改革推动发展、以改革提高质量、以改革增强活力。对于实验中取得的经验与成果，要进行充分的总结、交流和推广，以便将改革引向深入。

3. 在大学治理改革的制度供给上以"增量改革"带动存量改革

大学治理改革的主要障碍在存量部分，因为存量部分是经过三十多年计划经济的影响有的，形成很强的惯性和路径依赖。在 20 世纪 80 年代和 90 年代的改革中，直接对存量进行改革不具备社会心理环境和打破路径依赖的手段。而在增量部分进行改革，则相对比较容易，最终实现以增量改革带动存量改革的目的。比如，在投入体制改革中，20 世纪 80 年代在继续维持公立高校以国家投入为主的制度下，鼓励社会力量举办高等教育，支持中心城市举办大学。比如，在 20 世纪 90 年代末和 21 世纪初的大众化运动中，政府支持公立高校运用金融、信贷及与民间资本合作的形式来提高资源供给能力。再比如，在改革大学招生就业体制时，也采取了增量改革的策略，改革中原有公费生制度不变，但是增加自费生这一新的变量，在双轨制运行一段时间后再实行并轨。

4. 在大学治理改革的价值上强调处理好"改革、发展与稳定"的关系

大学治理改革无论是在内部还是在外部，无论在纵向维度还是在横向维度，都是利益的调整和权力关系的重构，如果处理不好就可能导致改革计划的流产或改革效果大打折扣。因此，我国大学治理的改革是以发展为目的，但是党和政府一再强调在改革中要始终"把稳定作为搞好各项工作的前提"①。这里所说的"稳定"包括三个层面的含义：一是政治稳定，要求大学治理改革要以加强和改善党的领导与思想政治工作作为保障，不能以改革为名弱化党在高校中的地位；二是社会稳定，要求大学治理改革中要考虑到社会的心理环境和人民群众的实际承受能力，要体现公平正义的社会主义核

① 《李岚清教育访谈录》，人民教育出版社 2003 年版，第 220 页。

心价值观；三是校内教师和学生的稳定，要求大学治理改革要处理好公平和效率的关系，要充分考虑到各种实际情况以及教师学生的承受能力和适应能力。

5. 大学治理改革方法论的选择上提出"以实干代替争论"

1992 年邓小平在南方谈话中指出："不搞争论，是我的一个发明。不争论，是为了争取时间干。一争论就复杂了，把时间都争掉了，什么也干不成。不争论，大胆地试，大胆地闯。"① 这种改革方法论在大学分权改革中也得到了全面的体现。负责主持 20 世纪 90 年代高等教育宏观管理体制改革的李岚清与周远清曾经用"翻天覆地的变化"一词来形容这次改革的力度和程度。但就是这样一种巨大变化却没有引发强烈的社会震动，而是在中国高教界引发了一场"静悄悄的革命"。李岚清回顾这次治理改革工作时讲道：

> 有些同志曾提出，要改革，首先要批判过去高等教育体制的弊端。对此，我坚决不同意，并说服这些同志要用历史唯物主义的观点看问题。我们今天的改革，大家认为是正确的，甚至是很有前瞻性的。但过多少年之后，用那时的标准看今天的改革，也许会被后人认为是难以理解的"古董"。但你能否认今天的改革成果吗？所以，不必要的争论不但对推进改革无益，反而会影响改革进程。这十年来，我一直要求大家少宣扬，多实干。②

大学治理的渐进式改革，坚持用发展的办法解决前进中的问题，从而有效避免了不同高等教育发展观点的争论，或者降低了争论的强度。因为顾及不同利益主体的关切和诉求，容易形成改革共识，降低了改革的阻力和成本。渐进式的改革策略也有利于党和政府主导和调控改革，可以将试点中不成功的做法快速调整过来。

---

① 《邓小平文选》第三卷，人民出版社 1993 年版，第 374 页。
② 《李岚清教育访谈录》，人民教育出版社 2003 年版，第 220 页。

第二节 央地关系向度的大学治理模式

我国改革开放 40 年来所形成的国家治理体系中，中央与地方的关系很能体现中国特色和中国制度优越性的关系。我国现有的国家体制，既不是传统的中央集权模式，也不是很多西方学者所普遍认可的威权模式，也不是西方意义上的联邦制度，而是一种"导入地方发展自主权"的一体化政府，是中央统一领导下的分权型政府。这一分权模式的特点在于，有效地解决了国家的统一意志和地方自主之间的矛盾。①

一、走向共同治理：央地关系向度大学治理改革的目标导向

（一）央地关系向度的治理是大学外部治理有效性的基础条件

西方学者范德格拉夫以美国大学系统为例，将大学的治理权力从高到低依次分为 6 个层次，其中最后两个层次分别为州的权力和联邦的权力。② 高等教育分权是美国高等教育的"决策权威、责任和任务在组织之间从较高的管理层转移到较低的管理层的过程"③。分权在类型上还可以进一步区分为功能性分权 functional decentralization）和区域性分权（territorial decentralization）两种类型。④ 所谓功能性分权，指的是大学的管理权力在同级平行的行政机关间重新分配。所谓区域性分权，指的是大学的管理权从中央向较低层次的行政组织分散或下放的过程。

从各国高等教育外部治理的纵向结构看，大致有三种典型的治理模式。

---

① 参见史正富：《超常规增长：1979—2049 年的中国经济》，上海人民出版社 2013 年版，第 166 页。

② 参见［加］约翰·范德格拉夫：《学术权力——七国高等教育管理体制比较》，王承绪等译，浙江教育出版社 2001 年版，第 4—7 页。

③ Hanson, E. Mark, "Strategies of Education Decentralization: Key Question and Core Issues", *Journal of Educational Administration*, 1998, 36（2）：112.

④ 参见蒋凯：《全球化时代的高等教育：市场的挑战》，北京大学出版社 2013 年版，第 147 页。

一是中央集权制，二是地方分权制，三是介于二者之间的复合型模式。由于受到国家体制和文化传统的影响，央地关系向度的分权或者称区域性分权也有三种不同的方式，表现为政治性分权、行政性分权和行政权转让三种模式。（见表 3–1）

表 3–1　央地关系向度大学治理的三种模式

类型	政治性治理	行政性治理	行政权转让
基本含义	中央高等教育行政同不存在优劣关系的地方高等教育行政之间的权限分离	中央高等教育行政同与存在优劣关系的地方高等教育行政之间的权限分离	向从属于中央高等教育行政的地方高等教育行政转让部分权力
地方高等教育行政权力的基础	宪法	中央当局	中央当局
地方与中央当局的关系	对等	地方政府有时从属于中央当局	地方政府完全从属于中央当局
地方高等教育的财政来源	财政自主	有部分自主权	依靠中央财政
地方行政机构的地位	对中央当局而言是独立的政体	有一定程度的自主权，是中央政府的创造物	没有自主权，是中央政府的派生机构

资料来源：根据相关文献和政策自行整理。

央地关系向度的治理，对我国高等教育的发展至关重要，它构成了大学外部治理是否有效率和有效益的基础性条件。在大型国家的有效治理中，纵向治理结构的优化处于国家治理现代化的核心位置，而地方政府角色和法律地位的界定，又是这一纵向治理结构的关键要素。①

（二）治理改革前我国大学外部治理特征："单中心"治理

新中国成立后，我国一度实行中央集权的领导和管理模式。与此相适应，教育体制也呈现出高度中心化的特点，大学的领导与管理权集中在中央

---

① 参见胡萧力：《财政分权与我国地方政府角色的再认识——地方化与辅助性原则的视角》，《东方法学》2017 年第 5 期。

部门，地方管理机构的角色则被看作中央部门的附属机构、执行机构或分支机构，表现为单中心治理的特征。所谓单中心治理，按照美国学者迈克尔·麦金尼斯的观点是：单中心政治体制重要的定义特质是决定、实施和变更法律关系的政府专有权归属于某一机关或决策机构，该机关或机构在特定社会里终极地垄断着强制权力的合法行使。单中心政治体制中，拥有"极权威"的人和服从该权威的人之间决策权能分配是极不平等的。①

高等教育的单中心治理模式在改革开放前曾经有过几次调整，但是由于受到制度环境的限制，单中心治理的基本理念与制度安排并没有太大变化。单中心治理理念下开展的治理改革，往往采取如下治理策略，即中央政府通过部门集权实行"条条管理"，通过向省级部门放权实行"块块管理"。这种"条块管理"使中央和地方之间的关系总是在僵化的控制和有活力的混乱之间来回徘徊，无法形成稳定的秩序。②

单中心治理的僵化管理模式，在高等教育领域体现得十分突出。20世纪70年代末至80年代初期，我国高等教育外部治理的典型特征就是"条块分割"。这一体制是在20世纪60年代初期形成的。所谓条块分割的高等教育体制，就是在国家统一计划下，中央部委（俗称"条"）和省级政府（俗称"块"）分别投资举办大学和直接管理大学的治理模式。这种体制将我国大学分成"两级四块"，"两级"即中央管理的大学和省级政府管理的大学，"四块"即中央教育行政部门所属的大学、中央业务部门管理的大学、省教育行政部门管理的大学和省级业务部门管理的大学。③ 客观地说，这种体制在高度计划经济条件下是一个比较高效的制度安排，具有供需一致和学用合一的优点。但是随着市场经济这一变量的引入和全国统一市场的逐步形成，这种条块分割的高等教育体制已经成为解放高等教育生产力的制度障碍。姚

---

① 参见［美］迈克尔·麦金尼斯：《多中心体制与地方公共经济》，毛寿龙、李梅译，三联书店2000年版，第73页。

② 参见王晓燕、方雷：《地方治理视角下央地关系改革的理论逻辑与现实路径》，《江汉论坛》2016年第9期。

③ 参见朴雪涛：《现代性与大学——社会转型期中国大学制度的变迁》，人民出版社2012年版，第106页。

启和教授认为："条块分割的体制最大的问题是封闭发展、自成体系，条条建条条的，块块建块块的，没有统筹规划，都在追求大而全、小而全。由此带来的后果就是院校和专业的重复建设、单科性院校过多。"① 为了适应社会主义市场经济体制的需要，单中心的大学外部治理结构必须要重新加以调整。原国家教委主任朱开轩提出："学校单一隶属关系和条块分割，造成部分学校和专业重复设置，教育资源配置和学校结构布局不够合理，办学效益不高。这些问题的存在，突出地反映了高等教育管理体制的不适应，因此，当前要特别着重抓好管理体制的改革。"②

（三）大学治理改革的目标：实现"多中心"共同治理

我国高等教育单中心治理的结构是在 1952 年"院系调整"中建立起来的。在院系调整时期，中央将高等教育管理职能从教育部划分出来，成立了专门管理高等教育事务的高等教育部（简称"高教部"）。1953 年 10 月中央发布《关于修订高等学校领导关系的决定》，规定了高等学校的领导关系，指出：高等教育部对全国高等学校实行统一与集中领导。中央业务部门和地方政府在管理高等学校时，应按照中央高教部的各项规定执行。管理高校的中央业务部门要设立专门的机构，负责与高教部联系，在高教部指导下执行高校的管理工作。③ 单中心治理不仅表现在高等教育管理权力的上移，也体现在高校的隶属关系的中心化。1954 年底，全国有高校 188 所，隶属于高教部和其他中央业务部门直接管理的有 171 所，由省人民政府代管的只有17 所。④ 这一高等教育管理体制是学习苏联模式与适应计划经济体制的产物，具有历史的必然性。

1956 年以后我国领导人开始反思苏联模式的问题，1958 年后，为了配合"大跃进"运动，高等教育单中心治理体制得到调整。1958 年 2 月高教

① 姚启和：《办大学的若干理论与实践问题》，华中科技大学出版社 2003 年版，第 194—195 页。
② 朱开轩：《积极推进高等教育管理体制改革——在全国高等教育体制改革座谈会上的报告》，《中国高等教育》1995 年第 1 期。
③ 参见《中国教育年鉴（1949—1981）》，中国大百科全书出版社 1984 年版，第 781 页。
④ 参见郝克明、汪永铨：《中国高等教育结构研究》，人民教育出版社 1987 年版，第 233 页。

部并入教育部，8月中共中央与国务院发布了《关于教育事业管理权力下放的规定》，提出"必须改变条条为主的管理体制，根据中央集权和地方分权相结合的原则，加强地方对教育事业的领导管理"。① 根据这一文件规定，1958年原隶属中央的229所高校，有187所下放给地方管理。②

大跃进时期的"放权"，是在基本经济制度没有任何改变的情况下通过激进的方式迅速完成的，因此"放权"不但没有解放生产力，反而造成了对生产力的破坏。于是，中央调整了政策，将已经下放给省级部门的管理权限重新收归中央。1963年5月中央和国务院发布《关于加强高等学校统一领导、分级管理的决定（试行草案）》，提出要试行"中央统一领导，中央和省、市、自治区两级管理的制度"。按照这一政策，1964年中央再度设立高等教育部，加强中央的高等教育领导力量。1965年底全国高校有434所，隶属高教部的34所，隶属中央业务部门的149所，隶属省级政府的251所。至此，"条块分割"的高等教育管理体制在我国正式形成。

"文化大革命"运动开始后，中央与地方双重领导的高等教育体制被废止，高教部又一次被并入教育部，高等学校的管理体制实行"在中央统一计划下以块块为主的体制"。③

1977年恢复高考制度，并在1978年将学校重新归中央直接管理，1979年重新颁发了1963年的《关于加强高等学校统一领导、分级管理的决定（试行草案）》，也即是说在体制上，实际恢复了当时条块分割的制度安排。

通过历史的梳理我们可以发现，改革开放前高等教育的单中心治理模式也数次遭遇挑战，但是由于基本经济制度没有变化，单中心模式的变革也因此总在放与收之间摇摆不定。改革开放后，在经济体制改革的大背景下，单中心的高等教育管理体制再次面临着调整。调整的思路与改革开放前相比有了很大的不同，概括地说就是在制度设计上体现了多中心治理思维。

大学治理改革的多中心治理思维在政策和制度上的体现有如下三个方

---

① 《中国教育年鉴（1949—1981）》，中国大百科全书出版社1984年版，第91页。
② 参见《中国教育年鉴（1949—1981）》，中国大百科全书出版社1984年版，第234页。
③ 《中国教育年鉴（1949—1981）》，中国大百科全书出版社1984年版，第94页。

面：一是提出建立多元办学体制。1985 年《中共中央关于教育体制改革的决定》中提出，要实行中央、省级政府和中心城市三级办学的新体制。二是提出建立中央与地方分工负责的两级管理体制。原国家教委主任朱开轩指出："高等教育管理体制的改革是整个高等教育体制改革的关键，要使高等学校条块分割的管理，逐步走向条块有机结合，实行中央和省、自治区、直辖市两级管理，以省级政府为主的体制。"[①] 三是为了推进高等教育办学体制、管理体制改革，国家在教育行政机构上进行了调整。1985 年 6 月，全国人大通过了《国务院关于提请审议设立国家教育委员会和撤销教育部的议案》。新成立的国家教育委员会的一项重要职能就是统筹不同中央业务部门、不同地区和不同行业的高等教育改革工作。新成立的国家教育委员会主任由时任国务院副总理李鹏兼任，同时任命国家计委、国家经委、国家科委、财政部和劳动人事部 5 个中央行政机构的副部级领导为国家教委的兼职委员，参加教委的领导工作。[②]

二、央地关系向度大学治理改革的动因

（一）治理改革的历史惯性：发挥"两方面的积极性"

改革开放前，我国高等教育的总体特点是适应计划经济体制的单中心治理，但是在特定历史时期，也出现过两次高等教育治理改革。一次发生在 1958 年，一次是发生在 1966 年。因为这两次治理改革是与"大跃进"和"文化大革命"联系在一起的，所以过去人们对这两次改革的评价并不高，无论是教育行政领导还是研究者往往都使用"秩序混乱"或"质量下降"等词汇描述这两次改革。但是从历史上的角度看，这两次治理改革在当时有一定社会现实基础，并且与 20 世纪 80 年代中期高等教育多中心治理方案的提出与实施也有一定的历史连续性。

新中国成立初期，我们学习苏联社会主义经济建设经验，建立起了中

---

① 朱开轩：《教育改革和发展中的几个问题》，《高校领导参考》1995 年第 7 期。
② 参见《人民日报》1985 年 6 月 26 日。

央统一领导的计划经济体制。但是以 1956 年 4 月毛泽东发表《论十大关系》为标志，中国共产党已经开始思考和探索一条有自己特色的发展道路，其中就包括如何处理好中央与地方的关系问题。毛泽东在《论十大关系》中指出：

> 中央和地方的关系也是一个矛盾。解决这个矛盾，目前要注意的是，应当在巩固中央统一领导的前提下，扩大一点地方的权力，给地方更多的独立性，让地方办更多的事情。这对我们建设强大的社会主义国家比较有利。我们的国家这样大，人口这样多，情况这样复杂，有中央和地方两个积极性，比只有一个积极性好得多。我们不能像苏联那样，把什么都集中到中央，把地方卡得死死的，一点机动权也没有。①

毛泽东提出的"扩大一点地方的权力"，既是他在对国情进行判断的基础上形成的，也是他在《论十大关系》中所主张的要向不同制度国家学习先进经验的体现。他认为："欧洲分成了许多国家，有利于充分发挥积极性，美国发展也快，原因则是各州有相当大的自治权。"② 毛泽东在会见斯诺时也曾提道："要学你们美国的办法，分到五十个州去。"③ 毛泽东在《论十大关系中》中还提出了如何处理好中央与地方关系的工作机制，就是"提倡同地方商量办事的作风。……商量好了再下命令"④。

毛泽东的地方分权的主张，是在要保证中央集中统一领导的前提下提出的，分权不是目的而是手段，分权依靠的不是制度安排，而是转变工作作风，目的在于发挥地方和中央两个方面的积极性。这一主张也体现在了 20 世纪 80 年代中期高等教育体制改革的设计理念中。1985 年国务院在提交全

---

① 《毛泽东文集》第七卷，人民出版社 1999 年版，第 31 页。
② 彭真：《论新时期的社会主义民主与法制建设》，中央文献出版社 1989 年版，第 196 页。
③ 《建国以来毛泽东文稿》第 13 册，中央文献出版社 1998 年版，第 181 页。
④ 《毛泽东文集》第七卷，人民出版社 1999 年版，第 31—32 页。

国人大讨论通过的《关于设立国家教育委员会和撤销教育部的说明》中指出，体制改革，不仅要调动教育部门的积极性，而且要调动各部门、各地区、各行各业办教育的积极性。在 20 世纪 80 年代以后国家发布的涉及高等教育治理改革的文件中，都将"调动各级政府的积极性"作为改革最重要的目标。

（二）治理改革边界条件的变化：高等教育地方化

改革开放后我国高等教育治理改革的多中心治理模式的形成是一个渐进的过程，是随着外部治理边界条件的变化而逐步深入的。1985 年启动的治理改革得以实施，一个重要的边界条件就是地方政府直接投资和管理的高等学校已经占有了相当大的比例。

随着市场经济体制的建立和国家政府管理体制的逐步调整，高等教育地方治理的时代开始到来了，比如 1995 年隶属中央部门的学校有 33.6%，2000 年时下降到 11.4%。在我国高等教育大众化浪潮的推动下，给高等教育多中心治理的时代创造了更加有利的边界条件，到 2006 年时中央部委院校占比从 2000 年的 11.4% 缩减为 5.9%。联系到 1954 年时隶属中央的院校占比高达 91%，这个变化实在太大了。2000 年我国高等学校的隶属关系调整已经基本完成，而 2006 年中央院校比例大幅下降则表明，我国高等教育增量巨大，且增量几乎都是由地方完成的，我国真正进入了"高等教育地方化"的时代。在庞大的地方高等教育群体面前，中央教育行政部门若想直接管理，将面临严重的信息不对称难题，而必须要设计和建立中央与地方两级管理的分工协作机制。

（三）治理改革的物质基础："分灶吃饭"与"分税制改革"

1980 年以前，高等教育经费的投入由中央统一划拨，中央和地方分级管理和分级使用。经费下达程序是中央业务部门和省级政府分别制定各自的高等教育发展计划与经费预算，由中央统一进行平衡和审批。

1980 年后国家实行了新的财政体制，实行了"划分收支、分级包干"（俗称"分灶吃饭"）。为了适应这种体制，教育经费的投入也进行了相应的改革，开始实施预算包干，打破了教育经费由中央投入的单一格局。按照分灶吃饭的原则，公共高等教育经费的拨付由中央和地方按照条块分别安排。中央只负责中央管理的院校，地方财政负责地方高校，同时也将高等教育的经费管理和经费责任移交给了地方政府。[①] 这种教育财政制度的实施，成为省级政府形成统筹区域高等教育事业发展的物质基础，也是改变单中心大学治理的重要制度保障。

1994 年我国进行了"分税制"改革，一是中央与地方建立各自的收税系统，二是提高中央税收的占比。这一改革的目的是为了解决强地方和弱中央的财政收支状况，提高中央政府的财政能力。从这个角度说，20 世纪 90 年代中期中央提倡的高等教育体制改革，也是中央为了减少财政开支的一个手段。[②] 分税制改革后，由于中央一级的财政能力大大增强，相对而言地方政府的财政能力则大大下降，而地方政府的公共服务职能却大大增加，出现了所谓"中央请客、地方买单"的状况，比如说国家实施高等教育的"211工程"和一些重点建设项目，但是省属学校重点建设项目的资金主要靠当地政府解决。1998 年前后中央部委属高校除了少数质量较高的外，都下发给地方管理，这部分学校的投入后来都陆续由省级政府承担。1999 年中央为了化解金融危机的风险，实行大学扩招，而扩招的成本都是由地方来承担。这种事权与财权不匹配问题，给地方高校的改革发展带来严重的挑战。为了解决地方高等教育发展资金的问题，地方政府支持高等学校采取多种经费筹措机制，包括地方政府作担保大量向银行借贷。分税制改革，客观上形成了"强中央和弱地方"的财政支付能力，也给地方高等教育的发展带来了投入严重不足的问题。但是，分税制改革使地方政府成为了真正意义上的地方政府，有了相对独立的财政权，客观上也提高了统筹本地区高等教育发展的能力。同时，财政的紧缩，也迫使地方政府必须要通过转换思路来实现高等教育发展的目标和任务。这一过程中，地方政府对突破单中心治理的

---

① 参见刘红灿：《对政府事权与支出责任的研究——以教育为例》，财政部财政科学研究所博士论文，2014 年，第 84—85 页。

② 参见詹宏毅：《探索建立中央财政对地方高校的常态转移支付机制》，《经济研究参考》2010 年第 20 期。

诉求更加强烈了，中央也顺应这种趋势，不断向地方下放高等教育管理的权限。

三、央地关系向度大学治理改革的进程

（一）政策目标明确与治理改革的自发实验阶段（1985—1992 年）

1978 年 2 月，中央重新收回对高校的管理权，当年全国有普通高校 635 所，中央部委直接管理的有 229 所，全国重点高校几乎都是部委院校。这一次高等教育管理体制调整吸取了以往大起大落的教训，在强化中央管理的同时，也注意要发挥地方的积极性。这种制度安排，使得中央各部委与省级政府分别投资办学和管理高校，客观上强化了高等教育"条块分割"的体制。条块分割带来了一系列的制度意外，其中主要是办学的"小而全"，学校、专业重复建设、布点多、规模小、效益差。1977—1985 年，普通高校招生数增加了 127%，而学校数却增加了 151%，平均每校在校生只有 1700 人，在校生 5000 人以上的学校只有 50 所，在校生 1000 人以下的多达 447 所，占比达 44%，在校生 500 人以下的还有 179 所，占比 17%。[①]

为了解决高等教育管理体制条块分割所带来的问题，中央决定再次对高等教育管理体制进行改革。1985 年 5 月发布的《中共中央关于教育体制改革的决定》中指出："在加强宏观管理的同时，坚决实行简政放权，实行中央、省、中心城市办学的体制。"在去中心改革的有效激励下，地方发展高等教育的积极性显著提高，仅 1985 年全国就新增普通高等学校 114 所，到了 1988 年高校总数就达到了 1075 所，而 1978 年全国只有高校 598 所。正如法国政治学者托克维尔在《论美国的民主》中指出的那样："行政集权在一定的时期和一定的地区可以把国家的一切可以使用的力量集结起来，使之服务于国家的目标。但是一个中央政府，无论多么精明强干也不能明察秋毫，不能依靠自己了解一个大国生活的细节。"[②] 这在一定程度上能够解释为

---

① 参见郝克明、张力：《中国高等教育结构改革的探讨》，《教育研究》1987 年第 12 期。
② ［法］托克维尔：《论美国的民主》（上卷），董果良译，商务印书馆 1988 年版，第 105 页。

什么我国高等教育管理体制最终走向了分级管理的道路。

（二）政策环境变化与治理改革的大范围有计划实验阶段（1992—2001 年）

1992 年，在邓小平南方谈话和党的十四大召开之后，高等教育管理体制的改革也进入了一个深入发展的阶段。1993 年 2 月发布的《中国教育改革和发展纲要》指出，在中央与地方关系上，进一步确立中央与省（自治区、直辖市）分级管理、分级负责的教育管理体制。中央直接管理一部分关系国家经济、社会发展全局并在高等教育中起示范作用的少数骨干学校和少数行业性强、地方不便管理的学校。中央要进一步简政放权，扩大省级政府的决策权和对中央部门所属高校的统筹权。将高等教育的某些决策权和统筹权转移给省级政府，说明高等教育外部治理的去中心化改革进入了一个新的阶段，即开始了较为规范的制度性治理阶段。从此高等教育管理体制改革的探索开始向深入发展，并逐步概括出"共建、调整、合作、合并"的八字方针。20 世纪 90 年代的高等教育管理体制改革取得突破性进展，得益于以下两个制度环境的变化：一是在建立市场经济体制的过程中，中央业务部门的职能发生了重大变化，行业办学难以为继；二是 1994 年实施的分税制改革后，地方政府由原来的中央权力的延伸机构转变成了真正的"地方政府"，地方政府的自我管理权力和空间得到扩展。[①]1998 年 3 月，国务院进行了机构改革，改革的基本原则是"按照社会主义市场经济体制的要求，转变政府职能，实现政企分开"。这次改革将高等教育管理方面的五项权力下放给了省级政府。1998 年 12 月教育部发布《面向 21 世纪教育振兴行动计划》，提出要加快高等教育体制改革步伐，三至五年内基本形成中央与省级政府两级管理、分工负责，在国家宏观政策指导下，以省级政府统筹为主的条块有机结合的新体制。截至 2000 年底，全国共有普通高等学校 1018 所，其中教育部直属的 71 所，其他中央部门管理的 50 所，省级人民政府管理的 897 所。

---

① 参见郑永年：《朱镕基新政——中国改革的新模式》，八方文化企业公司（Global Publishing Co.Inc.）1999 年版，第 109 页。

2001 年 2 月，国家又将原属于国家体委管理的五所体育院校下放给地方管理，实行中央与地方共建，以省为主的管理体制。20 世纪 90 年代大学治理改革，被称为新中国成立后的"第二次院系调整"，长期存在的条块分割、重复建设、自我封闭、服务面向单一的状况得到根本改善。

（三）政策路径依赖的结构性调整与治理改革新模式的形成（2002 年至今）

2002 年以后，我国高等教育管理体制的重大任务基本完成，高等教育地方化治理的制度架构已经建立起来了。但是，长期中心化制度形成路径依赖依旧难以打破，央地关系向度的大学治理改革还处于一种过渡的状态，治理改革在一定程度上进入了深水区。以往的改革减轻了中央政府的事权，降低了管理成本，提高了管理效率，减轻了财政压力；而进入深水区的改革则将直接针对治理者本身，在难度上更进一步。为了打破中心化的路径依赖，国家出台了更加具体的、可操作的制度安排。2002 年 11 月，国务院发布的《关于取消第一批行政审批项目的决定》将教育部负责审批的 10 个项目取消，其中有 9 项为高等教育事项。2003 年 2 月，国务院发布《关于取消第二批行政审批项目和改变一批行政审批项目管理方式的决定》，其中提出的取消教育部审批的教育事项达 15 项。2010 年 7 月《国家中长期教育改革和发展纲要（2010—2020）》发布，对中央与地方的高等教育治理责任又进行了明确界定，提出要加强省级政府对教育的统筹，完善以省级政府为主管理高等教育的体制。

2013 年 11 月，《中共中央关于全面深化改革若干重大问题的决定》发布，其中明确要求要深化教育领域综合改革，扩大省级政府教育统筹权。为了贯彻这一决定，教育部陆续取消和下放了 14 项教育行政审批事项，其中绝大多数内容都是高等教育管理事项。2015 年 2 月发布的《教育部关于做好教育行政审批制度改革有关后续工作的通知》指出："深化教育行政审批制度改革是教育系统贯彻落实党中央国务院决策部署的具体举措，是深化教育领域综合改革的重要组成部分，也是教育行政部门转变政府职能、推动教育治理体系和治理能力现代化的基本途径。"① 教育行政审批制度的改革具有重要意义，进一步明确了中央与地方高等教育的行政职责，进一步加大了地方政府的高等教育统筹权，极大地推动了地方政府的办学积极性，有利地推动了我国高等教育的大众化发展。②2017 年 4 月，教育部、中央编办、发展改革委、财政部、人力资源社会保障部联合发布《关于深化高等教育领域简政放权放管结合优化服务改革的若干意见》，再一次提出要"破除束缚高等教育发展的体制机制障碍，进一步向地方和高校放权"。

改革开放以来，经过多次的院校隶属关系调整与大学治理制度的创新，我国高等教育逐渐从单中心治理形成了多中心治理的格局，在中央和地方之间建立起了新的分工协作的高等外部教育管理体制。

四、央地关系向度大学治理模式基本特征

改革开放以来中央和地方高等教育权力关系模式演变的进程，体现了转型期社会结构变革的重要特征。一方面，由于市场经济体制的建立和完善，地方政府在国家治理中扮演了越来越重要的角色；另一方面，中央政府也通过税制改革和地方人事调控等方式不断加强宏观调控。经过多次调整和改革，央地关系得到了理顺，中央下放一些权力到地方，但并未因此而削弱中央的集中统一领导。比如，中央教育行政部门将一些审批权下放给省级教育行政部门，但是中央教育行政还具有进行总量控制的权力。

总而言之，改革开放后中国大学外部治理模式垂直结构的改革，既增加了省级政府统筹高等教育发展的权力，但也并没有因此而影响和削弱中央政府高等教育的调控能力，而是形成了"强中央"和"强地方"并存的大学外部治理结构。这种"双强模式"的典型特点是，中央和地方两级高等教育治理机构都处于重要的地位，两者不再仅仅是上下级的关系，而且还是合作的伙伴。

---

① 《教育部关于做好教育行政审批制度改革有关后续工作的通知》，《中华人民共和国教育部公报》2015 年第 Z2 期。

② 参见孙霄兵、黄兴胜：《教育行政审批制度改革的回顾与思考》，《教育发展研究》2006 年第 1 期。

第三节　府学关系向度的大学治理模式

一、府学关系向度的治理是大学外部治理的核心制度

府学关系向度的治理，反映的是政府控制与大学自主之间的关系。府学关系向度治理是由多种变量所决定的，宏观上说它受国家政治体制、经济模式和文化传统的制约，微观上说它与一个国家的高等教育阶段性发展政策相关。府学关系向度的治理，是大学外部治理的重要维度，甚至可以说是核心内容。这一向度的治理模式，决定了一个国家高等教育的基本制度，代表着一个国家大学的基本模式。

（一）府学关系向度治理的两种模式

西方现代大学制度发展过程，也是大学从传统上的自治逐渐地演变成接受政府资助、管理和监督的过程。虽然在不同的国家，政府对大学的卷入程度不一样，但是政府的权力始终都是高等教育系统的权力。伯顿·克拉克认为：“只要政府承担高等教育的某些责任，某些公共机构必定会变成行政执行的所有地，它的合法性极大地有赖于官方等级制度。”①尼夫和范富格特根据政府介入高等教育的实际程度，将高等教育管理区分为“政府控制模式”和“政府监督模式”，②两种模式在行动路线、价值取向、介入程度与介入方式上有很大的不同（见表 3-2）。

表 3-2　政府与大学关系的两种类型

类型	政府控制模式	政府监督模式
行动路线	自上而下，政府是高等教育运行和革新的行为主体.	自下而上，高等学校根据市场的需求，自主选择高等教育行为

---

① ［美］伯顿·克拉克：《高等教育系统——学术组织的跨国研究》，王承绪等译，杭州大学出版社 1994 年版，第 180—181 页。

② 参见 ［荷兰］弗兰斯·F. 范福格特主编：《国际高等教育政策比较研究》，王承绪等译，浙江教育出版社 2001 年版。

类型	政府控制模式	政府监督模式
价值取向	同质性，政府否认高等教育组织具有松散性和多样化特质	异质性，政府承认高等教育组织具有松散性和多样化特质
介入程度	全方位控制，政府试图控制高等教育的各个方面，包括招生、课程、学位标准的掌握和人事管理	有限度的控制，政府不实际指挥高等教育的核心工作如课程、学位、人员的招聘、内部管理和学术计划的开发等
介入方式	直接干预，政府直接影响高等学校的投入、产出和过程	间接调节，政府提出宽泛的高等教育运行的参数，但是高校自己决策使命和目标

（二）改革开放前我国府学关系特征：管理与服从

对我国这样一个高等教育后发外生型国家而言，政府和大学的关系显得更加紧密、更加复杂，当然也更加重要。从起源看，西方现代大学是中世纪大学的自然发展，中世纪大学的含义是"学者行会"，它最基本的组织特征就是自治。在欧洲，大学的诞生先于近代民族国家，大学的资格由具有欧洲性的教会来决定。欧洲的现代化，是政府和社会共同努力的结果，政府与社会之间始终保持一定的张力和边界。因此，欧美的大学一直以来都有保持自治的传统。但是在我国，高等教育的现代化是国家推动的，民间力量在高等教育现代化中也曾发挥了一定的作用，但是与国家力量相比，则是比较有限的。这种特殊的高等教育发展道路决定了我国在现代大学建立之初，政府就开始控制着大学办学行为。辛亥革命以后，知识分子大力倡导教育家办学，介绍和宣传西方大学自治的观念，大学开始在一定程度上具有了自主权，但是总体上说这一时期的大学也处于政府的严格控制之下。

我国改革开放前，高等教育外部治理有两次比较大的改革，但这都是在政府内部进行的调整，即从中央部门到地方部门进行管理权限的转移，而在政府与大学之间从未进行过任何权限的调整。府学关系向度的治理在本质上是国家与社会间的权限调整，这一治理的基本前提，就是在政府和大学间划出一条边界，这一边界条件在改革前的社会体制下是不可能具备的。

改革开放前的社会具有总体性社会的典型特征，即国家对社会的全面控制，任何社会组织都被纳入到国家的体制中，都是国家总体战略的一个组成部分。总体性国家的政治社会格局下，政府必然表现为一个"全能的政府"，对社会经济和社会事业进行全景的监控和细节的管理。政府决定组织的存废、组织的使命、组织的结构与功能，政府负责组织领导人的任命和其他人力资源的调配，组织的行为必须与国家的总体性行动保持高度一致。总体性社会格局下的大学，也与企业等专业化组织一样，不仅要履行专业化的功能，而且更要履行政治功能和其他应该由社会提供的功能，成为总体性社会下的一个"单位"。单位制度下的大学是行政性的而非契约性的，所有大学都被纳入国家行政序列，都有一定的行政隶属关系和相应的行政级别，都必须无条件地服从国家及上级单位的管理，执行上级单位的指令。单位制度下的大学实际上是国家行政组织的附属物。这种府学关系，在特定的历史时期有效地满足了党和政府运用自上而下的手段进行社会政治动员的需要。在这种纵向约束制度下，大学组织的主要特征是集中管理和强制服从。[①]1951年6月马寅初在就任北大校长的演说中就曾讲道："一个大学校长只有工作任务，没有建校方针。大学校长应当以执行中央的政策，推动中央的方针为己任。"[②]1953年10月政务院发布的《关于修订高等学校领导关系的决定》以及1961年9月中央发布的"高教60条"，都对大学的办学有具体的规定，大学在专业设置、新生录取、课程与教学计划、经费使用、人事管理等所有方面，都要接受中央政府的集中统一领导。概言之，改革开放前府学关系向度的治理，在理论和实践上都不存在，全能型政府将大学吸纳到行政序列中，成为其中的一个有机组成部分，全能型的政府集大学的办学者、管理者和监督评价者于一身。

改革开放前，在总体性社会无所不在的全景视角下，大学的专业化功能被弱化了。20世纪50年代后，世界主要国家的大学都开始从社会的边缘走向社会的中心，成为当时正在勃发的知识经济和信息社会的助推剂和研发

---

① 参见朴雪涛：《论单位制度大学组织行为的影响》，《辽宁教育研究》2001年第12期。

② 杨勋、徐汤莘、朱正直：《马寅初传》，北京出版社1986年版，第171页。

中心。但是我国的大学却一度纠结于如何在革命模式与专业模式之间进行选择，大学校长没有治校方针，大学没有自己的发展愿景，也没有学科、专业和教学的自主权，大学行为的合法性不是依赖于学术逻辑，而是基于社会逻辑和政府权威。这样制度环境下成长起来的大学，也许有大学之名，但是不一定有大学之实。

改革开放前我国政府与大学间建立起的管理与服从关系，是总体性社会结构的必然结果。这种不正常的关系，不仅对大学的发展是一种损害，对于国家也是一种弱化机制。澳大利亚学者琳达认为：专制国家使用专制权力，运用专制暴力统治社会，由于不能与其他社会权力组织协商，结果会成为弱国家，有机国家则运用建制性权力与社会、市场建立合作与协商关系，于是拥有了强大的渗透能力、汲取资源的能力及协商能力，从而成为强国家。强国家使社会更加强大，充满活力的经济体系既拥有强大的国家，也拥有强大的社会。①

二、改革开放后府学关系向度大学治理的基本过程

在计划经济条件下，"政企不分"、"政事不分"是一种典型的现象。改革开放后，由于市场这一变量的引入，客观上要求必须重构政府与其他社会组织的关系，通过权力分散和下移，来发挥社会经济主体的活力，以实现解放和发展生产力的目的。中国共产党十一届三中全会的会议公报中指出，现在我国经济管理体制的一个严重缺点是权力过于集中，应该有领导地大胆下放，让地方和工农业企业在国家统一计划的指导下有更多的经营管理自主权。1980年8月18日邓小平在中央政治局扩大会议上发表了《党和国家领导体制的改革》的讲话，他指出："过去在中央与地方之间，分过几次权，但每次都没有涉及党同政府、经济组织、群众团体等等之间如何划分职权范围的问题。"②

---

① 参见［澳］琳达·维斯、约翰·M.霍布森：《国家与经济发展——一个历史比较性的分析》，黄兆辉等译，吉林出版集团有限责任公司2009年版，第4—9页。
② 《邓小平文选》第二卷，人民出版社1994年版，第329页。

由于外部治理环境的变化，长期以来政府控制模式的府学关系也开始逐步向政府监督模式的府学关系转换。改革开放以来，府学关系向度的治理改革大致可分为如下四个阶段：

（一）高校自主权制度变迁的理论准备阶段（1978—1985年）

这一时期国家没有发布正式的制度文件规定高等学校的办学自主权，但高等教育界开始认真探讨这个问题。《人民日报》1979年12月6日刊文指出："学校应不应该有点自主权？应该有哪些自主权？希望全社会就此提出建设性意见。"1984年教育部长何东昌提出："当前中国高等学校管理权过于集中，管得过多，统得过死，必须在改革中给学校放权。"① 这一时期，虽然国家没有发布正式的分权改革文件，但是一些大学利用改革释放出的宽松环境进行了校内制度的创新。譬如20世纪80年代初的武汉大学，在全国率先开展了教学改革，譬如学分制、主辅修制、插班生制、导师制、学术假制，等等。这些改革在当时引起了极大的反响，武汉大学因此也被誉为高教界的"特区"，发挥了重要的引领示范作用。试想，如果没有国家整体去中心化改革的环境，武汉大学的自主创新是无论如何都不会出现的。

（二）高校自主权制度变迁的启动阶段（1985—1991年）

这一时期国家发布正式文件落实高校办学自主权，《中共中央关于教育体制改革的决定》中规定了高校所具有的六个方面的自主权，即：有权在计划外接受委培生和招收自费生；有权调整专业服务方向、制定教学计划和教学大纲、编写和选用教材；有权接受委托或与外单位合作进行研究和科技开发，建立教学、科研、生产联合体；有权提名任命副校长和任免其他校内干部；有权安排国家拨付的建设经费；有权利用自筹资金进行国际交流。1986年3月国务院批转了国家教育行政部门制定的《高等教育管理暂行规定》，其中将高等学校的自主权细分为八个部分。1987年党的十三届代表大会提出，要进一步下放权力，改变权力过于集中的现象。1988年1月召开的全国高等教育工作会议报告中提出："高校主管部门应该改革管理学校的方式

---

① 《中国年鉴（1985）》，新华出版社1985年版，第468页。

方法，由过多的日常行政干预和管理，逐步转变为综合运用立法的、经济的间接调控手段和必要的行政干预，进行宏观的目标管理。"①

但是，这一时期府学关系向度的治理改革，在很大程度上还是停留在文件和政策层面，并没有实际落地。原因有几个方面：一是制度变迁的路径依赖所导致的，新制度虽然有了，但是旧制度已经成为一种文化习惯和行为方式，短时间内新制度的文化与工作机制都难以完成转换；二是新旧制度混搭现象比较突出，新的政策与旧的政策同时存在，政策表述也比较模糊，每一项自主权的赋予都附加了先决条件，而先决条件的制定和解释，还是由政府掌控，大学还处在被动地位；三是府学关系的治理，不只是国家教育行政部门与各个大学之间关系的调整，也是国家整个管理体制的调整。譬如对高等学校影响更大的招生计划权、经费管理权和人事管理权，都不是掌握在教育行政部门手里，教育部门也就无权可放。1985 年，成立国家教委的目的也正是在于协调体制改革过程中国务院各机构的高等教育管理权限。

（三）高校自主权制度变迁的完善阶段（1992—1998 年）

1992 年邓小平南方谈话后，我国高教体制改革重新进入加速期，逐步在政府与大学之间确立了制度化的治理模式。1992 年 8 月国家教委发布的《关于直属高校内部管理体制改革的若干意见》中提出：直属高校是由国家教委直接管理的教育实体，具有法人地位。学校应以国家赋予的权力，有效管理学校内部事务，同时也要承担相应的义务和责任。国家教委有关部门不对学校办学自主权范围内的事务进行行政干预。同时，国家教委还发布了《国家教委直属高校深化改革，扩大办学自主权的若干意见》，进一步明确了高等学校具有的 16 个方面的自主权。1993 年 7 月《中国教育改革和发展纲要》发布，在府学关系的治理上有了更加完善的制度设计，提出要按照政事分开的原则，通过立法，明确高等学校的权利和义务，是高等学校真正成为面向社会自主办学的法人实体。在招生、专业调整、机构设置、干部任用、

---

① 朱开轩：《贯彻党的十三大精神，深化和加快高等教育的改革：在全国高等教育工作会议上的讲话》，《中国高等教育》1988 年第 4 期。

经费使用、职务评聘、工资分配和国际交流合作等方面，进一步扩大高校的自主权。1998 年 3 月，国务院机构进行了改革，国家教委重新更名为教育部，并将原属于国家教委的 12 项管理职能进行了下放，其中有 5 项从政府转移到大学。

这一阶段是在产权主体开始发生变化的前提下发生的去中心化改革，市场要素对权力转移产生了重要影响，政府让渡了部分过去全权控制的管理权力，但是高等教育的产权关系还不够明确。

（四）高校自主权制度变迁成熟阶段（1999 年以来）

1999 年 1 月《中华人民共和国高等教育法》正式实施，自此大学的自主权得到了法律的认定。该法明确将高等学校界定为面向社会自主办学的独立法人实体，从而明晰了高等教育组织的产权关系，该法明确了高等学校所具有 7 项自主权：自主制订招生方案和调节招生比例；依法自主设置和调整学科、专业；自主制订教学计划、选编教材、组织实施教学活动；自主开展科学研究、技术开发和社会服务；按照国家规定自主开展与境外高等学校之间的科学技术文化交流与合作；自主确定教学、科学研究、行政职能部门等内部组织机构的设置和人员配备，按照国家规定评聘教师职务和制定薪酬标准；依法自主管理和使用学校资产。2004 年 2 月 10 日，教育部制定的《2003—2007 年教育振兴行动计划》中正式提出了要探索建立现代学校制度，切实转变政府职能，改革教育行政审批制度，清理教育行政许可项目，规范教育行政部门在政策制定、宏观调控和监督指导等方面的职能，依法保证学校的办学自主权。《国家中长期教育改革与发展规划纲要（2010—2020）》进一步明确了高等教育管理体制改革的任务：推进中央向地方放权、政府向学校放权，明确各级政府责任，规范学校办学行为，促进管办评分离，形成政事分开、权责明确、统筹协调、规范有序的教育管理体制。改变直接管理学校的单一方式，综合运用立法、拨款、规划、信息服务、政策指导和必要的行政措施，减少不必要的行政干预。

2016 年 4 月 15 日，李克强总理主持召开"高等教育改革创新座谈会"，会议提出：要加快推进高等教育领域"放、管、服"改革。根据李克强的讲话精神，教育部等五个中央管理部门联合制定发布了《关于深化高等教育领域简政放权放管结合优化服务改革的若干意见》，该文件提出：要完善中国特色现代大学制度，破除束缚高等教育改革发展的体制机制障碍，进一步向地方和高校放权，给高校松绑减负，让学校拥有更大办学自主权。该文件还提出在学科专业设置机制、学校编制与岗位管理制度、进入用人环境、职称评审机制、薪酬分配制度、经费使用管理这6个方面进一步扩大学校的自主权。该文件发布后，各省级部门也陆续按照这个文件精神制定了省级政府的深化高等教育放管服改革的文件，给高等学校松绑赋权，同时也提出加强监管与服务的具体措施。

这一时期府学关系向度的治理改革有两个基本特点：一是高校自主权得到了法律的确认，高校自主权已经不仅仅是教育内部的文件所规定的，而是成为了国家意志和具有强制性的制度安排；二是治理改革是在高校产权关系比较明晰的前提下实施的。按照《中华人民共和国高等教育法》的规定："高等学校自批准设立之日起取得法人资格。高等学校的校长为高等学校的法定代表人。高等学校在民事活动中依法享有民事权利，承担民事责任。"

三、水平结构治理的基本特征

从1979年四位大学领导在《人民日报》联合发文呼吁政府要给大学自主权，到2017年国家五部委出台推进高等教育"放、管、服"改革文件，我国在府学关系向度的治理改革进行了近四十年的探索，极大地改变了总体性社会时期形成的以管理和服从为特征的大学外部治理模式，大学外部治理的水平结构从政府控制模式转向了政府监督模式。但是，我国府学关系向度的治理改革也具有非常强烈的中国特色。这表现在三个方面：

第一，中国高校治理改革并没有带来政府管理权的淡化，甚至在一定程度上政府的权威反而得到强化。

20世纪80年代后，世界很多国家为了应对全球化和知识经济时代的挑战，也都陆续开始了大学外部治理的治理改革。在改革中，政府与学校的关系发生了重要变化，政府对学校的监管从传统上的"管理"转向了"治理"。

治理的本质是多主体介入和去中心化的权力结构，世界其他国家的高等教育分权改革中，政府的权力受到了削弱，并衍生出"政府撤退论"的分权思想。这种理论的依据就是"集权与分权二元分割，它们互为反向运动，两个过程不可能同时发生"①。但是，"政府撤退论"并不适合中国大学治理改革的情况。

　　分析我国府学关系向度的大学治理改革，可以发现其带有我国社会转型的典型特质。我国从计划经济向市场经济的转型，与苏联和东欧国家的市场化改革有很大的区别。苏东社会转型采用的是新自由主义的休克疗法，政府迅速退出经济管理和社会管理领域，形成了所谓小政府的社会治理模式。而中国的改革，实行的是渐进式的制度变迁，在这个过程中政府始终主导改革的进程和调控改革的方向。国内外学者对此有着一致的认识，很多文献都将政府的主导作用理解为中国模式的基本特征之一。如果要从"国家—社会"或"政府—市场"的视角来分析中国在全球化背景下的成功，最主要的原因恰恰是利用了政府的主导作用。②

　　在大学治理方面，政府的主导作用显得更为突出，因为公立高等学校兼具政治、经济和文化传承创新等多方面的功能，党和政府在对大学给予重大期望、重大投入的同时，也必然存在高度介入的现象。政府虽然将很多权力下放高校，但是政府也不断通过实施重点建设项目、开展质量评估认证和绩效考核、建立奖励系统、校级领导任免、政治巡视等政治经济手段来管控大学。

　　在我国经济发展进入新常态后，为了形成新的改革共识和凝聚新的发展动能，政府职能的改革再度成为体制改革的重点。党的十八届三中全会提出要使市场在资源配置中发挥决定性作用，这种新的制度环境要求重塑国家

---

①　Neave，Guy，"On the Cultivation of Quality，Efficiency and Enterprise：An Overview of Recent Trends in Higher Education in Western Europe，1986-1988"，*European Journal of Education*，1988，23（1-2）：11.

②　参见俞可平、庄俊举：《热话题与冷思考（三十四）——关于"北京共识"与中国发展模式的对话》，《当代世界与社会主义》2004 年第 5 期。

和社会的关系，建立起政府、社会和市场的合理分工机制。从全能型政府到有限政府的转型是改革开放 40 年来的一个的大趋势，是不可逆转的过程。因此，我国高校的治理改革既不会削弱政府的权威，也不会让政府无所不能，大包大揽。

第二，中国式的治理改革让大学逐步获得了自主发展的权利和能力。

从 1985 年发布《中共中央关于教育体制改革的决定》开始，我国就从政策导向与制度设计上促进政府向大学放权。但是客观而言，府学关系向度大学治理改革的过程是比较艰难和漫长的。李克强总理曾经用"触动利益比触动灵魂还难"来描述改革进入深水区后遇到的阻力。放权之艰难与治理制度化程度不高有直接的关系。我国关于大学治理改革的文件大部分内容都是鼓励性的，放权的限度与时间表都有很大的弹性，新的与旧的文件同时存在，这些都直接影响府学向度治理改革的进程和效果。

一部分大学校长和老师对当下的治理状况感到不满，笔者认为一个重要的原因就是他们对大学自主权的理解存在问题。总拿国外大学或民国时期大学来举例。他们忽略了以下三方面的因素：一是中外大学的制度环境不同，不能简单地用所谓的国际标准来看待中国大学的治理；二是国外大学的分权模式也不尽相同，同样是在欧洲，有中心化非常强的高等教育体制，也有高度分权的高等教育体制；三是现在的大学已经成为超大规模的巨型大学，大学承担了比以往任何时候都重要的国家使命和社会责任，因此任何国家的任何大学在自治权或自主权上都是有限度的。正如美国高等教育哲学家布鲁贝克所说的："战争之事，由于太过重要，因此不能全权由将军去操心；同理，高等教育是头等重要，因此也不能悉数让教授来处理。"①

客观地说，府学关系向度的治理改革在过去的 40 年中发生了重大变化。譬如，所有的大学都在绩效津贴的定额与分配方案的制订上有了比较充分的自主权，很多学校对教师的科研奖励的额度巨大，可能是年工资的几倍甚至

---

① ［美］约翰·布鲁贝克：《高等教育之哲学》，林玉体译，台北高等教育文化事业有限公司 2003 年版，第 38 页。

十几倍；再比如，对某些特殊人才的引进，学校提供住房和高额度年薪，有很多大学利用校园用地建起了高档次的住宅提供给有一定职务和身份的教师使用；还有，几乎所有省属本科以上的大学都可以按照政府部门给予的基数自己评聘指称，包括二级和三级教授。上述这些权力，在治理改革之前，是绝对没有的。

第三，中国高校的治理改革逐渐向"政府监督模式"转变。

在中国社会转型的制度环境下，国家和社会都扮演着重要的角色，呈现出"强国家"与"强社会"并存的治理模式。大学和政府的关系也具有同样的特征，在市场经济体制下政府已经不能随意支配高等学校的办学和管理，而大学也不能离开政府供给的规则而独立行动，政府和大学之间正在形成一种对话关系和机制，大学外部治理逐渐从"政府控制模式"向"政府监督模式"转变。

还值得注意的是，大学外部治理模式在垂直结构和水平结构两个向度上并不总是一致的，政府对不同性质的高等教育机构实施了所谓"分层管理、分类指导"的策略。对于重点的高等教育机构，在外部治理的垂直结构表现出中心化的趋势，在几次体制调整中一些历史较长、办学基础较好的行业高校被纳入教育部直接管理，从而使教育部直属高校从 1978 年的 35 所增至 75 所。大众化高等教育机构的外部治理在垂直结构则表现出去中心化的特点，比如高职院校的管理职能主要由省级教育行政机构负责。而大学外部治理的水平结构，则呈现出相反的状态。对于重点的高等教育机构，中央政府和地方政府都采取了去中心化的改革，这些学校被赋予了更多的自主权，特别是在专业、学科设置、招生工作和教师职务评聘等方面，重点的高等教育机构比一般的本科院校和高等职业院校有着更多和更大的自主权，而政府对大众型高等教育机构的监管要明显强于重点的高等教育机构。

第四节　学校内部关系向度的大学治理模式

学校内部的治理，是大学治理的核心要素和基本内容。管培俊认为：

"完善大学治理结构的关键，是建立一系列基于大学使命的权力配置和利益平衡机制。"① 剑桥大学前副校长阿什比认为："大学是否兴旺，取决于其内部由什么人控制。"② 改革开放前，高等学校是"单位制度"体系中的一员，它不仅是一个工作场所，也是国家统治的结构。这导致大学内部体制与外部体制高度契合，表现在党政分工不明晰，学术权力附属于行政权力，基层学术单位没有自主权。改革开放以后，在府学关系向度治理改革的同时，学校内部关系向度的治理也开始起步，并且经过近四十年时间的探索，初步形成了具有中国特色的学校内部治理模式。

一、学校内部治理改革三种形式

(一) 基于利益相关者的大学内部治理

中世纪大学是教师和学生自主管理的学术行会，这时候大学的利益相关者只有教师和学生，大学内部的治理只在教师和学生中进行。根据权力的归属，中世纪大学有两种模式：一是"教师的大学"；二是"学生的大学"。在历史的选择中，"教师的大学"后来成为大学组织的基本制度，而"学生的大学"逐渐成为了历史的传统。

19 世纪后，随着高等教育规模的扩大，大学的利益相关者的范围在扩大，专业化的行政人员成为新的利益相关者。伯顿·克拉克认为："当大量校园行政人员相互联系在一起的时候，有关自身的准自治文化将同校园中的教师文化和学生文化一起形成。"③ 这以后，大学内部的治理开始主要在学者群体和管理群体之间进行。20 世纪后大学逐渐成为了社会的"轴心机构"，承担了更多的社会责任，也将更多的人和机构纳入到大学的利益相关者群体之中。

---

① 管培俊：《大学内部治理结构：理念与方法》，《探索与争鸣》2018 年第 6 期。
② Asbby，Eric，*Adapting Universities to a Technological Socity*，San Francisco：Jossey-Bass Publishers，1974，59.
③ 伯顿·克拉克：《高等教育系统——学术组织的跨国研究》，王承绪等译，杭州大学出版社 1994 年版，第 131 页。

哈佛大学文理学院院长罗索夫斯基根据与大学关系的密切程度，将大学的利益相关者分为四个层次：第一层次是教师、行政主管和学生，他们是大学最重要的利益相关者；第二层次是董事、校友和捐赠者；第三层次是政府和议会；第四层次是市民、社区和媒体。① 张维迎认为大学的利益相关者包括教师、校长、行政人员、学生、校友、纳税人。② 于文明将我国高校的利益相关者划分为政府、学校教职工、学校管理者、学生、合作办学者。③

利益相关者理论认为，组织的发展依赖所有利益相关者的参与，组织治理的结构，是各个利益相关者平衡的结果。从这个角度说，大学内部治理就是在不同的利益相关者之间进行权力分配的制度。因为历史传统和学校办学经费的来源等方面的原因，大学利益相关者的权力配置，在不同国家或同一国家的不同历史时期，呈现出很大的差异。

（二）基于组织层次的大学内部治理

对于大学内部组织进行分层是一件比较困难的事情，因为"大学是一个特殊的组织，大学的构成错综复杂，没有哪一学科可能统治其他学科，大学不是用一种观点来看世界的专业群体"④。科恩和马奇用"有组织的无政府状态"来描述大学的组织特性。⑤ 即便如此，大学总是以一个整体的面貌展现在世人的面前。伯顿·克拉克认为："大学是学科和事业单位组织的矩阵，各个院系就是矩阵的诸多交汇点。"⑥

从国际上比较通用的制度设计看，大学内部的权力系统从低到高可分为三个层次。第一个层次是研究所或系的权力，这是基于单一学科的专业性

① 参见亨利·罗索夫斯基：《美国校园文化——学生、教授、管理》，谢宗仙等译，山东人民出版社 1996 年版，第 5—6 页。

② 参见张维迎：《大学的逻辑》，北京大学出版社 2004 年版，第 19 页。

③ 参见于文明：《中国公立高校多元利益主体生成与协调研究——构建现代大学制度的新视角》，高等教育出版社 2011 年版，第 88 页。

④ 朴雪涛：《知识制度视野中的大学发展》，人民出版社 2007 年版，第 280 页。

⑤ 参见陈学飞：《面向 21 世纪国际高等教育发展的基本趋势》，《辽宁教育研究》1998 年第 6 期。

⑥ 伯顿·克拉克：《高等教育系统——学术组织的跨国研究》，王承绪等译，杭州大学出版社 1994 年版，第 11 页。

权力，这一层级往往是知识权威发挥主要的作用。第二个层次是学部或学院的权力，这是基于学科大类的权力，这一层级的权力以专业权力为主，知识权威依然具有很大的影响力，但是行政权力在这一层次也发挥着重要作用。第三个层次是大学的权力，这一层级的权力主要依靠行政主管来操作，知识权威的参与也是从学术行政者的角度进入的。这三个层次的权力，在配置上不是均衡的，欧洲大学内部的权力总体上表现出"底部沉重"的特征，而美国的大学中基层单位的权力较小，学校的董事和行政主管具有更大的影响力。

从组织的视角看，大学内部治理也是这三个层次的权力相互作用的制度安排和协调机制，大学内部的治理也就是在这三个层次进行的。大学内部的治理机制在很大程度上受制于大学外部的治理机制。

（三）基于权力属性的大学内部治理

伯顿·克拉克认为，高等教育的国家权力可以划分为政治的和官僚的两种权力形式。① 从内部治理的角度看，政治的和官僚的权力也是大学内部最重要的两种权力形式。大学内部的官僚权力，是处理和协调各种学术行政事务的权力，一般为学校内部专业化的行政组织所掌握。大学内部的政治权力，是平衡各种不同利益相关者利益诉求的权力，它往往表现为学生和初级学者参与学校治理的权力。而外部治理所没有的权力形式，则是大学内部的学术权力。学术权力是基于专业知识和专业能力所形成的权力类型，或者为知识权威所拥有，或者为高级教师的群体所拥有。

这三种权力的属性不同，但都是大学内部治理结构的有机组成部分。行政权力是制度化的权力，通过自上而下的方式运行权力，治理过程按照理性的、层级化的、程式化的和例行化的标准进行，以效率和效益最大化为目的。学术权力虽然也是制度化的权力，但是在运行中常常出现非制度化或反制度化的倾向，学术权力的运行则更倾向于根据分享的、参与的、共同规则的、团体意见一致的原则进行，其目标相对模糊，效率往往不是关注的重

① 伯顿·克拉克：《高等教育新论——多学科的研究》，王承绪等译，浙江教育出版社 1988年版，第 128 页。

点。政治权力，一般不是制度化的权力，它往往以"争论"的形式引导学校的舆论和决策，权力运行表现为少数服从多数，或者说是多方"讨价还价"的过程。从权力属性这一变量看，大学内部的分权本质上也是行政权力（官僚权力）、学术权力和政治权力之间相互作用、相互制约和相互平衡的过程。

二、我国大学内部治理的结构

根据上述大学内部治理的几种内容和形式，根据我国大学内部权力运行的实际状况，这里将大学内部的权力结构分为六个方面，即党委的全面领导权、校长的行政负责权、学术委员会的学术决策权、教职工代表大会的民主管理权、校外人士的治理参与权与基层组织的自主权。我国大学内部治理，基本上都是围绕这几个方面展开的。

（一）党委的"领导权"

1.党委领导权制度化的过程

新中国成立以后，中国共产党在学校全面领导权制度的确定上经历了如下几个阶段：

第一阶段：有限介入时期（1950—1956 年）。这一时期，学习苏联的"一长制管理"模式，党组织在学校发挥政治核心作用，不负责学校的行政领导工作。

第二阶段：全面领导时期（1956—1961 年）。这一时期，中国共产党开始从"全面学苏"转向"以苏为鉴"，高等教育的延安道路重新得到重视。1956 年 9 月中国共产党第八次全国代表大会通过了新的《中国共产党章程》，其中规定：在企业、农村、学校和部队中的党的基层组织，应当领导和监督本单位的行政机构和群组织，积极执行上级党组织和上级国家机关的决议。针对当时一些知识分子对大学党委领导存在不满意、不信任、不理解等问题，毛泽东在 1958 年 8 月视察天津大学时特别指出："高等学校应该抓住三个东西，一是党委领导、二是群众路线、三是把教育与生产劳动结合起来。"[1] 根

---

[1] 《中华人民共和国教育大事记》（1949—1982），教育科学出版社 1983 年版，第 229 页。

据毛泽东的指示精神，1958 年 9 月《中共中央、国务院关于教育工作的指示》规定：

> 在一切高等学校中，应当实行学校党委领导下的校务委员会负责制；一长制容易脱离党委领导，所以是不妥当的。在学校内部，在政治工作、管理工作、教学工作、研究工作等方面，均贯彻党委领导下的群众路线的方法。[①]

第三阶段：领导与管理分工负责时期（1961—1966 年）。这一时期大学内部的领导体制将前两个阶段的制度进行了整合，既强调坚持党委的领导，又强调了校长的专业和行政权威。1961 年 10 月中共中央批准试行"高教 60 条"，其中规定高等学校的领导制度，是党委领导下的以校长为首的校务委员会负责制。高等学校的校长，是国家任命的学校行政负责人，对外代表学校，对内主持校务委员会和学校的常规工作。高等学校设立校务委员会，作为学校行政工作的集体领导组织。学校工作中的重大问题，应该由校长提交校务委员会讨论，作出决定，由校长负责组织执行。

对于党委的领导作用和党委会的工作任务，"高教 60 条"也做了具体规定，主要包括：领导校务委员会，贯彻执行党的教育方针和其他各项方针政策；完成上级党委和行政领导机关布置的任务；做好思想政治工作；进行党的建设工作；讨论学校中的人事问题，向上级和校务委员会提出建议；领导学校的共青团、工会、学生会和其他群众组织，团结全校师生员工。

为了避免前一个时期学校行政组织虚化，校长等专业人士无法发挥作用的情况，"高教 60 条"还专门提出"学校党组织应该善于发挥学校行政组织和行政负责人的作用，不要包办代替"。

第四阶段：学校党委领导制遭到破坏的时期（1966—1976 年）。1966年 5 月，"文化大革命"全面发动。8 月开始，很多高校的党委成员被造反

---

① 《中共中央、国务院关于教育工作的指示》，《人民日报》1958 年 9 月 19 日。

派"揪斗"，已经无法正常履行职责。10 月中央发布指示，取消高等学校党委在"文化大革命"中的领导权，学校党委陷入了全面瘫痪状态。各高校在1968 年春夏之交陆续成立了"工人毛泽东思想宣传队"、"高等学校革命委员会"（简称"革委会"）并领导学校。学校革委会实行了"一元化领导"，打破了原来的行政机构。在这种政治环境下，高校的党支部和党总支虽然陆续恢复，但是学校的党委会还没有重新建立，一些学校到了"文化大革命"后期的 1975 年才在校一级恢复了党委会的体制，党委重新成为学校的领导机构。

第五阶段："拨乱反正"时期（1976—1984 年）。"文化大革命"结束后，以邓小平为代表的老干部重新恢复工作，他们开始有意识地系统纠正"文化大革命"的错误路线和做法。这一时期制度重建的基本路径就是恢复 20 世纪 60 年代初期建立起来的高等教育体制。1978 年 10 月，"高教 60 条"经过修订重新发布，基本内容没有太大变化，文件名称改为《全国重点高等学校暂行条例》。按照新条例的规定，高等学校实行党委领导下的校长分工负责制。该条例规定学校重大问题要经过党委会讨论和作出决定后，再由校长负责组织执行。这一时期，为了解决党政不分、以党代政的问题，中央提出在科研院所和高等学校等机构，党委的领导主要是政治上的领导。1980 年12 月，中共中央组织部、教育部联合颁发《关于加强高等学校领导班子建设的意见》，该意见指出："党政干部要明确分工，党委对学校工作的领导，主要应该是路线、方针、政策的领导，党委要着重致力于做好政治思想工作，组织建设工作。学校的所有行政工作，都应由校院长为首的行政人员去处理，要使他们有职有权有责。"①

第六阶段："党政分开"的试点时期（1984—1989 年）。早在 1980 年8 月，邓小平就提出要解决"党政不分、以党代政"的问题，有步骤地通过试点来推广厂长负责制、校长负责制、所长负责制等等。他还提出："实行这些改革，是为了使党委摆脱日常事务，集中力量做好思想政治和组织监督工作。这不是削弱党的领导，而是更好地改善党的领导、加强党的领

---

① 《中华人民共和国重要教育文献》，海南出版社 1998 年版，第 1886 页。

导。"①1980 年 12 月，中央组织部、教育部党组联合发布的《关于加强高等学校领导班子建设的意见》指出：领导班子中，党政干部要明确分工。党委对学校工作的领导，主要应该是路线、方针、政策的领导，党委要着重致力于做好政治思想工作，以及党的思想建设、组织建设工作。学校的所有行政工作，都应由以校院长为首的行政人员去处理，要使他们有职有权有责。

1984 年 10 月底，教育部、宣传部联合召开座谈会，研究布置校长负责制的试点工作。出席会议的中宣部领导提出：1978 年以后高等学校实行的党委领导下的校长负责制存在一个重要问题，就是"党政不分，以党代政，削弱了党的建设和思想政治工作。学校的党委领导同志成天陷在行政事务之中，党不管党"。②1985 年 5 月《中共中央关于教育体制改革的决定》指出：学校党组织要从过去那种包揽一切的状态中解脱出来，把自己的精力集中到加强党的建设和加强思想政治工作上来，要团结广大师生，大力支持校长履行职权，保证和监督党的各项方针政策的落实和国家教育计划的实现。

邓小平主张的党政分开，从根本上说是为了发挥"内行"的作用，激发企事业单位工作积极性，提高工作效率，其中并没淡化党在这些专业组织中地位和作用的意图。1985 年 8 月老一辈教育家、中国高教学会首任会长蒋南翔在中国高教学会全体理事会和学术讨论会上指出："大学是国家的最高学府，对国家前途有重要影响。办大学必须坚持社会主义方向和共产党的领导。一个服务方向问题，一个领导权问题，绝不能含糊。"③ 从 1980 年邓小平提出要开展这项工作，到 1984 年布置这项工作，再到 1985 年国家出台正式文件规划实施这项工作，历时 5 年。截至 1987 年底，在上级部门的安排下全国有 103 所高校开展了校长负责制的试点工作，占比不到 10%。这说明，党和国家对高等学校实施校长负责制态度还是非常谨慎的。

第七阶段：党委全面领导学校制度的建立和完善时期（1989 年至今）。

---

① 《邓小平文选》（第二卷），人民出版社 1994 年版，第 340 页。
② 曾德林：《有关校长负责制试点工作的一个问题》，《中国高等教育》1985 年第 1 期。
③ 蒋南翔：《论在我国大学生中进行共产主义教育和爱国主义教育——在中国高等教育学会全体理事会和学术讨论会上的发言》，《高等教育学报》1987 年第 Z1 期。

1989 年 8 月后，中央组织部、国家教委的负责同志提出，高等学校校长负责制的试点不再扩大进行，已经进行的要逐渐改回到党委领导下的校长负责制。1996 年 3 月 18 日，中央印发《中国共产党普通高等学校基层组织工作条例》，明确规定高等学校实行党委领导下的校长负责制。高校党委除了要发挥政治核心和组织核心的作用，其职责还包括"讨论决定学校改革和发展以及教学、科学、行政管理等工作中的重大问题"。1999 年实施的《中华人民共和国高教法》规定："高等学校实行党委领导下的校长负责制，党委是学校的领导核心，总揽全局，协调各方，统一领导学校工作。"党委领导下的校长负责制从此得到法律的确认。

但是，在这一制度实施过程中也出现了一些不容易解决的问题，就是如何处理好党委领导和校长负责的关系，在工作中形成合力，而不是相互推诿扯皮。实践中的确有一些高校没有处理好这一关系，严重影响到学校的改革发展和稳定，影响到学校重大事项的决定和实施。正是基于上述现象的存在，中央一再强调，在坚持党委领导下的校长负责制的同时也要发展和完善这一制度。《国家中长期教育改革和发展规划纲要（2010—2020 年）》提出："公办高等学校要坚持和完善党委领导下的校长负责制。健全议事规则与决策程序，依法落实党委、校长职权。"

党的十八大以后，习近平总书记更加突出强调党的全面领导权问题。他指出：

> 中国共产党的领导是中国特色社会主义最本质的特征，必须坚持党总揽全局、协调各方面的领导核心作用。在坚持党的领导这个重要原则问题上，脑子要特别清醒、眼睛要特别明亮、立场要特别坚定。党政军民学，东西南北中，党是领导一切的。[1]

2016 年 12 月，教育部党组书记、部长陈宝生在教育部直属高校工作咨

---

[1] 《习近平谈治国理政》（第二卷），人民出版社 2017 年版，第 18—21 页。

询委员会第 26 次全体会议上的讲话中指出：

> 中国特色社会主义大学制度最根本的制度就是党对高校的领导。党的领导是社会主义教育的灵魂，没有这个灵魂，我们的路就走偏了。对这一点要有政治定力，不受任何学派、思想、言论的诱惑、干扰。在这个世界上没有象牙塔似的大学，所有的大学都是有政治立场的。①

2017 年 12 月，在党的十九大召开之后，陈宝生在教育部直属高校工作咨询委员会第 27 次全体会议上的讲话中再次强调：

> 建设高等教育强国，实现高等教育现代化，要始终坚持社会主义办学方向，在党的旗帜下，按党的主张、意志和使命，办好中国特色社会主义大学，办好人民满意的高等教育，办好世界水平的现代高等教育。②

2018 年 9 月，习近平在全国教育大会上的讲话中再次强调：要加强党对教育工作的全面领导。从大学内部治理实践看，党委的全面领导在稳步推进。

2. 党委领导权的性质

高校党委全面领导权的性质，可归纳为如下三点：

一是全面性。党委对学校教学、研究、服务、思想政治工作、组织管理等各项工作全面介入，党委是学校各项工作的领导核心。有学者将我国大学的党委会与西方大学的董事会的功能说成是"异曲同工"，这是不正确的。党委领导下的校长负责制，这一制度安排的核心内容是党的集中统一领导，是与外部治理机制有机结合的体制。西方大学的董事会的成员多数由校外人士组成，只是负责部分重要事务的决策，而我国大学党委对学校方方面面的

---

① 陈宝生：《认真贯彻习近平总书记高等教育重要论述 努力办好中国特色社会主义大学》，《中国高等教育》2017 年第 1 期。

② 陈宝生：《写好高等教育"奋进之笔"》，《中国高等教育》2018 年第 Z1 期。

工作都有领导责任。西方大学董事会、理事会、监事会、校长以及学者群体权力,从制度设计上是平行的权力,各方存在相互制衡关系,而我国大学内部的各项权力都在党委权力的统辖和控制之下,各种权力都需要按照党委的核心权力去规范和运行。

二是领导性。党委负责的不是具体事务的管理,而是抓方向、抓大事。党委全面领导权体现在对重大问题的决策上。下面以几所不同高校的章程为例,展示一下党委领导权的性质和内容:

案例 3–1:厦门大学

这是一所教育部直属高校,"211 工程"大学、"985 工程"大学和双一流建设 A 类大学,可以代表我国的研究型大学。《厦门大学章程》规定:"学校党委是学校的领导核心,统一领导学校工作,支持校长依法独立行使职权。"

案例 3–2:辽宁大学

这是一所省属"211 工程"大学和"一流学科建设高校",可以代表地方的精英型大学。《辽宁大学章程》规定:学校党委统一领导学校工作,把握学校发展方向,决定学校重要问题,监督重大决策执行。

案例 3–3:辽宁金融职业学院

这是一所省政府管理的三年制应用技术类高校,可以代表高职院校。《辽宁金融职业学院章程》规定:"学院党委是学院的领导核心,履行中国共产党章程等规定的各项职责,把握学院发展方向,决定学院重大问题,监督重大决议执行。"

这三所大学定位不同、层次不同,但都将党委会的权责定位在"讨论、通过和监督学校重大事项"。各校章程关于党委核心权力的表述虽然略有不同,但都是以《中国共产党高等学校基层组织条例》为范本,基本内涵没有区别。

案例 3–4:泉州信息工程学院。这是一所省属民办本科高校,可以代表我国的民办高等教育机构。《泉州信息工程学院章程》规定：中国共产党泉州信息工程学院委员会，在学院中发挥政治核心作用。建立与董事会、学院行政的沟通机制，参与学院重大问题的决策，支持学院董事会和院长依法办学。

按照我国有关法律法规：民办学校实行董事会领导下的院校长负责制，但是学校也按照要求建立党委会，其职责主要是发挥党在民办学校的政治核心作用。

三是复合性。党委的权力是典型的政治权力，它的合法性来源是中国共产党的政治领导地位。党委权力最重要的功能就是传播、贯彻和执行中国共产党的路线、方针、政策，将高等学校办成为中国共产党治国理政服务的重要机关。与西方政党政治和社会政治群体互动模式不同，我国实行的是中国共产党领导的多党合作制。因此，高校党委还要领导学校其他组织，比如民主党派、工会、教职工代表大会、学生会等。可见党委的政治力量也是复合型的。中国共产党是长期执政的政党，党的领导不仅表现在党内事务，也必然体现在整个国家的治理上。同理，高校党委的领导，也不仅具有政治领导的性质，也兼具行政领导的性质。

3. 党委领导的运行规则

按照党的组织原则，高等学校党委会成员由党员大会或党员代表大会选举产生，每届任期五年。规模较大、党员人数较多的高等学校，根据工作需要，经上级党组织批准，党的委员会可设立常务委员会。常务委员会由党的委员会全体会议选举产生。党委委员候选人的提出是上级组织与学校上一届党委会通过民主测评、工作业绩等多种因素协商推荐的。党委会设书记1名，是党委会或党员常委会的召集人。党委设副书记1—2名，如果校长是党员，一般都兼任副书记。除校长外，党委设1名专职副书记。党委书记和副书记是上级党组织任命后，由学校党员大会选举通过。党委通过会议讨论决定学校的重大事项，下面以《山东财经大学党委会议事规则》为案例，阐释与分析党委会运行规则。

案例 3-5：山东财经大学党委会的议事范围

（1）学习贯彻党的路线、方针、政策和上级党组织的重要决定、指示和会议精神，联系学校实际研究制定实施意见和工作方案，检查贯彻落实情况。

（2）研究决定学校办学指导思想、办学方向、发展战略规划；审议学校重大改革方案、重要规章制度；对具有政策性和方向性的重要工作及学年工作做出部署和总结；研究讨论重大突发事件的处理意见。

（3）审议通过校党委向上级领导机关的重要请示和报告；听取各基层党委（党总支）工作汇报，审定各学院发展目标、规划及其实施中的重大事项；审议涉及群众利益的重要问题。

（4）研究决定党的建设和思想政治工作中的重大问题，就一个阶段内党的思想建设、组织建设、作风建设和全校的德育工作、精神文明建设、校园综合治理、理论学习、思想教育、宣传舆论等方面的工作作出部署。

（5）审议通过加强干部队伍建设的意见；根据上级组织部门的要求，研究决定省管干部选拔、培养和推荐工作相关事项；讨论决定校管干部的任免、奖惩；审定学校重要的专门委员会组成人选；研究决定推荐区以上党代会代表、人大代表、政协委员、政府参事人选；研究决定以学校党委名义表彰、奖励的事项及受上级组织荣誉嘉奖的集体、个人的推荐；按照有关规定讨论和处理党员违纪案件。

（6）审议学校人才队伍建设规划及年度进人原则、进人计划；审议专业技术职务评聘工作中的重要问题；审议人员调入及具有副高级专业技术职务、博士学位人员、副处级以上教师及干部的调出。

（7）审议学校人才培养、科学研究、服务社会中的重大问题。包括：学校机构设置方案；院、系设置及重点学科、重点实验室建设方案；招生计划、毕业生就业工作方案；学校与国际国内的重要合作与交流项目；副处级及以上领导干部、教授出国（境）等方面的重大问题。

（8）审议学校重大融资、投资项目，年度财务预算、决算，大额度预算外资金管理及使用（100万元以上）等重大问题；重要资产管理及校办产业工作中的重大问题。

（9）研究学校党风廉政建设和反腐倡廉问题，安排部署各级领导班子和党员干部廉政、勤政工作；研究决定统战、学生、政治保卫、离退休干部工作以及工会、妇委会、共青团等群团组织工作中的重要问题。

（10）研究决定书记提议或经校长办公会讨论后由校长提议的其他重要事项。

从案例3-5可见，高校党委会管理覆盖范围包括学校的专业建设、学科建设、队伍建设、文化建设、组织制度建设、校园基本建设等学校改革发展的全方位问题，体现了党委领导的全面性。

案例3-6：山东财经大学党委会议事规则

（1）党委会由书记召集并主持，书记因故不能参加会议，可委托副书记召集主持。党委会必须有半数以上的委员参加方能召开；讨论干部问题时，应有三分之二以上委员到会方能举行。

（2）凡涉及教学、科研和其他行政管理工作中的重大问题，应先经校长办公会议审议或分管校领导提出意见后，再提交党委会讨论决定。

（3）对集体决定，个人或少数人如有不同意见，可以保留，可以建议下次会议复议，也可以向上级党委反映，但在没作出新的决议之前，必须执行原来的决议，并不得公开表示不同意见。

（4）党委会进行表决时，赞成人数超过应到会委员人数的半数为通过。表决一般可采用口头、举手、无记名投票、记名投票或其他方式。

（5）党委会形成的决议（决定），由党委办公室负责整理，形成会议纪要，经会议主持人签发，下达相关单位（部门）贯彻落实。①

---

① 以上案例资料参见《山东财经大学党委会议事规则》，山东财经大学官网，http://xxgk. sdufe.edu.cn/info/1104/1272.htm。

从案例 3–6 可见，高校党委运行采取的是民主集中制的决策原则。民主的原则，体现在党委会议题的确定上，主要来自基层单位或机关职能处室，议题进入党委会讨论决定之前，需要经校长办公会议或分管领导的同意。民主的原则还体现在党委会的决策方式上，讨论通过决议时需要形成共识或遵从少数服从多数的原则。集中的原则，体现在党委会的召集人和主持人是书记，被形象地比喻为领导班子的"班长"。

（二）校长的"治校权"

我国大学内部治理结构制度安排的一个最重要的特点就是党政结合。这一制度，一方面体现了我国社会主义高等教育的性质，体现了党对高等教育的领导权，另一方面也体现了大学管理的专业化和相对自主性。按照"党委领导下校长负责制"的内部治理结构，校长主要担负行政负责权，即组织实施党委确定的学校发展的大政方针。

1. 校长治校权制度化的过程

第一阶段："一长制时期"（1950—1958 年）。这一时期是全面学习苏联高等教育模式时期。1949 年 12 月，华北人民政府文化教育部就编辑出版了《苏联高等教育法令选集》。1950 年 6 月全国第一次高等教育工作会议通过的《高等学校暂行规程》规定了校长的责权：一是对外代表学校；二是领导学校的一切教学、研究和行政工作；三是领导教职工和学生的政治学习；四是任免学校内的教职工；五是批准校委会的决议。[1] 这一制度安排，是从苏联高校一长制管理移植来的。所谓"一长制"，就是企事业单位只有一个最高领导人，这个领导人由上级机关指派，按照上级的指令全权领导企事业组织，组织中的所有人都必须服从上级委派领导人的指挥和命令。1938 年苏联人民委员会颁布的《高等学校标准规程》中明确规定："根据个人负责的原则，高等学校校长领导全部高等学校的业务并代表学校。"[2] 一长制是典型的官僚治理模式，符合计划经济自上而下进行决策的特点。

---

[1]　参见《高等学校暂行规程》，《人民教育》1950 年第 5 期。

[2]　吴端阳：《从列宁关于一长制的论述看高校校长负责制的实行》，《高等教育》（中国人民大学书报资料中心）1986 年第 6 期。

第二阶段："一长制被废除时期"（1958—1961年）。如前所述，这一时期是对苏联模式进行调整时期，高等教育的延安道路重新成为制度设计的元规则。校长治校和专家治校的观点受到严厉批评，一长制管理模式被废止。高等学校开始实行党委领导下的校务委员会负责制，校长一般是校务委员会主任委员。校长的构成也发生了重要变化，前一时期校长主要由具有进步思想的知名学者担任，而这一时期担任校长的人士是革命的知识分子或具有一定文化水平的高级干部，其政治家身份是主要的。更重要的是，这一时期治校的方式也发生了变化，按照1958年9月《中共中央、国务院关于教育工作的指示》，所有学校重要事务都要采取在党委领导下的群众路线的工作方法，重视学生参与学校课程建设与行政管理工作。

第三阶段："两种模式调和时期"（1961—1966年）。为了纠正"大跃进"中的激进性改革造成的混乱局面，中央制定了"调整、巩固、充实、提高"的八字方针。高等教育开始进入从放到收的阶段。高校内部治理模式也从"大跃进"期间的党委领导下的群众路线的方式，转向重视发挥教师特别是资深学者的作用。指导这一时期高等教育工作的"高教60条"规定学校的领导体制是党委领导下的以校长为首的校务委员会负责制，校长是国家任命的行政负责人，对外代表学校，对内主持校务委员会和学校的经常性工作。"高教60条"还规定，校长和副校长是校务委员会的正副主任，校党委书记和副书记是校务委员会一般成员。可见，"高教60条"在学校领导权的分配上，是将前两个时期的制度进行了调和。将党委和校长的权力都置于重要位次。这一模式，实际上是苏联模式与延安道路的复合体。

第四阶段："校长缺位时期"（1966—1977年）。"文化大革命"开始后不久，绝大多数的校长被各种形形色色的所谓"革命的群众组织"夺了权，无法履行工作职责。后来为了结束学校混乱的局面，由工宣队和军宣队进驻学校掌握了权力。再后来学校与政府和企业等组织一样都成立了"革命委员会"作为学校的权力机构，各委员会主任一般由军代表或工宣队队长担任，一些"文化大革命"前担任学校领导的革命知识分子，经过改造后也有机会进入革命委员会，但一般都担任副主任等不重要的角色。高校党委恢复后，党委成为学校的领导核心，革委会行使具体的行政职能。整整十年多，校长这一称谓不见了，这不仅是权力岗位名称的变化，更是权力运行规则的更迭。官僚治理模式与同僚治理模式都被迫退场，政治权力成为学校唯一的合法权力，新的治理模式被形象地描述为"工农兵上大学、管大学，用毛泽东思想改造大学"。

第五阶段："拨乱反正时期"（1977—1984年）。这一阶段学校组织制度建设的一个重要内容就是拨乱反正。在邓小平的指示下，1978年10月教育部对1961年发布的"高教60条"进行了微小的修订并重新发布，文件名更改为《全国重点高等学校暂行工作条例》。该条例规定："校长是国家任命的学校行政负责人，对外代表学校，对内主持学校经常性工作。"这个提法与"高教60条"中的提法没有任何变化。"校长"复出，革命委员会这个文革中夺权而来的新型组织也就没有存在的根据了，学校权力结构重新回到第三个阶段的模式，即调和了苏联专业模式与教育革命模式这两种不同的制度安排。

第六阶段："校长负责制"的试点时期（1984—1989年）。为了解决校长"有职有权"这个在1957年时就提出来的问题，强化高校领导决策的专业性。部分高等学校也在上级安排下，开始了校长负责制的试点。

案例3-7：河海大学校长负责制的制度设计

河海大学，是当时水电部直接管理的全国重点高等学校。1984年开始在水电部和中共江苏省委的统一安排下试行校长负责制。《河海大学校长负责制暂行条例》规定：校长是国家任命的学校行政负责人，受国家委托，负责领导学校的全面工作。党委应当对党和国家的方针政策在本校的贯彻执行情况实行保证监督。校长对外代表学校，对内全面领导学校各项行政工作，并对国家负责。党委的责任是支持校长按规定充分行使职权，并对重大问题提出意见和建议。学校各项行政工作由校长决策、指挥，党委尊重和支持校长行政指挥权。决策前，党委给校长出主意，想办法；决策后，发挥党组织的思想政治工作的力量，保证校长指令的实施。①

从河海大学校长负责制的制度设计看，的确有很大的创新。校长的权责是"全面领导"、"对国家负责"。党委在治理结构中的作用主要是"提出意见和建议"、"保障和监督"，而不再是试点前的"党委作出决定后，由校长负责执行"，反映了当时国家政治体制改革的一个重要的倾向，就是逐步实现党政分开的国家治理模式。

第七阶段：行政负责人与法人代表身份制度化时期（1989年迄今）。1989年后，我国不再开展校长负责制的试点，高校领导体制继续采取党委领导下的校长负责制，校长从此也就自然不再负责"领导学校全面工作"，校长的权力从领导转为管理，成为学校"行政负责人"。以高校书记为"班长"的党委管方向、管大事，校长这个行政负责人的角色是负责对党委会决策的议题的落实。简单而言，党委是领导权，校长是执行权。校长执行党委决策中具有一定的自主性，但是必须接受党委的监督。

1992年8月原国家教委发布了《关于国家教委直属高等学校内部管理体制改革的若干意见》，首次提出高等学校具有法人地位。1999年1月实施的《中华人民共和国高等教育法》第三十条规定：高等学校自批准设立之日起取得法人资格。高等学校的校长为高等学校的法定代表人。2014年10月中央办公厅发布的《关于坚持和完善普通高等学校党委领导下的校长负责制的实施意见》中规定校长是学校的法定代表人、主持学校行政工作。在学校党委领导下，组织实施学校党委有关决议，全面负责教学、科研、行政管理工作。

2. 校长治校权的边界与运行机制

校长行政负责权与党委的全面领导权之间在范围上有很大的重叠，现实中也往往难以区分领导与管理的权力边界，很多学校党委与行政下设的机构是合二为一的，因此大学党委书记与校长之间的权力关系难以处理也是一

---

① 袁克昌：《河海大学管理改革》，河海大学出版社1989年版，第219—220页。

个普遍的现象。那些处理好的学校，往往是人格、政治品质等变量发挥的作用。从理论上说，党委与校长的权力边界在于，党委抓方向、抓大事，校长抓具体、抓落实。但是实际的情况则是，校长既要负责全面，也要负责具体；既要协调好与党委书记的关系，也要协调好与副校长和其他党委委员的关系；既有决定权，也受到各种制约和掣肘。因此，校长的权力边界与运行机制比较复杂。党和政府一再强调要完善这一制度安排，不断通过发布文件和典型示范来规范党委与校长的权力边界。2014年中央办公厅发布《关于坚持和完善普通高等学校党委领导下的校长负责制的实施意见》（以下简称《实施意见》），其目的也在于此。《实施意见》将校长权力的范围规定为如下几个方面：

一是组织拟订和实施学校发展规划、基本管理制度、重要行政规章制度、重大教学科研改革措施、重要办学资源配置方案。组织制定和实施具体规章制度、年度工作计划。

二是组织拟订和实施学校内部组织机构的设置方案。按照国家法律和干部选拔任用工作有关规定，推荐副校长人选，任免内部组织机构的负责人。

三是组织拟订和实施学校人才发展规划、重要人才政策和重大人才工程计划。负责教师队伍建设，依据有关规定聘任与解聘教师以及内部其他工作人员。

四是组织拟订和实施学校重大基本建设、年度经费预算等方案。加强财务管理和审计监督，管理和保护学校资产。

五是组织开展教学活动和科学研究，创新人才培养机制，提高人才培养质量，推进文化传承创新，服务国家和地方经济社会发展，把学校办出特色、争创一流。

六是组织开展思想品德教育，负责学生学籍管理并实施奖励或处分，开展招生和就业工作。

七是做好学校安全稳定和后勤保障工作。

八是组织开展学校对外交流与合作，依法代表学校与各级政府、社会各界和境外机构等签署合作协议，接受社会捐赠。

九是向党委报告重大决议执行情况，向教职工代表大会报告工作，组织处理教职工代表大会、学生代表大会、工会会员代表大会和团员代表大会有关行政工作的提案。支持学校各级党组织、民主党派基层组织、群众组织和学术组织开展工作。①

校长的上述权力，既是法律赋予的，也是高等教育举办者的授权。但是在实际运行中，也存在边界模糊的问题。譬如，上述《实施意见》中校长具有推荐副校长的权力，在很多大学就没有实行过。如果将《实施意见》中校长的权责与前文所述《山东财经大学党委会议事规则》加以比较，就会发现两者重叠之处甚多。这种情况导致部分高等学校党委会和校长办公会合一的现象比较突出，比如笔者所在的大学在上级党委开展的"政治巡视"中，有一个需要"整改的问题"就是，学校党委会开得比较多，校长办公会开得比较少。笔者曾问校长，为什么会这样？校长说，校长办公会与党委会的差别主要就是书记参不参加，为了解决时间成本，实践中经常会将两个会议合在一起召开。其实，根据《实施意见》中关于学校党委会和校长办公会的议事规则的表述是不一样的。《实施意见》规定：校长办公会议是学校行政议事决策机构，主要研究提出拟由党委讨论决定的重要事项方案，具体部署落实党委决议的有关措施，研究处理教学、科研、行政管理工作。会议由校长召集并主持。会议成员一般为学校行政领导班子成员。会议议题由学校领导班子成员提出，校长确定。会议必须有半数以上成员到会方能召开。校长应在广泛听取与会人员意见基础上，对讨论研究的事项作出决定。从这个规定看，校长的权力具有集权的性质，可以在听取其他人意见的基础上"作出决定"。而《实施意见》中规定党委会通过的决议需要进行集体表决，半数到会人员同意方为通过。

---

① 参见《中国教育报》2014 年 10 月 16 日。

通过上述规定和具体学校校长办公会议事规则可以看出，在"党委领导下校长负责制"的体制下，校长的权力空间可能很大，也可能很小。空间很大的理由是：校长可以通过校长办公会将自己的意志变成学校改革发展的重要方案，虽然一些校长办公会章程中规定校长在召开校长办公会前需要向书记进行沟通，但这毕竟是个人沟通，沟通的内容通常也不过是议定的主题。校长办公会提交给党委会需要审议的方案，一般也会得到通过，因为校长办公会参加人员占了党委会参加人员的多数，书记在决策的时候也会因为"校长负责"的制度压力和集体表决的决策方式，很难推翻校长办公会的决议。空间很小的理由是：如果书记不同意校长提出的方案，可以不召集党委会审议相关议题，或在党委会上不讨论某项议题，这就会使校长办公会议定的某些议题流于形式。而空间的大小，在不同学校是不一样的，这取决于书记和校长对制度的理解，取决于书记和校长的治校理念，取决于书记和校长的领导风格，取决于书记和校长的个人关系，也取决于书记和校长的学术身份、政治身份等。上述变量之间相互影响，因此决策实践的模型极为复杂。这种组织决策机制的不确定性，一方面是制度设计不完善的表现，增加了决策和管理成本；另一方面也是制度具有弹性的表现，在书记与校长、党委会议与校长会议两个权力系统的互动中，实现了科学决策、民主决策和协同决策的目的。

（三）教授的"治学权"

教授的治学权，是指教授群体所拥有的在学术事务决策上的权力，即学术权力。学术权力本是大学内部最基本、最核心的权力形式，但是随着大学规模的扩大和国家权力的介入，教授群体的学术权力受到限制，政治权力与行政权力的触角深入大学的治理结构中。但是，教授治校长期以来始终是西方大学的一个基本的制度特色。西方学术界流行的观点是：知识即权力，知识最多的人有最大的发言权。大学的学术权力是内生的权力，不是外部赋予的，而是大学内在逻辑的外在反映。21世纪初，我国教育行政部门的领导和相关文件中，都明确将教授治学与党委领导、校长治校和民主管理一起，共同构成我国大学内部现代大学制度的结构要素。

1. "教授治学权"的制度化过程

新中国成立前我国在建立现代大学的过程中，形成了教授治校的传统。无论是在政府发布的教育法令中还是大学内部治理结构的设计上，教授群体的学术权力始终是制度化的权力。中国共产党在新中国成立前也曾经主张教授治校。1946 年 1 月 16 日中共代表团在政治协商会议提交的《和平建国纲领草案》中明确提出："大学采取教授治校，不受校外不合理之干涉。"①

新中国成立初期，我国学习苏联高等教育模式，学校试行校长的"一长制管理"。1950 年 8 月国家教育机关颁布《高等学校暂行规程》，规定校内学术治理机构是校长领导的校务委员会负责制。校务委员会的成员不仅包括教授，而且也包括行政人员和学生等群体成员，教授治校的体制不再存在。1956 年高等教育部发布的《高等学校科学研究奖励办法（草案）》中提出，高等学校校系两级可以设立学术委员会，归学校校务会议领导，职责是审查、评选推荐和科学研究成果。② 该办法发布后，高等学校陆续成立校与系两级学术委员会，负责科学研究事宜，譬如 1956 年 6 月东北师范大学学术委员会召开会议，讨论通过学校学术刊物的管理问题。1957 年 4 月 30 日，毛泽东在一次会议上和北京大学校长马寅初对话时提出："教授治校恐怕有道理。是否分两个组织，一个校务委员会管行政，一个教授会议管教学。这个问题要研究。"③ 但是后来由于政治环境发生了重大变化，教授治校非但没有实行，提出这个观点的人还遭受了严厉的批判。1960 年 4 月清华大学校长蒋南翔在人大会议上作了题为《清华大学的教育革命》的发言，发言中他严厉地批判了教授治校的主张，提出"要加强党的领导和坚持政治挂帅"④。这种政治环境下，高校的学术委员会名存实亡，高校的学术治理模式也鲜明地体现了"大跃进"的色彩，党领导的群众运动代替了专家的决策。

---

① 《和平建国纲领草案》，《解放日报》1946 年 1 月 24 日。

② 参见《中华人民共和国重要教育文献（1949—1997）》，海南出版社 1998 年版，第 646 页。

③ 逄先知：《毛泽东传（1949—1976）》，中央文献出版社 2003 年版，第 671—672 页。

④ 蒋南翔：《清华大学的教育革命——在人大二届二次会议上的发言》，《人民教育》1960 年第 4 期。

1961 年"高教 60 条"发布后，专家在高等学校学术管理工作中的地位重新得到承认。1963 年，教育部发布的《关于发送直属高等学校自然科学研究会议有关文件的通知》提出，要在部分学校试行学术委员会的制度，人员由学术造诣较深的教师组成。试行这一制度的目的是"加强学术工作的领导，作为党委和行政在领导学术方面的助手"①。这一制度本质上说，是恢复了 1956 年时的体制，但是对学术委员会的职能有所扩展，除了包括成果的评审外，还包括审议科学研究工作的规划、计划和重大科研设备的添置，就科学研究中的重大问题向学校领导提出建议，指导学术刊物的编审工作等。1963 年教育部还发出通知提出，如果高校已经建立了学术委员会，学校在提升教师职务时，其业务水平的评审可以由学术委员会负责。②

新中国成立后至改革开放前，我国虽然在部分学校试行了学术委员会制度，但是从根本说学术权力处于一种缺位或失能的状态。在高度政治化的大学内部治理结构中，行政权力代替或压制了学术权力，厘定的学术权力从属于法定的行政权力，即使在"学术模式"占主导的时期，大学内部的学术权力往往也只是表现在专业人员个人获准参与院校决策，使得学术权力没有形成制度化的结构。

改革开放后，中国共产党的工作重心由阶级斗争转移到了国家的现代化建设。邓小平提出"尊重知识、尊重人才"和干部队伍要"革命化、年轻化、知识化、专业化"的思想后，鄙视、排斥知识分子的状况得到了纠正。大学内部治理结构中的学术权力也在这样的背景下得以显现，并逐渐形成自己的权力边界和制度结构。1978 年 10 月颁发的《全国重点高等学校暂行工作条例》与原来"高教 60 条"最大的区别就是取消了校务委员会这一组织形式，提出大学中要设立学术委员会，作为审议学校重要学术事务的专门化机构，除了参与科学研究管理，还参与教师职务晋升的审议工作。此后，高校陆续恢复和重建了学术委员会。1998 年通过的《中华人民共和国高等教

---

① 《中华人民共和国重要教育文献（1949—1997）》，海南出版社 1998 年版，第 170 页。

② 参见《中华人民共和国重要教育文献（1949—1997）》，海南出版社 1998 年版，第 215 页。

育法》中再一次明确提出："高等学校设立学术委员会，审议学科、专业的设置，教学、科学研究计划方案，评定教学、科学研究成果等有关学术事项。"该法实施后，各大学加强了对学术委员会这一制度的建设，一些学校还出台了学术委员会的工作条例或章程。如《国家中长期教育改革和发展规划纲要（2010—2020年）》："充分发挥学术委员会在学科建设、学术评价、学术发展中的重要作用。探索教授治学的有效途径，充分发挥教授在教学、学术研究和学校管理中的作用。"2014年1月教育部发布《高等学校学术委员会规程》，其中明确提出学术委员会设立的意义在于完善内部治理结构，并对学术委员会的地位、职责与权力范围做了明确规定：学术委员会是学校学术管理体系与组织架构的核心，是校内最高学术机构，统筹行使学术事务的决策、审议、评定和咨询等职权。上述规程还规定了学术委员会任职的年限和次数，规定了校领导和职能部门领导担任委员的比例，规定了不担任任何领导职务的普通教授的比例；另外，还规定要由一定比例的青年教师参加学术委员会，学校还可聘请校外专家担任专门学术事项的特邀委员。

2. 教授治学权的性质和范围

教授治学权，从理论上讲是比较明确的，指的教授群体在学术事务治理方面具有的权力。但是在实践中，往往很难分清哪些是属于行政事务，哪些是属于学术事务。譬如制定发展规划和教师职务评审，都需要发挥各种力量的作用，才能科学、有效地完成这项工作。因此，如何界定教授治学权的边界，如何在多中心治理的架构中协调好学术权力与其他权力的关系，就显得尤为重要。由于我国大学内部学术治理的复杂性和多层次性，很多大学都在校学术委员会大的架构下成立了诸多分委员会，譬如"职称评审委员会"、"教学工作委员会"、"学科建设委员会"等。这些分委员会在很大程度上代替它的上级组织完成很多学术决策、学术咨询和学术审议的任务，所以有的时候校学术委员会反而成为了一个"荣誉性"的组织了。而在基层学院，因为担任教授职务的教师人数不多，不可能像学校层面设置多个分委员会，因此学院的学术权力机构，更能比较全面地反映教授治学权的性质和范围。

案例 3-8：沈阳师范大学的教授委员会职责

　　沈阳师范大学是省属综合类师范大学，2004 年开始建立教授委员会，是辽宁省第一个实行教授委员会制度的学校。这项制度被媒体概括为学术问题用学术手段解决，学术事务由学者处理的"沈师新模式"①。当时倡议和主持这项制度设计的校主要领导在一次讨论时谈道：学校一级的体制，国家法律也已经明确规定了是党委领导下的校长负责制。而基层学院的管理学校有一定的自主权，通过建立教授委员会制度，可以进一步探讨学者治学的运行机制，学校基层单位可以尝试探讨教授委员会领导下的院长负责制。因此，沈阳师范大学教授委员会的权力性质一开始就是学术决策机构，学院内的重要学术事宜都要经过学术委员会的讨论后决定，院长及其行政班子负责执行教授委员会的决定。《沈阳师范大学教授委员会章程》规定："学院教授委员会是研究和决定学院学科建设、教学、科研、教师队伍建设等重大学术性和专业性事宜的决策机构。教授委员会对院（系）的重大学术性和专业性事宜做出决策，由院长（系主任）负责组织实施。"教授委员会成员，是通过民主投票的方式在教授中选拔出来的，

　　对于教授委员会决策的范围，上述章程作了如下规定：

　　一是审议学院中长期发展规划、年度工作计划和总结。

　　二是审议学院学科建设规划，推荐本单位学科带头人、学科建设项目负责人、确定本单位重点学科的申请、重点学科建设项目的立项。

　　三是审议本单位研究生专业建设发展规划及研究生培养方案，推荐研究生导师人选，确定研究生所用教材建设方案。

　　四是审议本单位本科专业建设发展规划，确定本单位本科专业调整、教学计划制定及修改、教学改革立项、教材建设和人才培养方案。

　　五是审议本单位科研工作规划，确定本单位重点科研方向、科技

---

① 参见《学术问题用学术手段解决——沈阳师范大学党委书记于文明一席谈》，《光明日报》2011 年 3 月 30 日。

开发选题、重点实验室建设、基地建设申请、科研奖励政策和重大学术交流事宜，推荐本单位校级以上科研立项、科研成果报奖、申请资助出版著作和优秀科研人员。

六是审议本单位师资队伍建设规划；审议本单位教师业务考核标准、办法，确定考核结果；审议本单位教师职务岗位聘任办法，确定本单位教师职务晋升的初步人选；推荐本单位引进教师、科研人员的初步人选。

七是讨论院长（系主任）认为有必要提交决定的其他学术性和专业性事宜。

八是负责监督本单位学术性和专业性有关政策的落实情况。

从沈阳师范大学教授委员会的负责制可以看出，学院几乎全部的重要学术决策都是由教授委员会作出的。学院的党政联席会议的主要内容，除了研究讨论一些日常管理方面的工作外，主要的任务就是研究提交给教授委员讨论的方案，或者研究落实教授委员通过的决议。由于我国院系治理具有很大的制度创新空间，因此教授治学在院系层面的制度安排也有很大差异。就教授委员会制度而言，沈阳师范大学实行的教授委员会领导下的院长负责制。而郑州大学等学校实行的教授委员会制度则有所不同，郑州大学教授委员会是在院系党政联席会议领导下开展工作，要向党政联席会议汇报工作。

3. 教授治学权的运行机制

案例3-9：沈阳师范大学教授委员会议事规则

《沈阳师范大学教授委员会章程》规定了如下的议事规则：

一是召开教授委员会会议，实到会人数达到应到会人数的三分之二以上（含三分之二）方可开会。教授委员会委员有三人以上（含三人）提出其职责范围内相关的同一议题时，除因三分之一以上委员因故缺席不能召开会议外，主任委员须在一周内召集会议研究。

二是教授委员会在职责范围内所讨论的议题，一般要先由主任委员提出初步意见或方案，再提交教授委员会审议、决定。

三是教授委员会实行集体决策制度，执行少数服从多数原则。对所议事项的表决也可采取无记名投票方式，所作出的决策要在实到会人数一半以上的成员表示赞成的情况下方为有效。

四是教授委员会对所讨论的议题要充分酝酿，如对重要问题产生较大分歧，难以表决时，应暂缓作出决策，在深入调查研究和充分交换意见，征求校学术委员会或有关部门意见后，再次召开会议决定。

沈阳师范大学是笔者所服务的机构，笔者作为高等教育研究所的所长曾全程参与教授委员会的制度设计，而且笔者也同时担任了二级学院的院长和教授委员会主任，对这项制度的理解是比较全面和深刻的。从 2004 年实施至今，这项制度已经深入人心，学院任何重要的学术决策都是教授委员会集体讨论的结果。笔者作为院长和教授委员会主任，与其他委员的地位是平等的，笔者有意引进的两位国内外博士，都因为教授委员会成员的反对而没有能够实现。教师职务晋升的人选，也是教授委员会成员一人一票投出来的。学院党组织的负责人，如果不是教授委员会成员，需要列席会议，但是不发表意见，不参与投票。党组织负责人参加教授委员会会议的目的，一是监督决策过程和选票的统计，二是了解决策的具体情况，以便做好相关人士的思想政治工作。

总之，虽然我国高等教育机构存在行政化倾向比较严重的问题，但是学术权力的影响不可低估。党委、校长与学术委员会为代表的学术组织构成了学校治理结构的"三驾马车"。对于学校发展规划、机构设置、干部任命等方面，学校党委发挥主导作用，而对于专业建设、学科建设、队伍建设等方面校长的作用更大些，对于一些需要通过投票决定的学术事宜，如教师职务晋升等，学术组织则起到根本的作用。

（四）教职工代表大会的民主管理权

我国宪法规定，国家的一切权力属于人民，人民有权参与管理国家政治、经济、文化事务。这一原则在高等学校的具体体现就是通过教职工代表大会这一权力形式与权力运行途径，发挥教职工的作用，保证教职工的权益。

1. 教职工代表大会民主管理权制度化的过程

中国共产党在老根据地举办的高等教育机构中，比较重视发挥教学民主，坚持群众路线的原则。新中国成立后我们学习苏联高等教育模式，高校内部管理实行"一长制"的管理体制。这个管理体制，在强调校长权力的同时，也附以委员会制度来拓宽民主管理的基础。1950 年 6 月中央教育部颁发的《高等学校暂行规程》中规定，高等学校要设以校长为主席的校务委员会负责审查学校教学、研究计划和工作报告，通过财务预算和决算，通过重要规章制度等。该规程规定校务委员会要有 4—6 名工会代表和 2 名学生会代表参加。但是，该规程没有明确规定工会与学生会参与学校管理的责任，也没有在治理结构中给予正式的安排。该规程中将工会和学生会的职责表述为四个方面：一是团结全校员工和学生，二是协助学校完成工作计划，三是推动员工和学生政治、业务与文化学习，四是增进员工和学生的生活福利。①

1956 年以后，我国开始"以苏为鉴"，探索独立发展道路。1958 年 9 月《中共中央、国务院关于教育工作的指示》中指出：办教育必须依靠群众，"群众不懂教育"、"学生不能批评先生"的观点是错误的，学校的政治工作、管理工作、教育工作、研究工作等都要贯彻群众路线的方法。1961 年 9 月发布的"高教 60 条"，对高等教育中的群众路线方法给予了肯定，并且规定校务委员会要吸收非党人士参加，但是教职工和学生的权力并没有体现在治理结构中。该条例规定：工会的职能是做好成员的思想教育和生活福利工作；学生会的职能是团结全体同学，做到身体好、学习好、工作好。

1978 年 10 月教育部颁布的《全国普通高等学校暂行工作条例（试行草案）》提出要"在党委领导下定期举行师生员工代表大会"。1979 年，在中国教育工会的组织下，部分省市的高等学校进行了教职工代表大会制度的试点工作。1980 年 11 月 3 日中央书记处会议还作出决定：学校特别是高等院

---

① 《高等学校暂行规程》，《人民教育》1950 年第 5 期。

校的教职工代表大会的组成和职权，应当专门研究，制定单行条例。1981 年
1 月，教育部和中国教育工会召开"教职工代表大会试点汇报座谈会"，对教
职工代表大会的性质、代表、职权、工作机构等进行了讨论。[①] 教育部与中
国教育工会于 1985 年 1 月正式颁发《高等学校教职工代表大会暂行条例》。
该条例明确规定：高等学校"教职工代表大会是教职工群众行使民主权利，
民主管理学校的重要形式"。1993 年 10 月通过的《中华人民共和国教师法》、
1995 年 3 月通过的《中华人民共和国教育法》、1998 年 8 月通过的《中华人
民共和国高等教育法》都明确了高等学校教职工代表大会的法律地位。该法
第四十三条规定："高等学校通过以教师为主体的教职工代表大会等组织形
式，依法保障教职工参与民主管理和监督，维护教职工合法权益。"2010 年
制定的《国家中长期教育改革和发展规划纲要（2010—2020 年)》从建设现
代大学制度的角度继续提出加强教职工代表大会建设。由于 2001 年我国发布
的《行政法规制定程序条例》规定，只有行政法规才可以叫条例，国务院各
部门制定的规章不得再称"条例"。因此，教育部对 1985 年《高等学校教职
工代表大会暂行条例》进行了修订，并于 2011 年 12 月以《学校教职工代表
大会规定》的名称重新发布。该规定对教职工代表大会的职能定位是："教
职工代表大会是教职工依法参与学校民主管理和监督的基本形式"。

2. 教职工代表大会民主管理权的性质与权力运行机制

这里以上海交通大学教职工代表大会制度为案例来说明分析权力的性
质与运行机制。

案例 3-10：上海交通大学教职工代表大会的权责

《上海交通大学教职工代表大会实施细则》[②] 指出："教代会是学校党
委领导下的教职工行使民主权利，参与民主决策、民主管理和民主监督

---

① 参见徐远火：《高校教代会制度的历史演进与未来发展》，《中国劳动关系学院学报》2005
　　年第 1 期。

② 《上海交通大学教职工代表大会实施细则》，上海交通大学信息公开网，http://xxgk.sjtu.
　　edu.cn/2012/1218/1139.html。

的基本制度，是校务公开的基本形式和主要载体，是学校建立现代大学制度的重要组成部分。"该细则将学校教代会的权责分为如下八个部分：

一是听取学校章程草案的制定和修订情况报告，提出修改意见和建议；

二是听取学校发展规划、教职工队伍建设、教育教学改革、校园建设以及其他重大改革和重大问题解决方案的报告，提出意见和建议；

三是听取学校年度工作、财务工作、工会工作报告以及其他专项工作报告，提出意见和建议；

四是讨论通过学校提出的与教职工利益直接相关的福利、校内分配实施方案以及相应的教职工聘任、考核、奖惩办法；

五是审议学校上一届（次）教职工代表大会提案的办理情况报告；

六是按照有关工作规定和安排评议学校领导干部；

七是通过多种方式对学校工作提出意见和建议，监督学校章程、规章制度和决策的落实，提出整改意见和建议；

八是讨论法律法规规章规定的以及学校与学校工会商定的其他事项。

《上海交通大学教职工代表大会实施细则》还规定了教职工代表大会代表的权力属性，包括：对涉及学校发展和教职工权益的重要事项有知情权、建议权、参与权和监督权。

从内容看，上海交通大学教职工代表大会的权责与教育部发布的《学校教职工代表大会规定》中界定的对所有学校的统一要求是一模一样的，没有更改或变化一个字。这在一定程度上反映出教育部的规定具有一定政策法规的强制性。从权力的属性看，教育部的规定中没有具体说明，但是有法律学者在分析相关文件和政策法规的基础上，认为教代会的权力主要包括：知情权、参与权、决策权、监督评议权。① 这与上海交通大学教代会制度有一

---

① 参见于兆波：《现代大学制度下教代会的地位及作用》，《工会论坛》2011 年第 2 期。

定的区别，区别的焦点就在于是否具有决策权上。下面从上海交通大学教代会议事规则看其是否具有决策权，以及如何实施相关权力。

案例 3-11：上海交通大学教职工代表大会议事规则

根据《上海交通大学教职工代表大会实施细则》规定，教代会代表的产生要有广泛性，要以教学和科研一线人员为主。对代表的性别、年龄和岗位等都有一定的要求。对教代会讨论议题的表决和选举，采取举手或者无记名投票方式进行。而涉及教职工切身利益等重大事项的表决或者重要选举事项要采用无记名投票方式进行。表决和选举事项获得半数以上赞成票为通过。教代会在其职权范围内审议通过的事项对全体教职工具有约束力。应当提交教代会审议的事项，未按照法定程序提交的，工会有权要求纠正。未按照法定程序提交审议通过的，学校就该事项作出的决定对本校教职工不具有约束力。

上海交通大学通过的教代会议事规则，比教育部的规定更为具体，更加具有操作性。从议事规则看，其决策权的性质非常明显，而且对学校其他权力具有一定的制衡作用，明确提出没有经过教代会讨论通过的学校发展规划、规章制度、财务方案等，都不具有合法性。

按照我国相关规定，各大学的章程中都将学生代表大会、研究生代表大会等社团组织作为学生参与学校民主管理和监督的重要制度，在学术界研究学生参与大学治理和管理成果也不少，但是在笔者看来，学生民主管理权的权限与范围是非常不明确的，运行机制更是没有稳定的结构，是一个有待进一步制度化的权力形式。

（五）社会人士参与大学治理的权力

1.社会人士参与大学治理权力的制度化过程

在计划经济条件下，大学内部治理结构单一，作为利益相关者的社会人士没有被纳入治理结构中，所起的作用十分有限。20 世纪 50 年代末教育革命期间和后来的"文化大革命"期间，大学实行开门办学，内部治理引入了社会人士。不过在那个特殊时期，引入校外人士参与大学治理的目的不是为了发展学术，而是为了强化社会控制，这种治理结构与大学的本体功能背道而驰，与大学"良治"的目标相去甚远，最终不可避免地要以失败而告终。

改革开放后，随着计划经济体制逐步向市场经济体制过渡，政府在经济和其他一些社会事业管理中的角色逐渐淡化，市场在高等教育资源配置中的作用越来越明显。新的制度环境要求大学治理，不仅需要超越计划经济和总体性社会行政导向与政治控制的局限，而且也需要超越理性主义的文化传统，通过倾听社会和市场的声音来修正自己的结构和运行机制。

20 世纪 80 年代中期以后，我国一些高校就成立了董事会，作为社会参与高校内部管理的制度安排。20 世纪 80 年代成立的大学董事会主要有三种形式：一是在民办高等学校中设立的董事会，这些董事会提供大部分办学经费，并有权决定学校的重大事宜；二是以行业对口为原则，组成有关部门一起参加的董事会，这些董事会的功能主要是行业指导和部分经费支持；三是学校主动谋求社会各方面的支持，和某些行政机关、企事业单位以及个人组成的董事会，成立董事会的主要目的是建立学校与社会双向参与的新机制。①

20 世纪 90 年代后，国家通过相关政策和法令进一步推进这项改革的发展。1994 年 11 月，国家教委发布的《关于国家教委直属高校积极推行办学与管理体制改革的意见》指出："要通过多种途径和形式，积极争取地方社会各界参与办学，改变委直属高校单一的办学和管理体制。条件成熟的学校，还应积极组建有地方政府、企业（集团）、科研单位及社会各界参加的学校事业发展基金会、院一级的董事会或建立校董会，推动社会各方面参与学校办学的咨询、审议、资金筹措等工作，逐渐探索学校面向社会办学的新路子。"1995 年 3 月，《中华人民共和国教育法》发布，其中规定："企业事业组织、社会团体及其他社会团体和个人，可以通过适当的形式，支持学

---

① 参见孙献忠：《建立双向参与机制，深化教育体制改革——关于高校董事会的探讨》，《安徽大学学报》（哲学社会科学版）1989 年第 3 期。

校的建设，参与学校的管理。"《国家中长期教育改革和发展规划（2010—2020年)》明确提出，在建设现代大学制度的过程中，要扩大与社会合作，探索建立高等学校理事会或董事会，健全社会支持和监督学校发展的长效机制。2014年7月，教育部发布《普通高等学校理事会规程（试行)》，目的在于推进中国特色现代大学制度建设，健全高等学校内部治理结构，更好地发挥理事会的咨询、协商、审议与监督职能。2015年10月教育部、国家发展改革委、财政部联合发布的《关于引导部分地方普通本科高校向应用型转变的指导意见》中指出："建立学校、地方、行业、企业和社区共同参与的合作办学、合作治理机制。建立有地方、行业和用人单位参与的校、院理事会（董事会）制度、专业指导委员会制度，成员中来自于地方政府、行业、企业和社区的比例不低于50%。支持行业、企业全方位全过程参与学校管理、专业建设、课程设置、人才培养和绩效评价。"

2. 社会人士参与大学治理权力的运行机制

与欧美国家大学的董事会或理事会相比，我国大学的董事会或理事会并没有真正被纳入到治理机构中。很长一段时间，各学校成立董事会或理事会，目的不是要完善治理结构，而是开展合作办学或吸纳社会资本。因此，关于治理学校方面的规则，或者没有制定，或者不够完善。这里以安徽大学董事会为案例分析一下董事会制度运行机制。

案例3-12：安徽大学董事会的运行机制

安徽大学董事会，是1988年12月正式成立的。董事会成员包括企业、事业单位、行业主管部门、地方政府和个人。《安徽大学董事会章程》中提出定期召开董事会全体会议或常务董事会议，研究有关学校改革和发展的重大问题。董事会成员的权力包括如下几个方面：一是评议学校工作，听取校长关于学校工作的报告；二是参与研究和修改学校发展规划；三是参与审议学校的大型工程；四是决定学校董事会基金的使用；五是向上级机关提出对学校领导工作的奖惩建议等。《安徽大学董事会章程》规定，定期召开董事会全体会议或常务董事会议，研究有关学校改革发展的重大问题。①

安徽大学董事会是我国高校中建立时间比较早的董事会，但从其董事会的章程来看，并没有将其作为治理结构的一部分来看待。董事会也没有明确、细致、可操作的运行规则。20世纪80年代与90年代建立的董事会，基本都是基于吸收和交换资源的目的设定的。那个时期，学校自身也没有多少自主权，校外人士参与治理也无具体政策支持，因此高校董事会的权力主要是象征性或者局限在其组织内部。安徽大学董事会目前是否还在运行，笔者查阅了其校园网，并没有发现相关的资料。2015年3月通过的《安徽大学章程》② 中也没有对学校董事会作出任何说明。但是，《安徽大学章程》中明确提出学校要设理事会，并将其正式纳入学校内部的治理结构中，与学术委员会、学位委员会一起被定为"学术与决策咨询机构"。通过查阅国内一些大学的章程，发现其中几乎都规定了要在学校中设理事会，主要的原因是教育部在2014年出台了明确的规定，学校有章可循。下面以郑州大学理事会为案例，说明一下大学理事会的运行规则。

案例3–13：郑州大学理事会运行规则

根据《郑州大学章程》与《郑州大学理事会章程》的规定，郑州大学理事会在功能定位上是一个行使咨询、协商、审议与监督权的组织机构，是社会参与学校治理的制度化平台。郑州大学理事会的组成人员包括：政府主管部门和共建单位的代表；学校管理人员、教师和学生代表；地方政府、行业组织和企事业单位的代表；杰出校友、社会知名人士、国内外知名专家。理事人数不少于21人，理事分为职务理事和个人理事。理事会的权责主要包括：对学校发展目标、战略规划、学

---

① 参见孙献忠：《建立双向参与机制，深化教育体制改革——关于高校董事会的探讨》，《安徽大学学报》（哲学社会科学版）1989年第3期。

② 参见《安徽省教育厅关于核准〈安徽大学章程〉的批复》，安徽省教育厅网站，http：//www.ahedu.gov.cn/662/view/16882。

科建设、专业设置、年度预决算报告、重大改革举措等重大问题进行决策咨询或者参与审议；参与审议学校开展社会合作、校企合作、协同创新的整体方案及重要协议，提出咨询建议；研究郑州大学面向社会筹措资金、整合资源的目标、规划等，监督筹措资金的使用；参与评议学校办学质量，就学校办学特色与教育质量进行评估，提出合理化建议或者意见。理事会全体会议一般每年召开一次，理事会全体会议各项决议须经应到成员过半数通过方能有效。

从《郑州大学理事会章程》相关制度文本看，郑州大学理事会的建立在一定程度上考虑到了利益相关者参与学校治理的权力。但是，从郑州大学理事会成员承担的义务看，成立这个组织的目的还是基于合作办学和资源共享的需求，并非真正意义上的对治理结构的完善。该章程规定理事中要有学生参与，理事任职时间规定为5年。而学生在一所学校学习要么是本科4年，要么是研究生2—3年，没有5年制的学生，因此这一制度安排显然还停留在文本阶段，没有真正运行，否则不会出现这一制度漏洞。

（六）基层学术组织的自主权

1.基层学术组织自主权制度化的过程

新中国成立初期，我国高等学校的内部组织模式也模仿苏联模式，将校—院—系的组织架构，代之以校—系—教研室的制度安排。这一组织结构的改革强化了学校的行政权威，形成了科层制的管理结构。大学内部这种权力分配模式，也是计划经济体制的客观反映。在高度集中的计划经济体制下，大学和企业一样接受政府直接的计划管理，没有多少自主权。正因为如此，大学内部的组织结构几乎等同于政府部门，便于接受政府的指令。由于处于这样一种外部制度环境，大学内部治理的权力同样表现出中心化的特点，学校控制了绝大部分权力，基层学术单位是一个单纯的执行机构，没有实质性的决策管理权。在高度结构化的官僚治理模式下，大学基层学术组织也被异化为行政组织，其学术属性被弱化，学术权力只能以隐性的方式出现。

改革开放以后，随着高等学校科研职能的不断强化和学校规模的不断扩大，以及人才培养口径的不断拓宽，原有的组织架构开始出现严重的不适应。20世纪80年代初，一些学校就自发地进行了改革，在教研室之外新设立研究所、研究室、研究中心等科研机构，以适应高等学校要办成两个中心的需要。

案例 3-14：上海交通大学的内部治理改革

上海交通大学是20世纪80年代校内管理体制改革的典型单位，这所学校改革的主要经验就是向基层分权。当时学校担任党委书记的邓旭初曾这样评价改革前学校体制的弊端："上海交大由于受高度集中统一的影响，学校管得过死，基层缺乏自主权，难以从实际出发创造性地进行工作。"[1] 时任党委副书记刘克也指出：在集中统一的体制下，学校党政部门事无巨细，样样皆管，结果上面越积极、下面越忙乱。基层为解决一个问题，层层报批，公文漫步旅行。在这种体制下，我们这些官僚主义者管理许多不该管，管不了，又管不好的事，使学校整个机构运转不灵，效率很低。[2]

基于上述的认知，上海交大党委决定通过改革，将部分权力下放给基层学术单位。1981年上海交通大学颁发《关于扩大系、所在科研工作中自主权若干问题的决定》，扩大了系、所在科研经费管理和使用上的自主权。新的制度实行科研经费"预算包干、按课题核算、结余留用、超支抵扣下年度指标"的政策。新政策的效果很快就显露出来了，1981年的科研项目数比上一年度增加了近50%，年度总支出非但不超支，而且下降了近四分之一。在这样的成绩的鼓舞下，上海交大又下放了"接受任务、购置设备、人员聘用和奖惩手段"方面的权力，从而进一步调动了基层单位完成科研任务的积极性。1983年全校

---

[1] 《上海交大的教育改革（重要资料选编）》，人民出版社1985年版，第22页。
[2] 《上海交大的教育改革（重要资料选编）》，人民出版社1985年版，第46—47页。

科研项目、研究经费和科技服务经费等三项指标，分别比 1982 年增长 46%、77% 和 157%。①

在改革取得初步成果后，上海交大加大了权力去中心化的力度，制定了《关于实行责任制、扩大系（所）自主权的暂行规定》。其中指出：要进一步改变领导体制权力过分集中的状况，下放责权，扩大系（所）自主权，实行系主任和所长负责制，使系主任和所长的责任和权力相结合。权力下放过程中要防止产生那种名为下放权力，实为下放事务的状况，使基层负责人真正能有职、有权、有责。该暂行规定中下放给基层负责人的权力有如下几个方面：一是人事（组织）工作方面的权力。包括人事、组织审批权；人事调配与聘用权；职称审批权；工资、奖金、劳保福利审批权；假期审批权。二是教学工作方面的权力。包括有权制定本科教学实施计划和研究生培养方案；有权组织制定本系开设的各门课程的教学大纲，编写和选用教材，编制各种教学文件；有权聘任和决定各学科的研究生导师，以及各类课程的任课教师；有权在系内新设学科小组；有权提出设置、撤销、合并有关专业的建议；有权在教育部批准的学科范围内，确定或调整研究生培养的研究方向；在完成学校下达的教学任务后，有权组织教师承接各种层次和各种形式的办学任务。三是在科研工作方面的权力。包括有权提出本单位优先发展领域，重点学科和试验基地等建设规划和实施计划；在完成国家和学校下达的任务后，有权承接科研、顾问、咨询、测试、加工等任务；对本单位的科研经费、科研及实验室发展基金、教学设备经费、实验室经费有支配权；有权对科研项目或实验室建设中的人员和计划进行调整；有权提出设置、撤销、合并有关研究室或实验室的建议；有权聘用本校在校研究生兼任科研任务；有权审查本单位的科研成果，有权使用本单位奖励基金。②

① 《上海交大的教育改革（重要资料选编）》，人民出版社 1985 年版，第 22 页。
② 《上海交大的教育改革（重要资料选编）》，人民出版社 1985 年版，第 77—82 页。

从以上内容看，上海交大向基层系、所下放的这些权力还是受到很多限制的。这些限制，一方面来自政府部门，政府不向学校放权，学校也自然无法向基层单位放权；另一方面也来自学校行政机关的限制，基层单位很多权限在行使时还需要学校行政部门的审批。还有一点就是，很多权力在性质上属于"建议权"，没有实质性意义，学校相关部门和领导采不采纳，采纳多少，什么时间采纳等，都是一个未知数。

即便如此，上海交大的改革在当时也属于重大的制度创新。概括起来就是两点：一是在基层建立了系主任、所长负责制的治理模式，超越了1978年中央新修订发布的高校工作条例中"实行党总支领导下的系主任负责制"的政府规定，因此这项改革措施改变了传统上制度变迁的路径，开创了大学内部治理诱致性制度变迁的先河；二是学校在政府向学校放权幅度很小的情况下，将学校层面的权力通过制度性条款下放给基层学术单位，体现了前瞻性的改革意识。

上海交大的改革，使基层单位有了一定的人、财、物等权力，改变了原来系、所的"收发站"和"运转站"角色，激活了基层学术单位的能量。当时上海交大一位系主任曾说："过去学校权力过分集中，管得太死，往往弄得下面干部无所适从，束缚了我们的手脚，如今学校领导开明了，将部分权力下放，上面放手让我们基层干部自己去干，工作起来顺手多了。"[1] 由于改革取得了突出的成果，上海交大的改革虽然"偏离了常规"，但是仍然得到中央的重视和肯定，并对其他一些高校相继进行的内部治理改革起到了引领作用。

20世纪80年代，在上海交大改革的示范作用下，其他高校也开始了内部治理改革的实验。1985年，东北工学院（现东北大学）制定了《系主任工作条例》、《人事（组织）管理工作改革办法》、《财务管理工作改革办法》、

---

[1]《上海交大的教育改革（重要资料选编）》，人民出版社1985年版，第45—46页。

《科技服务提成办法》、《人员流动办法》等新的规章制度。东北工学院之所以出台这些管理条例，按照制度设计者的说法，目的是使系真正获得自主权，避免出现"名曰权力下放，实为下放事务性工作"的现象。①

1985 年以后，一些大学开始设立学院，探索新的内部管理模式。20 世纪 90 年代中期之后，随着高等学校学科建设的深入开展以及内部管理去中心化的客观需要，我国高等学校开始了大范围的学院制改革，将原有的系改为学院，将教研室改为系，并将部分管理权力下放给学院。学院制的实施实际上是对新中国成立初期大学移植苏联模式的否定，是对学术单位组织特性的一种重新认知。针对学院制改革快速发展的局面，1993 年国家教委下发的《关于高等学校内部管理体制改革的意见》提出，要加快院系调整，实行学院实体化。学院制的实施为大学向基层单位学院下放权力提供了一个更为便利的平台，此后大学内部治理逐渐形成了校院两级管理的体制。如，哈尔滨工业大学在 2003 年实施的内部治理改革中，下放了如下的自主权：教职工的岗位聘任、职称评定、国家政策工资以外工作贡献报酬的分配及财务管理、教学规划的制订、学科发展方向的确立等。2006 年武汉大学的治理改革中建立了两级财务管理体制改革，通过预算制管理，学校直接"分钱到院"，由院系自主"理财"。院内人员工资、水电费、科研经费、学费收入、小型基础设施建设费等全部划归院系管理分配。到 2008 年时，学院已掌握了全校 70% 的经费。②2013 年华中师范大学提出学院是学校的办学主体，通过治理改革实现管理下移，将 60% 的经费由学院自主支配，目的在于"实现管理的扁平化和精细化，给学院、学者和学生松绑，让他们成为自主办学、自主育人、自主学习的主体，将我们发展中的每一个细胞都激活"③。2014 年浙江大学还专门成立了"扩大院系自主权改革工作组"，来统筹协调院系改革工作。一些学校还出台了专门的文件规范校院关系。譬如长江大学

---

① 参见林载碧：《实行系主任责任制，扩大系的自主权》，《高等教育》（中国人民大学书报资料中心）1986 年第 2 期。

② 参见《人民日报》2008 年 4 月 17 日。

③ 《中国教育报》2013 年 7 月 31 日。

出台了《长江大学学院制改革实施办法》，其中提出要"建立校院新型关系，完善学院治理体系，努力把学院办成办学实体。"

2. 基层组织自主权的性质与运行机制

从学校层面看，其自主权的合法性一方面来自法律的规定，另一方面来自政府的授权。而在学校内部的治理改革中，法律没有规定相关事宜，相反法律将内部治理视为学校自主权的一部分。因此，基层组织自主权的性质主要来自学校层面的授权。譬如 2013 年 11 月生效的《华中师范大学章程》规定："学校本着事权相宜和权责一致的原则，在人、财、物等方面规范有序地赋予学院相应管理权，指导和监督学院相对独立地自主运行。"尽管华中师范大学有意要加大向学院治理改革的力度，但该章程中没有具体规定自主权的范围。根据《中国教育报》对华中师范大学治理改革的报道，他们开展的治理改革更像是经济上的分灶吃饭，而不是权力下移，有些改革后的学院像一个小型的学校。

改革开放后，无论什么类型的大学，都不同程度地开展了向基层学术组织分权的改革。这一方面是国家有相关政策推动的结果，另一方面也是学校规模扩大和职能增加后的必然选择。学院有了一定的自主权后，如何运用自主权也是来自学校的规定和国家的政策。按照国家相关规定，学院党政联席会议负责讨论和决定本单位重要事宜，院长负责行政管理，学院的学术委员会或教授委员会行使学术权力，院教代会行使民主管理和监督权力。

三、我国大学内部治理模式基本特征

（一）"有中心的多元治理"模式

改革开放以来，我国大学内部治理模式逐渐从单一权力主体转向多元治理主体，治理机构中的权力呈现出多元化的格局。但是我国大学内部治理的各种权力之间的关系具有鲜明的中国特色，那就是形成了有中心的多元治理模式。

所谓"有中心"，指的是大学内部治理结构的各种权力，并不是处在同一个能级水平上，而是存在主要权力和次要权力，主要权力主导、引领、规

范和监控次要权力。主要权力构成了大学治理结构的中心，成为主导大学治理方向的权力。

我国大学内部治理的中心权力，无疑是中国共产党对大学的领导权，权力的载体和运行的平台就是大学党委会的制度安排。如前所述，中国共产党对大学的领导权反映在学校制度建设、文化建设、组织建设、队伍建设，以及学术事务管理等方方面面。虽然在制度设计上，党的全面领导权在运行上要求应该体现"抓大放小"的原则。但是在具体工作上，一般很难区别"大"与"小"，在特定的情况下，"大"与"小"可能互相转化。所以，在具体的大学管理工作话语体系中常常流行这样一些说法，诸如"学生工作无小事"、"校园安全无小事"、"后勤工作无小事"、"外事工作无小事"、"学校管理无小事"等等。既然没有小事，那就都是大事，党的领导必须要延伸到微观领域并发挥相应的作用。

所谓"多元治理"，就是党的权力虽然是领导的权力和全面的权力，但是它也不是包揽一切的权力，它的运行需要依靠其他权力作用的发挥。换句话说，党的权力是领导其他权力发挥各自功能的权力。目前官方关于现代大学制度的权威表述为："党委领导、校长负责、教授治学、民主管理"。这一治理权力的结构，既表现为集中领导——党委来领导，也表现为分散管理——校长的行政权、教授的学术权和群众的民主参与权。

我国大学内部治理形成了自己独特的模式，这一模式的基本特征是"集中领导与分布式管理的结合，行政管理、学术管理和民主权力的统一"。这种有中心的多元治理模式，体现了三种不同的治理理念和治理机制：一是具有科层管理的特征，学校的党委、校长、校机关职能部门、二级学院、学院所属的系所，形成了典型的科层组织系统。这条管理通道的运行机制是自上而下的，上级发布指示和命令，下级无条件服从和执行。二是体现了学术管理的特征。我国大学学校层面的学术委员会以及下设的各种专业性委员会，在学校重大学术事务上具有审议、咨询和决策的权力。在二级学院也成立了接受校学术委员领导和指导的专业性委员会来负责学院学术事务的决策。这种制度安排，保证了大学的学术组织的特性。三是具有民主管理的特征。学校通过教职工代表大学制度决定学校的经费预算、基本建设等重大事项；在学校制定和实施新的管理规章制度的过程中，也要按照党的"走群众路线"的原则来广泛听取各方面意见；在学校中层以上干部的任免和考核等工作中民主测评也是一个非常重要的环节。

（二）集中领导权与分散管理权的转换机制灵活

集中领导是中心化的权力取向，分散管理则是去中心化的权力取向。这两种不同的取向在很大程度上是相互排斥的，因此很多国家的高等教育体制和大学内部治理结构要么是中心化的，要么是去中心化的，很难将这两种权力取向结合在一起。集中领导，是为了控制局面，控制方向，是刚性的权力。分散管理，是为了增强专业性和提高管理效能，是柔性和弹性的权力。传统社会主义体制的弊端在于柔性不够，导致活力不足，西方自由民主体制的问题是刚性不够，容易让权力变得无序和失控。

改革开放后中国特色社会主义体制的显著特点，就是将上述两种权力整合在一起。我国经济学家认为，我国社会主义市场经济体制之所以能够存在并成为一种成功的发展模式，是因为我国社会政治理念中具有"包容性智慧"的传统。① 这在我国大学内部治理中也得到充分的体现。集中领导与分散管理两种治理模式何以被整合在一起？笔者认为，主要的原因就是在集中领导权与分散管理权之间的转换机制灵活。一方面，我国的高等教育政策具有高度权威性，且全国"一盘棋"，从而保证了集中领导权的实现。另一方面，我国的高等教育政策，既可以体现在国家的教育立法上，也可以体现在中央权威部门下发的文件上，还可以体现在中央领导的讲话精神和重要指示上。由于政策来源的多元性，因此国家可以根据环境的变化和战略重点的转移，迅速调整政策，如果集中有利则采取集中，如果分散有利则采取分散。也正因为如此，国家很多教育政策文件都在文件名前面加上"暂行"的字样，这其实就是为后来及时地调整预留了空间。

---

① 参见李拯：《中国的改革哲学》，中信出版集团2018年版，第16—17页。

（三）不同性质权力的叠加效应明显

我国大学治理是不同性质权力共同发挥作用的结构，并且不同性质权力都自成系统，有组织、有规则，有制度化的合法身份。但是不同性质权力之间并非是相互制衡的关系，而是相互促进的关系。不同治理主体的权力运作是通过"协商民主"的方式进行的，而不是简单地依靠"一人一票"来决定政策的存废。西方大学内部治理，经常会采用简单的民主投票制来进行学术事务的决策，这看起来比较民主，但是也容易带来相当严重的制度意外。这就是部分人的权力压制了另一部分人的权力，部分人的思维左右了另一部分人的思维。这种模式，用在复杂的高等教育学术事务的决策中，往往很难形成最佳的方案。而我国的重要学术决策，既是各种权力博弈的结果，更是各种权力合作的结果，不是非此即彼，而是"你中有我"、"我中有你"。这种决策的模式制订出来的方案，既是相互妥协的产物，也是不断说服不同观点者的过程，更是一个政策动员和预备实施的过程。

大学内部不同性质权力的叠加效应，在很大程度上是由决策主体角色互换的机制实现的。一般而言，学校的校长、副校长几乎都是党员，也几乎都是党委会成员，党员的校长还往往被任命为党委副书记。这种身份上的高度重合，必然带来党委会与校长办公会两个权力制度安排的叠加。校院的学术自治机构，有相当一部分成员来自学校领导、职能处室的领导和院系的领导，他们当选为学术治理机构的代表是因为他们的学术能力和岗位职能，但是他们也几乎都是党员，也都是学校行政科层体制中的一员。即使是没有行政身份的学术治理机构成员，一般也都是党员，否则很难在层层选拔中胜出。所以，在学术权力主体、政治权力主体和行政权力主体之间也存在普遍的同一角色互换的现象。教职工代表大会、学生代表大会代表着学校民主权力，但这两个组织本身就在学校党委领导下开展相应的工作。学校职能部门的领导与学院党政领导一般都会被选为教职工代表大会的代表。因此，有相当一部分人具有政治权力主体、行政权力主体、学术权力主体和民主管理权力主体四种身份。虽然这部分人的数量不多，但是其影响力很大，在学校内部治理结构中发挥主导作用，进而产生了非常显著的权力叠加效应。

第 四 章

中国特色现代大学制度的四维动力系统

改革开放以来，我国高等教育快速发展的一个重要原因，就是形成了四维的动力系统。伯顿·克拉克认为有三种力量分别主导着大学发展，即国家威权（State Authority）、学术寡头（Academic Oligarchy）和市场（Market）。[①] 由于我国高等教育具有特殊的治理模式，这也决定了我国大学的发展不是单一力量在起作用，而是多种力量形成了一个类似动车组的复合型动力系统。经济学家史正富认为：社会主义市场经济体制是一个包含了战略性中央政府、竞争性地方政府和竞争性企业系统在内的三维市场体制，是将中央政府的战略领导力、地方政府的发展推动力和市场的创新活力有机结合的新型制度。这一新的制度安排表明，中国已经形成一种与西方常规市场经济有着系统性差异的经济制度类型。[②] 特殊的制度环境，形成了特殊的治理模式和特殊的大学发展动力系统。这一复合型的动力系统，由四种相互依存的力量所组成。

[①] Cf. CLARK R. B., *The Higher Education System：Academic Organization in Cross-National Perspective*，Berkeley：University Press，1983，p.143.

[②] 参见史正富：《超常规增长：1979—2049 年的中国经济》，上海人民出版社 2013 年版，第 2 页。

第一节　中央政府高等教育政策的引力

如前所述，在大学外部治理结构的改革中，中央教育行政机构向地方和直属学校下放了大量的管理权力，但中央政府在高等教育发展中的作用依然巨大。这种高等教育政策模式，主要是通过如下四个途径实现的。

一、"项目型政府"的政策引力

"项目型政府"，是一个具有象征意义的概念，是对政府高等教育职能的隐喻。项目型政府的典型高等教育行为方式，就是通过实施各类重点建设项目来优先发展特定的学校、学科和团队，使其先行一步，以保证国家重大发展战略的实现，并期待通过先行单位的示范引领作用带动国家高等教育事业的整体发展。项目型政府在我国的形成有着两个重要原因：一是社会主义社会具有"集中力量办大事"的制度优势和偏好；二是基于高等教育追赶型发展战略而作出的理性政策选择。项目型政府的治理模式是一种能将国家从中央到地方的各层级关系以及社会各个领域统合起来的治理模式，是计划体制与市场机制、集中与分散相互融合而成的一种制度安排，形成了"中央发包、地方政府分包、大学抓包"的治理格局。①

（一）改革开放以来中央高等教育重点项目实施的过程

我国高等教育重点建设项目的实施，始于 1954 年。到 1963 年底，全国共重点建设 68 所大学，这些学校被冠以全国重点大学的头衔，国家对这些重点大学在"领导、管理、人力分配、专业设置、经济分配上"给予优先考虑和支持。②"文化大革命"开始后，重点大学的制度遭到批判和废止。改革开放以来，高等教育重点建设项目制度经历了从恢复、发展到转型的过程，对我国高等教育发展生态产生了重大影响。这一过程大约经历了如下三

---

① 参见张应强、张浩正：《从类市场化治理到准市场化治理：我国高等教育治理变革的方向》，《高等教育研究》2018 年第 6 期。

② 参见《中华人民共和国重要教育文献》(1949—1975)，海南出版社 1998 年版，第 875 页。

个阶段：

1. 重点建设项目恢复和发展时期（1978—1993 年）

1977 年邓小平恢复领导职务后，多次在会议上指示要"集中力量办好一批重点院校"。1978 年 2 月，国务院转发教育部《关于恢复和办好全国重点高校的报告》，并将全国重点大学由"文化大革命"前的 68 所增加到 88 所。[①] 新确定的重点大学在建设任务上与以往相比发生了变化，"文化大革命"前重点大学建设的基本任务是"提高高等教育质量"，这里主要说的是人才培养质量。1978 年重新确定的重点大学，其建设的任务是"既要办成教育的中心，也要办成科研的中心"。1984 年 4 月，国务院批复同意教育部和国家计委《关于将 10 所高等学校列入国家重点建设项目的请示报告》，这些"重点中的重点"被赋予了新的使命，就是要建设成为"跻身科技前沿、具有中国特色和较强国际竞争力的高等学校"。[②]

这一时期确定的重点建设项目，都是由政府部门认定的，认定方式不是基于绩效的竞争，而是考虑到大学的实际水平、政治、区域和行业等多种因素。这种重点项目的分配方式，引起一些没有进入重点建设领域的高水平大学的不满。比如，南京大学的老校长匡亚明，本是向邓小平写信倡议要将部分大学列入国家"七五"重点项目的四位大学校长之一，但是首批被列入重点建设项目的 10 所大学中并没有南京大学，从而在南京大学内部还引起了一场不小的"风波"。

与重点大学同时启动的建设项目还有大学的重点学科建设。1982 年教育部在部委直属的大学中选择了 279 个学科作为重点建设的首批试点学科。[③]1985 年《中共中央关于教育体制改革的决定》提出要通过评选设立重点学科，建设教育与科研"两个中心"。1987 年开始，中央教育行政部门开

---

① 参见《中国教育年鉴》，中国大百科全书出版社 1984 年版，第 804 页。

② 参见龚放：《建设"重中之重"——中国高等教育发展的一个战略选择》，《高等教育研究》1992 年第 3 期。

③ 中国高教学会：《改革开放 30 年中国高等教育改革亲历者口述纪实》，教育科学出版社 2008 年版，第 180 页。

始在全国范围内遴选"重点学科"。对于这项工作开展的意义，原国家教委主任朱开轩做了如下说明：

> 国家教委选择一批学科门类比较齐全，地区、行业布局大致合理，有代表性的学科点，直接组织力量推动一下，以起到示范作用，引起多个高等学校及其上级主管部门对建设重点学科工作的重视。这就是国家教委为什么决定开展这项工作的主要目的。重点学科不能全集中在少数学校，要有一定的分散度，照顾到学科、地区和部门的覆盖面，这样才能有利于调动尽可能多的学校、地区和部门的积极性。[①]

从 1987 年到 2007 年，教育行政部门共评选出 286 个一级学科国家重点学科、677 个二级学科国家重点学科和 217 个国家重点培育学科。

2. 重点建设项目的制度创新时期（1994—2010 年）

1994 年开始，我国高等教育重点建设制度进入了创新阶段，标志性事件是"211 工程"项目的实施。"211 工程"作为一项新的制度，表现在四个方面：一是建设的任务发生新的变化，新的任务表述为"争取有若干所高等学校在 21 世纪初接近或达到国际一流大学的学术水平"[②]；二是新的重点建设项目的启动和实施是中央教育行政部门、中央业务部门和地方政府三个方面合作的结果；三是重点建设的大学，不仅得到资金上的支持，而且还有政策的红利，比如拥有更多的办学自主权；四是精英产生机制发生了很大的变化，明确了"公平竞争、择优遴选、分期分批、滚动实施"的建设方针，在"211 工程"申报过程中总计有 300 所左右的高校参与。

1999 年在"211 工程"的基础上，我国高等教育又启动了"985 工程"。"985 工程"的制度设计与 1984 年的"重中之重大学"相比，既有相同也有不同。相同的地方在于两者都是在原有精英体系的基础上，选择更少量的学

---

① 朱开轩：《贯彻全国教育工作会议精神　做好高等学校重点学科评选工作》，《学位与研究生教育》1988 年第 2 期。

② 《国务院关于〈中国教育改革和发展纲要〉的实施意见》（1994 年 7 月 3 日发布）。

校，给它们提供更多的资源，以便完成国家的特殊使命。两者的区别在于，"重中之重大学"的建设是几位大学校长提出动议，经国家领导人和相关部门认可后实施的，而"985工程"则是党和国家最高领导人提出动议后实施的。1998年5月4日，江泽民在北京大学100周年校庆的讲话中指出："为了实现现代化，我国要有若干所具有世界先进水平的一流大学。"

从立项与建设过程看，"211工程"和"985工程"已经是政府和市场的两种力量共同作用的产物了。2002年，教育部长陈至立指出：我们要请参加共建的省市一起，对各个建设学校进行评估，建立科学的评价体系，适当引入竞争机制。加拿大比较教育学者许美德教授评论说："与过去从上面决定'重点'大学并给予其高水平资助的做法不同，在211工程项目上，政府鼓励大学通过竞争获得精英地位。"① 精英分配模式发生改变的原因包括：一是随着市场经济体制的建立和完善，政府在制定高等教育公共政策的过程中必须考虑到市场机制，否则政策的合法性就会遭到质疑；二是在政府机构的改革过程中，行业办学的体制逐渐解体，地方政府在高等教育事务方面有了更大的权力、责任和义务，这调动了地方发展高等教育的积极性，也在客观上造成了地方间的竞争；三是在市场经济条件下，不仅政府手中有资源，市场和社会其他领域同样有高等教育资源，这必然导致院校间在这些领域里发生竞争。

但是总体上讲，211工程和985工程大学的确定，还不完全是公平竞争或是市场选择的结果，在很大程度上还是政府意志的产物，是中央教育行政部门、掌握国家经济资源的中央管理部门、其他中央业务部门、地方政府和大学之间协商和博弈的结果。

3. 重点建设项目转型升级时期（2011年迄今）

我国高等教育的重点建设制度进入2011年后开始进入转型时期，标志性事件就是"2011计划"与"双一流建设方案"的实施。

---

① ［加］许美德、查强：《追求世界一流：面向全球化和国际化的中国大学》，林荣日译，《复旦教育论坛》2005年第3期。

2011 年 4 月 5 日，胡锦涛在清华大学百年校庆大会上发表讲话提出：全面提高高等教育质量必须大力增强科学研究能力，要积极推动协同创新，通过体制机制创新和政策项目引导，鼓励高校同科研机构、企业开展深度合作，建立协同创新的战略联盟。2012 年 3 月，教育部、财政部联合出台《关于实施高等学校创新能力提升计划的意见》（简称"2011 计划"）。"2011 计划"的目的是以"国家急需、世界一流"为根本出发点，引导高校围绕国家急需的重大问题，组织和集聚一流团队，创造一流的成果，培养一流的人才，形成一流的创新氛围，推动世界一流大学的建设。"2011 计划"的实施策略是以协同创新中心为载体，构建面向科学前沿、行业产业、区域发展以及文化传承创新的四类协同创新模式，大力推进校校、校所、校企、校地以及国际间的深度融合，形成一批协同创新中心。被认定为国家级"2011 协同创新中心"的，将给予资金、政策以及改革等方面的支持。① 经过两次遴选，目前共有 38 个各类国家级 2011 协同创新中心被立项。协同创新中心的遴选采取了开放和评审的机制，地方高校和非"211 工程"和"985 工程"大学都有机会参与，立项的依据主要是第三方评估结果，在后期管理上也实行绩效考核的办法，做到能上能下。

"双一流建设方案"是在中国共产党提出"两个一百年"奋斗目标的背景下实施的，也是我国经济社会发展和高等教育改革进入新的阶段后出台的重点建设政策。2015 年 10 月，国务院发布《统筹推进世界一流大学和一流学科建设总体方案的通知》，按照规划从 2016 年开始以每 5 年为一个周期，实施"双一流建设"。"双一流建设"的基本思路包括如下七个方面：一是统筹发展，将以往的建设项目加以统筹，以避免重复建设；二是对我国世界一流大学和一流学科建设提出了总体上的要求，而且特别提到了在大学制度和大学文化建设上的任务；三是有了更明确的建设时间表，并且特别提到要在 21 世纪中叶基本建成高等教育强国；四是实行差异化发展策略；五是强化绩

---

① 参见杜占元：《准确把握总体要求　精心做好"2011 计划"启动工作》，《中国高等教育》2012 年第 11 期。

效考核，实行动态支持政策，在公平竞争中体现扶优、扶强、扶特；六是积极采用第三方评价，提高科学性和公信度；七是鼓励有关部门和行业企业积极参与双一流建设。从高等教育内部资源配置的角度看，"双一流建设"也很有可能冲击长期以来形成的精英格局，一些依靠制度创新和特色发展取得重大成绩的后起之秀有希望在新的重点建设政策中脱颖而出。

透过"2011计划"和"双一流"建设方案，可以看出在全面提高高等教育质量，建设世界一流大学、一流学科和高等教育强国的目标导向下，高等教育重点建设制度发生的转型，其政策导向变得更加开放灵活，公平竞争和绩效评估开始成为资源流动的主要依据，学术市场的标准逐渐替代了政府的行政权威，成为资源配置的主导力量。教育部长陈宝生提出：双一流建设的逻辑起点是"985工程"和"211工程"，"双一流"建设的布局在前期要存量微调、增量优控，中后期要突出绩效、动态调整。各学校要有竞争意识，"双一流"的身份不是固化的，暂时没有进入的也不要气馁，动态管理就意味着机会，要朝建设目标不懈努力。①

（二）项目型政府的政策引力

1. 中央政府的重点项目拉动了高等教育资源的投入

20世纪80年代和90年代，我国是"穷国办大教育"，教育经费极为缺乏。当时教育部一所直属高校各项事业费之和只有几千万元。而当时美国研究型大学的经费高达几十亿美元。也正是在这种情况下国家才被迫采取了差异性的发展策略，通过重点建设缩短与发达国家的差距。原教育部长何东昌曾指出："中国特色社会主义教育的特征就是集中力量办大事，抓重点，再由重点带动全局，如实施211工程和985工程。"② 通过这两项重点工程建设，不仅增加了中央专项经费的投入，也带动了学校主管部门和地方政府的专项经费投入。

"211工程"一期项目，中央专项资金对其投资总额为27.6亿元，带动

① 参见陈宝生：《认真贯彻习近平总书记高等教育重要论述 努力办好中国特色社会主义大学》，《中国高等教育》2017年第1期。
② 参见何东昌：《中华人民共和国教育史导语》，《高校理论战线》2007年第9期。

学校主管部门投入 52.3 亿元、地方政府投入 43.4 亿元、学校自行投入 72.6 亿元。"211 工程"二期项目中央专项资金对其投资总额为 50.9 亿元，带动学校主管部门投入 93.3 亿元、地方政府投入 41.6 亿元、学校自行投入 71.8 亿元。"211 工程"三期，中央政府投入 100 亿元。

"985 工程"院校全部都是中央部门管理的学校，但是地方政府依然投入了大量的高等教育资源。中西部省份在经济发展上要滞后于东部地区，但是也对于所在地的 985 高校进行了专项支持。比如，"985 工程"一期项目（1999—2002 年），四川省为所在地的两所"985 工程"学校投入了 4.8 亿元，陕西省为所在地两所"985 工程"大学投入 6 亿元，地处东北老工业基地的辽宁省为所在地的两所 985 工程大学投入 6 亿元。

表 4-1 "985 工程"中央与地方共建学校数量及其投入经费情况

单位：亿元

建设周期	共建学校数	中央专项经费数	地方配套经费数	共建经费总数
"985 工程"一期	27	131.05	96.65	227.7
"985 工程"二期	15	158.05	67.78	225.83
"985 工程"三期	32	264.9	186.33	451.23

资料来源：根据教育部门户网站相关信息整理。

2016 年开始，原来的"985 工程"、"211 工程"等重点建设项目，统一纳入世界一流大学和一流学科建设。目前，经费投入总数还不详，但是从近两年入选一流学科和一流大学机构获得的专项经费支持力度看，经费投入也有大幅度提高。

2. 中央政府的重点项目推动了高等教育结构的调整

20 世纪 90 年代初，原国家教委就开始推动宏观管理体制改革，优化高等教育结构，提高高等教育规模效益，但是由于部门利益和条块分割的影响，这项工作的进展比较缓慢。而国家重点项目的实施，对于高等教育结构的调整创造了有利的条件。1998 年教育部长陈至立提出，要把"211 工程"作为高等教育改革的"催化工程"，推动部门与地方的共建和多种形式的联合办学，促进院校调整和合并。①

事实证明，重点建设项目的"催化"作用是巨大的，对于我国高等教育结构的重要影响体现在如下两个方面：

一是扩展了学校的学科专业结构。由于"211 工程"和"985 工程"在评审时，对于诸如博士点、教授数、院士数、专业数、学生数、投入数、固定资产、成果数等有较高的要求，这就直接导致了中国大学系统内以扩大规模为目标的合并行动。1994 年 5 月上海地方高校为了争取进入"211 工程"大学行列，原上海工业大学、上海科技大学、上海大学、上海高等科技专科学校四校合并，组建为新的上海大学。这一改革，实质上是对 20 世纪 50 年代初院系调整的一种再调整，将单科性学校合并在一起，发展真正意义上的综合大学。"985 工程"实施后，北京大学、清华大学、复旦大学、浙江大学、武汉大学、华中科技大学等学校都通过"合并"的方式成立了医学部。一些文理见长的大学工科实力大增，比如武汉大学合并了武汉水电学院、武汉测绘大学、湖北医科大学，极大扩展了学校的学科专业结构。

二是单体学校的规模大大提高，出现了一批具有中国特色的多元巨型大学。下面以新吉林大学的组建为案例，说明重点项目对学校规模扩张的催化作用。

案例 4-1：新吉林大学的规模扩张

吉林大学为了争取进入"985 工程"项目，在中央各部门的支持下，1999 年开始进行了合并重组，并在 2000 年组成了新的吉林大学，2001 年新吉林大学成功列入"985 工程"建设项目。新组建的吉林大学由 6 所分别隶属于中央不同部门的大学组成，合并前的吉林大学隶属于教育部、吉林工业大学隶属于机械工业部、长春科技大学隶属于国土资源部、白求恩医科大学隶属于卫生部、长春邮电学院隶属于信息产业部、解放军军需大学隶属于解放军总后勤部。这 6 所大学在合并前都

---

① 参见陈至立：《努力实现"211 工程"的预定目标》，《中国高等教育》1998 年第 5 期。

有较长的办学历史和办学实力，其中有 3 所是全国重点大学、2 所列入
"211 工程"重点建设项目。合并后的新吉林大学，学科门类齐全，涵
盖了我国学科分类标准设定的全部 12 个学科门类。有全日制在校生 7
万 2 千多人，教师 6 千 5 百多人。学校分布在城市的 6 个不同区块，有
7 个校园，占地面积 611 万多平方米，校舍建筑面积 274 万平方米。因
此社会上流传着"美丽的长春坐落在吉林大学的校园当中"这样一种
形象说法。①

3. 中央政府的重点项目促进了高等教育体制机制的创新

中央政府在增加资源投入的同时，也鼓励大学通过制度创新获得发展
活力。正如加拿大学者许美德所观察到的："211 工程"和"985 工程"提供
的各种资源，激励着大学领导层以本校传统优势为基础谋划未来发展，制定
战略规划，以课程改革、提高教学科研水平和师资提升为重点，力争达到世
界一流水平。② 事实也正是如此，在"211 工程"项目建设开始时，一共有
300 多所学校申请立项，出现了"争办"和"攀比"现象。针对这一现象，
当时主管教育工作的国务院副总理李岚清提出：

> 重点建设"211 工程"的院校必须改革，你得具体说出有几项什么
> 样的改革措施。如果还是"老面孔"，我认为不应该进入"211 工程"。
> 不搞改革，全靠政府和社会加大投入，搞外延式的重复建设，我们搞
> 得起吗？这能进入"211 工程"吗？③

2004 年《教育部财政部关于继续实施"985 工程"建设项目的意见》中

---

① 参见吉林大学官方网站和吉林大学校史编写委员会编：《吉林大学校史（1946—2006）》，
吉林大学出版社 2006 年版。
② 参见 [加] 许美德、李军、林静、查强：《21 世纪中国大学肖像：向大众化高等教育的转
型》，广西师范大学出版社 2015 年版，第 16 页。
③ 《李岚清教育访谈录》，人民教育出版社 2003 年版，第 155—156 页。

再一次强调重点建设的任务包括体制机制创新，按照世界一流大学建设的要求，改革高校人事制度、学术评价制度、薪酬分配制度和科研管理制度。

原教育部长袁贵仁提出："2011 计划"实施中必须要改革旧的体制机制，以管理改革促进协同创新，高校建设协同创新组织，必须要在人事制度、人才培养、人员考评、科研模式、资源配置方式和组织文化建设上进行改革，以释放各种创新要素的活力。国家对"2011 计划"的投入，主要用于补偿改革创新所付出的成本。[①] 在国家协同创新中心的申报审批标准上，原有的体制机制创新基础与未来的体制机制创新计划都是重要的评审内容。

2016 年开始启动的高等教育双一流建设，更加重视制度创新和学校综合改革，特别是在大学治理体系和治理能力现代化方面的探索。2018 年 8 月，教育部、财政部和国家发改委联合发布的《关于高等学校加快"双一流"建设指导意见》中强调："双一流建设要加强制度建设，创新基层教学科研组织和学术管理模式，完善学术治理体系，利用云计算、大数据、人工智能等新技术，构建全方位、全过程、全天候的数字校园支撑体系，提升教育教学管理能力。"

由于进入国家重点建设项目会带来品牌、政策和经费上的巨大收益，因此各地区和各大学都会积极参与到重点项目的竞争中来。正是通过各种重点建设项目的实施，使得中央政府的高等教育政策在治理改革的背景下仍然产生了强大的引力，将分散在各地且数量庞大的大学群体凝聚在一起，朝着一个整体性发展目标前进。福山在《日本要直面中国世纪》的演讲中提道：中国改革开放后能够取得今日成就的关键，在于中国拥有一个强大的中央政府。[②]

二、"评估型政府"的政策引力

20 世纪 80 年代中期后，西欧一些国家为了因应财政紧缩政策，都采取

---

① 参见袁贵仁：《在"高等学校创新能力提升计划"工作部署视频会上的讲话》，《中国教育报》2012 年 5 月 11 日。

② 转引自林益民：《"北京共识"的内涵、争辩与展望》，台湾中山大学博士论文，2013 年，第 44 页。

了高等教育的去中心化改革，大学获得了更多的自主权。但是这一过程中，政府也在强化其管理的权威，而一个重要的手段就是建立"评估型政府"，通过对院校的评估来对其进行远程控制。[①]20世纪90年代后，我国高等教育外部治理在不断分权的背景下，也将评估作为发挥政府职能的重要手段，客观上也形成了评估型政府的治理模式。我国中央教育行政部门实施的评估，在很多情况下不仅评价学校，而且也间接地评价地方政府和高校主管部门，因此通过这一治理手段，中央政府的教育政策和教育主张能够得以比较顺畅地在各地区和各高校中得到落实。

（一）以本科专业建设为目的的评估政策

1. 本科教学工作水平评估

1985年《中共中央关于教育体制改革的决定》中提出要"定期对高等学校的办学水平进行评估"。按照这一要求，原国家教委开始了局部的试点工作，通过总结经验，进行评估的制度建设。20世纪90年代后中央教育行政部门实施了三种类型的本科教学评估工作：一是对本科办学历史较短的学校进行合格评估，二是对基础较好的重点建设学校进行优秀评估，三是对介于两者之间的学校进行随机评估。20世纪90年代国家教育行政部门对143所学校进行了合格评估，对4所学校进行了优秀评估。[②]从接受评估学校的数量上看，这一时期主要还是处在试点和探索阶段。

2002年开始，教育部决定将三类评估结合在一起，统称为"本科教学工作水平评估"，并颁布了《普通高等学校本科教学工作水平评估标准》。教育部制定的《2003—2007年教育振兴行动计划》中明确提出，要"建立高等学校教学质量评估和咨询机构，实行以五年为一周期的全国高等学校教学质量评估制度"。2003年开始，教育部正式启动对普通本科高校全覆盖的水

---

① Cf. Neave，Guy，"On the Cultivation of Quality，Efficiency and Enterprise：An Overview of Recent Trends in Higher Education in Western Europe，1986-1988"，*European Journal of Education*，1988，23 (1-2)：11.

② 参见姚启和、文辅相主编：《90年代中国教育改革大潮丛书·高等教育卷》，北京师范大学出版社2002年版，第190页。

平评估工作。这次评估是在我国高等教育发展的重要节点上进行的，规模巨大、影响深刻。水平评估开展的时代特点有两个：一是我国高等教育经过多年的体制改革，实际上形成了高等教育地方化的办学格局，绝大多数本科学校都是地方政府管理的学校，因此水平评估，一方面是评学校，另一方面也是在评地方政府的高等教育资源投入、办学行为和办学业绩；二是这次评估是在高等学校大规模扩招后开始的质量评价工作，因此，评估的主要目标是资源保障的水平，诸如教师数量、教学基本设施、教学经费等硬的指标。笔者曾记得，那一时期一些学校为了迎接教育部的水平评估，加快了校园建设的速度，甚至有学校将一些教学楼的建设工期缩短，以求得相关指标的达成。在本科教学工作水平评估开展的过程中，教育部明确提出了评估的 20 字工作方针："以评促建、以评促改、以评促管、评建结合，重在建设"。这种工作方针，显然是针对高等教育地方化的现实和高等教育大众化的质量保障提出的。正因如此，2003 年教育部首次评估的 46 所高校，全部都是地方高校。对各校的评估反馈报告中都有如下的说法："希望学校主管部门加强对高校的投入"。

水平评估工作得到了高等学校主管部门和高校的重视，原因有两个方面。一是教育部当时掌控着硕士、博士学位点审批、学校升格、更名等重要权力，而这些对于很多地方院校和部门院校来说至关重要。当时教育部领导提出，对评估结果不好的学校，在申请学位点和更名等环节上要严加控制。这本来是为了提高地方、部门和学校的积极性，但是却导致了一些学校领导认为，如果评估成绩为优秀的话，才有资格申请博士单位和硕士单位，所以都拼命要获得优秀的成绩。二是评估结果分为优秀、良好、合格和不合格四个等级，这无论对于老牌大学还是新升格的本科院校都有巨大的压力，评估成绩如果太差，或者专家组反馈的意见太尖锐，则无法对上级主管部门和学校教职工、学生、校友等交代，所以负面评价所带来的压力也会传导到各个学校中，从而引发大规模的改革和改进行动。

2. 本科教学工作审核评估

2003 年至 2008 年本科教学水平评估结束后，按照教育部的政策本应启动新一轮的教学水平评估。但是由于上一轮评估的一些做法受到社会批评，所以新一轮的评估没有立即启动。批评者的意见集中在两个方面：一是教学水平评估的标准过于整齐划一，用一把尺子去量不同类型的高校；二是评估过程烦琐、材料准备过多，造成学校负担过重。为了解决好评估中存在的问题，发挥好评估的作用，2011 年教育部发布了新的评估文件《关于普通高等学校本科教学评估工作的意见》。其中提出：要在 5 年的周期内，对参加过 2003 至 2007 年教学工作水平评估且合格成绩以上的普通本科院校进行审核评估，审核评估的结果用写实性报告来公布，不分等级。2013 年教育部发布的《关于开展普通高等学校本科教学工作审核评估的通知》中提出：通过审核评估加强政府对高等学校的宏观管理和分类指导，引导高校合理定位，办出水平、办出特色。根据上述意见和通知的要求，本科教学工作审核评估的范围包括学校的定位与目标、师资队伍、教学资源、培养过程、学生发展、质量保障以及学校特色等内容，重点考察评估学校办学目标定位与社会需求的适应度，教学资源条件的保障度，教学和质量保障体系运行的有效度，学生和社会用人单位的满意度。对于结果的使用，教育部的通知指出：学校要根据审核评估专家提出的问题和建议自行进行整改，教育行政部门要对学校整改的情况进行检查指导，在政策支持、资源投入、招生名额、学科专业调整等方面考虑审核评估的结果以及整改的情况。

　　2013 年以后开展的审核评估，与 2003 年至 2007 年开展的水平评估，既有连续性，又有阶段性。从连续性上看，审核评估的对象是上个阶段评过的学校，并且两次评估考察的内容有很多相似之处，大部分指标都是相同或相近的。当年，教育部曾设想每 5 年就进行一轮水平评估，但是在 2008 年大面积评估结束后，这项工作没有真正开展，笔者所在的沈阳师范大学 2003 年开始迎接水平评估，而到 2018 年再次迎接审核评估，两者相距 15 年之久。从阶段性上看，水平评估与审核评估要解决的问题有区别，水平评估开展的时代，教学资源保证是重点和难点，评估主要是为了解决资源供给不足的问题，让地方政府和学校主管部门增加投入，所谓"以评促建"的实质就是这个意思；审核评估则重点看学校是否根据自己的发展定位建立起一整套本科教学工作制度并取得实际效果，有增值评价的含义在里面。两者的工作机制也有所区别，水平评估是由教育部下设机构统一安排，审核评估则将地方高校审核评估的管理任务交给地方教育行政部门，并且强调要发挥第三方评估机构的作用，探索管办评分离的评估工作组织体系。尽管按照教育部的要求，审核评估不是用一把尺子量所有的学校，而是用自己的尺子量自己，而且具体评估过程由学校主管部门负责，但是各个高等学校也高度重视审核评估工作，审核评估专家进校之前，各校普遍开展了动员、培训、资料整理、自评报告撰写、模拟评估等环节。按照要求审核评估专家要有三分之二来自外省，并且经过教育部负责评估机构的培训，他们往往会以教育部专家的身份对学校教学工作进行审核，审核反馈中自然就会将国家的教学质量文化和质量政策体现在对学校的要求上，学校干部教师在迎接评估的过程中也会认真学习国家的质量文件和政策，并比照进行教学改进和提高，将思想和行动统一到评估的要求上来。

（二）以学科建设为目的的评估政策

"211 工程"和"985 工程"实施后，中央政府投入了大量的资金用于重点学科建设，但是建设的成效如何，中央政府开始从综合判断逐步转向"可视化"的量化评估。从 2002 年起，教育部所属的学位中心启动了一级学科评估，即对在一级学科范围内授予硕士或博士学位的学科进行评估。从评估的内容看，是对学科的研究实力、研究水平和研究生培养质量的量化考核。目前已经进行了四次。按照实施这一评估的教育部学位与研究生教育发展中心的制度设计，各学校是否参加一级学科评估是自愿的，而且是免费的。目前看，多数学校的一级学科都参加了这一评估，原因大概有三个方面：一是教育部学位与研究生教育发展中心隶属于国家学位办，在学科管理上有行政性的权威，省政府学位办与各直属大学理论上是其下级单位，上级单位做的事情，下级单位一般都要表示支持。二是高等学校的主管部门为了考察所管理的学校或地区学科的整体水平，要求直接管理的学校必须参加教育部组织的学科评估。三是在"双一流建设"方案出台后，学科绩效和学科排名被政府和学者视为评判大学和学科的重要标准，一些学校认为不参加学科评估可能会影响双一流建设项目的争取。正是因为上述几个原因，这个本来是自愿并带有第三方性质的一级学科评估对高校和地方政府产生了极大的影响。一些实力很强的大学为了让学校在学科评估中整体上取得好成绩，就让薄弱的学科不参加评估，让几个相近的一级学科进行重组，还有的主动撤销一级学科的建制。学校会依据评估结果，来有针对性地重点支持优势比较大的学科，地方政府也往往会以学科评估的结果为依据，来遴选和支持省一流学科。评估结束后，一场争夺人才的大战拉开帷幕。

三、"奖励型政府"的政策引力

奖励型政府，同样也是对中央政府领导高等教育行为的一种隐喻。它与项目型政府的隐喻的重要区别在于，项目型政府的行为主要针对学校、学科或专业，而奖励型政府的行为主要针对的是教师个人或团体。奖励型政府，通过高度制度化的评选和奖励机制，将那些积极贯彻政府方针政策并作出突出成绩的教师个人或团队选拔出来，对其进行特别的奖励，通过发挥奖励对象的作用和奖励政策的辐射效应，来实现政府的高等教育宏观管理职能。这里以长江学者奖励计划为案例，分析奖励型政府的运行机制及其产生的辐射效应。

案例 4–2："长江学者奖励计划"的辐射效应

长江学者奖励计划，是 1998 年 8 月由教育部和香港实业家李嘉诚及其领导的长江基建集团有限公司联合设立的一个对高等学校优秀人才给予薪酬奖励和特殊扶持政策的一个人才项目。时任教育部长陈至立指出："长江学者奖励计划是我国大学高端人才工作一次成功的制度创新"。长江学者奖励计划第一期的内容是：教育部 3—5 年内在全国重点学科中设置 300—500 个特聘教授岗位，人选由设置特聘教授岗位的大学面向国内外公开招聘。受聘的特聘教授在聘期内享受每年 10 万的岗位津贴，同时也享受学校提供的工资、保险、福利等待遇。任职期间取得重大学术成就，有计划可以获得年度颁发的"长江学者成就奖"。2004年6月，教育部发布《高等学校"高层次创造性人才计划"实施方案》，将长江学者奖励计划纳入其中，形成了"长江学者和创新团队发展计划"，目的在于"吸引、遴选和造就一批国际领先水平的学科带头人和优秀创新团队"。长江学者评选至今已经有20年了，长江学者岗位设定的学科也从最初的理工农医学类学科扩展到人文社会科学领域。长江学者最初本来是一个岗位的名称，但是后来逐渐成为一项重要的学术荣誉。对大学和地方政府产生了比较大的辐射作用。几乎所有的大学都将自己学校有没有长江学者、有几名长江学者作为学校办学实力的象征。地方教育行政部门也要求所管理的大学积极培养和引进长江学者。比如辽宁省在2012年发布了《中共辽宁省委辽宁省人民政府关于加快推进科技创新的若干意见》，为了从外地引进长江学者，提出各种优惠政策，譬如长江学者来辽宁高校工作，可以直接聘任为副校长，省政府还补助给引进长江学者的学校500万的奖励。有了这项鼓励措施，一些省属甚至中心城市举办的大学也开始高薪延揽具有长江学者称号的学者。同时，为了配合辽宁省本土人才的成长，从2011年开始辽宁省实施了"高等学校特聘教授支持计划"和"攀登学者支持计划"，对于入选省级特聘教授的学者给予100万元科研经费的支持，目的是培养具有冲击长江学者实力的学者。对于入选攀登学者的学者给予300万元的科研经费支持，目的是培养具有冲击院士称号实力的学者。辽宁省的综合经济实力在国内仅处于中等水平，但是在人才称号的打造上也颇下功夫，更何况其他经济发达省份了。

长江学者奖励计划，只是政府众多奖励项目中的一个。其他的人才奖励项目还有"教育部新世纪优秀人才支持计划"、"国家百千万人才工程"、"享受国务院津贴专家"、"千人计划"、"万人计划"等等。长江学者与新世纪优秀人才是教育部设立的项目，都是面向大学教师设定的。其他的人才项目，是国家人社部与中央组织部等设立的，既面向大学教师，也面向其他专业技术人才。目前，随着中国共产党更加强调"党管人才"的原则，各种人才项目也有归口到党委组织部门管理的趋势。奖励称号对于大学教师的意义极大，教授分为四级，一级教授只有获得院士称号才能有资格入选，二级教授的名额是教授总额的十分之一，只有得到国家级人才称号的教授才有资格入选。

除了人才项目以外，中央政府还出台了教学成果奖励项目、教育部科研成果奖励项目。高等学校教学成果奖励，从1989开始颁布，每隔4年评选和颁发一次。很多地方学校申报成果的第一完成人都是学校领导或学院院长。从近年来获奖成果的题目看，很多成果都是根据教育部教学改革的政策设计出来的，比如"转型"、协同育人、产教融合，等等。各种有梯度的人才称号与国家教学成果奖励机制，除了对省级教育主管部门产生了激励机制外，更对地方高等学校产生了激励机制。为了在人才竞争和教学成果获奖方面有优势，各学校也相应规划设计了学校内部的奖励系统。

正是中央—地方—大学的三级奖励系统，及其带来的辐射、示范作用，使得国家的高等教育政策得以全面落地，落实到大学教学、研究、服务和管理的各个方面，从而形成了一种独特的治理机制，即在总体上放权的同时，也保持了中央教育行政强大的宏观调控能力。

第二节　地方政府高等教育政策的增力

如前所述，改革开放以来我国在央地关系维度的改革上逐步形成了"强中央"与"强地方"并存的治理模式。这种双重的治理模式，也带来了多重的政策选择和政策效应，即产生了中央与地方两个层次的高等教育动力机制。别敦荣教授等学者也提出了同样的观点，他认为："在不同的国家，中央政府、地方政府和民间力量三个方面的动力机制是不一样的，但是在我国，这三种力量却有着一个共同的交汇点。"[1]

---

[1]　别敦荣、郝进仕：《中国高等教育地方化与地方高等教育发展战略》，载施晓光等主编：《全球知识经济中的高等教育》，北京大学出版社2011年版，第113页。

一、地方政府在促进中央政策落地中的增力型政策供给

由于我国实行的是中央与地方两级的高等教育管理体制，中央教育部和其他部委管理的高等学校也要接受地方教育行政部门的管理和指导，地方政府管理的高等学校也直接或间接地接受中央政府的领导和管理。这种体制下的央地关系，既有"委托—代理关系"的性质，也有"发包人与承包人"关系的性质。这种特殊的关系模式，既调动了地方发展高等教育的积极性、主动性和创造性，也保证了中央教育行政的权威。中央发布的高等教育政策具有全局性、战略性和权威性，省级教育行政部门的领导与管理行为必须以中央的政策为基准。但是，由于中央的高等教育政策是面向全国的，而我国各地区高等教育发展水平有相当大的差异，所以中央的政策一般都是宏观的，只是规定了最低的标准。在政策实施过程中如果哪些省份搞得好，就会被中央选定为"试点地区"和"示范基地"，给予特别的政策支持。而对于有发展需要和发展愿望的地区，如果因为某些条件达不到要求，国家也会通过财政转移支付或特殊的扶持政策来帮助这些地方实现高等教育发展。

正是因为这种特殊的央地关系模式，地方政府往往倾向于在中央基准的基础上出台更高标准的地方高等教育政策。这方面最典型的案例就是各地区都提出建设"高等教育强省"的发展战略。

高等教育强省战略，是在 20 世纪 90 年代后期高等教育地方化发展格局形成后和高等教育大众化浪潮来临的双重背景下提出的，当时还只是部分高等教育资源比较丰富的省区提出来的口号而已。为了呼应 2007 年党的十七大提出的建设"人力资源强国"的目标，2008 年全国高校党建工作会议上正式提出建设"高等教育强国"的目标，2010 年《国家中长期教育改革和发展规划纲要（2010—2020 年）》明确提出要"提高高等教育现代化水平，加快从高等教育大国向高等教育强国迈进"。《国家中长期教育改革和发展规划纲要（2010—2020 年）》发布后，教育部派出副部级领导到各省、直辖市、自治区进行政策宣讲，目的在于促进中央政策的落地。建设高等教育强国目标的提出，将意味着在高等教育领域有更多的投入和更加灵活的政策，也将意味着新中国成立以后长期形成的区域高等教育格局将发生新的变化，

对部分省区而言也就意味着新的机会的来临。于是不仅传统上高等教育资源丰富的省区提出建设高等教育强省，一些传统上高等教育资源薄弱的省区也提出了建立高等教育强省；不仅一些经济发达地区提出建设高等教育强省，一些经济欠发达地区也提出类似的目标。

案例 4-3：东北地区省份高等教育强省战略的目标任务

地处东北地区的黑龙江、吉林和辽宁三个省区，都属于高等教育资源比较丰富的地区，人口数量较少而院校数量较多。这一地区高等教育发展的黄金时期是新中国成立初期，那时东北的经济总量、工业化程度和城市化水平都处在全国的最高水平，苏联援助的大型工业项目东北地区占据了主要部分。改革开放后，东北地区因受计划经济体制影响较深和国有企业比较大的限制，经济发展开始逐渐落后于珠三角、长三角等地区，也因此促使中央两次提出东北老工业基地振兴战略。由于东北地区原有基础比较好，也具备建设高等教育强省的可能，这三个省区都提出了建设高等教育强省的目标。2008 年黑龙江省政府启动了《黑龙江省高等教育强省建设规划》，2017 年又印发了《黑龙江省高等教育强省建设规划（二期）》，提出要在 2020 年省内毛入学率达到 65%，高等教育综合竞争力和现代化程度总体进入全国一流水平。2013 年《中共吉林省委吉林省人民政府关于建设高等教育强省的意见》提出："到 2020 年高等教育毛入学率达到 60%，全省高等教育综合发展水平进入全国前列，建成高等教育强省。"辽宁在 21 世纪初就提出要将高等教育大省建设成为高等教育强省，将建设领军大学作为一项重要的任务，提出 2020 年高等教育毛入学率达到 65%。

案例 4-4：东部地区省份高等教育强省战略的目标任务

东部地区是我国高等教育早期现代化的发源地，是中华人民共和国成立前高等教育资源集中的区域。改革开放后，这一地区的外向型经济和民营经济发展迅速，我国经济发展的三个增长极都处在这一区域，高等教育外部发展的环境比较有利。这一地区的北京、上海和天津是直辖市，院校数量多，院校的层次高。1981 年全国 96 所重点大学，北京有 22 所，上海有 8 所，天津有 2 所，占比 33%。2009 年全国有 112 所被列入"211 工程"建设大学，北京有 23 所，上海有 10 所，天津有 3 所，占比 32%。2006 年"985 工程"建设大学共有 39 所，北京有 8 所，上海有 4 所，天津有 2 所，占比高达 36%。这三个地区没有提出建设教育强市的目标，因为与其他省级区域相比较，优势已经很明显了。除了三个直辖市，东部地区的其他省区，都提出了建设高等教育强省的目标。2015 年广东省委省政府发布的《关于建设高水平大学的意见》提出："到 2030 年重点建设高等学校总体上在全国同类高等学校中成为地位领先的高水平大学，有效带动全省高等学校整体办学水平大幅提升，建成高等教育强省。"2017 年福建省出台的《关于建设一流大学和一流学科的实施意见》提出："到 2020 年高等教育整体办学实力明显提升，到 2030 年高等教育整体办学水平显著提升，到本世纪中叶，1 所大学稳居世界一流行列，1—2 所大学进入世界知名行列，2—3 所大学若干学科领域进入世界一流行列或前列，一批学科进入国内一流前列，建成高等教育强省。"浙江省在高等教育发展格局中比较特殊，一方面省内有浙江大学这样实力很强的知名高校，浙江省的经济总量在全国排在前 5 名的位次；另一方面浙江省高水平大学数量较少，仅有浙江大学是"211 工程"和"985 工程"建设大学，与其他发达省区相差很大。但是，在国家高等教育"双一流建设"实施后，浙江省也开始谋划高等教育强省建设。2017 年浙江省委召开党代会首次提出要"全面实施高等教育强省战略"。江苏省是传统高等教育强省，有"211 工程"建设大学 11 所，仅次于北京市，其经济总量在全国仅次于广东省。该省 2005 年就提出要建设教育强省，2010 年颁布的《江苏高等教育综合改革试验区建设方案》中提出："到 2015 年江苏高等教育毛入学率 50%，高等教育整体水平和综合实力位于全国前列，主要发展指标接近世界发达国家水平。"山东省 2006 年印发了《山东"高教强省"行动计划》，提出加强内涵建设，实现由高教大省向高教强省转变。

案例4-5：中西部地区部分省份高等教育强省建设的目标任务

中西部地区是新中国成立以后我国重点高等教育发展的区域，很多重点建设高校都是20世纪50年代和60年代成立的，办学历史相对较短。这一地区的经济发展水平明显低于东部地区，但是后劲比较足，对发展高等教育的愿望也比较强烈。这一地区的陕西省高等教育综合实力很强，有8所"211工程"建设高校，列全国第四位，有3所"985工程"建设高校，与湖南省并列为全国第三位。因此，陕西省在2010年的规划中就提出要在2020年建成高等教育强省。湖北省也是传统上的高等教育发达地区，有7所"211工程"建设高校和2所"985工程"建设高校，2012年湖北省第十次党代会提出要"提升高校创新和服务能力，推进教育经济融合发展，努力实现率先建成高教强省、率先实现高等教育普及化的奋斗目标"。2016年《湖北省人民政府关于推进一流大学和一流学科建设的实施意见》中提出："到2020年，力争10所以上大学进入全国百强，至少5所大学列入国家层面开展的世界一流大学建设。到2030年，至少2所大学进入世界一流大学行列，至少10所大学进入国内一流大学行列，力争更多高校进入全国百强。到本世纪中叶，省内世界一流大学、国内一流大学的数量位居全国前列。"湖南提出2020年高等教育毛入学率达到45%，整体实力在全国排名前10位。2016年《四川省深化高等教育综合改革方案》提出："到2020年，省高等教育发展整体水平和综合实力位居全国前列，建成高等教育强省。"2010年《中共安徽省委安徽省人民政府关于建设高等教育强省的若干意见》提出："到2020年省内毛入学率超过全国平均水平，毕业生就业率进入全国先进行列，高等教育综合实力处于中部省份先进水平。"河北省2010年发布《河北省中长期教育改革和发展规划纲要》提出，到2020年，全省高等教育整体实力和办学水平显著提高，人才培养、科学研究和社会服务能力全面提升，建成2—3所国内知名大学，向高等教育强省迈进。2014 年，河北省再次提出实施"五大工程"，建设高等教育强省，从省重点大学遴选部分学科作为"强势特色学科"基于长期重点支持，以学科建设带动知名大学建设。

从上述几个案例看，中央高等教育政策在地方具体实施中之所以产生增力的效应，除了地方为了获得中央更多的政策、资金支持外，也是地方高等教育统筹权释放的结果。在央地共建的管理机制下，部分地方高校也有机会获得中央的专项支持，中央管理的高校也因此有机会得到省级政府的专项支持。

二、地方政府基于区域高等教育竞争的增力型政策供给

在高等教育大众化的进程中，地方政府的作用是独特的。首先高等教育大众化是中央政府的战略决策，但是承担大众化主要任务的学校基本上都是地方政府管辖的学校。大众化首先面对的是校园面积不足和校园建筑严重不足的问题，这种情况下，很多学校都开始了通过土地置换和从银行贷款的方式建设新的校园，但是银行贷款需要担保，而地方政府成为大学贷款的担保人，也可以说，这些大学贷款实际上是政府的债务，如果大学不能有效运行，不能吸引学生就学，不能降低成本、广开财源，地方政府就有背上不良资产的风险。

地方政府之所以出面替高校担保，一是对于高等教育大众化的前景有积极的预期；二是促进地区高等教育大众化也是其职责所在，还有就是通过大学搬到郊区，政府创造了各种不同形态的"大学城"。比如在辽宁沈阳，就有南北两个大学城，政府并没有给予直接的投资建设，而是依靠大学变卖市区的土地加上银行贷款建设起来的。地方政府的收益是，地区大学扩招的能力大大提高，缓解了就业压力，提高了人口素质，拉动了城郊交通设施、商业设施的建设，进而拉动了周边地区的房地产市场的发展，为地方政府带来巨额的土地转让收入。

案例4-6：高等教育"双一流建设"中的地方增力型政策供给

2015年10月国务院发布《统筹推进世界一流大学和一流学科建设总体方案》，2017年1月教育部等五部委发布《统筹推进世界一流大学和一流学科建设实施办法（暂行)》。这两个文件都明确提出了地方政府在建设一流大学和一流学科中要发挥作用。此后，各个省级政府都陆续出台了地方版的双一流建设方案。从各地方的双一流建设政策中可以看出鲜明的地方特色。广东双一流建设文件提出要通过双一流建设助力广东实现"三个定位、两个率先"。福建提出要围绕"六区"建设规划与推进福建省双一流建设。江苏提出双一流建设要成为部署落实"两聚一高"发展战略的重要举措。上海市双一流建设方案提出要服务于"加快建设具有全球影响力的科技创新中心"。北京市双一流建设方案则提出"服务于北京高精尖经济结构，服务北京和国家创新驱动发展战略"。辽宁双一流建设方案则提出要"充分发挥高等教育在辽宁经济社会发展中强基础、拓空间、增动能的作用"。在地方政府双一流建设方案中，有三个共同特点：一是都强调项目拉动，与中央政府保持了高度一致的建设策略；二是实施绩效考核，通过动态调整机制形成院校或学科间的竞争格局；三是推进综合改革，将建设现代大学制度、实行第三方评价制度、深化产学研合作等作为双一流建设的重要制度保障机制。

高等教育地方化后，省级政府承担了高等教育发展的主要责任，也因此获得了统筹的能力。为了提升区域内高等教育的水平，提高投入产出比，省级政府更倾向于从效率的角度进行政策的供给。

案例4-7：辽宁省高等学校绩效管理的增力效应

辽宁省教育厅2016年发布《辽宁省高等学校绩效管理暂行办法》的文件。文件中指出：对高校实行绩效管理的目的在于推进省内高等教育供给侧结构性改革、推动高等学校内涵发展、增强服务辽宁振兴发展的能力、提升省内高校对辽宁经济社会发展的贡献度。考核办法是：对不同类型的学校分别进行考核，制定了文科为主、理科为主和单科三套绩效考核体系，对理工农医药类高校按照理科为主类指标体系进行考核，将对应现代服务业和社会事业的高校按照文科为主类指标体系来考核，对于艺术、体育、公安类学校按照单科类指标体系考核。指标体系分为管理能力指标和办学水平指标。考核指标具体包括90多个二级、三级指标和170多个观测点。绩效考核的成绩既要看一所学校自身是否完成了任务，也要看其在同类高校中的排名升降情况。文件规定：对高校的年度绩效考核结果作为省政府相关部门核定高校办学规模、招生计划、专业调整、经费投入、项目支持和资源配置等的重要依据，也将提供给组织部门作为考核领导班子、干部实绩的依据。省教育厅将一部分原本下达给各高校的资金预留一部分，作为统筹资金，用于绩效考核的奖励。也就是说，如果绩效考核的结果好，则政府预留的资金还会返还给学校，甚至会超出原有的标准。如果考核结果不好，则预留资金就会奖励给其他学校。这一绩效考核体系，对辽宁省高校的发展生态产生了重要影响，引发了院校间的竞争，也促进了学校内部的改革，一些学校也配合省绩效管理对二级学院进行了绩效管理，将发展目标分解到各个二级单位，同时也对学校的管理部门提出了年度要完成的任务。

第三节　"看不见的手"——市场的推力

改革开放以后，我国逐步从计划经济转型为社会主义市场经济。与此相适应，我国大学的发展机制也不再是单一的政府驱动模式，市场供求关系及其运行机制对高等教育资源配置产生了越来越大的影响。在我国高等教育的改革发展中，市场这只"看不见的手"与政府这只"看得见的手"形成了有效的合作机制，政府的角色是从前方牵引，市场的角色则是从背后推动。没有政府政策的引力，就不会有高等教育增量的提高与存量的盘活，没有市场机制的推力，只靠政府的引力也无法拉动中国高等教育这列沉重的列车快速奔跑。

一、高等教育规模扩张中的市场推力

（一）中国式高等教育大众化中的市场理性

改革开放以来很长一段时间里，我国高等教育本着"规模、结构、质量、效益"相统一的原则进行发展，因此高等教育规模扩张的速度并不快。1998 年，高等教育毛入学率为 9.8%，当时发达国家为 40.1%，发展中国家为 14.1%。1999 年我国政府作出了扩招的重大决策，普通高校招生人数比 1998 年增长了 47.4%。2002 年我国高等学校在校生已经达到 1600 万人，比 1998 年翻了一番还多。从 1998 年到 2007 年的 10 年间我国普通本专科学生连续以平均 20.8% 的速度增长，全日制研究生的数量连续以平均 21.4% 的速度增长。我国公布的高等教育发展计划是在 2010 年时实现高等教育毛入学率 15% 的目标，实现高等教育大众化，而由于"扩招"的出现，这一目标在 2002 年就得到实现了。1999 年国家之所以突然提出大规模扩招政策，是市场压力的结果。1997 年亚洲金融危机爆发后，我国经济也进入了增长低谷。为了应对金融危机带来的负面影响，我国提出了扩大内需的产业发展政策。1998 年经济学家汤敏在给国务院提交的一份报告中建议：扩大高校招生是国家投资少，刺激内需力度大，又能实现群众迫切愿望的有效措施。建议在 3—4 年内高等学校的招生人数由原来的 200 万人扩大到 400 万人（包括成人高等教育的招生）。这一建议得到了中央政府的认可，1999 年 6 月召开的全国教育工作会议上明确了当年即进行扩招的决定。1999 年 7 月中央批准了国家发展计划委员会的文件《当前国民经济社会发展的形势和任务》，该文件明确提出要加大实施积极的财政政策，有效拉动消费、投资和出口需求。该文件中也将扩大招生规模作为刺激内需的重要手段。因此，从 1999 年开始的高等教育大幅度扩张，直接原因是就业市场、消费市场变化。

高等教育规模扩张受到多方面因素的制约，包括中等教育普及的程度、国民的高等教育诉求、劳动力市场的需要、高等教育资源的供给能力，以及国家的高等教育发展观念和发展战略等。正是因为存在如此多的变量，各国高等教育从精英阶段过渡到大众阶段一般都经历了渐进性的发展过程。但是从1999年高等学校扩招开始，我国高等教育大众化经历的却是一个跨越式的发展过程。对于这种跨越式的发展，当时社会上存在各种批评之声。但是实践证明，1999年后的扩招并没有出现让一些人担心的后果，而是极大地促进了中国高等教育的发展。一个很重要的因素就是1999年的扩招和高等教育大众化发展战略虽然是政府意志的产物，但是由于借助了市场机制这个变量，有效地化解了资源供给不足和结构性失衡的矛盾。换言之，是市场理性成就了中国式高等教育大众化的成功。

（二）市场机制与体制内机构高等教育资源供给模式创新

高等教育规模扩张，一个重要的前提就是高等教育资源供给水平的提高。而新中国成立后，包括改革开放后很长一段时间，高等教育资源供给严重不足，因此20世纪80年代和90年代高校招生数量远远不能满足社会的需求，"千军万马过独木桥"的隐喻形象地描绘了当时的高等教育资源供给状况。如何盘活存量，获得增量成为我国高等教育体制改革和制度创新的核心目标。

1.通过后勤社会化改革获得资源增量

1999年扩招后，高等学校遇到的一个最大难题就是诸如学生宿舍、食堂等生活服务设施严重短缺。为了解决这一难题，政府和学校都彻底改变了计划经济时期学校办后勤的思维方式和工作方式，对学校原有的后勤设施实施社会化的管理和经营模式，对新建后勤设施政府不再增加投入，而是要求其吸引社会资本，按照产业模式经营管理。我国高等学校后勤社会化改革的任务是1985年提出的，但是在1999年扩招之前我国后勤社会化的改革进展比较慢，所谓改革大都是实行的"承包制"。1999年后由于大学规模迅速扩大的深层次矛盾，倒逼高校后勤社会化改革进行制度创新，从而形成了高校后勤主体多元化、社会化和市场化的机制。

案例4-8：沈阳师范大学后勤社会化的模式

沈阳师范大学原来的校园规模很小，两个校区只有三栋宿舍楼，可容纳的学生不到5000人。1999年前后学校规划建设新校园，在政府没有增加投入的情况下，只能吸引社会资本和按照市场规律来进行建设。在1998至2008的十年间学校利用自有土地，引入社会资本建设三个学生生活区，每一个生活区都包括：学生宿舍、食堂、超市、澡堂、开水供应点等基本生活设施。这几个生活区都是完全通过社会化的方式来建设完成的，学校和国家没有进行投入。社会资本以收取学生住宿费、出租经营场地和直接提供服务等方式获取合理回报。学校与共建单位签署的协议是经营权转让三十年，三十年之内生活区的设施建设由共建单位负责，收益也全部归共建单位。沈阳师范大学利用社会资本管理后勤，短时间内就提高了后勤服务能力，学生宿舍和食堂等设施的建筑面积标准高于国家规定的标准，而且学校的办学规模得到极大的扩大，学校由扩招前的不到5千人，发展到2万8千人左右的规模。此外，学校用于学术交流活动的酒店、用于教学用的游泳馆和用于生活服务和教学实习用的幼儿园，也都是按照这一模式加以建设。沈阳师范大学后勤社会化模式的基本特点就是：通过利用空间（学校用地）和时间（合作协议有效期）快速完成了后勤服务基地的建设，后勤项目的合作机制共拉动社会资金5亿多元。在当时政府投入严重不足的情况下，如果不利用社会资本和市场化定价机制，沈阳师范大学的后勤所需要的建设经费就只能通过更多的银行贷款来完成，这势必加大了学校的负担，影响在学科建设、专业建设和队伍建设上的投入。更为重要的是，自己办后勤还需要付出更大管理成本和维护成本，也不利于形成竞争机制和提高服务质量。沈阳师范大学三个生活区的建设和管理分属于彼此没有利益关系的不同单位，客观上形成了相互竞争机制，提高了服务质量，降低了服务价格，因此毗邻一所大学的老师和学生经常会来到沈阳师范大学的食堂就餐。

沈阳师范大学这种通过市场化方式获得后勤服务的模式，既与计划经济条件下学校包揽后勤的模式不同，也与西方国家的完全社会化后勤模式不同。后勤的沈师模式，既解决了制约学校发展的资源瓶颈，也保留了学生在校内集体生活的传统，并且通过集约化供给，降低了学生生活的成本。这种模式，在我国高等教育大众化发展中具有普遍性。一方面，中国高校在规模扩张中都面临着几乎同样的问题，就是后勤资源不足而政府无力投入，最后或早或晚都会走这条道路；另一方面，后勤改革的经验也通过相关媒体和政府部门的工作会议等形成典型的示范效用。据统计，从1999年到2002年的三年时间我国高等学校就新增学生公寓3800多万平米，改造1000万平米；新建学生食堂500万平方米，改造130万平方米。新建学生公寓和食堂面积超过新中国成立后50年建设面积的总量，新增宿舍和食堂可以满足400多万大学生入学的需要。[1]

2. 引入市场化的成本分担机制

在计划经济条件下，我国高等教育的成本完全由政府负担，学生不交学费和住宿费，不交课本费，还享受助学金用来补贴生活费用。这种制度长期以来一直被看作是社会主义的优越性，可以保障家庭贫困的孩子能顺利接受大学教育。但是由于国家财力有限，大学招生的数量也因此受到限制，无法满足经济社会建设专业化的需要。为了弥补教育经费的不足，1985年开始国家教育行政部门允许部分高校在计划外招收少量的自费生和委培生。1986年招收的自费生和委培生大约占招生总数的8.8%。1992年开始，收费制度改革大面积推广，教育部直属高校自费生与委培生占比达到30%，一些省份高校的自费生占了当年招生总数的40%。截至1992年底，自费生和委培生需要缴纳大约1200元的费用。从1989年开始对于计划内录取的公费生，除了国家规定的特殊专业外，也开始收取100—300元的学杂费和住宿费。1994年全国50所高校实行公费与自费生招生并轨的试点，1997年全国

---

① 参见改革开放30年中国教育改革与发展课题组：《教育大国的崛起 1978—2008》，教育科学出版社2008年版，第195页。

范围内的高校都实行了收费并轨。[1]1993 年全国平均学费为 610 元，1995 年为 1124 元，1997 年为 1620 元，2000 年达到 3550 元。[2] 学费并轨与学费标准上涨，客观上形成了国家与社会共同分担高等教育成本的机制。2003 年，我国普通高等教育经费总数为 1754.4 亿元，其中学杂费为 505.7 亿元，占比达 28.8%；2004 年，我国普通高等教育经费总额为 2129.8 亿元，其中学杂费为 647.7 亿元，占比达 30.4%。[3] 许美德教授认为，中国大众化过程中"新政策的特点是成本分担（cost-sharing）和成本回收（cost recovery），它使传统的以国家为唯一资金注入方的高等教育融资模式走向多样化"[4]。

客观而言，我国高等教育成本分担制度虽然建立较晚，但是力度很大，相对于我国居民收入，收费标准在 1999 年前后是偏高的。有数据表明，以大学生平均年支付额和人均 GDP 作为衡量标准，我国大学生实际支出是日本大学生的 3 倍，位居世界第一，培养一个大学本科生的实际费用是一个贫困县农民 35 年的纯收入。[5] 如果从教育公平的角度和居民可承受能力的角度来看，我国高等教育成本分担的比例的确偏高，但是如果没有受教育家庭承担这很大一部分费用，则高等教育规模发展不会如此迅速。正是由于对高等教育有良好的预期，很多家庭都把送子女上学作为一种投资，因此省吃俭用，甚至靠举债来支持子女上大学。

3. 利用银行贷款和股份制这两种市场化模式创造增量

1999 年扩招之后，教室、图书资料、实验设备也存在严重不足的现象。为了推进这些校园教学基本建设，国家也启动了市场化的方式，制定相应

---

[1]　参见别敦荣、杨德广：《中国高等教育改革与发展 30 年》，上海教育出版社 2009 年版，第 55 页。

[2]　参见袁连生：《中国高等教育大众化进程中的财政政策选择》，《教育与经济》2002 年第 2 期。

[3]　参见别敦荣、杨德广：《中国高等教育改革与发展 30 年》，上海教育出版社 2009 年版，第 55 页。

[4]　[加] 许美德、李军、林静、查强：《21 世纪中国大学肖像：向大众化高等教育的转型》，广西师范大学出版社 2015 年版，第 33 页。

[5]　参见别敦荣、杨德广：《中国高等教育改革与发展 30 年》，上海教育出版社 2009 年版，第 55 页。

的金融政策，鼓励和支持高等学校通过银行借贷的方式进行教学基本建设。1980 年之前，我国高校没有银行贷款。1980 年以后世界银行、亚洲开发银行等机构开始向我国部分高校提供贷款。当时的贷款实际上是政府的项目，政府负责借贷和负责偿还，高校得到的贷款资金与财政拨款没有根本区别。1990 年以后，我国高校开始向银行借贷，但只是局限于校办企业。1999 年扩招之后，为了迅速进行校园和后勤设施的建设，国家允许和鼓励高等学校向银行借款，学校需要通过学费和其他收入偿还银行的本金和利息，政府出面作为高校的担保人。在 2005 年时几乎所有的高校都利用银行贷款进行发展建设，贷款总数达到 1500 亿—2000 亿元。[①] 一些教育部直属大学贷款总额达 30 亿—40 亿元，很多地方大学的银行贷款也达 5 亿—10 亿元。这些贷款虽然增加了学校的办学负担，但是却换来教学空间和办学条件的极大改善，不仅有力地支持了扩招政策，也为我国大学校园文化建设创造了基础性的硬件条件，奠定了我国从高等教育大国向高等教育强国迈进的物质基础。大学的新校园建设也带动了城市和社区的发展，大学新校区一般都选择在城市的近郊，因为土地成本低。大学进驻了之后，由于大学带来的商机和政府对周边基础设施的投入，大学附近的土地得到大幅度的升值。

除了利用银行借贷建设新校园，一些学校还利用与企业合作，通过共建"股份制的二级学院"的方式来进行教学基本建设。大学利用品牌、建设用地、招生计划、教学资源等作为投入，企业则提供资金建设教学大楼和教学设备，合作项目的学费收入学校与合作企业之间进行分成。学校的动力在于解决了资金问题，企业的动力在于得到了合理回报。

案例 4-9：沈阳师范大学在二级学院实行的股份制办学模式

沈阳师范大学为了解决发展资金与发展经验不足的问题，与企事业单位合作建立股份制的二级学院，促进了学校学科专业的扩展，实现了从教师教育为主的办学模式向综合性大学的转变。

---

① 参见《"中国最大"大学的扩张与负债之路》，《南方日报》2007 年 4 月 9 日。

合作成立旅游管理学院。2001 年，沈阳师范大学与鞍山永安旅游服务有限公司签署合作办学协议，成立旅游管理学院。合作建立的二级学院实行董事会制领导下的院长负责制。按照办学协议，沈阳师范大学提供 25 亩建设用地，土地使用权不变，合作方提供不低于 1300 万元资金，用于旅游管理学院的教学楼和相关设施建设，合作培养旅游管理等相关专业的三年制高等职业教育类学生。高职教育学费收入的60% 归投资方、40% 归沈阳师范大学。合作期为 30 年，合作期内固定资产为双方共有财产，合作期满后归沈阳师范大学所有。利用市场化的资金，学院建成了面积为 8000 平方米的多功能教学大楼，楼内有实验客房、实习餐厅、酒吧、茶艺室、语音室等设备。签订合同的 2001 年，学院只有 167 名学生，到 2007 年学生数达到了 2039 人。合作举办学院的办学质量也得到了提高，旅游管理专业在 2014 年省教育厅举办的专业综合评价中名列辽宁省第一名，2018 年被遴选为省一流本科专业。

合作举办国际商学院。2002 年，沈阳师范大学与辽宁中天文化教育有限公司签署了"合作举办沈阳师范大学国际商学院的协议"。学院实行董事会领导下的院长负责制，合作期限为 30 年，合作期间沈阳师范大学拥有 51% 的股份，合作方拥有 49% 的股份。沈阳师范大学提供建设用地和教学资源，合作企业负责从海外引进中外合作办学资源，并一次性投资 4500 万元建设 2.2 万平方米的教学大楼和购置教学设备。合作期满后，全部资产归沈阳师范大学。

合作举办科信软件学院。2003 年，沈阳师范大学、中国科学院沈阳计算技术研究所、辽宁省信息中心共同建设股份合作制的二级学院。建院之初学院没有老师、没有学生、没有设施，可以说是个"三无学院"。学院采用全新的管理体制，实行董事会领导下的院长负责制和教师全员聘任制。到 2009 年科信软件学院已经发展成为拥有 2 个硕士学位授权点，4 个专业、7 个专业方向，5 个系、1 个实验中心，教工 100余人、本科生 2500 余人、研究生 20 多人的大型学院。

沈阳师范大学利用学校的无形资产和学校建设用地，合作方则通过提供建设资金和社会公共关系，共同制造出高等教育新的增量。增量不仅是量的变化，而且也在质上有了变革，合作的二级学院都在内部治理结构和管理制度上进行了相应的改革。股份制办学的探索，不仅使沈阳师范大学从过去的教师教育机构成为了名副其实的综合类大学，也使沈阳师范大学成为一所有制度创新偏好的大学。

（三）市场机制与高等教育体制外增量的扩展

改革开放后我国高等教育的治理改革，一方面反映在中央向地方分权，另一方面也反映在政府向社会分权。1993年《中国教育改革和发展纲要》提出要改变政府包揽办学的格局，逐步建立以政府办学为主体、社会各界共同办学的体制。1998年颁布的《中华人民共和国高等教育法》第六十条提出国家鼓励企业事业组织、社会团体及其他社会组织和个人向高等教育投入。2002年颁布的《中华人民共和国民办教育促进法》第三条提出："国家对民办教育实行积极鼓励、大力支持、正确引导、依法管理的方针。各级人民政府应当将民办教育事业纳入国民经济和社会发展规划。"从这部法律的名称就可以得知国家对民办教育发展给予的期望。允许和鼓励社会与民间资本举办高等教育机构的政策逐步落实，主要依靠学费收入办学的民办高校迅速得到发展，1999年全国有可以自主颁发文凭的民办高校37所，在校生总数4.6万人。到了2008年，可以自主颁发文凭的民办高校的总数已经达到640所，在校生总数已经达到400万人。在民办高等教育的发展中，各地区和各学校创造出"滚动式"、"注入式"、"改制式"和"附属式"等多种发展模式。①

市场对高等教育存量的推动作用，还体现在中外合作办学机构的兴起。2001年我国加入世界贸易组织（WTO），对于WTO协定中教育服务贸易方式之一的"商业存在"，我国的承诺是允许境外机构与中方机构合作办学。

---

① 参见姚启和、文辅相主编：《90年代中国教育改革大潮：高等教育卷》，北京师范大学出版社2002年版，第48—49页。

这种背景下我国2003年3月正式发布《中外合作办学条例》，随后中共中央、国务院于2010年发布的《国家中长期教育改革与发展规划纲要（2010—2020)》明确提出要扩大教育开放，"吸引境外知名学校、教育和科研机构以及企业，合作设立教育教学、实训、研究机构或项目，鼓励各级各类学校开展多种形式的国际交流与合作，办好若干所示范性中外合作学校和一批中外合作办学项目"。截至2013年底，经教育部审批的中外合作办学机构与项目有930个，经地方教育部门审批的机构与项目有1979个，高等教育阶段中外合作办学机构在校生有45万人。经过多年探索，中外合作办学形成了"具有独立法人资格的中外合作大学、具有校内二级学院性质的中外合作学院、高校开展的中外合作项目"的梯形结构。中外合作办学的开展，有效地促进了我国高等教育国际化水平的提高，满足了广大消费者多样化的高等教育需求。

二、大学转型发展中的市场推力

在我国高等教育的规模扩张中很多本科层次的大学，是从原来的专科学校或高等职业技术学校升格而来的。升格的时间节点是2003年前后，正处在我国高等教育大众化的高速发展期，这批集中升格的高等学校被人们形象地称为"新升本科院校"。新升本科院校中的绝大多数在20世纪80年代时还只是中等专业学校，在20世纪90年代末升格成为专科层次的高等职业学校，然后在短时间内再度升格为本科高校。这批学校总体数量在600所左右，占了我国高等学校总量的很大一部分比例。新升本科院校原有的优势和特色是培养应用技术型人才，与行业和产业联系紧密，它们中很大一部分就是行业或企业举办的高等教育机构。升格后，原来归属行业或企业的学校都划归到省级教育行政部门直接管理。由于受到高等教育发展中评估机制和模仿机制的影响，新升本科院校在办学定位和人才培养模式方面，都不约而同地向老本科院校，特别是学术水平较高的本科院校看齐，开始重视学科建设，重视办学层次的提高。再加上管理部门变化等原因，新升本科院校原来的优势和特色逐渐丧失。

地方本科院校普遍的"向上漂移"追求，导致了高等教育结构同质化的问题，无法满足大众化阶段社会对高等教育的多样化需求，造成了高等教育中的结构性矛盾，一方面学生就业困难，另一方面企业招不到合格的人才。我国高等教育结构性矛盾出现的原因是多方面的，但归根结底是高等学校办学行为与市场需求相脱节的结果。在市场的推力下，2014年以后我国高等学校特别是地方高等学校和新升本科院校开始探索转型发展之路。

2014年4月，我国178所大学在河南省驻马店市召开"产教融合发展战略国际论坛"，其间发表"驻马店宣言"，呼吁国家出台政策鼓励和支持部分地方本科高校转型发展，以应对激烈的市场竞争带来的挑战。2015年10月，教育部、国家发展和改革委员会、财政部联合发布《关于引导部分地方普通本科高校向应用型转变的指导意见》，该文件提出要通过有效的政策供给和示范引领等手段促使地方高校"把办学思路真正转到服务地方经济社会发展上来，转到产教融合校企合作上来，转到培养应用型技术技能型人才上来，转到增强学生就业创业能力上来，全面提高学校服务区域经济社会发展和创新驱动发展的能力"。由于地方高校转型发展的主体责任是地方政府，因此各地方也都陆续出台了本地区高校转型发展的政策文件。譬如，辽宁省人民政府办公厅于2015年12月发布了《关于推动本科高校向应用型转变的实施意见》，要求高等学校以需求为导向，根据区域经济社会发展需求，合理定位、特色发展，将专业建设和人才培养与区域的产业有效对接。

在院校转型中，出现了三种转型模式：一是学校整体转型为应用技术型大学；二是学校部分二级学院转型为应用技术型学院；三是部分专业转型为应用技术型专业。转型学校、转型学院或转型专业在建设中，都坚定不移地将服务地方经济社会发展实际需求作为办学的目标，都积极探索产教融合的体制机制，市场这只"看不见的手"有效地抑制了学校向上漂移的冲动，促使其回归到更加合理的办学定位上。

三、院校竞争中的市场推力

伯顿·克拉克认为，院校市场是各个大学彼此相互影响形成的一种竞争性环境。它不同于经济组织构成的市场，因为"学术系统没有零售商、批发商和制造商忙碌地相互交战。各院校之间的关系主要由消费者和内部劳动市场的性质以及各校当时所处的地位来决定"。这种特殊的市场法则导致院校之间的竞争主要是"声誉"的竞争。① 在计划经济时期，我国大学的地位是政府规定的，院校之间不存在市场的竞争，只存在寻求政府支持的竞争。我国实行社会主义市场经济体制后，特别是我国融入世界经济体系后，高等学校之间竞争的性质发生了重要转变，从谋求政府认同开始不断走向谋求市场和社会认同。这种转变具体表现在如下两个方面：一是大学之间的"人才争夺战"愈演愈烈，为了从别处挖人，很多高校将引进人才的价码提得很高，很多地方本科院校（包括新升格的本科高校）也加入到人才争夺战中，甚至也提出要引进院士和长江学者等国家级人才；二是国内和国际上有影响的大学排行榜或学科排行榜越来越受到大学校长和教育行政部门的重视，成为学校评价和资源投入的重要依据。

第四节　大学追求卓越的内驱力

从逻辑上说，政府与市场的力量最终也要通过激发大学内在的动力才能起作用。虽然我国大学自我发展的内驱力在不同的院校表现有所不同，并且也相应地产生了不同的结果。但是，我国大学具有普遍的追求卓越的内驱力也是不争的事实，这也是我国高等教育发展比较迅速的重要原因之一。我国大学自我发展内驱力主要是由以下三个方面激发出来的：

一、制度环境变化激发出的内驱力

我国大学之所以产生了追求卓越的内驱力，首先是制度环境的变化。随着办学自主权的逐步落实，每一所大学都可以通过更高的目标定位、更

① 参见［美］伯顿·克拉克：《高等教育系统——学术组织的跨国研究》，王承绪等译，杭州大学出版社 1994 年版，第 180—181 页。

好的规划设计、更灵活的体制机制和更强有力的外部公共关系来不断促进自己的发展,从而赢得政府支持和社会认可。在新的制度环境下,我国大学的分层结构也是由院校表现决定的。为了实现学校的内涵发展,在大学分层的竞争中获得先机和优势,各个大学就必须不断提升学科、专业和师资水平。正如华东化工学院(现华东理工大学)党委书记蒋凌棫在总结自己学校内部改革的思路时谈道:改革是有风险的,我们为什么花这么大的力气,去冒这个风险? 一是形势所迫,你不想搞改革,不行,形势逼着你不得不去搞改革。过去办学模式是高度集中统一的,办学经费完全是国家拨的,科研经费也由上面拨款,上面给多少,下面分多少。现在这种体制打破了,科研经费要学校自己与参与竞争,坐等是没有的,办学经费也不能只靠国家一个渠道。这种变化的客观形势就需要你去适应,逼得你不得不主动地去研究改革的问题。二是学校发展的需要,改革开放,竞争激烈,竞争中强者会更强,弱者会更弱。学校不能甘心作尾巴,学校领导班子的责任就是带领大家去爬坡,爬坡只有靠改革,改革是动力。否则的话,就会滑坡。[①]

二、发展需求变化激发出来的内驱力

我国高等教育的大众化不仅提高了高等教育供给的规模,也带来了结构的变化,一些单科性的专业学院发展成综合性的大学。在国家和社会奖励系统和激励机制的作用下,这些新的大学产生了新的发展需求,那就是提升学术能力,追求学术卓越,从"成长型大学"转变为"成功型大学"。为了更直观地说明这个问题,这里选择笔者所服务的沈阳师范大学从1998年到2008年改革发展的实际案例来说明大学是如何产生追求卓越的内驱力的,以及这种内驱力带来的影响与效果。

[①] 参见国家教委人事司:《高等学校内部管理体制改革的实践与探索》(第2册),北京师范大学出版社1993年版,第520页。

案例 4-10：一所成长型大学如何追求卓越

——以沈阳师范大学 1998—2008 年的内部治理的治理改革为中心

一、1998 年时案例学校的基本情况

沈阳师范大学的前身是 1951 年建立的东北教育学院，1953 年更名为沈阳师范学院，2002 年再次更名为沈阳师范大学。这所大学在我国大学系统中普通得不能再普通。一是学校属于省属地方高校，主要服务面向的是辽宁省基础教育；二是属于师范院校，最初的学科专业是以中学课程为基础建立起来的；三是发展基础薄弱，1958 年学校的部分学科被分离出去，支援了新成立的辽宁大学等学校。1965 年为了适应国家战备需要从东北的中心城市沈阳迁到辽宁西部的朝阳市办学，并更名为辽宁第一师范学院（当时大连已经建有辽宁师范学院，到了朝阳后原校名也无法使用，但是地位还在，因此改为此名），校园建在偏远山区，一个山头是一个系。1978 年在教师的呼吁和学校的争取下，学校迁回沈阳。回沈阳后原来的校舍无法恢复，只能在一所中学的校址上办学。后来虽然又建设了一个分部，但校园面积在迁到新校址前加起来不到 300 亩地。四是发展环境不力。20 世纪 80 年代中期辽宁省将重点建设师范院校的任务交给辽宁师范学院，这所学校也因此有了条件更名为辽宁师范大学。从 1978 年从朝阳回到沈阳，到 1998 年的 20 年中，当时的沈阳师范学院也有了一定程度的发展，但是总体说来没有突破性进展。校园面积狭小，办公和教学空间严重不足，学科实力薄弱，1997 年学校入账的科研经费还不到 8 万元。学科专业单一，除了教育学等一两个少数专业外，其他所有的专业都是根据中学开设的课程设置的，而且还没有地理、美术、音乐等专业。

二、为什么选择沈师为案例？

之所以选择沈师，并不是这所学校发展得最好，也不是因为这所学校发展得最快。原因如下：一是这是笔者的工作单位，笔者亲身经历了这种变化，对改革中涉及到的认知差异、利益冲突有切身的体会，对改革创新引发的活力也有真实的感受；二是沈阳师范大学作为一所成

长型的地方高校，没有资源优势，没有政策倾斜，若想发展只能通过内部挖潜，因此制度创新成为这所学校的行为偏好；三是这所学校跨越式发展的制度设计是在 1999 年高教大扩招之前，具有一定的前瞻性，并在高等教育大众化运动中始终保持一种改革创新的状态；四是这所学校在我国大学系统中处于"半边缘地位"，正如我国高等教育系统在国际上的地位，规模不小，但是水平还处在中间的层次。因此，选择沈师更具有代表性。这里我们重点选择 1998 年到 2008 年这十年发展的历程作为分析的时段，通过这十年探索，沈阳师范大学形成了稳定的发展模式，可以说也是大学中国模式的"微型版"。

三、案例学校的制度创新的主要内容

1. 校园置换的产权改革

为了解决学校占地面积狭小的发展性难题，学校领导班子开始了向市场要土地，向市场要校园的新思路。学校领导提出利用"级差地租"的思路来盘活学校资产存量，通过异地换建来扩大学校校园面积。具体的想法和做法就是将位于相对市中心区块的校园交给房地产公司，然后房地产公司帮助学校在距离原校址大约 8 公里的地方建设新校园。建成后，新校园的面积从原来的不到 300 亩，一下子扩大到将近 2000 亩。这一思路在当时无疑是具有前瞻性的，因此当校园置换成功之后，中央政治局常委、国务院副总理李岚清亲自来到校园视察，并称赞这是高等教育改革发展的"沈师模式"。

2. 基层学术组织治理的制度创新

学校层面的治理，国家法律法规都进行了明确的规定。在基层学术组织进行创新还是有很多空间，国家政策也一直鼓励学校内部管理体制改革。2002 年沈阳师范大学实施了教授研究室制度，将教授研究室作为基层学术组织来加以建设。2005 年沈阳师范大学在二级学院实行了教授委员会制度，是辽宁高等学校中最早实行"教授委员会制度"的学校，省内外一些高校专程来沈阳师范大学学习这一制度的运行情况。沈阳师范大学的学院治理是教授委员会领导下的院长负责制，院系党总支书记兼任副院长，可以列席教授委员会的会议，不具备投票权，发挥保障监督的责任。

3. 创造了多样化的合作办学模式

沈阳师范大学 2002 年才更名为大学，原来一直是单科性的师范学院。由于受学校性质和地位的限制，原有学科专业十分单一。为了适应 21 世纪初高等教育大众化快速发展的需要，沈阳师范大学采取了"借船出海"的发展模式，通过多样化的合作办学突破了资源约束的困局，使自己成功转型为一所综合类的大学。新的合作办学模式有：与美国大学合作举办国际商学院，高学费录取计划内与计划外两方面的生源，按照美国大学的培养模式和标准，引入美国的教师和教材，授予双学位或单一美国大学学位；与中国科学院下属的股份制企业合作举办软件工程学院；与辽宁省政府的国土资源厅合作举办古生物博物馆和古生物学院；与民营企业合作举办旅游管理学院与美术设计学院；与沈阳市委宣传部合作举办新闻传播学院等。如果仅凭沈阳师范大学当时的资源供给能力，不与国外的学校、国内的企业和政府进行合作，这些新办的学科和专业是不可能出现的。

四、是什么造就了沈师治理改革模式？

1. 制度环境的变量

中国共产党十四大确立了社会主义市场经济体制，强调市场在资源配置中的基础地位，这是沈阳师范大学盘活资产存量，异地换建成功的重要制度保障。1998 年《中华人民共和国教育法》发布，在法律上明确了高等学校的自主权，这是学校能够面向社会自主办学的另一个制度保障。舍此二者任何一个，沈师模式都不会出现。

2. 战略目标的变量

异地换建前的沈阳师范学院，长期以来都将为辽宁基础教育服务作为自己的价值取向和办学定位。但是，20 世纪 90 年代后期学校提出了"三高一大"的办学目标，"三高"即高质量、高层次、高水平，"一大"即更名为大学。之所以有这样的目标与当时校长张德祥教授的个人经历有关。时任校长张德祥是留校任教的，了解母校曾经有的辉煌，也对后来的落伍有着强烈的内心感受，因此他担任领导职务后便自觉肩负起振兴的责任，试图带领师生一起摆脱低层次办学、低水平办学的现状。2002年张德祥调任辽宁省教育厅厅长，他本科时的同班同学于文明教授担任校党委书记，他同样对学校的改革发展有着强烈的诉求，他上任后将学校的发展目标定位变更为"把学校建成标志性学科专业国内一流，支柱性学科专业省内一流的教学研究型师范大学"。正是新的目标定位推动着沈阳师范大学不断进行创新、不断追求卓越。

3. 战略管理能力的变量

上面提到的两位主要领导张德祥和于文明，都是沈阳师范学院政治经济系的毕业生，他们有马克思主义政治经济学的理论基础，熟悉级差地租原理，因此能够提出通过产权改革盘活存量，扩大增量的思路。张德祥留校任教后，曾中途到日本留学获得教育社会学方向的硕士学位，担任校长之前还担任过院系领导和学校职能部门领导，担任校长期间还到厦门大学师从潘懋元教授攻读高等教育学博士。他的博士论文是以行政权力和学术权力的协调为主题展开的，这样特殊的经历和理论素养，使他能够重视学术权力在大学的运行，建立"教授研究室"制度，并将其作为大学基层学术组织创新的一种路径。于文明书记在担任校主要领导后也到北京师范大学攻读教育学博士学位，他以公立大学多元利益主体形成背景下大学如何治理为主题进行博士论文课题的研究，也正是这一经历使他能够提出在学院探索教授委员会制度，并提出了新的院系治理模式。这种从实践到理论，再从理论到实践的转换，是张德祥校长和于文明书记共同具有的巨大优势，他们有丰富的实践经验，同时也有很高的理论素养。他们都特别重视院校研究工作在学校决策管理中的作用。

4. 战略执行能力的变量

学校领导者若想将学校引向卓越，除了要有思想和规划，更要有执行能力。比如沈阳师范大学在没有任何政府投资的情况下建设新校园，领导者必须有善于协调各方的能力，要分别与省、市、区、乡镇和村五级行政组织打交道，要与不同的金融机构打交道，要与合作企业打交道，要与动迁的住户和开发商打交道，这其中如果哪一个环节不通，则学校产权的制度创新都无法进行。学校从 1998 年规划，到 2000 年搬入新校区只花了两年的时间，这其中如果没有强大的战略执行能力，则无法完成这项艰巨的任务。

三、大学校级领导干部任命与考核机制引发的内驱力

我国大学主要领导是上级任命的，代表党和政府领导与管理大学。在干部流动的制度下，很多精英大学的副校级领导会流动到地位稍低的大学担任正职。这部分校领导因为长期在精英机构工作，因而具有复制原有机构经验的倾向，着力提高新任职单位的学术能力。还有的地方为了发展区域内的高等学校，从精英大学的中层领导中选拔干部到省属高校担任校级领导职务。譬如，2009 年 9 月浙江省面向全国公开选拔浙江师范大学副校长、宁波大学副校长、浙江理工大学副校长、杭州电子科技大学副校长、浙江工商大学副校长、中国计量学院副校长、浙江中医药大学副校长、浙江财经学院副校长、嘉兴学院副校长、浙江传媒学院副校长。按照报考条件，候选人必须具备如下条件：一是担任"211 工程"高校中层副职领导职务 4 年以上；二是具有全日制普通高校大学本科以上学历；三是具有正高级专业技术职务，年龄在 50 周岁以下；四是年龄在 40 周岁以下，具有研究生学历和副高级以上专业技术职务者。客观上说，上述几个条件除了"211 工程"大学出身外，其他都普通得不能再普通。浙江省这次人才选拔机制，很显然是期待来自精英大学的校领导，能够按照精英大学的标准规划建设省属一般性本科院校。

无论是教育部直属大学，还是地方政府管理的大学，学校领导班子都要接受上级部门的考核，上级部门既包括教育行政部门，也包括党的组织部门。在考核中，学校年度的业绩成为领导班子及其成员考核结果的重要依据，而考核结果也直接影响到学校领导的声誉、地位以及升迁的可能性。这

种常态化的考核机制，也促使大学领导班子不断追求更高的目标和完成更多的工作任务。

综上所述，在大学中国模式下，大学动力系统的结构包括四个要素：一是中央政府宏观高等教育政策的"引力"，二是地方政府高等教育政策的"增力"，三是市场这只"看不见的手"的推力，四是大学追求卓越的"内驱力"。这四种力量，既相互独立又相互依存，类似于动车组的模式，车头和每一节车厢都有独立的动力系统，但又能够保持一致的前进方向，形成整体的动力机制，从而使前行的列车保持较高的速度。

第 五 章

国外大学制度与治理研究

第一节　大学制度和治理的美国模式

一、美国大学发展状况

(一) 美国大学的起源

相较于英国与欧洲大陆的高等教育机构，美国高等教育起步非常晚，直到 1636 年殖民地立法机关通过议案成立哈佛学院（Harvard College），美国才拥有第一所高等教育机构。[①] 美国大革命之前，北美十三州殖民地区共设立了 9 所学院，依照设立时间的先后分别为：

(1) 哈佛学院（Harvard College；1636 年设立于马萨诸塞州）；

(2) 威廉与玛丽学院（William and Mary College；1693 年设立于弗吉尼亚州）；

(3) 耶鲁学院（Yale College；1701 年设立于康涅狄格州）；

(4) 新泽西学院（The College of New Jersey；1746 年设立于新泽西州；Princeton University 的前身）；

(5) 国 王 学 院（King's College；1754 年 设 立 于 纽 约 州；Columbia University 的前身）；

---

① Cf. Pulliam，J.D.，& Van Patten，J.J.，*History of Education in America.9th ed*，New Jersey：Pearson Prentice Hall，2007.

(6) 费城学院（College of Philadelphia；1755 年设立于宾夕法尼亚州）；

(7) 罗得岛学院（The College of Rhode Island；1764 年设立于罗得岛州；Brown University 的前身）；

(8) 皇后学院（Queen's College；1766 年设立于新泽西州；Rutgers University 的前身）；

(9) 达特茅兹学院（Dartmouth College；1769 年设立于新罕布什尔州）。

殖民地时期的都属于私立的文理学院，规模不大，学生人数也不多，开设的课程数量与种类皆极为有限。除了费城学院并未隶属于任何教派，其余 8 所学院皆为当地教会派系所支持、创建，因此早期学院提供的课程多为拉丁文、希腊文、几何、逻辑、物理、数学、天文、文法、修辞学、神学等以培育学生优良道德与品格为目的的精英教育。早期学院的管理与经营多为当地士绅与教会领袖所把持，学生皆来自于中上阶层家庭。多数学生毕业后若非从事神职工作，就会成为当地士绅领袖。早期州政府曾希望将这些私立文理学院转变为公立学院。新罕布什尔州在 1816 年曾尝试将达特茅兹学院转变为州立大学，却引发达特茅兹学院的师生抗争，最后此案上诉至联邦法院并以州政府败诉收场。联邦法院判决书提出州政府若已授予私立学院董事会经营管理的特许状，则州政府不可在违反私立学院董事会和师生的意愿下将私立学院收回成为公有，"达特茅兹学院案（Dartmouth College Case）"判例也奠定了美国私立学院法人管理制的基石。[1]

早期州立大学的创建是由尚未拥有任何高等教育院校的州开始设置，办学目的是为期待能促进社会进步与提升国民生活素质。最早的州立大学于 1785 年设立于乔治亚州，其后美国各州也开始陆续设立州立大学，但这些早期州立大学虽有州立大学的名义，其管理权责仍归属私人董事会，其课程也与殖民地时期学院无甚差异。[2] 弗吉尼亚大学是最早尝试将法律、医学等

---

[1] 参见阎凤桥、闵维方：《从法人视角透视美国大学治理的特征：〈学术法人〉一书的启示》，《北京大学教育评》2016 年第 2 期。

[2] Cf. Pulliam，J.D.，& Van Patten，J.J.，*History of Education in America. 9th ed*，New Jersey：Pearson Prentice Hall，2007.

专业领域纳入大学课程的州立大学。早期州立大学的数量增长缓慢，私立学院的扩张速度反而较为快速。1830年时，美国已有大约50所私立文理学院。1862年的《莫雷尔法案》（*Morrill Act of 1862*）授权将联邦土地捐赠与州政府并提供补助金协助州政府设立至少一所可提供农业、机械等实用课程的州立大学，而此大学的经营权责与课程规划权责皆归于州政府，此法案成为促进美国州立大学扩张的重要推手。

南北战争后，美国高等教育机构开始设立学士后研究所课程。创立于1876年的约翰霍普金斯大学成为美国第一所正式的研究型大学，此大学的研究所课程致力于利用科学研究来创造新知识，实验室实验与执行研究计划从此成为研究生训练的常规项目。[①] 约翰霍普金斯大学也设立了美国的第一所医学院，其后美国各地也开始设立各种专业学院（通常为医学或是法学院），直到1899年时美国各地已有532所专业学院，但由于早期专业学院缺乏州政府的监督控管，导致出现质量良莠不齐的状况。同一时期，大学所提供的课程也开始转变，由早期的神职、经典教育为主转为较多元与具实用性的课程，新兴学科如历史学、社会学、心理学、经济学与应用科学也开始出现在大学课程中。

第二次世界大战后，美国经济蓬勃发展，企业界开始需要大量拥有高知识、技能的劳工，因此大学也开设了更多配合企业人力需求的专业领域课程。与此同时，大量参战的退伍军人回到美国并期待能接受高等教育，因此美国政府通过"退伍军人法案"（GI Bill）积极扩充高等教育入学渠道并提供额外经费补助给高等教育机构，而高等教育机构的数量也因此快速暴增。[②] 20世纪70—80年代，因公私立大学高等教育学费提高，导致许多学生无法负担四年制大学教育，改为选择学费较为低廉的两年制社区大学（Community College），造成全美社区大学的数量快速增长。而迈入21世纪

---

① Cf. Pulliam，J.D.，& Van Patten，J.J.，*History of Education in America. 9th ed*，New Jersey：Pearson Prentice Hall，2007.

② Cf. Pulliam，J.D.，& Van Patten，J.J.，*History of Education in America. 9th ed*，New Jersey：Pearson Prentice Hall，2007.

后，随着计算机、互联网、智能型行动装置的发达与广泛使用，大学教育也出现了远距教学、计算机辅助教学、多媒体数字学习素材等各项挑战传统大学教学模式的新兴方式，而这些也势必会为美国未来高等教育的发展趋势带来极大的影响。

（二）美国大学的规模与结构

根据美国国家教育统计中心（National Center of Educational Statistics，以下简称 NCES）公布的最新数据显示，全美 2016—2017 学年度接受联邦政府给予的联邦学生奖助金的后中等教育机构共有 6606 所，其中公立四年制大学有 737 所，私立非营利四年制大学有 1588 所，私立营利性四年制大学有 514 所，公立两年制或两年以下的高等教育机构（包含学院、社区大学、技职学校等）有 1221 所，私立非营利两年制或两年以下的高等教育机构（包含学院、技职学校等）有 235 所，私立营利性两年制或两年以下的高等教育机构（包含学院、技职学校等）有 2311 所。① 上述 6606 所后中等教育机构中，学术性机构（可授予副学士、学士、硕士与博士学位的机构）有 4360 所，职业性机构（未授予学位，只提供专业证书的机构）有 2246 所。

根据 NCES 公布的数据显示，全美 2015—2016 学年度中等教育机构学生注册人数共约 2696 万人，其中公立四年制大学注册人数约有 1039 万人，私立非营利四年制大学注册人数约有 490 万人，私立营利性四年制大学注册人数约有 168 万人，公立两年制或两年以下的高等教育机构（包含学院、社区大学、技职学校等）注册人数约有 905 万人，私立非营利两年制或两年以下的高等教育机构（包含学院、技职学校等）注册人数约有 11 万人，私立营利性两年制或两年以下的高等教育机构（包含学院、技职学校等）注册人数约有 80 万人。② 目前美国中学毕业生的升学选择仍以公立四年制大学为主，

---

① Cf. IPEDS Data Center, "Number of Postsecondary Institutions: IPEDS Trend Generator", *National Center of Educational Statistics*, Retrieved from https: //nces.ed.gov/ipeds/trendgenerator/tganswer.aspx? sid=1&qid=1, 2018-6-10.

② Cf. IPEDS Data Center, "Student Enrollment: IPEDS Trend Generator", *National Center of Educational Statistics*, Retrieved from https: //nces.ed.gov/ipeds/trendgenerator/tganswer. aspx? sid=2&qid=2, 2018-6-10.

公立两年制或两年以下的高等教育机构次之，选择就读私立高等教育机构的美国中学毕业生仍为少数。美国高等教育的基本结构如下：

1. 州立大学（Public State Universities）

美国州立大学接受联邦政府与州政府给予的教育经费补助。州立大学的规模较大，就读学生人数通常大于 10000 人。少数规模最大的州立大学学生人数可达到 50000 人以上。教学型的州立大学通常只提供学士学位课程，但研究型的州立大学则提供学士、硕士与博士学位课程。州立大学通常由多个学院组成，且提供范围广泛的主修科系选择。四年制州立大学一个学年度的学费约为 8300—18600 美元之间，[①] 与社区大学学费相较之下昂贵许多，且有逐年调涨的趋势。州立大学的奖学金、助学金和助学贷款多由州政府或联邦政府提供。

2. 私立大学（Private Universities）

美国的私立大学资金多来自私人机构、基金会资助或是校友捐款。与公立大学相比，私立大学的规模相对较小。教学型的私立大学通常只提供学士学位课程，但研究型的私立大学则提供学士、硕士与博士学位课程。私立大学通常由多个学院组成，并提供范围广泛的主修科系选择。四年制私立大学的学费比公立大学贵 1.5—3 倍以上，一个学年度的学费约为 28000 美元左右，[②] 但也提供给学生们较多的奖学金与助学金，且国际学生也可申请私立大学提供的奖学金。在美国著名大学排名中（例如：US News and World Report 的大学、研究所与专业学系排行榜），排名前 25 名的大学多数是私立大学（例如：常春藤联盟，The Ivy League）。

① Cf. Ginder, S.A., Kelly-Reid, J.E., & Mann, F.B., "Postsecondary institutions and cost of attendance in 2017-18; Degrees and other awards conferred, 2016-17; and 12-month enrollment, 2016-17: First Look (Preliminary Data) (NCES 2018-060)", *U.S. Department of Education*, Washington D. C: National Center for Educational Statistics, 2018.

② Cf. Ginder, S.A., Kelly-Reid, J.E., & Mann, F.B., "Postsecondary institutions and cost of attendance in 2017-18; Degrees and other awards conferred, 2016-17; and 12-month enrollment, 2016-17: First Look (Preliminary Data) (NCES 2018-060)", *U.S. Department of Education*, Washington D. C: National Center for Educational Statistics, 2018.

3. 私立文理学院（Private Liberal Arts Colleges）

美国约有 600 所私立文理学院。私立文理学院的资金来源大多由私人机构、基金会支助。与公、私立大学相比，私立文理学院的规模相对较小，就读学生人数通常在 3000 人以下。私立文理学院通常只提供学士学位课程，且着重于博雅/全人教育，其提供的主修学系选择亦较少。私立文理学院的教授们大多专注于教学多过于从事研究，因此与公、私立大学相比，私立文理学院的师生比值较低，师生互动机会较多。

4. 社区大学（Community Colleges）

美国约有 1200 所社区大学，社区大学的经费大多由州政府补助。社区大学的规模通常很小，就读学生人数不多。社区大学通常提供 2 年制课程，学生可于社区大学就读 2 年后，转入州立或私立大学完成大学课程。社区大学所修习的学分通常可全数转移至已签订学分转移合约的州立大学。多数州立大学每学年皆需提供固定名额给予州内社区大学毕业生进入州立大学就读，若学生在社区大学就读期间学业表现优秀，亦有颇高机会申请进入著名的州立大学就读。社区大学提供多样化的主修科系和学分学程，且多数社区大学皆提供学术、技职教育训练与 ESL 课程。社区大学因班级人数较少（＜30 人），所以师生互动较为频繁。对多数美国高中毕业生而言，社区大学的最大优势在于学费便宜（一个学年度约 4000—8000 美元)[1]，且申请程序容易，入学门槛相对较低。相较于公、私立大学，社区大学多数拥有多元文化的学生，少数族裔学生与外籍学生比例较高。

（三）美国大学的质量和国际地位

美国公私立大学数量众多，向来在各类世界大学排行榜中名列前茅，这也显示了美国高等教育院校的素质与学术地位普遍受到世界各国的肯定。在最新公布的 2019 年 QS 世界大学排名中，美国公私立大学共有 36 所进入

---

[1] Cf. Ginder, S.A., Kelly-Reid, J.E., & Mann, F.B., "Postsecondary institutions and cost of attendance in 2017-18；Degrees and other awards conferred, 2016-17；and 12-month enrollment, 2016-17：First Look (Preliminary Data) (NCES 2018-060)", *U.S. Department of Education*, Washington D. C：National Center for Educational Statistics, 2018.

排名前 100 的世界大学排行榜，其中进入前 10 名的学校包含排名第一的麻省理工学院（MIT）、排名第二的斯坦福大学、排名第三的哈佛大学、排名第四的加州理工学院和排名第九的芝加哥大学。①

在泰晤士高等教育（THE）公布的 2018 年世界大学排行榜中，美国公私立大学共有 43 所进入排名前 100 的世界大学排行榜，其中进入前 10 名的学校包含排名第三的加州理工学院和斯坦福大学、排名第五的麻省理工学院（MIT）、排名第六的哈佛大学、排名第七的普林斯顿大学、排名第九的芝加哥大学以及排名第十的宾夕法尼亚大学。②

在上海交通大学公布的 2017 年世界大学学术排名榜中，美国公私立大学共有 47 所进入排名前 100 的世界大学学术排行榜，其中进入前 10 名的学校包含排名第一的哈佛大学、排名第二的斯坦福大学、排名第四的麻省理工学院（MIT）、排名第五的加州伯克利大学、排名第六的普林斯顿大学、排名第八的哥伦比亚大学、排名第九的加州理工学院以及排名第十的芝加哥大学。③

美国高等教育院校的素质与学术地位除了呈现于各类世界大学排行榜中，也反映在历年来美国学者们所获颁的诺贝尔奖数量上。自 1901—2017 年，共有 265 位出生于美国的作家、学者专家们获颁了诺贝尔奖，占了历年获颁诺贝尔奖学者总数（923 人）的 28.7%。④ 此数据代表了美国高等教育机构培育文学创作者和科学研究人才的实力，亦彰显了美国的科学研究成果对于促进物理、化学与生物 / 医学领域发展贡献非凡，同时美国作家们也展

---

① Cf. "QS World University Rankings"，Retrieved from https：//www.topuniversities.com/university-rankings/world-university-rankings/2019，2018-6-10.

② Cf. "Times Higher Education World University Rankings"，Retrieved from https：//www.timeshighereducation.com/world-university-rankings/2018/world-ranking#！/page/0/length/-1/sort_by/rank/sort_order/asc/cols/stats，2018-6-10.

③ 参见上海交通大学世界大学学术排名榜：http：//www.shanghairanking.com/ARWU2017.html，2018-6-10。

④ Cf. Nobelprize.org.（2018），*Nobel Laureates and Country of Birth*，Retrieved from https：//www.nobelprize.org/nobel_prizes/lists/countries.html，2018-6-10.

现了深厚的文学艺术成就（共有 12 位出生于美国的作家获得文学奖）。

美国高等教育国际声誉斐然，学术地位崇高，这为其吸引了许多外国学生，根据 *Open Doors 2015—16* 的统计数据，美国高等教育学生总数约 2696 万余人，其中，外国留学生人数共约 104 万 3 千余人，占高等教育总人数的 5%。[1] 长久以来，美国一直是国际学生首选的留学国家。

二、美国大学的外部治理

美国大学的外部治理主要来自于大学之外的联邦政府（中央）、州政府（地方）与社会上和高等教育事务相关组织（例如高等教育评估机构和专业评估机构）、企业和媒体对于高等教育院校经营、运作与发展的影响。

（一）联邦政府与州政府在管理大学方面的权力划分

根据美国宪法，教育管辖权归属州政府。早期联邦教育部（U.S. Department of Education）对地方学校运作并无实质影响力。但自 20 世纪 50 年代开始，联邦政府透过特定项目教育补助款（categorical aids）来监控地方学校运作。各类课程与各级教育相关机构若要接受联邦政府给予的特定项目教育补助经费支持，就必须遵守其附加条件，否则联邦政府便会降低或取消其特定项目教育补助经费。联邦政府推行的特定教育政策与法案（例如：反种族隔离法案、性别平等法案等）多数使用特定项目教育补助款来推动其执行成效，联邦政府现今主要透过特定项目教育补助款来影响州教育厅与地方学区。针对高等教育机构，除了特定项目教育补助款，联邦政府亦透过联邦奖助学金补助计划（Federal Financial Aid Program）和高等教育机构评鉴机制来影响美国公私立高等教育机构的运作。[2]

联邦教育部高等教育司（Office of Postsecondary Education）为美国公私

---

[1] Cf. Open Doors Data 2015-16，*Institution of International Education*，Retrieved from https：//www.iie.org/Why-IIE/Announcements/2016-11-14-Open-Doors-Executive-Summary.

[2] Cf. Johnson，J.A.，et al.，"Foundations of American education：Perspectives on education in a changing word"，*White Plains*，NY：Pearson，2011. Spring, J. *American Education. 15th edition*，New York，NY：McGraw-Hill，2012.

立大专院校的最高主管机构，其主要权责为：

（1）提供教育经费补助给大专院校学生；

（2）提供教育经费补助以提升高等教育机构的研究与发展、软硬件设备与办学质量；

（3）协助弱势学生顺利完成大学教育，取得学位；

（4）提倡大专院校学生的外语与国际事务学习，并支持国际教育研究与学术交流（U.S. Department of Education，2014）。[①]

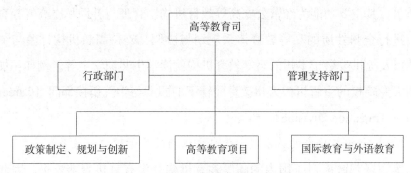

图 5-1　美国高等教育司组织与权责

数据来源：U.S. Department of Education。

美国共有 50 个州、华盛顿哥伦比亚行政特区以及多处境外领土，各州皆设有州政府教育厅（State Department of Education）来管理州内各级教育机构的行政运作、负责州教育政策的制定、审核公私立学校的办学资格并核准其设立、监督州内各级公私立学校的办学质量、设立各年级课程蓝图与学习能力标杆、执行学生学习成效测验、审核课程内容、审核各级教师资格与实施教师资格检定考试、推动联邦政府与州内教育改革以及提供与分配辖下各地方学区的教育经费。[②] 各州教育相关政策与规定由州议会与州教育委员

---

① Cf. U.S. Department of Education，Office of Postsecondary Education，http：//www2.ed.gov/about/offices/list/om/fs_po/ope/home.html? src=oc，2014.

② Cf. Johnson，J. A.，et al. Foundations of American education：Perspectives on education in a changing word. *White Plains*，NY：Pearson，2011. Spring，J. *American Education. 15th edition*，New York，NY：McGraw-Hill，2012.

会（state board of education）制定，但州议会不能违背州宪法或联邦宪法。

美国各州的公立大学系统分为两种类型：依据州宪法（state constitutionally-based institutions）设立的高等教育机构和依据州法规（state statutorily-based institutions）设立的高等教育机构；一般而言，依据州宪法设立的高等教育机构比依据州法规设立者拥有较多的行政权力，亦拥有较高的自主性，较不受州理事会（state board of regents）与立法机构法规的限制。[1] 各州皆设有高等教育局来管理与监督州内各大专院校的行政运作与办学质量，其主要功能为经营公立高等教育机构、管理与补助私立高等教育机构、进行全州性质的高等教育体系规划与协调、支持高教机构评鉴与绩效评估以及提供设籍于本州的高等教育机构就读学生奖助学金等。例如：加州境内大专院校的主管机构为州教育厅辖下的职业与学院衔接部门（Career & College Transition Division）。[2]

（二）大学与政府的关系（大学自主权与政府管理权的关系）

美国联邦政府对于国内的高等教育机构并没有直接管辖权责，因此联邦政府透过特定项目教育补助款（categorical aids）、联邦奖助学金补助计划（Federal Financial Aid Program）和高等教育机构评鉴机制来影响公私立高等教育机构的运作。联邦政府亦能通过《高等教育法案》（The Higher Education Act，简称 HEA）的制定、修正与增补来管理和监督高等教育质量与绩效责任。自 1965 年的 HEA 开始，联邦政府以大规模提供学生助学贷款的方式来介入高等教育的运作；1985 年通过的《高等教育法案再授权法》（Reauthorization of the HEA），授予联邦教育部成立"全国机构质量与整合咨议委员会"（National Advisory Committee on Institutional Quality and Integrity）进行审查高等教育机构认证机构的权责；联邦教育部通过 2008 年颁布的《高等教育机会法案》（Higher Education Opportunity Act）来强化联

---

① Cf. Kaplin，W.A.，& Lee，B.A.，*The law of higher education：A comprehensive guide to legal implications of administrative decision making*，CA：Jossey-Bass，2006.

② Cf. California Department of Education. Career & College Transition Division. http：//www.cde.ca.gov/re/di/or/scald.asp，2014.

邦教育部对于高等教育认证制度的监督与协调权责外，亦提出期望高等教育机构采用全国毕业标准测验（National Standardized Graduation Examination）来检测大学生的学习成就并将"学习成就"项目纳入高等教育评鉴的认可制度中。而上述联邦政府介入高等教育质量管控的手段与作为亦冲击了美国传统采取由大学进行自我质量管控的理念，预期将来联邦政府与高等教育机构在自我管控与政府管控的机制上仍将引发争议。

美国各州政府将州内公立学院与大学的管理权责交由各校董事会来执行。[①] 但公立大学董事会成员一般是由州长在州参议会的建议和同意之下进行遴选与委派，因此通过这些由州长和州参议院所委任的董事会成员，州政府对于州内公立大学的治理与运作就可能产生某些程度的影响。有部分州（例如：Michigan）则是通过地方选举直接由选民投票选出其公立大学的董事会成员，此时州政府对于州内大学的治理与运作就相对较无影响力，尽管如此，州政府依然拥有管理与监督州内各大专院校的运作与办学质量的行政权责。

（三）大学与社会的关系

1. 高等教育评鉴机构

美国联邦教育部的权责并未包含美国公私立大专院校系所的设立审核与办学绩效评鉴，联邦教育部将高等教育机构的评鉴权责交由其所认可的私人高等教育评鉴机构（Accrediting Agencies）负责执行。联邦教育部所认可的高等教育评鉴机构名单需经由美国教育部长公开发布，而高等教育评鉴机构需通过正式申请程序，经审查确认符合教育部所要求的评鉴机构的设立条件，并且通过全国机构质量与整合咨议委员会（National Advisory Committee on Institutional Quality and Integrity）的审查后才能被列入联邦教育部发布的高等教育评鉴机构名单。目前符合"高等教育认可审议会"（Council for

---

① Cf. McGuinness, A.C. Jr., "The states and higher education", In Philip G. Altbach, Robert O. Berdahl, & Patricia J. Gumport (eds.), *American higher education in the twenty-first century-Social, political, and economic challenges*, Maryland, The John Hopkins University Press, 2011: 139-169.

Higher Education Accreditation，简称 CHEA）或联邦教育部资格的认可机构共有 51—60 所，[①] 皆为非政府组织，各机构分别负责执行特定区域、专业领域或学位学程的认证，并依循 CHEA 颁布的《高等教育认可审议会认证政策与程序》(CHEA Recognition Policy and Procedures) 来进行机构认证作业。各机构亦须定期接受 CHEA 的再认证程序以确保认证机构可长期符合 CHEA 的标准。

高等教育机构评鉴的主要目的包含：

(1) 审核学术机构教学与研究表现是否达到所设立的评鉴标准；

(2) 帮助高中毕业生确认合格的高等教育学术机构；

(3) 帮助大专院校决定是否接受来自本州岛州立大学系统外的校际学分转移；

(4) 作为联邦政府教育补助经费申请与核定的参考资料；

(5) 提供评鉴数据以促进大专院校内部整体学术环境提升或特定学院及系所办学绩效自我改善与提升等。

高等教育机构的评鉴程序如下：

(1) 被评鉴院校与评鉴机构商议并制定评鉴程序和标准；

(2) 被评鉴院校进行自我评鉴并将评鉴结果与所制定评鉴标准进行比较；

(3) 评鉴机构进行被评鉴院校实地访问与勘查；

(4) 确认被评鉴院校符合评鉴标准并发布于评鉴合格的大专院校名单上；

(5) 评鉴机构会定期对符合评鉴标准的大专院校进行监测以确保评鉴合格的大专院校维持其学术水平；

(6) 评鉴机构会定期对符合评鉴标准的大专院校进行周期性再评鉴以决定是否延长其评鉴合格的资格。

---

① Cf. *Council for Higher Education Accreditation.* (*2018*). CHEA-and USDE-Recognized Organizations. Retrieved from https：//www.chea.org/chea-usde-recognized-organizationson，2018-6-10.

美国各地区的高等教育机构大多自愿接受区域性的高等教育评鉴机构的认证，评鉴通过的大专院校名单（包含各校最近一次评鉴合格的期限）皆会登录于区域性的专业高等教育评鉴机构的网站，以供社会大众查询。美国六大区域高等教育评鉴机构信息如下：

（1）新英格兰区高等教育审议委员会（New England Association of Schools and Colleges，Commission on Institutions of Higher Education；http：// cihe.neasc.org/）；

（2）中部各州校院高等教育审议委员会（Middle States Commission on Higher Education；http：//www.msche.org/）；

（3）中北部校院认可协会高等教育审议委员会（North Central Association of Colleges and Schools，The Higher Learning Commission；http：// www.ncahlc.org）；

（4）西北部大学校院审议委员会（Northwest Commission on Colleges and Universities；http：//www.nwccu.org）；

（5）西部校院认可协会（Western Association of Schools and Colleges；http：//www.wascsenior.org/）；

（6）南部校院认可协会（Southern Association of Colleges and Schools；http：//www.sacscoc.org/）。

2.专业评鉴机构

除了接受上述区域性高等教育评鉴机构之评鉴外，美国各州高等教育机构也接受来自全国宗教性认可机构（National Faith-Related Accrediting Organizations）、全国职业性认可机构（National Career-Related Accrediting Organizations）以及学程认可机构（Programmatic Accrediting Organizations）的评鉴。专业或课程评鉴主要针对课程、系所或是学院进行认可，认证内容由小至大可涵盖某一特定学术领域课程的认可，亦可涵盖特定学院的全系所课程架构蓝图的认可。参与专业评鉴机构认证的高等教育机构多数也会同时参与区域性的高等教育评鉴机构的认证。

3. 企业

美国近年所颁布的多项政策都致力于提升中学与大学毕业生的专业能力以帮助其进入职场，并避免学用落差问题，因此高等教育机构寻求企业的资助以提供学生更多实务培训与实习机会已成为高等教育的新趋势。2009年的迈向巅峰计划（Race to the Top Fund）是一个具有竞争性的教育补助金，其补助项目之一为期望各州教育厅能设计出有效推动学生学习、训练与就职的中等与高等教育课程，并通过与产业界伙伴的产学合作关系来提供学生实际操作与实习的机会，以达到培育优秀职场专业人才的目标。2011年联邦政府通过教育部与劳工部提供 20 亿美元的贸易调整协助计划（Trade Adjustment Assistance，TAA）补助金来协助技职教育机构使其课程规划与课堂教学设计能更贴近就业市场的真实需求。TAA 补助金着重于推动社区大学技职学程与业界机构的产学合作，此补助使各州都能获得至少 250 万美金的经费来协助州内社区大学技职学程与其他技职院校推动产学合作。获得补助的社区大学至少需拥有一家以上的产业或企业合作伙伴，而产业与企业合作伙伴则必须提供社区大学技职学程学生与技职院校学生实习机会与保障工作名额。在 2013 年度，TAA 提供 10 亿美元帮助 500000 名高中学生参加职业学术计划（Career Academies），此计划将帮助各地区高中提供技职导向的大学程度选修课程，特别是医疗与工程相关领域课程。除此之外，联邦政府也提供 80 亿美元社区大学在职进修补助款（Community College to Career Fund）给各地社区大学来协助 200 万名产业界在职员工修习与其专业相关的课程，使员工们具备 21 世纪知识经济产业所需的专业知识与技能。而联邦政府在 2013 年提出的职业与技术教育法案（Career and Technical Education Act）则提供 10 亿美金经费给各州技职教育相关院校与学程来提升与改善技职教育课程，此补助金期望各级中学、大专院校、雇主与企业伙伴能携手合作来确保技职教育体系提供学生们良好的学习与职业训练环境，并提供学生更贴近就业市场所需要的专业知识与技能训练，让技职教育体系学生们成为符合 21 世纪职场需要的专业人才。

4.《美国新闻周刊》（US News and World Report）大学排名榜

US News and World Report 每年都会发布全美大学排名榜（包含大学、研究所以及各专业学门、领域之学校排名）来作为中学毕业生与大学毕业生选择大学和研究所的重要参考数据，大学排名榜的评选依据是由 US News and World Report 所调查回收的下列高等教育机构相关信息分析、计算而来：大一新生的存留与毕业率、他校学术同侪声望评分、教授和课程满意度、申请入学难易度、奖助学金资源、校友捐款、学生毕业率以及高中升学辅导老师评分（只用于大学排名榜）。[①] 尽管多所美国高等教育院校曾公开反对参与 US News and World Report 的大学排名榜，但并未造成太大反响。各高等教育院校在此大学排名榜的名次高低对于其大学申请就读人数与实际注册人数皆有重大的影响力。对国际学生而言，US News and World Report 大学排名榜是留学生申请美国大专院校与研究所的重要参考指标。

三、美国大学的内部治理

美国境内多数非营利公私立大学所采用的管理体制是以市场导向为特征的社会参与式的治理模式。[②] 美国大学采用法人制，强调各大学在遵循联邦与州宪法的基础上拥有完全的自治权，能自行决定学校内部的行政管理与日常运作。美国大学的内部治理分别由大学董事会、校长与其行政团队和教授参议会来各自负责学校宏观规划与发展、日常行政事务管理以及校内学术相关事务监督。

（一）大学内部治理结构

大学董事会（亦称为理事会；Board of Trustees 或 Board of Regents）是美国公私立大学的最高权力与决策机构，董事会的成员多数为校外人士，其成员来自多元背景和专业领域以代表不同的利益相关者（stakeholders）来监

---

① Cf. US News and World Report，Best Colleges. Retrieved from https：//www.usnews.com/best-colleges，2018-6-10.

② 参见王洪才：《大学治理的内在逻辑与模式选择》，《高等教育研究》2012 年第 9 期。

督和管理高等教育院校。① 公私立大学的董事会规模大小不定，通常私立大学的董事会成员比公立大学来得多，且公私立大学的董事会成员遴选方式也有差异。州立大学的董事会成员通常由州长在州参议院的建议和同意之下进行遴选与委派，有部分州（例如：Michigan）则是通过地方选举直接由选民投票选出其公立大学的董事会成员。私立大学董事会成员的遴选方式各校不尽相同，有些私立大学的董事会成员采取终身制（例如：哈佛的 7 人法人董事会），有些私立大学的部分董事会成员采用校友投票遴选制而另一部分成员则由董事会选举产生（例如：普林斯顿大学）。大学董事会在学期中通常数月才召开一次会议，其权责一般涵盖以下项目：（1）遴选、委任与支持校长，并评鉴校长的工作绩效；（2）规划大学办学宗旨与审核长期策略目标；（3）监督学术课程；（4）监督大学财务持续正常运作；（5）保持大学自治权、学术自由与提升校誉；（6）裁决学校内部争议；（7）审核董事会绩效。② 董事会规划、决策与管理大学的宏观事务，而大学的日常行政与学术事务则交由校长所组成的行政团队与教授所组成的教授参议会（或称为评议会；Faculty Senate）来管理。

校长（president/chancellor）是校内行政团队的领导人，其下设有副校长（vice president/provost；分别管理教务、学务、总务以及学校发展）、校务行政主管、学院院长以及系所主任来协助校务行政运作。

公私立大学教授皆可通过由教授直接选举产生的教授参议会的参议员身份（Faculty Senate）来参与大学的共同治理。③ 各公私立大学的教授参议会的成员数目、选举程序、参议员任期以及参议员权责皆详细载明于大学组织章程内，各校教授参议员数目通常与大学的规模大小相关，且席位会按照

---

① Cf. Freeman，J.O. Presidents and Trustees. In Ronald G. Ehrenberg (ed.)，*Governing Academia*，New York：Cornell University Press，2004：9-27.

② 参见黄茂树、杨振升：《美国高等教育行政管理体系及其启示》，《教育资料集刊》2014 年第 64 卷；Freeman，J.O. Presidents and Trustees. In Ronald G. Ehrenberg (ed.)，*Governing Academia*，New York：Cornell University Press，2004：9-27。

③ 参见黄茂树、杨振升：《美国高等教育行政管理体系及其启示》，《教育资料集刊》2014 年第 64 卷。

各院系教授人数平均分配至各学院、系所。教授参议员只限于在学校内具有50% 以上教学或研究工作任务的教授担任，校长、副校长、学院院长和其他全职行政人员皆不具备担任教授参议员资格也无选举投票权。教授参议员一般任期为三年，每年会更换 1/3 席位，但连选可以连任。教授参议会在学期中每月需召开一次会议，会议过程必须对外公开。教授参议会的功能包含以下项目：（1）发展、制定与监督学术行政政策；（2）维护大学校园学术自由；（3）与行政团队协调、制定校内教授的工作量、聘任与晋升机制、工作绩效考核方式以及薪资分配制度；（4）监督大学现有专业课程质量、审核与批准新课程开设、制定学术课程标准、建立专业课程停授标准与执行程序；（5）监督学生学习质量。

（二）行政管理与学术管理的关系

美国公私立大学通常采用"共同治理"模式，学校董事会掌管大学的策略发展方向与核心运作功能，校长及其行政团队主要负责与学术事务无关的校务行政管理，而教授参议会则主要负责与学校教学、课程发展和学生学习质量相关的实质监督权责。[①] 若行政团队与教授参议会针对特定议案各持己见、无法决断时，则议案将交由学校董事会进行最终裁决。简言之，校长和行政团队拥有"行政管理"权责，但教授参议会拥有"学术权力"，两者相互监督与制衡，但同时各自发挥其专长来确保大学的持续运作与永续发展。

四、大学制度和治理美国模式的未来

（一）大学美国模式面临的挑战

21 世纪的美国高等教育机构未来将面临的挑战为以下两项：一是联邦政府通过"高等教育法案"修订来增强对大学的问责；二是种族与阶级差异造成大学学生生源渐趋单一，多元性渐渐减弱。

---

① 参见詹盛如：《大学内部治理：同僚管理与共享治理》，《台湾教育评论月刊》2013 年第 2 期。

1. 联邦政府通过"高等教育法案"修订来增强对大学的问责

美国《高等教育法》(Higher Education Act) 自 1965 年颁布和实施以来已多年未曾修订，因近年美国经济衰退、劳动市场大量缺乏具有专业技术的工作人员，加上高等教育结构和环境也经历重大改变，现有的高等教育法案已无法适应美国人民和产业界的期待。因此，美国共和党众议员福克斯 (Virginia Foxx，北卡州) 于 2017 年 12 月 1 日公布了长达 542 页的高等教育法修改草案，此修改草案的全称为《通过教育改革促进机会、成功与繁荣法案》(Promoting Real Opportunity，Success and Prosperity Through Education Reform Act，简称 PROSPER)，此法案修订完成、立法实施后将取代目前的 1965 年《高等教育法》。[1] PROSPER 法案预计将设置升学信息专属网站"The College Dashboard"以提供高教系统内各校系的招生名额与招生状况、毕业率、就读费用和奖助学金信息。此系统还提供各校系学生毕业时背负的学贷额度、毕业 5 年后与 10 年后的薪资水平等相关重要信息以帮助学生、家长作出适切的未来职业选择与规划。但此信息的公布是否会造成美国公私立大学的人文、社会、教育、艺术等相关学科，因毕业生薪资状况较为不利而导致申请与就读相关系所人数急速滑落，并且大幅度影响许多公私立文理学院的经营与发展尚待法案通过、实施后持续观察。[2]

此外，PROSPER 法案预计将要求高等教育评鉴机构于实施公私立大学高等教育评鉴时，需将学生的毕业率、就业率、还款状况等相关因素纳入考虑。若学校的绩效不佳，则学校未来获得的联邦奖助学金与贷款额度将被大幅削减，此举将对学校的招生、办学与经营带来极大负面影响，从而使学校

---

① Cf. *The Wall Street Journal*. "House GOP to Propose Sweeping Changes to Higher Education". Retrieved from https：//www.wsj.com/articles/house-gop-to-propose-sweeping-changes-to-higher-education-1511956800，2018-3-30.

② Cf. Committee on Education and the Workforce. *PROSPER Act Bill Summary*. Retrieved from https：//edworkforce.house.gov/uploadedfiles/the_prosper_act_-_short_summary_-_1.17.18. pdf，2018-3-30.

与政府一起分摊贷款偿还迟滞的风险。①

2.种族与阶级差异造成大学学生生源渐趋单一，多元性渐渐减弱

因高等教育学费逐年提高，造成美国少数族裔和来自弱势家庭的大学生人数，持续与来自优势家庭及白人、亚裔家庭的大学生人数有极大落差，此现象若长久持续，将造成美国少数族裔家庭与弱势家庭的子女长期陷入低收入、高劳力的弱势地位且阶层的世代流动停滞。长此以往，对于美国的社会安定与人力资源发展都会带来极大的负面影响，而美国高等教育机构能够对这些弱势族群后裔提供何种协助，来提升公私立大学学生生源的多元性，并担负起大学的社会责任，提升社会正义，这将是美国公私立大学未来需面对的一大挑战。

（二）大学美国模式未来发展前瞻

21世纪的美国高等教育机构，未来预计将会更加积极地扩增与企业界的产学合作以提升大学毕业生的竞争力。高等教育法修改草案，亦称为PROSPER法案，提到此法案通过后将扩大高等教育在学学生通过有薪的产学合作计划来获得实务经验，以促进学生毕业后顺利取得高技能需求、高薪资的工作机会。② 此法案也将放宽目前联邦实习、建教合作计划（Federal Work-Study Program）中限制学生至私人企业实习的规定，以提供更多学子在高等教育阶段能接受更符合产业需求的专业训练。此法案还提供资源、配套措施以供公私立高等教育机构能寻求企业合作伙伴、运用新科技并透过创新的机制授课以及创造出更多符合学生职业取向的学徒、实习机会。由此可见，大学与企业界产学合作将成为未来美国高等教育院校积极努力发展并积极争取的重要项目。

---

① Cf. Committee on Education and the Workforce. *PROSPER Act Bill Summary*. Retrieved from https：//edworkforce.house.gov/uploadedfiles/the_prosper_act_-_short_summary_-_1.17.18.pdf，2018-3-30.

② Cf. Committee on Education and the Workforce. *PROSPER Act Bill Summary*. Retrieved from https：//edworkforce.house.gov/uploadedfiles/the_prosper_act_-_short_summary_-_1.17.18.pdf，2018-3-30.

第二节 大学制度和治理的英国模式

一、英国高等教育行政体系

英格兰在 1839 年以前并未设置中央教育行政机关，直至 1839 年才开始设置枢密院教育委员会（Committee of the Privy Council for Education），负责督导补助金之分配，此为英国中央教育行政机关的萌芽。当时该委员会系依皇家命令而设，其分配的经费虽来自国会通过的预算，但并不直接向国会负责，故国会为监督其运作，于 1856 年设置教育处（Education Department），并设枢密院教育委员会副主席（Vice-President of Committee of the Privy Council）一职，实际负责该处的工作并向国会负责。1899 年《教育委员会法》（Board of Education Act）通过后，于 1900 年设置教育委员会（The Board of Education）。此委员会设主席一人，负综理之责，但其地位仅属于部长，未能成为内阁的阁员。1944 年《教育法》通过后，将该委员会改组为教育部（The Ministry of Education），部长的地位提高至内阁阁员，其职权也大大扩张，可以管理与指导地方教育当局（Local Education Authority，LEA）来执行国家教育政策。1964 年进一步将教育部与管理民用科学（civil science）的科学部（Ministry of Science）合并，改称为教育与科学部（Department of Education and Science，DES）。保守党政府在赢得 1992 年初大选后，遂将英国的"教育"与"科学"分开隶属两家独立的单位负责，一方面原有的教育与科学部（Department of Education and Science），改名为"教育部"（Department for Education，DfE）；另一方面英国另设立一个新的科学与技术部（Office of Science and Technology，OST），此单位除取代原来教育与科学部内的"科学处"（The Science branch）外，并成为既有的各"研究委员会"（Research Councils）的直接主管。1995 年英国政府再将此改组后的教育部（DfE）与原有的就业部合并，改组为"教育与就业部"（Department for Education and Employment，DfEE）；1997 年工党上台后仍维持此"教育与就业部"（DfEE）的名称，但 2001 年工党赢得大选连任后，将"教育与就业部"改组为"教育与技能部"（Department for Education and Skills，DfES）；2007年6月英国工党又将DfES与工业与贸易部（Department of Trade and Industry）合并改组为三个部门：负责主管中小学教育的政策规划与执行的部门、负责主管高等教育政策规划与执行的部门、以协助英国商业界提升生产力与竞争力为主要职责的部门。上述的教育行政部门改组显示英国政府有意强调大学对英国经济应担负更积极的责任，及增进大学与工商业界间的联系与配合。但在2009年6月5日英格兰政府再度将成立仅两年的DIUS及DBERR两部合并，并改名为"商业、创新及技能部"（Department for Business，Innovation and Skills，BIS）。该部之下设有12个管理团体（management groups），"大学与技能"（Universities and Skills）是其中之一项职能。

2010年5月工党政府下台，保守党与自由民主党联合政府（Conservative-Lib Dem Coalition）共同执政后，英格兰地区的DCSF又再被改名为"教育部"（Department for Education，DfE）。换言之，英格兰地区中央教育行政机关当时有两个主要的部门："商业、创新及技能部"（BIS）负责掌管英格兰地区的高等教育，其他非属BIS掌管的教育事务（含早期基础阶段，即学前教育、中小学教育、扩充教育，及终身教育等）则是由DfE负责掌管，两家单位各司其职。2015年大选保守党独自组阁执政之初，卡梅隆（Cameron）仍维持由BIS负责高等教育，DfE负责其他非属BIS掌管的教育事务体制。

但2016年7月卡梅隆（Cameron）因脱欧公投失败引咎辞职下台，梅（May）接任首相后，将原"商业、创新与技能部"（Department for Business，Innovation and Skills，BIS）与"能源及气候变迁部"（Department of Energy and Climate Change，DECC）合并后改名为"商业、能源与工业策略部"（Department for Business，Energy & Industrial Strategy），并将原BIS所掌管的高等教育相关业务移转到原来的教育部（Department for Education，DfE）。

二、英国大学的政策环境与现况

(一) 英国大学的政策环境

1. 1963 年《罗宾斯报告》(*Robbins Report*)

如前所述，1963 年《罗宾斯报告》提出增设高等教育机构、扩充高等教育入学机会的建议，并主张设立"国家学历颁授委员会"(CNAA)，负责非大学机构的学位或文凭的颁授。自此之后，英国高等教育体系乃朝向"双轨制"(Binary System)发展，一边是经授予"皇家特许状"(Royal Charter)而享有充分自主权的大学及高等技术学院 (Colleges of Advanced Technology，CATs)；另一边则是由英国政府直接控制，并由 CNAA 负责颁授学位及文凭的多科技术学院及师资训练机构。从 20 世纪 60 年代后期开始，至 20 世纪 90 年代初期，英国高等教育机会虽有扩充，但主要的增长并非在大学，而是在多科技术学院的增设。

2. 1988 年《教育改革法》(*Education Reform Act*)

英国政府在 1988 年通过《教育改革法》的颁布，允许多科技术学院等机构改组为法人，脱离当时地方教育当局 (Local Education Authorities，LEAs) 的控制，也解除了 LEA 对多科技术学院等高等教育机构的责任。依其规定，高等教育的提供已不再是 LEA 的责任，LEA 所管辖之范围因而缩小。此法亦将英国于 1919 年设立的"大学拨款委员会"(University Grants Committee，UGC)，改组为"大学经费补助委员会"(Universities Funding Council，UFC)，并将大学以外其他高等教育机构的经费补助，纳入新设的"多科技术学院及扩充教育学院经费补助委员会"(Polytechnics and Colleges Funding Council，PCFC) 管理。

3. 1992 年《扩充及高等教育法》(*Further and Higher Education Act*)

1992 年，英国政府更通过《扩充及高等教育法》的公布，扩大了既有多科技术学院及经认可的其他学院等高等教育机构的权力，并允许其申请改名为大学，具有与大学同等的地位，并依据后订颁的《大学法》(University Act) 的规定，多科技术学院升格为新大学之后也享有颁授学位的权力。此法公布后同时也裁撤前述于 1988 年才设立的大学经费补助委员会 (UFC)

及多科技术学院及扩充教育学院经费补助委员会（PCFC），改按地区设置"高等教育经费补助委员会"（Higher Education Funding Council，HEFC）。因此，自英国政府允许多科技术学院等其他高等教育机构改组为大学后，其著名的高等教育"双轨制"遂画下休止符，走入历史。英国也将1992年后由多科技术学院等高等教育机构改组而成的大学通称为"新"大学，与以前既存的"旧"大学有所区别。

1992年后，由多科技术学院改制的大学，为与以往的大学有所区别，英国学者常称之为"新"（new）大学或"1992年后之大学"（post-1992 universities），且由于区域之差异，英国各地高等教育机构的名称也不一样。表5–1为英国高等教育机构于1992年前后名称的改变情形，而表中在苏格兰地区的"中央机构"（central institutions）即相当于英格兰地区的多科技术学院。

表 5–1　英国高等教育机构在 1992 年前、后名称之转变

年代	高等教育机构类别		适用地区
1992 年以前	大学（universities）		全英国
	多科技术学院（polytechnics）		英格兰、威尔士、北爱尔兰、苏格兰（2 所）
	高等教育学院（Institutes or Colleges of Higher Education）		英格兰、威尔士
	师范或教育学院（Institutes or Colleges of Education）		全英国
	中央机构（Central Institutions）		苏格兰
1992 年以后	大学（universities）	旧大学	全英国
		新大学（post-1992 universities）	
	高等教育学院（Institutes or Colleges of Higher Education）		全英国

4. 1997 年《学习型社会中的高等教育》报告书（*Higher education in the learning society*）

随着原有的多科技术学院（polytechnics）升格改制为大学，1992年后英国的高等教育进入快速扩充的时期，当时的保守党政府邀聘 Don Dearing

爵士为主席，组成研究委员会以《学习型社会中的高等教育》（*Higher education in the learning society*）为题，针对英国高等教育的学费成本及学生奖助学金等相关议题进行调查与检视。此委员会的研究报告是在 1997 年工党上台后才公布的。整体来说，工党于 1997—2007 年执政期间，在高等教育领域，因受全球化与市场化的冲击，加上英国身为欧盟的成员，因此其政策在某种程度上也受欧盟法规的牵制。尤其，扩大低收入或弱势家庭子女高等教育的受教机会一直是英国工党政府既定的政治要求及目标，保守党政府在执政时通过引进高等教育经费以教学及研究评量结果作为分配的基础，使得高等教育经费的分配决策走向透明化，并强调高等教育使用者付费观念，这些既有的制度及施政，加上 1997 年 Dearing《在学习社会中的高等教育》报告书也建议政府调高学费，故工党执政初期仍延续其政策路线，即使当 2001 年及 2005 年大选，工党连续再次获胜，其执政期间对大学经费补助的政策也未作太大变革。

5. 2003 年《高等教育的未来》白皮书（*The Future of Higher Education*）

2003 年英国政府参考 Dearing 报告书的建议，公布《高等教育的未来》白皮书，宣告将扩充英国高等教育，其目标是使英国相当年龄组（relevant age cohort），即 18—30 岁的青年，从当时的 30% 在高等教育机构就读，扩充至 2010 年时能有 50% 接受高等教育。此项政策目标可以说是英国高等教育正式由"精英式"跨过"大众化"，并朝向"普及化"的方向发展。整体来说，英国相当学龄组青年高等教育的参与率近十余年来逐渐提升：1963 年仅为 8%，1979 年升为 12.5%，1994 年达 31%，至 2009 学年度更达到 47%。

6. 2004 年《高等教育法》（*Higher Education Act*）

英国政府继 2003 年发布《高等教育的未来》白皮书后，2004 年又订颁了《高等教育法》，允许各大学自 2006 年开始学费调涨以每年每生收取 3000 英镑学费为高限，英格兰高等教育经费补助委员会（HEFCE）对各高等教育机构在教学方面经费的核拨，即以此高限为基准，对各校可补助的学生人数定限额，并要求各校需将增收的学费收入，优先用于学生奖助学金，避免低收入或社会弱势家庭子女因经济因素而无法到高等教育机构就读，而且英国政府要求各校需向新成立的公平入学办公室（Office for Fair Access，简称 OFFA）陈报其所签订的公平入学协议，经核备后方可调涨学费。

自英国政府允许各大学由 2006 年起每人收取最高 3000 英镑之学费后，英国高等教育的低学费政策遂走入历史。但为解决低收入家庭子女高等教育经济负担的问题，英国政府公布同时采取下述配合措施：

一是允许学生依其家庭所得申请学生贷款（income contingent loans）来支付其学费；

二是设置"公平入学办公室"（Office for Fair Access，OFFA），要求各校确保学费的调高并不会影响学生公平入学（equity of access）之原则，并通过签订"扩大入学协议"（widening participation Agreement）与"扩大入学策略的评估"（widening participation Strategic Assessment，WPSA），要求大学将增收的学费优先用于扩大入学机会的方案之上，且一旦大学决定要调高学费时，需向政府缴纳一份由其与 OFFA 签署的入学同意书（Access agreement），且需注明该校将通过何种策略或方案，来确保学生公平入学的机会，除外，当时英国政府要求各大学必须为来自低收入家庭的学生提供至少每人每年 300 英镑的无须偿还的奖学金（bursaries）。

7. 2010 年的《Browne 报告书》

虽然 2006 年英国政府允许大学学费调高至 3000 英镑，但如前所述，许多大学仍然觉得此次调整幅度不足以弥补其成本开支，也未能反映其成本需求。因此不断要求政府重新针对大学经费补助政策进行检讨，此项呼吁在英国政府迫于政府财政紧缩，宣告将缩减对大学院校的经费补助而达到顶点；当时，为抗议英国大学有意调高学费的企图，英国大学生及民众街头抗议的示威行动更是层出不穷，喧腾一时。工党政府在 2009 年 11 月邀聘 John Browne 爵士为主席，组成调查研究委员会，针对英国高等教育经费补助及学生财务相关议题进行探讨。但《Browne 报告书》在 2010 年 10 月正式公布时，已是工党败选，保守党及自由民主党组成联合内阁之际，此报告书可说是继 1997 年《Dearing 报告书》之后的第二份建议英国政府调涨高等教育学费的报告书。

《Browne 报告书》主张，未来高等教育机构应减少对政府补助经费的依赖，且建议政府取消对高等教育学费设定高限，允许各大学调涨学费并进行学生贷款制度的改革等，但其建议并未完全被英国政府接受。英国保守党及自由民主党联合政府上台后参考《Browne 报告书》的建议，在 2011 年 6 月发布其对《Browne 报告书》建议的政策回复，并公告 2012 学年度起英格兰地区的大学学费以调涨至 6000 英镑为原则，如有特殊需要，最高仅能收取 9000 英镑。

8. 2011 年《高等教育：以学生作为制度的核心》白皮书（*Higher Education：Students at the Heart of the System*）

2011 年 6 月英国政府公布《高等教育：以学生作为制度的核心》白皮书（Higher Education：Students at the Heart of the System）。此白皮书的序言中指出，英国的大学在世界上不仅历史悠久且享有世界一流的声誉，吸引很多优秀的青年就读，此白皮书主要就是在既有的基础上，将学生置于车手的位置（driving seat）。政府计划对高等教育进行更多的投资，使其具有更多元的发展，及减少中央化的管控；相对地，政府希望看到的是高等教育部门对学生及全国纳税人能有更高的绩效表现。唯此白皮书特别注明，其所提各项政策的改革主要是以英格兰地区为主，英国其他地区是否进行类似的改革，仍由各地区政府来作决定。

9. 2015 年 11 月《发挥我们的潜能：教学卓越、社会流动及学生选择》绿皮书（*Fulfilling our potential：teaching excellence, social mobility and student choice*）

此绿皮书以学生选择为高等教育的核心，并引进"教学卓越架构"（Teaching Excellence Framework，TEF）的方案构想，社会各界可以于 2016 年 1 月 15 日前提出咨询（consultation）建言，供英国政府未来规划提升大学教学质量与扩大弱势学生入学机会及经费补助的参考。BIS 强调，由于大学研究经费的核拨是以 REF 的研究评量成果为依据，许多大学非常重视研究，但对教学的关注就较为不足，因此在 2012 学年大学学费政策改革之后，学生因必须负担较高额的学费，就会倾向去关注学校对其所缴交学费的用途是否用在改善教学及学习环境，不仅学生会去检视教学的质量是否物有所值（value for money），雇主也关注大学所训练出的毕业生是否能符合就业市场所对其技能的需求。基于此，BIS 希望大学在注重研究之外，也要兼重教学质量的提升。

BIS 提及，建构 TEF 新制旨在让学生对其所修读的课程及教学的质量能有充分的了解，增加学生选择的机会。BIS 在绿皮书中提及，虽然其迄今仍无法将"教学卓越"一词作明确的界定，也无法订定统一的衡量标准，但绿皮书指出，"教学卓越架构"中"卓越"的概念，反映不同领域或学科多元层面表现的整体考虑，此标准并非所有人都能达成，不同学生、机构或雇主对"卓越"的评价也有所不同，它可说是众多因素的综合评量，也因此 BIS 计划采用计量公式来作总体评量（focusing on metrics gives an overview）。

10. 2016 年《知识经济的成功：教学卓越、社会流动及学生选择》白皮书（*Success as a Knowledge Economy：Teaching Excellence，Social Mobility and Student Choice*）

英国政府于 2016 年 5 月根据各方对上述绿皮书的响应意见相继研订提出《知识经济的成功：教学卓越、社会流动与学生选择》（Success as a Knowledge Economy：Teaching Excellence，Social Mobility and Student Choice）的高等教育白皮书，此白皮书为英国高等教育教学评鉴新制——"教学卓越架构（TEF）"勾勒出了基本的架构雏形。

依此白皮书的规划，英国政府将采取分阶段（a phased approach）的方式逐步建立教学卓越架构（Teaching Excellence Framework，TEF）。TEF 的评审结果将依据一套由专家、学生和雇主等共同审议后订定的量化公式（metrics）及学校的简要书面报告（最多 15 页）为审核基础。另外，此白皮书还将 TEF 新制付诸实施的脚步放缓，将绿皮书原规划的三年期程，延长为四年。

依此白皮书的规划，TEF 第一年从 2016/17 学年开始实施，而且，TEF 第一年计划以英国高等教育质量保证机构（The Quality Assurance Agency for Higher Education，简称 QAA）已实施的机构检视教学评量为依据，只要达到"满足英国期望标准"，就算通过；第二年开始，将由学校以自愿的方式申请，对达到 Level 2 规定的教学质量门槛的学校，政府将允许其随物价指数调高学费高限。

BIS 在此白皮书中表示，为维持同侪检视的原则，TEF 会请精通教学与学习的学术界专家来进行质量检视。第二年以后的 TEF 教学评量，除量化数据外，还会邀聘相关领域学者专家及学生代表组成检视小组（review panels）进行同侪检视（peer review）的访视（review visit）。

此白皮书规划在 TEF 执行的第三年，要开始试办 TEF 学科层面（disciplinary level）的教学评量。至于 TEF 实施的第四年，则将以第三年试办的结果为依据，在进行机构层面评量之际，同时开始全面推动各高等教育机构学科层面的教学评量。

11. 2017 年 4 月《高等教育与研究法》（Higher Education and Research Act）

BIS 在公布 2015 年的上述绿皮书时，即宣布将针对英国现有的高等教育制度进行重大的改革；2016 年 BIS 向国会提出《2016—17 高等教育与研究法（草案）》（Higher Education and Research Bill, 2016—17）。此法草案在英国国会下院从 2016 年 5 月开始讨论，5 月 19 日经一读通过，7 月 19 日经二读通过，11 月 21 日经三读通过；后循程序送国会上院（House of Lords），最后在 2017 年 4 月 4 日经上院三读通过；于 2017 年 4 月 27 日经皇室批准（Royal Assent）颁布实施。[1]

根据此法，英国政府是将原依 1992 年《扩充与高等教育法》成立的英

---

[1] 参见杨莹：《英国大学教学评鉴新制——2017 年"教学卓越架构"结果揭晓》，《评鉴双月刊》2017 年第 69 期；杨莹：《英国政府推动"教学卓越架构"与"研究卓越架构"政策对英国大学的影响》，台湾科技部门研究报告初稿（未出版），执行期间：2016 年 8 月至 2017 年 8 月，编号为：MOST 105-2410-H-032-060。

格兰高等教育经费补助委员会（HEFCE）与依 2004 年《高等教育法》的规定，在 2006 年大学学费第一次调整为 1000 英镑后在 HEFCE 之下成立的"公平入学办公室"（Office for Fair Access，OFFA）裁并而新设"学生办公室"（OfS）。此法将赋予 OfS 规范及管理高等教育部门的权责，作为高等教育的市场规范管理者（market regulator）。而 OfS 的重点工作包括：

一是负责审核新高等教育提供者（higher education providers）设立的资格条件，决定新申请设立的高等教育机构是否可设立。

二是决定高教提供者是否可核给具有颁授学位（degree-awarding power）资格。

三是废除以往需通过皇家特许状或经枢密院通过方能具有"大学"地位的做法，由 OfS 来审核高教提供者是否具可使用"大学"为校名的资格。

四是英国政府要求英国各高等教育机构均需办理注册登记，为此，OfS 必须负责设置"英格兰高等教育提供者注册局"（Register of English higher education provider），英国无论新、旧大学均需办理注册登记，而 2018 年之后英国高等教育提供者，将区分为"注册的"（Registered）、"核可的"（Approved）及"核可调高学费高限的"（Approved Fee cap）三类（请参见表 5-2）；至于高教提供者注册的条件资格，则由 OfS 决定且可由其修订，唯修订时相关条件信息亦需公开周知，而且 OfS 应公开所有注册机构的信息，含申请及核准入学学生人数、学生背景（含性别、种族及家庭社会经济背景，及学生完成学业情形等），及学生毕业后出路（含继续升学或就业）等。对违反原先注册条件及资格者，OfS 亦可撤销其注册资格；资格的撤销也可由高教机构主动提出申请。

表 5-2 英国 2018 年后高等教育机构类型

类型	条件	资格权利
注册的机构	向独立的裁定所（OIA）提供其所开授高等教育课程证据	成为政府认可的高等教育机构的一份子

类型	条件	资格权利
核可的机构	财务永续管理与治理，新的及有高风险的高教机构需提供促进品保的监督机制，及对学生保护计划的信息	对拥有学位授予权（DAP）及大学地位（UT）的高教机构的学生，提供基本额度学生贷款的机会
核可调高学费高限的机构	更大的财务永续管理与治理，新设高教机构若欲征收超过 6 千英镑学费时需与 OfS 签订入学协议，提出对学生保护之计划，并可接受政府经费之补助	对拥有学位授予权及大学地位的高教机构的学生，提供基本额度学生贷款的机会

同时，依此法的规定，OfS 也应扮演高等教育经费补助的角色（funding role），包括依质量评量结果，决定高教机构学费标准可否调涨，与学生贷款或其他学生经济支持或补助的核定，及对通过资格认可的高等教育提供者，提供经费补助与贷款的决策，及学生可否申请学费贷款资格的核定等。

另外，此法还规定，英国政府将成立"英国研究与创新单位"（UK Research and Innovation，UKRI），此单位将以委员会（councils）方式运作，并在与英国既有的七个研究委员会合作的情境下，安排"创新英国"（Innovate UK）来执行其为增强英国经济成长（increasing economic growth in the UK）所执行的相关研究活动，及在与"英格兰研究"（Research England）合作的情境下决定英国高等教育研究经费的补助；而 UKRI 所需的研究经费由英国政府提供。

总而言之，在国会审议讨论此法草案期间，英国各界对此法修改的建议相当多元，有建议 OfS 改名者，有建议修改"教学卓越架构"教学评量使用的计量公式（metrics）者，有建议对新申请设立的高教机构（尤其是以营利为目的者）从严审核者，有建议撤销高等教育提供者注册资格，也有捍卫大学学术自主权，反对政府严格管制高等教育机构者。不过，结果因适逢特蕾莎·梅首相决定在 2017 年 6 月 8 日举行提前大选（snap election），且其选举结果不如预期，当时面临政府改组的压力，因此工党和保守党达成初步协议，该法以尽量减少修正为原则。从通过的该法内容来看，在英国保守党政府强力主导下，坊间所提出的绝大多数修法的建议均遭否决；而且英国政府还主张英国大学应该重视绩效责任（accountability）。

（二）英国高等教育现况

1. 英国高等教育机构数及学生人数

2016—2017 学年度时，英国共有 170 所高等教育机构（见表 5–3）。从地区分布看，以英格兰地区为最多，有 133 所，占 78.2%；苏格兰 19 所次之，占 11.2%；威尔士 13 所，占 7.6%；北爱尔兰 5 所，占 2.9%；且在所有高等教育在学学生（2317875 人）中，也是在英格兰高教机构就读的学生最多，其次依序为苏格兰、威尔士、北爱尔兰。从 2016/17 学年度英国高等教育学生的结构看，以全时进修方式就读的学生约占英国高等教育机构所有学生的 77.6%，以部分时间学习的学生约占 22.4%。

表 5–3　2016—2017 学年度英国高校数及学生数

地区 （Country）	高等 学校（%）	学生人数（%）		
		全日制 （Full-time）	部分时间制 （Part-time）	小计
英格兰	133 (78.24%)	1482880 (82.47%)	409100 (78.70%)	1891980 (81.63%)
苏格兰	19 (11.18%)	183795 (10.23%)	58140 (11.18%)	241935 (10.44%)
威尔士	13 (7.65%)	93550 (5.20%)	35845 (6.90%)	129395 (5.58%)
北爱尔兰	5 (2.94%)	37825 (2.10%)	16740 (3.22%)	54565 (2.35%)
合计	170 (100.0%)	1798050 (100%)	519825 (100%)	2317875 (100%)

资料来源：HESA. *Higher Education Student Statistics in the UK，2016/17-Where students come from and go to study. Table 1-HE student enrollments by HE provider and domicile.* London：HESA, 2018。

2. 英国高等教育经费收入来源

长久以来，英国高等教育经费收入来源是以来自英国高教经费补助委员会的政府补助款为最大宗，但由表 5–4 所列，自 2001—2002 学年度以来，从英国高等教育机构经费收入来源来看，由于 2012/13 学年度英国大学学费大幅调涨及学生贷款制度改变的关系，所有英国及欧盟大学部学生不论贫、富均可申请学费贷款，当年度起英国政府也将以往依学生人数及学校规模支付给学校的学费改拨给学生贷款公司（Student Loan Company，SLC），再由 SLC 将学生申贷的学费拨给大学，使得英国高等教育机构的收入来源结构从 2012/13 学年度开始，出现了明显的变化。2012/13 学年度英国高等教育机构来自学费收入所占比率由 2001/02 学年的 23.0%，增至 40%；来自 HEFCs 政府经费补助的收入，由 2001/02 学年的 39.3%，降至 24.1%；来自研究及契约收入的比率在这段时间则没有明显的变化，维持在 16%—17% 左右；来自捐赠及投资的收入也维持在 1%—2% 之间；另有其他收入（例如住宿、膳食、会议场所租借、知识产权，及地方当局的补助费用等），维持在 18% 左右。

2015—2016 学年度在英国高等教育机构的 34，738，668 英镑的总收入经费中，来自"学费及教育契约"收入所占之比率增至 48.4%，来自高等教育经费补助委员会（HEFCE）的政府补助款收入则降至 14.9%。

表5–4　2001—2002 学年度至 2015—2016 学年度英国高等教育财务来源结构

单位：%

年度别	HEFCE 补助	学费及教育契约收入	研究补助与契约收入	捐赠与投资收入	其他收入	合计
2001/02	39.3	23.0	16.8	1.8	19.1	100
2002/03	38.6	23.9	16.6	1.5	19.5	100
2003/04	38.6	24.2	16.1	1.4	19.6	100
2004/05	38.4	24.0	15.9	1.7	19.9	100
2005/06	38.7	23.8	16.0	1.8	19.8	100
2006/07	37.7	25.4	15.9	1.9	19.1	100
2007/08	36.3	26.7	15.9	2.2	19.0	100
2008/09	34.8	28.7	16.4	1.4	18.7	100
2009/10	33.7	30.9	16.2	0.8	18.3	100
2010/11	32.2	32.6	16.1	0.9	18.3	100
2011/12	29.6	34.7	16.2	1.0	18.5	100
2012/13	24.1	40.0	16.4	1.0	18.5	100
2013/14	19.8	44.5	16.5	1.1	18.1	100

年度别	HEFCE 补助	学费及教育契约收入	研究补助与契约收入	捐赠与投资收入	其他收入	合计
2014/15	15.9	46.9	17.8	1.1	18.3	100
2015/16	14.9	48.4	16.9	2.4	17.4	100

资料来源：整理计算自 Higher Education Statistics Agency。

三、英国大学制度和治理模式改革的特征

(一) 政府与大学之间的关系发生了变化

1. 从高度的大学自治、学术自主逐渐转变为受政府间接管控

英国的教育经过一段相当长时期的演变，其变迁过程，不但反映出英国不同政党意识形态的兴迭，同时它也与英国社会经济结构本身的转变有密切的关联。早期以培养少数社会精英为主的英国大学教育，素以享有高度学术自主而广受称羡，受学术自由传统的保护，英国大学早期得以避免了政府的行政干预。但随着大学对政府财源支应的渐增仰赖，其自主权已深受威胁。近二十余年来快速地社会变迁与科技更新，不但改变了英国社会的经济与就业结构，也为其高等教育的形态与内涵，带来了新的冲击。为使英国经济得以复苏，在高等教育领域，英国政府开始侧重就业市场技术人力培养的政策取向，这种从侧重市场取向，促使高等教育与经济发展配合的导引政策，也是英国许多教育争议的起源。尤其长久以来深受英才教育意识形态影响的英国大学教育，并不一定能够完全接纳这种工具性取向的观念；何况这种政策上的导向，同时意味着政府对大学教育干预角色的扩张，在捍卫"大学自主"与"学术自由"的旗帜下，学界人士与政客间的冲突时起。同时，通过对高等教育经费的控制，英国高等教育在开放高教市场竞争的政策导引下，已明显从往昔强调大学自治及学术自主，转向政府通过经费补助的渠道间接掌控高等教育发展的趋势。

2. 开放高教市场，鼓励民间或企业提供高等教育

BIS 在 2015 年的绿皮书中提及，在要求各高等教育达成信息公开与透明的情境下，英国政府将把现行新高等教育机构申请筹设的复杂与烦琐程序

加以简化,通过建立一套高等教育机构新设的审核机制,并为在英国有意新设高等教育机构者,加速为其提供一个能自己有颁授学位之权或改制称为大学的机会。只不过,在新 TEF 制度下,BIS 要求一些停开课程或裁并系所的高等教育机构在保护消费者(学生)的前提下,需有周全的措施,尊重既有师生的意愿,以避免影响学生的学习权益及教师的工作权益。

如前所述,自 2018 年《高等教育与研究法》实施后,英国所有的高等教育提供者都必须面临公开的市场竞争,每所学校均需在"英格兰高等教育提供者注册局"(Register of English higher education providers)登记注册,政府不再只保护或赞助既有的大学。通过政策松绑,在此竞争市场下,为确保高等教育的多元与竞争性,及扩大学生的选择,政府将鼓励私人、民间或企业等兴办私立高等教育机构;此类私立机构称为高等教育另类提供者(Alternative Providers,AP),而任何 AP 只要其教学质量达到 TEF 教学评量设定的标准,在成立满三年后,英国政府将授权 OfS 负责审核其是否可具有"学位授予权"(Degree Awarding Power,DAP),及改名为"大学"(University Title,UT)的权力,而且此类 AP 可以自己选择为营利性或非营利性机构。同时,英国政府将把高等教育机构学位授予权(OAP)及改名为大学(UT)的审核权,由原来的枢密院(Privy Council)改交给 OfS。

(二)高等教育行政部门运行模式进行了调整

1. 成立"学生小公室"(Office for Students,OfS)

如前已述,2017 年 4 月《高等教育与研究法》的颁布,掀开了英国高等教育制度大幅改革的序幕。依据此法,英国的高等教育行政体系面临重大的改革,英国政府将原扮演"缓冲器"(buffer)角色的 HEFCE,与公平入学办公室(Office for Fair Access,OFFA)裁并而新设 OfS。

在英国政府强力推动高等教育市场化及再三强调大学应重视绩效责任,有意将高等教育成为一开放竞争的市场之际,其教育部(DfE)责成 OfS 在遵从其政策指示下,扮演市场规范管理者(market regulator)的角色,赋予其规范及管理高等教育部门的权责。依此法,OfS 应负责研订新高等教育提供者(Higher Education Providers,HEP)设立的资格条件,审核决定新申请设立的高等教育提供者是否符合设立资格，及决定 HEP 是否可核给具颁授学位（Degree-Awarding Powerm DAP）及称为"大学"的资格。

同时，依《高等教育与研究法》的规定，OfS 之下应该设置下述单位或主管：

（1）英格兰高等教育提供者注册局（Register of English higher education provider）。

英国政府要求每所学校均需向该注册局注册登记，且依机构条件登记为不同类别的高教机构。

（2）质量评量委员会（Quality Assessment Committee）。

依规定，OfS 需要评估或安排品保机构对英国各高教提供者的质量进行评量。为此，OfS 需设置"质量评量委员会"（Quality Assessment Committee），并依质量评量结果对各校进行评等（rating）。而且 OfS 应依质量评量结果，决定可否准予学校调涨学费标准，及其学生可否申请学生贷款或申请其他学生经济支持或补助资格的核定等。此委员会每年也需将其高等教育质量评价的成果向 OfS 提出工作报告。

（3）聘任"公平入学及参与"单位主管（Director for Fair Access and Participation）。

英国政府（BIS，2016b）表示，未来的 OfS 虽然将会是一个非属政府部门的公共单位（Non-Departmental Public Body，NDPB），但仍将受教育国务大臣（Secretary of State）的督导，听从其指示行事；而且因为 OfS 是将原有的 OFFA 和 HEFCE 裁并而成，为继续确保教育机会均等，保障弱势团体或学生的入学机会，扩大其对高等教育的参与，此法规定，英格兰的高教提供者每年都需向 OfS 提出一份"入学及参与计划书"（Access and Participation plan），在此计划书内需说明各类课程学费征收标准及为促进教育机会均等所研拟的计划目标（含招收弱势族群学生的计划，及为弱势族群学生提供的经济支持等）。为执行确保公平教育机会的功能，将由教育国务大臣（Secretary of State）从 OfS 委员会的委员中聘任一位负责公平入学及参与（Fair Access and Participation）事务的执行长（Executive），即在 OfS

之下聘任一位 Director of Fair Access and Participation，此负责人需负责向 OfS 定期针对学校在促进教育机会公平的相关情形进行报告（BIS，2016d）。OfS 在审核各校所送"入学及参与计划书"后，也应从送件的高教提供者中提出在促进教育机会均等方面有良好表现者（identify good practice）的学校名单，并为学校提出如何促进教育机会均等的建议，此项"入学及参与计划书"审核结果也是未来 TEF 教学评量评审的参考效标之一。

2. 成立"英国研究与创新单位"（UK research and innovation，UKRI）

前已述及，"英国研究与创新单位"（UKRI）将以委员会（councils）方式运作，专门负责英国高等教育研究经费的分配，并在与英国既有的下述七个研究委员会合作之情境下，安排"创新英国"（Innovate UK）来执行其为增强英国经济成长（increasing economic growth in the UK）所执行的相关研究活动，及在与"英格兰研究"（Research England）合作的情境下，决定英国高等教育研究经费的补助。

（三）设置不同的专业组织分别对"教学"与"研究"进行评估

1. 在研究评量方面

英国政府于 2014 年以"研究卓越架构"（Research Excellence Framework，REF）取代实施有二十多年历史的"研究评量作业"（Research Assessment Exercise，RAE），并且保留原以研究评量结果作为政府分配大学研究经费依据的做法；但因原英格兰高等教育经费补助委员会遭受裁并，因此英国各大学研究经费的核拨自《高等教育与研究法》实施后遂改由上述新设的"英国研究与创新单位"（UKRI）负责。

2. 在教学评量方面

英国的教学评量，在 2005 年以前包括学科层面与机构层面的评量，但 2005 年以后是由 QAA 采取轻触式（light-touch）的机构审核或机构检视方式来进行机构层面之评量，英国只有四个地区实施的教学评量方式有所不同：苏格兰地区是采取促成改进的机构检视，威尔士地区采取机构检视，英格兰与北爱尔兰地区则从机构审核转变为机构检视。只不过，虽然英国四地区的教学评价方式各不同，但都是由机构先进行自评，再由 QAA 依照各地区教学评价的方式，对各机构之自评报告及机制进行检视，必要时还要进行实地访评。

英国 2015 年的绿皮书引进"教学卓越架构"（Teaching Excellence Framework，TEF）新制的规划，自 2017 年公告其 TEF 评量结果后正式取代以往 QAA 的"机构层级"（Institutional –level）教学评量或审核。

在大学教学经费的补助方面，英国政府以往通过高等教育经费补助委员会对各高等教育机构"教学"经费的补助，原则上是以其所规定的学费数额，参酌各校系所数及各校大学部招收的英国本国生及欧盟国家学生的人数为计算基础，并将 QAA 所作的教学评量—机构审核（institutional audit or review）结果列入参考，但在 2012 学年度学费调涨之后，英国政府对大学"教学"经费上的补助重点，已将原依学生人数补助大学的学费，改拨给学生贷款公司（Student Loan Company，SLC），由 SLC 将学生学费贷款拨给学校；而政府对大学"教学"经费的补助已转以学校学费所不足支应的学生教学成本、以修课为主的研究生（taught postgraduate students）教学为主，并将审核学校是否扩大开放入学机会给弱势家庭的学生，作为是否允许学校调涨学费的依据。另外，依据《高等教育与研究法》，未来是由 OfS 扮演高等教育经费补助的角色（funding role），包括依教学质量评量结果，决定高教机构学费标准可否调涨，与学生贷款或其他学生经济支持或补助的核定，及对通过资格认可的高等教育提供者，提供经费补助与贷款的决策，及学生可否申请学费贷款资格的核定等。

换言之，长久以来英国高等教育经费的拨付是通过各地的高等教育经费补助委员会作为中介单位；但因英国政府已决定将裁撤 HEFCE，及由 OfS 取代原 HEFCE 的功能；而苏格兰与威尔士均仍决定继续保留其高等教育经费补助委员会，因此，各地的高等教育经费补助单位遂与以往的有所不同。大致上，英国主要提供高等教育经费补助的单位名称是依地区而异，其中北爱尔兰高等教育虽仍由其教育部负责，但其高等教育经费的核拨却是由其经济部办理。

（四）通过学费政策的调整，提高弱势群体的入学之机会

依据英国政府 2015 年公布的绿皮书，英国政府在扩大招收社会弱势家庭背景（disadvantaged backgrounds，or under-represented groups）子女入大学就读的策略规划方面，主要是重申英国首相所提出的通过扩大教育促成社会流动的目标。其中较具体的目标有二：

一是过去五年内社会弱势家庭子女进入大学的比率，虽已从 2009 年的 13.6%，在 2014 年增至 18.2%，但 BIS 希望到 2020 年时能再增至 27.2%（即与 2009 年相比，约增加一倍）；

二是在 2020 年时要将黑人及少数族裔（Black and Minority Ethnic，BME）子女进入大学的比率提升至 20%（即增加约 19000 人）。

在学费政策方面，英国因四地区分治，故各地区政府对学费制度的改革采取的策略有出入，为照顾当地居民，各地区会依是否为该地居民而有不同的收费规定。但基本上，英国学费的调整是以调整当年新入学的学生为适用对象，旧生则沿用旧制。

而不管是在英国何地区，英国大学要调涨学费时都需向其地区教育主管部门说明其增收的学费是否及如何用在协助弱势学生身上；只不过大学必须缴交的协议书在不同地区所用之名称略异。英格兰地区，在 2018 年后各大学需向 OfS 下的"公平入学及参与"单位主管（Director of Fair Access and Participation）缴交一份"入学及参与计划书"（Access and Participation plan），在此计划书内需说明该校各类课程学费征收标准，为促进教育机会均等所研拟的计划目标（含招收弱势族群学生的计划，为弱势族群学生提供的经济支持等）；威尔士地区则称为"学费及入学计划"（Fee and Access Plan）；北爱尔兰地区称为"扩大入学及参与计划"（Widening Access and Participation Plans）；苏格兰地区则称为"入学、技能及成效协议"（Access, Skills and Outcome agreements，简称 Outcome agreements）。TEF 新制实施后，各校所送的计划书需经主管单位审核通过才能参加 TEF 的教学评量。因此，在允许大学调涨学费时，英国政府（含中央及地区政府）最关切的都是在强调学费的调涨不能造成经济弱势学生就学的困境，影响其入学。

2012 学年度开始，在英国各大学就读但来自不同地区的学生收费不完全相同。虽然威尔士政府授权各大学可参照英格兰的规定自行决定调整其学费，但对威尔士居民就读英国各大学的学生而言，其应缴的学费在 2012 学年度超过 3465 英镑至其应缴学费间（最高 9000 英镑）的差额，则由威尔士政府以不需偿还的奖学金（grant）支付，但对非威尔士居民则无此项补助。苏格兰地区的大学决定，对苏格兰居民及欧盟其他会员国学生仍采旧制，均免收学费，但对非苏格兰居民或非欧盟国家的学生，则由各大学决定收费标准，而苏格兰各大学对来自英格兰、威尔士与北爱尔兰之学生多半均收取9000 英镑。北爱尔兰地区的大学对北爱尔兰居民就读该校者仅收取 3465 英镑，但对来自英格兰、威尔士与苏格兰之学生均收取 9000 英镑。

不过，在 2016 年 Diamond Review 报告公布后，威尔士政府接受其建议，从 2017—2018 学年度起对威尔士的学费补贴政策进行根本的改革；但现已在高等教育学校就读的威尔士居民学费的补贴仍沿用旧制，不受影响。

威尔士改革后的方案是将原来补贴学费的做法，改为补助学生的生活维持费用。2017—2018 学年度威尔士政府允许其大学征收最高为 9250 英镑的学费。在新制下，若是威尔士居民，可申请 4296 英镑的学费贷款 (Tuition Fee Loan)，这笔贷款，威尔士政府事后会还给学生；另外威尔士学生还可向威尔士政府申请最高 4954 英镑的学费补助金（Fee Grant），这两笔钱都是由威尔士政府直接付给学校；此项学费政策据估计应该是从 2018—2019 学年度开始正式付诸实施。换言之，威尔士对其大学学费政策的改革重点在于：

1. 所有在高等教育学校就读的威尔士学生每年都可获威尔士政府拨给的 1000 英镑不需偿还的补助金（grant）；

2. 对威尔士合乎低收入条件的家庭子女在高等教育学校就读者，威尔士政府会另外提供最高 9113 英镑的"资产调查式"（means-tested）经费补助；

3. 威尔士政府未来对威尔士学生的经费支持，将采取补助（grants）和贷款（loans）并用的方式进行；

4. 家庭年收入超过 80000 英镑的学生每年只能获得 1000 英镑的补助，因英国的学费贷款并无排富条款，故其需缴纳的学费差额可由贷款来支应；

5. 家庭年收入低于 20000 英镑的威尔士学生将获得 1000 英镑的"非资产调查式"生活维持费补助金（non means-tested maintenance grant），再加上最高以 8100 英镑为限的"资产调查式"生活维持费补助金（means-tested maintenance grant）；

6. 威尔士政府估计实施新制后，每位学生可获得的补助金平均约为 7000 英镑；

7. 对在威尔士就读大学的非威尔士居民，其学费则均请其自行向学生贷款公司申请学费及生活维持费贷款；

8. 若符合英国政府规定的经资产调查的低收入户家庭的学生在威尔士接受高等教育，可依规定申请"威尔士政府学习补助金"（Welsh Government Learning Grant，WGLG），此 WGLG 补助金的规定是：若家户可课税所得（the taxable income）未高于 50020 英镑，则可申请不需偿还的财政支持（non-repayable financial support）；至于可领金额的多少，则依其家户收入多少而有不同。若家户年收入低于 18370 英镑，大致上可获得 5161 英镑的不需偿还的补助金；

9. 除上述 WGLG 补助金外，威尔士大学还设有"特殊支持补助金"（Special Support Grant，SSG），不过此 SSG 和 WGLG 只能择一领取，其金额最高为 5161 英镑。

以往英国是以传统保守、百年不变为其特色，但近二十余年来，因英国高教政策与政党的理念密切相关，而其政党经历多次更迭，使得英国的高教行政体系诡谲多变；加上英格兰、威尔士、苏格兰及北爱尔兰等地区政府实施地方分治，故各地区高等教育政策推动及执行情形可说是相当多元极具弹性，并异步齐进。

长久以来，英国大学所享有的高度大学自主，及通过高等教育经费补助委员会间接提供政府经费补助的政策，使得英国政府苦于无法对大学直接管理；但多年来英国政府高等教育政策改革的规划，都是先通过发布政策咨商报告书或绿皮书征求各界对相关议题的意见，再依据汇整后的各界响应，来修改原定政策，研订其政策白皮书或汇整研订法规，尤其近年来在推出高等教育质量保证的新制过程中，英国政府更采用"边做边改"的方式，来修正其改革规划方案。此种政策改革推动模式或许可说是英国政府高等教育政策改革近年来最明显的写照。何况英国政府有关的咨商报告书意见的征求，也是以学术界同侪意见为重，这使得英国政府避免了与学术界批评政府干预大学运作的直接冲突。

近年来英国政府不断以促成高等教育市场的开放竞争，在强调绩效责任的前提下，极力要求各校应将办学信息公开透明化，以符合学生与企业的需求，并满足就业市场的需要。

第三节　大学制度和治理的法国模式

一、法国大学发展状况

（一）法国大学的起源

法国教育社会学家涂尔干曾在其教育制度演进重要研究著作《法国的教学演进》中说明，法国大学的历史起源可向上追溯至9世纪神圣罗马帝国查理曼大帝时期所创设的皇宫学院。后约于1250年时由当时圣路易九世国王其个人所属的忏悔神父索邦在约略——今日巴黎索邦大学（Université de Sorbonne）区域成立神学院，后逐渐整合各校区而形成巴黎大学（Université de Paris）。就整个西方大学演进而言，法国巴黎大学虽较意大利波隆纳所创设的波隆纳大学（Université de Bologne）晚将近一百年，但巴黎大学无论是学院组织、学位划分、学生入学与大学教师的资格审核都比波隆纳大学更具有规范性，也因此成为后续欧洲其他大学，如英国的牛津大学与剑桥大学所效法的典范，对西方大学的演进具有深远的影响。[1]

---

[1]　参见郭为藩：《转变中的大学：传统、议题与前景》，台北高等教育出版社2004年版；Durkheim，E. L'évolution pédagogique en France，Paris：PUF，1938/1999：92。

在 1789 年法国大革命后，源自中世纪的大学系统的高等教育制度也在当时开始有所变革，其中开始设置各类高等院校，如：宗教学校、医学学校、法律学校、军事学校、国家研究院，以及成立的全国九所高等学院（les lycées）与直属中央的专业高等学校，此机构的新设与改组，即是为取代过去由教会参与兴办的各类型高等校院，如学院（les facultés）与大学（les universités）。此时的改革可视为国家正式直接开办与掌控高等教育之始。法国高等教育中央集权化在 1806 年拿破仑（Napoléon Bonaparte，1769—1821 年）以"帝国大学"（l'Université Impériale）之名组织全国各级教育而达到巅峰。所谓的帝国大学或之后的"法兰西大学"（l'Université de France）实即为今日法国所称的"国家教育部"（Ministère de l'Education Nationale）的前身。拿破仑创设帝国大学的真正目的，是要中世纪以来以大学法人组织（la corporation）的方式组织与治理全国教育，但和过去以松散的法人组织所不同的是，拿破仑立法规定：只有中央政府（l'État）为唯一合法的法人组织，全国只有以国家为主的唯一大学"l'Université"，分散全国的高教机构只能以学院（les facultés）或高等专门学校（les écoles spéciales）命名。①

法国中央政府强势掌控高教的情况，在 1870—1871 年普法战争战败后有所改变。在思考普鲁士以重视研究的新形式大学所带来的国家富强的发展后，法国于 1896 年第三共和时期进行高等教育的组织改革，主要是将在拿破仑时代分布于全国各大学区的四大学院，即法学院、医学院、科学学院、文学院重新聚集组织，并冠以大学区总长行政公署所在地城市之名而形成全国各地的新形式的大学。主要的改变是，过去这些学院直属中央管理，所有学院院长（doyen）皆由中央政府指派，即使它们位于同地，互相也无法有所联系。此次改革使全国各主要城市成立大学，形成现今法国高等教育的基本形态。高等教育虽仍由中央集权管理，如教职员的派任与经费的拨予，但各大学开始依其所在各城市的经济工业与社会的发展，有其不同的发展

---

① Cf. Charle，C. & Verger，J.，*Histoire des universités*，Paris：PUF，2007：59.

方向。①

（二）法国大学的规模与结构

法国现行高等教育制度主要可区分为短期教育与长期教育。短期教育指在大学附设的技术学院所提供的两年制高等教育、大学技术文凭及于高中另设的一或两年制技职教育的高级技师文凭；而长期教育则指由大学（les universités）与高等专业学院（les grandes éoles）制定的学制为三年以上，主要培养具理论研究与实际管理的专门人才的学校制度。

自 2002 年起，法国大学依据"波隆那进程"（Processus de Bologne）开始实行新大学学制即学士（Licence）、硕士（Master）以及博士（Doctorat）三阶学制，用以调谐其与欧洲其他各国的大学文凭认证，并有利于与欧洲其他国家在同等学历认证、国际学生交换以及就业市场上各文凭的认证。目前法国大学所实行新大学学制分别是以下三大文凭：学士 Licence Bac+3（高中会考三年后，得以取得）、硕士 Master Bac+5（高中会考五年后，得以取得）与博士 Doctorat，Bac+8（高中会考八年后，得以取得）。

在 2016—2017 学年度，全法国（含海外省）高等教育机构数与人数方面，属于大学体系的机构（Structures relevant des universités）：共有 71 所国立大学、111 所大学附设的技术学院、57 所附属于大学的高等工程师专业学院、已并入一般大学中的教师培育与任用教育高等学院（Ecoles supérieures du professorat et de l'éducation，ESPS）30 所，2388 个高级技师班（Sections de Techniciens Supérieur，STS）、449 个高等专业学院预备班（Classes Préparatoire aux Grandes Ecoles，CPGE）、266 个非隶属于大学的独立高等工程师专业学院所、236 个商业会计专业学院以及其他 1135 个属于高等教育阶层的机构。

依据 2018 年法国高等教育、研究与创新部（Ministère de l'Enseignement supérieur，de la Recherche et de l'Innovation）数据，现行法国各类型主要高等教育与研究机构（Principaux établissements publics de recherche et

---

① Cf. Liard，L.，*L'Université de Paris*，Paris：Renouard-H. Laurens，1909：36.

d'enseignement supérieur）共可分以下六大类：1. 具科学、文化与职业性质公立机构（Etablissements publics à caractère scientifique，culturel et professionnel，E.P.S.C.P.）；2. 具科技性质公立机构（Etablissements publics à caractère scientifique et technologique，E.P.S.T.）；3. 具工业与商业性质公立机构（Etablissements publics à caractère industriel et commercial，E.P.I.C.）；4. 具行政性质公立机构（Etablissements publics à caractère administratif，E.P.A.）；5. 赞助国家科学研究基金会（fondations）；6. 促进公共研究发展组织（Groupements d'intérêt public，G.I.P.）。①

本章主要探讨的是第一类别的高等教育与研究机构即具科学、文化与职业特性的公立机构（E.P.S.C.P.），这一类型高等教育机构包含以下机构：1. 19 个大学与研究机构共同体（Communautés d'universités et établissements）；2. 67 所大学（les universités）；3. 1 所国立综合理工学院（Instituts nationaux polytechniques）；4. 22 所非附属于大学的专业学院（les écoles et instituts extérieurs aux universities）；5. 20 所特殊专业学院或学术机构（les grands établissements）；6. 5 所位于海外的学院（les écoles françaises à l'étranger）；7. 4 所高等师范学院（les écoles normales supérieures）。②

（三）法国大学的质量和国际地位

法国大学质量可以从各类世界大学排名、诺贝尔奖获得者数量、外国留学生数量、高端论文发表数量等指标进行陈述。

法国高校在各类世界大学排名的情况：在上海交通大学 2017 年世界大学排名中位于前两百的大学分别是，第 41 名的 Université Pierre et Marie

---

① Cf. Ministère de l'Enseignement supérieur，de la Recherche et de l'Innovation. Principaux établissements publics de recherche et d'enseignement supérieur.Récupéré de. http：//www. enseignementsup-recherche.gouv.fr/pid24558/principaux-etablissements-publics-de-recherche-et-d-enseignement-superieur.html，2018.

② Cf. Ministère de l'Enseignement supérieur，de la Recherche et de l'Innovation. Principaux établissements publics de recherche et d'enseignement supérieur.Récupéré de. http：//www. enseignementsup-recherche.gouv.fr/pid24558/principaux-etablissements-publics-de-recherche-et-d-enseignement-superieur.html，2018.

Curie（Paris 6）、第 42 名的 Université Paris-Sud（Paris 11）、第 70 名的 Ecole Normale Supérieure（Paris）、第 102 名的 Aix-Marseille Université、第 144 名的 Université de Strasbourg、第 148 名的 Université Paris Diderot（Paris 7）、第 173 名的 Université Joseph Fourier（Grenoble 1）、第 175 名的 Université de Bordeaux、第 196 名的 Université Paris Descartes（Paris 5）。而在 QS 世界大学 2017—2018 年的排名中位于前 200 的大学分别是，第 43 名 Ecole normale supérieure（ENS）（Paris）、第 59 名 Ecole polytechnique（Paris）、第 131 名 Université Pierre et Marie Curie（UPMC，Paris）、第 157 名 Ecole normale supérieure de Lyon、第 177 名 CentraleSupélec（Paris-Saclay）。[1]

有关法国人获得诺贝尔奖的情况：截止到 2016 年 12 月，共有 62 位得奖人，有 3 位女性，其中居里夫人（Marie Curie）获得 2 次奖。各类奖项的得奖人分布为：和平奖 10 人、物理学奖 13 人、化学奖 9 人、生理学与医学奖 13 人、文学奖 15 人、经济学奖 3 人。法国得奖者约占全球总获奖的人数的 7%。[2]

在外国留学生数量方面，依据经济合作暨发展组织（Organisation de Coopération et de Développement Economiques，OCDE[3]）所出版 2017 年的《教育总览》中的资料，世界前五大留学国依序分别是：美国（907000 人）、英国（431000 人）、澳洲（294000 人）、法国（239000 人）以及德国（229000 人）（OCDE，2017：302）。法国是非英语系国家中第一留学国，在

---

① Cf. Linternaute.Classement des universités 2018：meilleures facs de France et du monde. Récupéré de. http：//www.linternaute.com/actualite/education/1242044-classement-des-universites-2017-meilleures-facs-de-france-et-du-monde/.

② Cf. Wikipedia. Liste des Français lauréats du prix Nobel.Récupéré dehttps：//fr.wikipedia.org/wiki/Liste_des_Fran%C3%A7ais_laur%C3%A9ats_du_prix_Nobel，2018.

③ "经济合作暨发展组织"的总部设于法国巴黎，其法文全名为 Organisation de Coopération et de Développement Economiques，简称 OCDE。国人较熟悉其英文称谓 Organization for EconomicCooperation and Development，简称 OECD、OCDE 或 OECD 实皆同指此国际组织。在此一国际组织，法语与英语皆为官方用语，出版报告皆具法、英两大语言版本，在本书中，由于数据皆为法文，故此组织称谓主要以法语优先参考，不再列英文称谓，请读者留心此一差异。

法国留学的外国学生，其国籍人数依序分别为：摩洛哥（36768 人）、中国大陆（28043 人）、阿尔及利亚（22660 人）、突尼西亚（12077 人）以及意大利（11188 人）。①

法国 2014 年发表的学术论文总产量约为 8980 篇，位居全球第六位，次于美、中、英、日、德。但其发表论文具有重要影响力的全球占比却为全球第四位，约占 11.9%，仅次于英、美、德。虽然法国论文总产量不是很高，但其质的方面一直能够维持一定的水准。②

二、法国大学的外部治理

（一）中央与地方的关系（中央政府与地方政府在管理大学方面的权力划分）

2018 年 5 月，法国中央主管全国教育的共有两个独立部门，分别是管理全国中小学的国家教育部（Ministère de l'Education nationale）以及在高等教育与研究方面的高等教育研究与创新部（Ministère de l'Enseignement supérieur, de la Recherche et de l'Innovation）。法国是少数具有教育行政独立系统的国家，即教育事务大都由中央政府教育部门管理。在教育行政分区划分上，在地方代表教育部的教育行政基础单位称为"大学区"（académie），其独立于一般行政系统，直属教育部管辖。自 2016 年 1 月 1 日起，法国将全国划分为 30 个大学区，亦基于配合一般地方行政的地区缩减整合，全国亦于大学区之上设置 17 个大学区地区（régions académiques），用以配合整合后地区的教育运作。在这 17 个大学区地区中，其中 4 个大学区地区含有 3 个大学区，5 个大学区地区含有 2 个大学区，而 8 个大学区地区只有 1 个

---

① Cf. Diplomeo. Les étudiants étrangers de plus en plus nombreux en France. Récupéré dehttps：// diplomeo.com/actualite-mobilite_etudiants_etrangers#h2-1，2017.

② Cf. Haut conseil de l'évaluation de la recherche et de l'enseignement supérieur-Observatoire des sciences et techniques（Hcéres-OST）. L'espace international scientifique et technique-Publications scientifiques.Récupéré de. http：//www.obs-ost.fr/frindicateur/espace-international，2016.

大学区，其中海外大学区地区占4个。① 大学区主管称大学区总长（Recteur），
大学区总长即是教育部长于地方的代言人，这个职位须经由内阁部长会议与
共和国总统任命，必须具有国家博士文凭或是具有指导博士研究论文资格
的人才能出任。在大学区含高中以下的各级教育，大学区总长有权决定各
项教育行政运作，其中最重要的是大学区学校与教职人员年度分配图（carte
scolaire）的制定。而在高等教育方面，大学区总长则是大学区内各大学的
校际行政长（Chancelier des universités），主要负责各大学间或是大学与其他
各研究机构的协调工作。②

（二）大学与政府的关系

法国大学自主权与其政府管理权的关系方面的规定，主要是在1968年
大学学运（le Mai 68）后由当时富尔部长（Edgar Faure）所主导《高等教
育发展导向法》（亦称富尔法）改革后，大学校务基于"自治与民主参与原
则"（L'autonomie et la participation），由"大学咨询理事会"（Le conseil de
l'université）自主决定，自此之后大学校长成为实际管理大学者，大学的自
治与民主参与权利获得确立。

2007年5月，法国政府颁布《高等教育暨研究部部长权限职权行政法
令》，随后于中央新成立"高等教育暨研究部"（Ministère de l'Enseignement
supérieur et de la Recherche），重新定位其国家的高等教育发展新方向。而在
同年8月制定的《大学自主与权责法》，亦称"贝凯丝法"（Loi du 10 août
2007 relative aux libertés et responsabilités des universités，dite La loi LRU ou
La loi Pécresse），则主要再次清楚界定出国家（l'Etat）与全国各大学（les

① Cf. Gouvernement.fr. La composition du gouvernement. Récupéré de https：//www.
gouvernement. fr/ composition-du-gouvernement，2018.Ministère de l'Éducation nationale
（MEN）. Réforme territoriale：17 régions académiques pour assurer la cohérence des politiques
éducatives au niveau regional. Récupéré de. http：//www.education.gouv.fr/cid91806/reforme-
territoriale-17-regions-academiques-pour-assurer-la-coherence-des-politiques-educatives-au-
niveau-regional.html，2018.
② 参见黄照耘：《法国教育行政》，载江芳盛、钟宜兴：《各国教育行政制度比较》，台北五
南图书出版股份有限公司2006年版，第301—354页。

universités）双方所应尽的权责。此法主要以治理（la gouvernance）这一新概念界定高教应有的发展，其中大学治理（la gouvernance des universités）为这一法令的改革中心，主要包含以下三大方面：大学管理组织、教学组织运作、中央与大学的权责厘定。即全国各大学的治理模式的重大变革，在中央与大学的权责厘定方面，2007 年法令中规定，大学内部各系所机构组织的功能与位阶均由大学行政咨询理事会自定。大学校长则必须领导各系所机构组织筹划制定多年期大学发展契约（Le contrat pluriannuel d'établissement）。在经由自 2007 年 3 月所成立的独立专责行政机构研究暨高等教育评鉴署（Agence d'évaluation de la Recherche et de l'enseignement supérieur，AERES）评鉴后，正式与中央高教研究部签署此一契约并予以执行。各大学与国家所签署的多年期大学发展契约，须清楚说明各系所机构组织的新设开办、结束或重组的目标，在契约执行到期时，明确一致地记录于下一个多年期发展契约中，并于下一波评鉴时提出成果检讨。

2013 年由当时高等教育暨研究部部长 Geneviève Fioraso 提出新的高等教育暨研究法，在其中第 93 条（Article 93）正式以"研究暨高等教育评鉴最高咨询理事会"（Haut Conseil de l'évaluation de la recherche et de l'enseignement supérieur，HCERES）之名取代先前自 2007 年 3 月运作的"研究暨高等教育评鉴署"（Agence d'évaluation de la Recherche et de l'enseignement supérieur，AERES）之名继续进行法国的高教与研究评鉴。自 2014 年 11 月 17 日后，研究暨高等教育评鉴最高咨询理事会（HCERES）成为目前法国高教品质保证制度的中央执行机关。法国高等教育品质保证制度的实施，为中央直接掌控管理高教质量的主要方式，其中包括经费拨予与人事的掌控。①

① 参见黄照耘：《法国大学质量保证制度与实践》，载苏锦丽：《高等教育机构质量保证制度与实践——国际观与本土观》，台北财团法人高等教育评鉴中心基金会 2015 年版，第 101—141 页；Journal Officiel de la République Française（JORF）. Loi n 2013-660 du 22 juillet 2013 relative à l'enseignement supérieur et à la recherche. JORF du 23 juillet 2013. Récupéré de http：//www.legifrance.gouv.fr/，2013。

而在私立技职高教机构（établissements privés d'enseignement supérieur technique）方面，主要以 44 所工程师专业学院（écoles d'ingénieurs）与 24 所商管学院（écoles de commerce et de gestion）为主。在法国，私立高教机构若能经国家认可（la reconnaissance），国家会给予部分财力资助（subvention），资助的部门除高等教育部外亦有农业部与社会部。须由国家认可的学校事项则包括有学校行政运作、教学、学校行政人员与师资的素质。[1]

（三）大学与社会的关系

在法国大学与企业、专业协会和其他非政府组织方面，主要以产学合作的"研究成果增值"（valorisation de recherche）这一理念作为发展基础。然而，研究成果增值并单非止于个人经济获利考虑，而是指将研究成果转移给社会大众，研究成果转移促进社会经济发展，用以改善物质环境与心理生活质量。有关大学与社会的关系方面的法令规定主要可依据前述的 2007 年的《大学自主与权责法》（LRU），在此法中规定有关各大学与其他公、私立机构或企业公司在进行研究时的规范。另外在研究合作方面也可参考 2006 年 4 月通过的"研究计划法"（Loi de programme du 18 avril 2006 pour la recherche，LPR）的规定，其中规定在中央成立"科学与科技最高咨询委员会"（Haut conseil de la science et de la technologie，HCST），向总统与中央政府提供全国性研究发展总体方向。除此之外，法国中央还设有国家研究署（Agence Nationale pour la Recherche，ANR），负责执行审查与选择优秀研究计划并给予拨款进行创新发展研究，鼓励多方产学合作。另外在国家研究署外，中央高教部还成立"科技学术院"（Académie des technologies）向欲从事产学合作的各机构与公司企业提供专家咨询服务。[2]

---

[1]　参见黄照耘：《法国高等教育经营管理》，载钟宜兴：《各国高等教育经营管理制度比较》，高雄丽文文化出版社 2011 年版，第 173—217 页。

[2]　Cf. Journal Officiel de la République Française（JORF）. Loi de programme no 2006-450 du 18 avril 2006 pour la recherche. JORF du 19 avril 2006. Récupér de http：//www.legifrance.gouv. fr/，2006.Journal Officiel de la République Française（JORF）Loi n°2007-1199 du 10 août 2007 relative aux libertés et responsabilités des universités. JORF du 11 août 2007. Récupéré de http：//www.legifrance.gouv.fr/，2007.

在地方政府层级方面，大学、高等专业学院、研究组织以及私人工商企业在进行研究与产学合作上也有其法令规定，即在规划全国各地的"研究与高等教育主轴区"（Pôles de recherche et d'enseignement supérieur，PRES）、"特定主题尖端研究网络"（Réseaux thématiques de recherche avancée，RTRA）与"特定医疗与卫生主题尖端研究中心"（centres thématiques de recherche et de soins，CTRS）等新兴研究合作运作模式，使研究各方可依法成立不同类别的合作基金会（fondation de coopération scientifique），其拥有自主权可以支援各项研究合作所需的人力费用与物质的投资。[①]

三、法国大学的内部治理

（一）大学内部治理结构

在法国大学内部治理结构、组成人员以及议事规则方面，主要依据 2007 年《大学自主与权易法》（LRU）中的规定。首先，大学除设校长外，还设有三大咨询理事会，主要为：行政咨询理事会（le conseil d'administration）、学术咨询理事会（le conseil scientifique）和大学生活与学业咨询理事会（le conseil des études et de la vie universitaire）。学术咨询理事会和大学生活与学业咨询理事会主要负责提供建议（avis），行政咨询理事会（le conseil d'administration）负责审议（délibération），而只有校长具有最后决定权（décision）。大学校长不再由三大咨询理事会代表共同集会选举而出，改为只由行政咨询理事会绝对多数选出，任期也由先前的五年降为四年，与各咨询理事任期相同，但可再连任一次。若大学校长因故无法完成其任期，新当选的继任者只能担任至前任校长原来的任期。大学校长主持校内三大咨询理事会，在法理上，对外全权代表大学与其他机构订定协议与合约，在内则为学校经费开销的拨款审查者；在人事任用层面，除了保留

---

① 参见黄照耘：《法国高等教育经营管理》，载钟宜兴：《各国高等教育经营管理制度比较》，高雄丽文文化出版社 2011 年版，第 173—217 页；Journal Officiel de la République Française（JORF）. Loi de programme no 2006-450 du 18 avril 2006 pour la recherche. JORF du 19 avril 2006. Récupér de http://www.legifrance.gouv.fr/，2006。

国家高等教育会试教师的初次人事任用权外，对大学中所有人事任用，校长具有决定性的否决权。法国大学行政咨询理事会成员可有 20—30 位，其成员组成详细如下：8—14 位教学暨研究人员（enseignants-chercheurs），须半数具教授资格（professeurs des universités）；7 或 8 位校外代表；3—5 位学生代表；2 或 3 位校内工程人员、行政人员、图书馆职员代表。在校外代表方面，必须至少有一位企业主管或负责人（un chef d'entreprise ou cadre dirigeant d'entreprise）以及另一位业界代表。另外，还须有 2 或 3 位地方代表（représentants des collectivités territoriales）列席，其中一位须由地区咨询理事会（conseil régional）推任。校外代表中，除地方代表外，其余皆须大学行政咨询理事会同意后担任。大学行政咨询理事会有权遴选大学校长，而行政咨询理事的有效任期至选出其后继人选为止。行政咨询理事会主要决定大学的发展方向，主要行使的职权如下：校务发展计划进行同意认可；校务预算投票进行同意认可；大学校长所签订的协议与合约（accords et conventions）进行同意认可，其中包含特定的借支（les emprunts）、参与合作、设立基金会、接受捐款以及购买或出售不动产；对大学校长每一年度所提出的年度校务报告中包含的检讨与展望进行同意认可。大学行政咨询理事会除校务发展计划、预算以及年度校务同意认可项以外，大多数事务可直接授权给大学校长全权处理。其他事项，也可在行政咨询理事会决定处理事项的原则制定后授权给大学校长处理。在行政咨询理事会表决时若不相上下，同意票与反对票相同时，则以校长的意见为最终决议。最后行政咨询理事会在绝对多数成员的同意下，可进行大学内部的系所重组整编；亦可向高等教育部申请并入另一高教机构或与另一高教机构进行重组，但此整编并仍须由国家颁布行政律令予以确定同意（approuvé par décret）。目前大学行政咨询理事会每个月或每一个半月集会一次，针对学校各项行政政策，特别是有关各系所经费的运作分配与各项和校外机构所欲签署的合约进行同意权表决。①

---

① 参见黄照耘：《法国高等教育经营管理》，钟宜兴：《各国高等教育经营管理制度比较》，高雄丽文文化出版社 2011 年版，第 173—217 页；Journal Officiel de la République Française（JORF）. Loi n° 2007-1199 du 10 août 2007 relative aux libertés et responsabilités des universités. JORF du 11 août 2007. Récupéré de http：//www.legifrance.gouv.fr/，2007。

（二）学校与院系的关系

在法国大学内部各教学单位组织的设立模式规定方面，2007年《大学自主与权责法》（LRU）中也有以下规定，如：教育培训暨研究单位（UFR）、系（départments）、实验室或研究小组（laboratories）与研究中心（centres de recherche）等单位的成立，须由大学学术咨询理事会建议，再由行政咨询理事会审议同意设立，在此之前UFR成立需经教育部同意；而欲增设学院或研究所（instituts ou écoles），则须由大学行政咨询理事会向全国高等教育与研究咨询理事会提议后，再由掌管高等教育的部长颁布行政法令（arrêté du ministre chargé de l'enseignement supérieur）后，方可增设。在此法颁布之前主要是由全国高等教育与研究提议，大学行政咨询理事会并无权利提议。而在大学内部各系所机构组织的功能与位阶，主要均由大学行政咨询理事会自定义。大学校长须与各系所机构组织合作筹划及执行与国家订定的多年期大学发展契约，而各系所机构组织的新设开办、结束或重组，皆将在契约到期时，明确记录于多年期发展契约中，国家将依契约所拟定的内容拨予经费。①

（三）行政管理与学术管理的关系

在行政管理与学术管理的关系方面，行政管理层面即如上述，主要由行政咨询理事会主导。而在学术管理层面，主要由学术咨询理事会（Conseil scientifique）主导，其主要负责项目包含大学研究发展方向、科学与科技相关数据文献建立以及分配各研究所需的经费。学术咨询理事会除被咨询时出具意见外，也可以主动提供相关建议，承担充分联系教学与研究两大层面的大学工作角色。咨询理事会的组成，主要由大学中教学暨研究人员（enseignants-chercheurs）组成，且须半数具教授资格（professeurs des universités），他们可通过人事调动，将原本不属于教学暨研究人员的其

---

① 参见黄照耘：《法国高等教育经营管理》，载钟宜兴：《各国高等教育经营管理制度比较》，高雄丽文文化出版社2011年版，第173—217页；Journal Officiel de la République Française（JORF）. Loi n° 2007-1199 du 10 août 2007 relative aux libertés et responsabilités des universités. JORF du 11 août 2007. Récupéré de http://www.legifrance.gouv.fr/，2007。

他位阶的公务人员纳入教学暨研究人员、授予其初任大学教师资格以及新聘与续聘相关的兼任教学暨研究人员。学术咨询理事会成员可有 20—40 位，其成员组成详细如下：60%—80% 教员，且须半数具教授资格（professeurs des universités）或等同资格的研究人员，至少 1/6 为新进博士，至少 1/12 为其他代表，其中一半须为学校工程人员或技师；10%—15% 为博士生代表；10%—30% 为校外代表，可为教学暨研究人员或是单纯的研究人员。[①]

四、大学制度和治理法国模式的未来

（一）大学制度法国模式面临的挑战

任何教育制度的形成发展皆会有其特色与可能发生的相关问题，法国大学模式的第一大问题即是目前各校基于大学自主发展的影响，其发展校务方面仍有相当差异。受到 2007 年的《大学自主与权责法》（LRU）影响，各大学在自主决定发展其学校经营管理的方式与规模皆有其差异。法国大学的治理虽然仍属于由中央优势主导的模式，在基本层面，如学校组织的法令规范及公立大学对学生所收取的学费，以及就学的公平性与自由皆有一定的保障。但因为大学发展仍受到各地区（région）富庶程度与工商经济的发展所左右，为迎接全球化所带来的外部国际竞争，以及调和国内地区发展差异所带来的大学发展不均，2013 年 7 月法国颁布实施的《高等教育暨研究法》，提出全国首先成立 20 个高教暨研究机构共同体，用以增进全国大学的卓越与均衡发展。另外，为解决研究与产业创新研发未充分结合，影响学生务实致用能力这一问题，法国高教也制定了全国高等教育发展策略（StraNES）、国家研究发展策略（SNR），用以鼓励高教研究机构与民间企业共同参与研究与提升教育质量。[②]

---

① 参见黄照耘：《法国高等教育经营管理》，载钟宜兴：《各国高等教育经营管理制度比较》，高雄丽文文化出版社 2011 年版，第 173—217 页；Journal Officiel de la République Française（JORF）. Loi n° 2007-1199 du 10 août 2007 relative aux libertés et responsabilités des universités. JORF du 11 août 2007. Récupéré de http://www.legifrance.gouv.fr/，2007。

② 参见黄照耘：《法国大学质量保证制度与实践》，载苏锦丽：《高等教育机构质量保证制度与实践——国际观与本土观》，台北财团法人高等教育评鉴中心基金会 2015 年版，

（二）大学法国模式未来发展前瞻

在 2017 年 5 月马克龙（Emmanuel Macron）当选法国总统后，现任高等教育与研究方面由高等教育、研究与创新部部长弗雷德里克·维达尔（Frédérique Vidal）女士所推动的高教新政策包括：加强学生学习成效与就业辅导、推进大学校务组织运作以及研究制定国家研究发展策略。

根据先前的介绍说明，法国自 1958 年后，其高等教育每次重大改革，主要借由颁布不同高等教育法来执行。例如 1968 年后的《富尔（Faure）高等教育法》（La loi Faure）或是 2007 年的《大学自主与权责法案》（Loi LRU）以及 2013 年的《高等教育暨研究法》，在这些法令中皆充分展现了国家在高等教育政策发展中的重要角色。在大学法国模式未来发展方面，法国政府特别在高教与研究方面分别制定全国高等教育发展策略（StraNES）与国家研究发展策略（Stratégie nationale de la recherche，SNR），这一由国家主导引领全方位的高教与研究的模式，可使全国有统一发展方向，亦同时重视与欧盟共同发展的一致性的做法，实为大学法国模式未来发展的重要前瞻。①

第四节　大学制度和治理的德国模式

一、德国大学发展状况

（一）德国大学的起源

相对于意大利与法国等欧陆国家，德国直到 1386 年才建立第一所大学——海德堡大学（Universität Heidelberg）。② 中世纪德国大学具有某种程

第 101—141 页；Journal Officiel de la République Française（JORF）. Loi n 2013-660 du 22 juillet 2013 relative à l'enseignement supérieur et à la recherche. JORF du 23 juillet 2013. Récupéré de http://www.legifrance.gouv.fr/，2013。

① 参见黄照耘：《法国高等教育政策的发展新方向》，载张台麟：《欧洲联盟推动建构共同高等教育政策的发展与挑战理论与实际》，台北"国立"政治大学欧洲语文学系暨欧盟莫内教学模块计划编印，2015 年，第 155—182 页。

② Cf. Siebke, J., *Jahresfeier 1999：Rede des Rektors der Universität Heidelberg*, Retrieved from http://www.uni-heidelberg.de/uni/aktu/9910jahr.htm，2009.

度的独立性、拥有部分的规章制定权与审判权；① 与此同时，大学也隶属于封建领主（Landesherr），由后者提供大学"学术自由"的保障，使教授们能免于外界干扰，而能从容地致力于教学与研究。② 质言之，在德国大学创建之初，大学一方面受制于封建领主，另一方面又获得其对于学术自由的保障。

1502 年普鲁士建立了号称为在德国境内第一所现代大学哈雷大学（Halle）；未料 1807 年法国在耶拿战役（Die Doppelschlacht von Jena）大败普鲁士，后者被迫割让大半领土，且随之失去了哈雷大学的所在地。③ 该大学许多教授逃亡至柏林，并呼求普鲁士国王能重建一所现代大学。1809 年洪堡（W. v. Humboldt）被任命为文化与公共教学部长（Sektion des Kultus und des öffentlichenUnterrichts），并衔命擘建柏林大学（现已更名为洪堡大学，Humboldt-Universität）。他强调大学应以学术研究为核心，其后该大学不仅成为近代德国大学的发展蓝本，甚至成为现代许多国家大学发展的仿效典范。④

至 19 世纪后半叶，德国大学已跃居为全世界大学的翘楚，那时德国大学为全世界的"学术王国"（Wissenschaftsnation），学术人员若未能至德国大学进修一段时间，会被视为未完整接受过学术训练，甚至德文教科书与学术期刊成为尖端学术的主要媒介，在全世界被争相传阅。⑤ 德国大学的学术成就具现于诺贝尔奖项，1901 年在首次颁发的 5 个诺贝尔奖项中，德国人囊括 3 项，1902 年勇夺 2 项，且连续数十年遥遥领先于其他国家。⑥

但随着希特勒（Adolf Hitler，1889—1945 年）在 1933 年被任命为德

---

① Cf. Rashdall，H.，*The universities of europe in the middle ages*，Vol. 1. Oxford：Oxford University Press，1936.

② Cf. Ellwein，T.，*Die Deutsche Universität*，Wiesbaden：Fourier Verlag，1997.

③ Cf. Ellwein，T.，*Die Deutsche Universität*，Wiesbaden：Fourier Verlag，1997.

④ Cf. Falanga，G.，*Die Humboldt-Universität*，Berlin：Berlin Story，2005.

⑤ Cf. Kehm，B. M. Hochschulen in Deutschland. In Bundeszentrale für politischeBildung（ed.），*Aus Politik und Zeitgeschichte*，Berlin：Bundeszentralefür politische Bildung，2004：6-17.

⑥ Cf. Nobelprize.org. All Nobel Prizes. Retrieved from http：//nobelprize.org/nobel_prizes/lists/all/index.html，2018.

国总理后，德国大学进入了一段黑暗期；1933—1934 年间，纳粹政权依据《公务员重整法》(GesetzzurWiederherstellung des Berufsbeamtentums)，剥夺了具有犹太背景的教职员的职位，迫使许多犹太人流亡海外，尤其是美国，根据伯格曼 (Bergmann) 的研究，[1] 至 1933 年流亡人数已高达 63400 人，至 1941 年 10 月已累计为 352294 人，使得全世界的"学术王国"移转至美国。

现代德国大学的发展"原型"为柏林大学，强调学术性教育与研究应居于大学的核心，而拒斥专门化知识的传授；[2] 再者，德国在专门高等学校 (Fachhochschule) 创建前，职业教育仅局限于中等教育层次，例如职业学校 (Berufsschule)、工程师学校 (Ingenieurschule)、高级专门学校 (höhereFachschule) 等；[3] 但中等教育层次的职业教育在社会变迁过程中逐渐无法满足社会需求，尤其第二次世界大战后，德国致力于战后的重建，20 世纪 50 年代末西德即缔造了世人惊羡的"经济奇迹"(Wirtschaftswunder)。[4]

因此 1968 年德国通过《德国各邦专门高等学校体制的统一协议》(Abkommender Länder in der Bundesrepublik Deutschland zurVereinheitlichung auf dem Gebiet des Fachhochschulwesens)，以中等教育阶段的工程师学校与高级专门学校为基础，扩建为专门高等学校，并将其归类为高等教育层次，以便能迅速提升入学高等学校的机会、培育高级应用型人才，并与综合性大学构建为两大不同类型的高等学校。[5]

---

[1] Cf. Bergmann, A.Die sozialen und ökonomischen Bedingungen der jüdischen Emigration aus Berlin/Brandenburg 1933.Retrievedfrom http：//opus.kobv.de/tuberlin/volltexte/2009/2194/pdf/bergmann_armin.pdf，2009：57.

[2] Cf. Clark, B.R., *Perspectives on higher education*：*Eight disciplinary and comparative views*, Berkeley, CA：University of California Press，1984.

[3] Cf. Rothe, G. Berufliche Bildung in Deutschland：Das EU-Reformprogramm "Lissabon 2000" als Herausforderung für den Ausbau neuer Wege beruflicher Qualifizierung im lebenslangen Lernen. Karlsruhe：Universitätsverlag Karlsruhe，2008.

[4] Cf. Dilger, A. et al. Kursbuch Geschichte：Vom Ende des 18. *Jahrhunderts bis zur Gegenwart*, Berlin：Cornelsen Verlag，2003：381-382.

[5] Cf. Wissenschaftsrat. *Empfehlungen zur Rolle der Fachhochschulen im Hochschulsystem*, Köln：Wissenschaftsrat，2010.

（二）德国大学的规模与结构

根据德国联邦教育与研究部（Bundesministeriumfür Bildung und Forschung）的统计，2015 年的德国总人口为 8217.6 万人、国内生产总值（Gross Domestic Product）为 30260 亿欧元，教育经费为 2758 亿欧元、占国内生产总值的 9.1%，其中高等教育经费为 351 亿欧元、占国内生产总值的 1.6%。

2015 年德国共有 275 万 8 千名高等学校学生、426 所高等学校，其中 181 所综合性大学、245 所为职业导向的专门高等学校（包含管理专门高等学校，Verwaltungsfachhochschule）。前者包含工业大学（Technische Universität）、教育高等学校（Pädagogische Hochschule）、神学高等学校（Theologische Hochschule）与艺术高等学校（Kunsthochschule）；[①] 后者在 20 世纪末普遍更名为应用科学高等学校（Hochschule für Angewandte Wissenschaften），且在 1998 年各邦文教部长联席会（Kultusministeriumskonferenz）通过决议，统一其英文译名为"University of Applied Sciences"。

德国大部分的高等学校都是由国家资助的公立大学，免学费，少数部分学校则是由教会所资助的教会学校。此外，还有大约 100 所左右为私立学校，这类学校大部分为专门高等学校，授予的学位被国家所承认。德国大学生多数就读公立高等学校，大约仅有 3% 就读于私立高等学校；相对于公立高等学校免收学费，就读私立大学所费不赀，一学期学费约需 1800—4700 欧元。[②]

在高等教育结构方面，综合性大学为学科较多、专业齐全、特别强调系统理论知识、教学与学术并重的高等学校。有些学校特别专精于某个特定学科领域的研究，例如工业大学、教育高等学校或是艺术高等学校等；专门高等学校相对来说其所设立的专业学科较窄，多局限于工程学、经济学与社

① Cf. Bundesministerium für Bildung und Forschung. *Bildung und Forschung in Zahlen 2017.* Bonn：BMBF，2017：5、53.

② Cf. Hochschulkompass. *Studieren und promovieren in Deutschland.* Retrieved from https：// www.hochschulkompass.de/，2018.

会工作方面；① 但其数量比综合性大学还多，依据图 5-2 显示，2017 年，全德国的高等学校数量为 426 所，其中综合大学占 181 所（42.5%）、专门高等学校占 245 所（57.5%）。

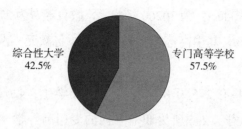

综合性大学
42.5%

专门高等学校
57.5%

图 5-2　2017 年综合性大学 / 专门高等学校校数比例

数据来源：BundesministeriumfürBildung und Forschung（2017：53）。

再者，专门高等学校的学校数量虽然多于综合性大学，但后者的学生人数远多于前者，见表 5-5。若将图 5-2 与表 5-5 相结合，即可清楚地看出前者的学校规模一般都不大。

表 5-5　高等学校学生的人数与比例统计

	高等学校学生	综合性大学	专科高等学校
学生数	2803916	1808254（占 97.3%）	956928（占 2.7%）
女学生比例	48.2%	51.1%	42.7%

数据来源：BundesministeriumfürBildung und Forschung（2017：59）。

专门高等学校规模虽小，但自 20 世纪 60 年代成立之初，便有别于综合性大学的新型高等教育机构，形成其独特的办学定位和人才培育模式。正是这种办学理念的确立，专门高等学校才没有"东施效颦"于前者，而能成功地树立其独特的特色，发展为"不同但等值"（andersartig, abergleichwertig）的高等教育机构；它不仅明确地以培育高级应用型人才为目标，而且从招生、师资聘任、专业设置、教学与研究、产学合作与评鉴机制等环节，逐步

---

① Cf. Hochschulkompass. *Studieren und promovieren in Deutschland.* Retrieved from https：//www.hochschulkompass.de/，2018.

迈向其应用型人才培育的目标。①

专门高等学校以培育高级应用型人才为目标,在人才培育的第一个环节即招生环节上,便倾向于招收具有实务经验的学生;不少专业都要求申请者在入学前已在相关业界完成"学前实习"(Vorpraktikum)。因为有这样的录取前提,所以多数专门高等学校新生已具有相关的实务经验,甚至有不少新生在入学前已完成双元制(Duales System)职业教育,获得了相应的就业资格。质言之,专门高等学校的规划特别是以实务应用、职场需求为主要的导向,实习属于学校课程的一部分,教学与实际应用密切结合,这样学生有机会可以将所学的知识,在企业实习时做进一步的应用与培训。②

(三)德国大学的质量和国际地位

长期以来,德国高等教育的发展都将"均质性"(Homogenität)原则悬为鹄的。在历史发展脉络上,在神圣罗马帝国时期,1495 年皇帝马克西半利安一世(Maximilian I)在"沃尔姆斯帝国议会"(Reichstag zu Worms)上,要求德意志各地诸侯在其领地内至少应建立一所大学。这不仅快速地促进德国大学的增建,且使得大学生数量急剧上升;再者,出于竞争的需要,各邦国诸侯都竭尽所能地办好其辖内的大学,以便能留住人才,并招揽杰出人士,因此大学均质性发展得以绵延流长。

而后,德国建立统一的民族国家,前述地方分治的邦国体制转换为联邦体制,而得以延续地方均衡的局面;对此,本·大卫(Ben-David)与Sloczower(1962:132)即提出,德国的联邦政治结构使得各邦拥有很好的型塑潜能(gestaltungsfähig),正如过去德国境内即因邦国林立,而形成一种类似竞争性联邦体制,而为大学体制的制度性创新提供很好的发展契机。因此在历史脉络上,德国大学的均质性,在某种程度上得益于前述的历史遗产及其地方分治。

由于"均质性"原则的影响,相较于美国大学在垂直分化上(vertikale

---

① 参见张源泉、杨振升:《德国如何培育高级应用型人才》,《教育政策论坛》2014 年第 3 期。
② 参见张源泉、杨振升:《德国如何培育高级应用型人才》,《教育政策论坛》2014 年第 3 期。

Differenzierung)（办学质量的高低）属于高度分化，德国则属于低度分化；这也使得德国大学在国际学术排行榜上乏善可陈，如在广受认可的"世界大学学术排名"中，最好的慕尼黑工业大学（Technische Universität München）与慕尼黑大学（Universität München）在 2017 年仅居第 50、57 名。

但在整体高等教育的质量和国际地位上，德国大学始终居于顶尖的地位，以诺贝尔奖为例，至 2017 年的得奖数量统计，物理学奖居于全世界第三名（仅次于美国与英国）、化学奖居于第二名（仅次于美国）、生理学或医学奖居于第三名（仅次于美国与英国）、文学奖居于第四名（仅次于法国、美国与英国）。[①]

再就外国学生人数而言，其占整体高等学校学生的比例一直保持稳定，依同学校类型的外国学生比例见表 5–6。据推估，至 2025 年，德国的国际学生累计人次将从 2000 年的 180 万增加为 720 万；大幅增加的国际学生，将使得德国在国际教育领域名列前茅，仅次于美国和英国（Bundesministeriumfür Bildung und Forschung，2008：10-11）。国际学生的增加除了能加速德国高等教育的国际化进程外，亦对于德国大学的声望有所提升。

表 5–6　高等学校的外国学生比例

	高等学校学生	综合性大学	专门高等学校
外国学生比例	12.8%	13.8%	11.3%

数据来源：Bundesministerium für Bildung und Forschung. *Bildung und Forschung in Zahlen 2017*. Bonn：BMBF，2017：59。

二、德国大学的外部治理

（一）中央与地方的关系

现今德国政治体制源自于第二次世界大战后《基本法》（Grundgesetz）

[①] Cf. Nobelprize.org. *All Nobel Prizes*. Retrieved from http：//nobelprize.org/nobel_prizes/lists/all/index.html，2018.

的制定。1949 年《基本法》制定之初，联邦与各邦政府的权限处于均势状态；该法第 30 条规定："国家权力的行使及国家职责的履行为各邦的权限，但以《基本法》未另有规定或许可者为限。"① 由于《基本法》未赋予联邦政府教育主管的权限，因此，教育事务概属于各邦的权责。

1969 年，德国大幅修正《基本法》，进行所谓的"财政改革"（Finanzreform），在修正条文第 91-1、91-2 中，确立大学与大学医院的扩建与新增、教育计划、研究补助等为联邦和各邦政府的"共同任务"（Gemeinschaftsaufgaben）；② 而这些领域原来都属于各邦的职权范围，至此，传统的均权式联邦制演变为"合作式联邦制"（Kooperativer Förderalismus）。尤其是修正《基本法》第 75 条，使得联邦因"高等教育的一般基本原则"拥有"通则立法权"（Kompetenzzur Rahmengesetzgebung）。③ 依据此立法权限，1976 年德国联邦议会通过《高等学校基准法》（Hochschulrahmengesetz），使得联邦教育与研究部在大学建设、高等学校特殊项目（Hochschulsonderprogramm）等方面开始发挥作用，从而间接影响了大学的发展进程。

再则，如前述所言，联邦层级在《基本法》修正后拥有"通则立法权"，从此角度来检视《高等学校基准法》，其应仅属于框架性规定，但观其条文内容的规范密度，已非仅属于纲要性规定，而是具体而详尽地进行规制。以教授任命（Berufung）为例，该法规定教授任命必须公开，在公告中须详载职务的种类与范围（第 45 条第 1 项）；大学须提出建议名单（Vorschlagsliste），再由各邦主管机关根据此名单任命教授（第 45 条第 2

---

① Cf. Giese，F. *Grundgesetz für die Bundesrepublik Deutschland*. Frankfurt a. M.：Kommentator GmbH，1955：61.

② Cf. Bundestag. *Grundgesetz für die Bundesrepublik Deutschland*. Retrieved from http：//www.kein-handicap.de/pdf/grundgesetz.pdf？handicap=127c56a5450fe54f6418f59b99ce213f，2002：20.

③ Cf. Bundestag. *Grundgesetz für die Bundesrepublik Deutschland*. Retrieved from http：//www.kein-handicap.de/pdf/grundgesetz.pdf？handicap=127c56a5450fe54f6418f59b99ce213f，2002：15.

项)①。由前述具体而详细的条文内容观之，各邦已难有裁量的自由空间；换言之，联邦政府已经将手伸进原属于各邦政府管辖的高等教育领域，而导致各邦对于高等教育事务难有裁量空间。

此外，在各邦"文教部长联席会议"（Kultusministerkonferenz）的定期性开会中，各邦主管部会首长的意见必须获得共识，符合"一致性原则"（Einstimmigkeitsprinzip），以整合各邦不同的高等教育政策，因而使得各邦主管部会能进行水平式整合与协调（horizontale Verflechtung）。② 前述的整合，都使得各邦高等教育体制的差异降至最低。而文教部长会议的全体"一致性原则"，则让德国教育的改革提议举步维艰、难以启动，因为要获得全体一致性决议，协商过程旷日废时甚至不可能，最后只好保持现状、原地踏步。1998 年修正《高等学校基准法》，废除许多国家对大学的管制与组织结构的统一规定，因而使得大学享有更多的自由，激励更多的变化与创新，以及提升大学竞争力。③

2006 年德国在《基本法》的"合作式联邦制"架构上，再度进行联邦体制改革，针对《基本法》中有关联邦与各邦立法权限划分进行调整，强化各邦的立法权限，期使朝"竞争式联邦制"（Wettbewerbsföderalismus）方向发展，以克服联邦层级的冗长与复杂的决策过程，以及联邦与各邦间的权责不明等问题。尤其是废除《基本法》第 75 条的联邦政府"通则立法权"的规定，俾使联邦与各邦立法权责的归属分明。④ 因此，《高等学校基准法》失去了《基本法》的授权基础而于 2008 年被废止。如此一来，国

---

① Cf. Bundestag. *Hochschulrahmengesetz*. Retrieved from http：//www.fh-zwickau.de/fileadmin/ugroups/personalvertretungen/hochschulrahmengesetz.pdf，1987：20-21.

② Cf. Gewerkschaft Erziehung und Wissenschaft. Stellungnahme zur OECD-Initiative "attacting，developing and retaining effective teacher". Retrieved from http：//www.oecd.org/dataoecd/55/60/31077128.pdf，2003：6.

③ Cf. Sandberger，G. *Organisationsreform und-autonomie*：*Bewertung der Reformen in den Ländern*. Wissenschaftsrecht，2002：126.

④ Cf. Georgii，H.，& Borhanian，S. *Zustimmungsgesetze nach der Födeeralismusreform*. Retrieved fromhttp：//www.bundestag.de/Parlament/gremien/foederalismus/wirkung.pdf，2006：26.

家对大学的管制权限又回归各邦，使得各邦的大学朝多元化方向发展。质言之，现今的高等教育管辖权隶属于各邦政府的权限，呈现地方分治的局面。

（二）大学与政府的关系

依前述，德国大学创建之初，享有某种程度的独立性，但也隶属于封建领主；这种封建领主与大学间的关系，延续至近代，而成为国家与大学间的"历史妥协"（historische Kompromiss）。根据此妥协结果，一方面，大学的研究与教学自由受到国家保障，且其经费来自国家的财政预算；另一方面，大学的研究与教学亦须受制于当权者，不得从事政治煽动，以维持政治的稳定。①

大学在这种"历史妥协"下具有双重特性，使大学具有"公法社团"（öffentlichrechtliche Körperschaft）的法律地位，其既具有社团特点，又有国家机构的特性。质言之，大学肩负学术任务与国家委托任务的双重性。在履行前者时，基于学术自由保障的理念，大学成员依其自治权限，可以直接参与相关事务的决策。然而，在执行国家的委托任务时，大学属于各邦政府的隶属机关（nachgeordneteBehörde），为不具有独立权利能力的公共机构（öffentlicheAnstalt）。故 Kimminich（1982）明白地指出，在大学学术自治事项上，各邦仅能对其进行"法律监督"（Rechtsaufsicht）；而在大学作为国家机构层面上，他属于国家机关的隶属机关，必须完成国家所委任的任务，尤其在预算与人事领域，必须接受各邦的广泛监督，此称为"专业监督"（Fachaufsicht）。

大学所具有的双重特性，在1976年通过的《高等学校基准法》中，给予法律上的确认，该法第58条第1项第2款规定："大学在法律范围内享有

---

① Cf. Lange，S.，"Neuer gesellschaftlicher Legitimierungsbedarf der Wissenschaft in Deutschland：Veränderungen in der Wissenschafts-Governance am Beispiel der Universitäten"，In E. Böhlke，P. Laborier，A. Knie，& D. Simon（Eds.），*Exzellenz durch Steuerung? Neue Herausforderungen für das deutsche und das französische Wissenschaftssystem*，Berlin：WZB，2009：73.

自治权。"① 因此，国家对于大学自治事项仅能审查其合法性，也就是前述的法律监督，又称为"合法性监督"（Rechtsmaßigkeit）。而在该法第 59 条第 2 项规定，国家就其委任给大学的任务进行监督，例如：人事行政、预算与财政行政、学生容纳量（Ausbildungskapazität）、招生名额（Zulassungszahl）② 等，即为前述的专业监督。质言之，法律监督与专业监督的区别在于，前者为国家对于大学自治事项的监督，仅能监督其合法性，其监督密度较为宽松；而后者是国家就其委任给大学的任务所为之监督，不仅就合法性加以监督，而且监督大学的行为与决定是否妥当与合目的性，其监督密度较为严密。

传统德国大学管理模式植基于国家管制与学术自治的结合，但在当前治理改革进程中，则强调公共领域如何有效地运用资源，并取得更好的成果；为达此目标，国家应松绑管制、下放权限给大学，将相关的决策与责任转移给大学，因为大学作为教育的实施机构，更能掌握实际现况与问题关键。国家松绑管制表现于很多层面，尤其是大学的法律地位与高等教育的预算编列。

在大学的法律地位方面，例如：《下萨克森邦高等学校法》（NiedersächsischesHochschulgesetz）第 1 条第 1 项规定："公立高等学校与公法财团法人的高等学校，受国家的监督……"；该法第 49 条第 1 项规定，专门高等学校的法律形式转换为"国营事业体"（Landesbetrieb），因此，必须采用《商业会计法》；大学则可自行选择其法律地位，依该法第 55 条第 1 项规定，大学可成为"公法财团"（Stiftung des öffentlichenRechts），其可自行累积财团财产，包含土地、房地产与每年邦政府的补助款。③

北莱茵—威斯特法伦邦（Nordrhein-Westfalen）于 2006 年通过《高等学校自由法》（Hochschulfreiheitsgesetz），该法第 2 条第 1 项规定，其

---

① Cf. Bundestag. *Hochschulrahmengesetz*. Retrieved from http：//www.fh-zwickau.de/fileadmin/ugroups/personalvertretungen/hochschulrahmengesetz.pdf，1987：26.

② Cf. Bundestag. *Hochschulrahmengesetz*. Retrieved from http：//www.fh-zwickau.de/fileadmin/ugroups/personalvertretungen/hochschulrahmengesetz.pdf，1987：26.

③ Cf. Niedersächsischer Landtag. *Niedersächsisches Hochschulgesetz（NHG）*. Retrieved fromhttps：//www.tu-braunschweig.de/Medien-DB/kfg/nhg.pdf，2007：5、57、63.

大学法律地位为"具有权利能力的公法社团"(rechtsfähige Körperschaft des öffentlichen Rechts);① 相同的规定亦见诸于《汉堡高等学校法》(Hamburgisches Hochschulgesetz)第 2 条。②

不过，即使大学的法律地位产生很大的变动，国家的层级节制并非就此消失于无形，例如：北莱茵—威斯特法伦邦就与其大学在2006年签订"未来协议"(Zukunftspakt)，使其大学在获得邦政府补助的同时，亦须承受每年公共部门的 50 位冗员，使其转往大学任职，共计 4 年，也就是 200 名。③

从这里可以看出，德国向来侧重高权行政的国家与人民间的关系，已慢慢地转向相互合作与彼此协力的非权力行为。就此，Blümel、Kloke、Krücken 与 Netz（2010）指出，在国家给予大学更大的自主空间后，国家权力开始从大学具体的管控中淡出，从而采取"契约调控"(Kontraktsteuerung)方式。

以高等教育预算为例，过去各邦政府为大学制定具体的一两年预算计划，每笔经费的用途与额度都会预先严格规定，此种预算编列方式相当僵硬呆板，因而使得预算使用的效率与效果不佳。这种预算编列方式包含"年度支出原则"(Grundsatz der zeitlichen Spezialität)与"实际支出原则"(Grundsatz der sachlichen Spezialität)。前者意味着每一年度的预算都必须在其会计年度内用完，而未用完的预算须缴回国库，因此很容易发生所谓的"12 月发烧"(Dezemberfieber)，亦即在年底时疲于奔命地挥霍掉剩余预算的疯狂行径。④ 此种方式显然无法符合公共资源的有效运用原则，但在实际

---

① Cf. Landtag Nordrhein-Westfalen. *Hochschulfreiheitsgesetz*. Retrieved from http：//www.wissenschaft.nrw.de/objekt-pool/download_dateien/hochschulen_und_forschung/HFG.pdf, 2006：5.

② Cf. Landtag Hamburger. *Hamburgisches Hochschulgesetz*（*HmbHG*）. Retrieved from http：//www.jura.uni-hamburg.de/public/rechtsgrundlagen/HmbHG_2010-11-16.pdf, 2011：13.

③ Cf. Regierung Nordrhein-Westfalen. *Zukunftspakt：zwischen der Landesregierung und den Hochschulen des Landes*. Retrieved from http：//www.wissenschaft.nrw.de/objekt-pool/download_dateien/hochschulen_und_forschung/Zukunftspakt.pdf, 2006：4.

④ Cf. Neuvians, K. *Anreizsysteme im Zusammenhang mit den Globalhaushalten-Chancen für innovative Vorhaben*. Retrieved fromhttp：//www.che.de/downloads/AP14.pdf, 1997：4.

运作上却难以杜绝，因为人们担心若未用罄该年度预算，会导致预算执行率过低，那么下一年度的预算将会惨遭削减。

在"实际支出原则"架构中，则针对特定目标编列预算，并仅能在该特定目标下使用该预算；质言之，不可交叉使用不同"科"预算（Titelgruppe），甚至于同一"科"下的不同"目"（Untertitel）亦然。① 例如：不能将未用罄的业务费转用于人事费，反之亦然。

质言之，不论是"年度支出原则"或"实际支出原则"的预算编列方式，对于大学的经费分配管制都嫌过多，使得大学在财政预算的支配运用上左支右绌，甚至为了来年不被删减预算，而在岁末胡乱地挥霍剩余的预算，无法有效率地运用经费。

在松绑预算编列方式的背景下，德国已由前述方式朝向"总额预算制"（Globalhaushalt）方向发展。此制度为政府先编列一笔"总额预算"给大学，并尊重其对于经费的分配，使其自行决定经费的用途，而政府只需确立绩效准则，监督大学是否有效运用政府所拨的预算即可，大部分的邦都已将大学预算的编列"总额预算化"（globalisiert）。②

预算编列改采"总额预算制"，是为了免除传统预算编列的弊病，因为此种预算制度无须考虑预算的不同科目问题，而是由大学自行分配所获得的总额预算，因此大学可以根据其实际需要，自行分配不同科目间的预算额度。③ 例如：将未用罄的业务费，转用于人事费，用以填补其经费的短缺，反之亦然。而年度原则的缺陷也能得到克服，如会计年度末所剩余的预算无须缴回国库，而能滚存至下一年度使用，或者由大学自行决定其用途，如

---

① Cf. Dahm, S. *Das Neue Steuerungsmodell auf Bundes-und Länderebene sowie die Neuordnung der öffentlichen Finanzkontrolle in der Bundesrepublik Deutschland*. Berlin：Duncker & Humblot., 2004：83.

② Cf. Weiler, H., "States, markets and university funding：New paradigms for the reform of higher education in Europe", *Compare*, 2000, 30 (3), 333-339.

③ Cf. Orr, D., Jaeger, M., & Schwarzenberger, A., "Performance-based funding as an instrument of competition in German higher education", *Journal of Higher Education Policy and Management*, 2007, 29 (1), 3-23.

此一来，才能增加大学节能省源的动力，并促使其追求资源使用效能的极
大化。

（三）大学与社会的关系

在社会或企业对于大学办学的影响方面，体现于"高等学校校务咨询
委员会"（Hochschulrat）（以下简称"校务咨询委员会"）的创建。下萨克森
邦的费希塔高等学校（Hochschule Vechta）于 1995 年设立校务咨询委员会，
而成为德国最先设立此委员会的学校。①1997 年，德国高等学校校长联席
会在《高等学校组织与领导结构》（Organisations-und Leitungsstrukturen der
Hochschulen）建议书中，倡议设置此委员会。②

时至今日，校务咨询委员会已为大学治理制度的一环。依胡特尔
（Hüther）的看法，③此委员会的建置系仿效英美大学董事会的监督组织
（Aufsichtsorgan）。此制度运用于德国大学体制上，其功能一方面在于填补
国家退出大学的细部管制后所留下的管理真空；另一方面，则在缩减学术自
治方面的权限后，承接其所转移的决策权。

校务咨询委员会作为大学内部的权力机构，其组成人数在不同的邦不
尽相同。例如：在黑森邦为 5—12 人、下萨克森邦为 5—7 人；且就全德国
的统计资料来看，在校务咨询委员会的成员中，大学的内部成员占 40%，
而外部社会人士占有 60%。④

校务咨询委员会几乎囊括大学所在地的各个利益团体代表，包括政府

---

① Cf. Meyer-Guckel，V.，Winde，M.，& Ziegele，F.，"Handbuch Hochschulräte：
Denkanstöße und Erfolgsfaktoren für die Praxis"，*Essen：Stifterverband für die Deutsche
Wissenschaft*，2010：26.

② Cf. *Hochschulrektorenkonferenz. Organisations-und Leitungsstrukturen der Hochschulen.*
Retrieved from www.hrk.de/de/beschluesse/109_484.php? datum=183.+Plenum+am+10.+Nove
mber+1997+，1997.

③ Cf. Hüther，O.，"Hochschulräte als Steuerungsakteure?"，*Beiträge zur Hochschulforschung*，
2009：50.

④ Cf. Bogumil，J.，Heinze，R. G.，Grohs，S.，& Gerber，S.，"Hochschulräte als neues
Steuerungsinstrument? —Eine empirische Analyse der Mitglieder und Aufgabenbereiche"，
Düsseldorf：Hans-Böckler-Stiftung，2007：22、24.

机关代表、政党领袖、大型企业主管、民间社团领袖等。① 一般校务咨询委员会有权决定大学领导层的任免、参与大学组织规程的制定、监督预算的执行、参与大学的长期发展规划，以及拥有大学组织发展的部分决定权，例如：成立或关闭一些系所、学院与中心等。②

前任高等学校校长联席会主席兰德弗里德（Landfried）③ 对此委员会的设置予以非常正面的评价，他认为其设立不但能增强大学与社会的互动，更重要的是，可为大学提供一个摆脱国家持续与直接的干预，并增强以学术质量为本的大学自治的可能性。

不过，也有批评者指出，校务咨询委员会属于"门外汉委员会"（Laiengremium），这些"占多数的非学术人员，可能反过来干扰学术工作"。④ 还有人从法治角度出发，认为此委员会"非属议会监督范围"（parlamentsfreier Raum），其权限过大且缺乏必要监督。⑤ 另一些批评者则提出，校务咨询委员会只不过是换了名称与形式的"政府部会的影武者"（Ersatzministerium），⑥ 亦即为政府教育部会的傀儡罢了！甚至许多人担心，

① Cf. Bogumil, J., Heinze, R. G., Grohs, S., & Gerber, S., "Hochschulräte als neues Steuerungsinstrument? —Eine empirische Analyse der Mitglieder und Aufgabenbereiche", *Düsseldorf: Hans-Böckler-Stiftung*, 2007: 44.
② Cf. Lange, S., "Neuer gesellschaftlicher Legitimierungsbedarf der Wissenschaft in Deutschland: Veränderungen in der Wissenschafts-Governance am Beispiel der Universitäten", In E. Böhlke, P. Laborier, A. Knie, & D. Simon (Eds.), *Exzellenz durch Steuerung? Neue Herausforderungen für das deutsche und das französische Wissenschaftssystem*, Berlin: WZB, 2009: 85.
③ Cf. Landfried, K. Vorwort. In HRK (Ed.), *Hochschulräte als Steuerungsinstrumente von Hochschulen*, Bonn: HRK, 2000: 5-6.
④ Cf. Krüger, H., "Der 'Hochschulrat' aus verfassungsrechtlicher Sicht", *Forschung/Lehre*, 1997, 97 (6), 287-288.
⑤ Cf. Schulz, V., & Kürschner, W., "Der Hochschulrat an der Hochschule Vechta: Ein kritischer Erfahrungsbericht", *Forschung/Lehre*, 1997, 97 (6), 289-292.
⑥ Cf. Wintermantel, M., "Die Rolle der Hochschulräte im Hochschulfreiheitsgesetz im bundesdeutschen Vergleich", In Wissenschaftszentrum Nordrhein-Westfalen (Ed.), *Hochschulräte: Neue Leitungsstrukturen für die Hochschulen in NRW*, Düsseldorf: Wissenschaftszentrum Nordrhein-Westfalen, 2007, pp. 25-31.

以外部业界代表为主要成员的校务咨询委员会，会让大学沦为私人企业利益的囊中物，因而严重戕害大学的研究与教学自由。然此说虽言之凿凿、耸动视听，却尚无实证研究能予以证实。①

或许很多人对于校务咨询委员会的质疑，可以在以下的事件中获得共鸣：2007 年夏天，在黑森邦（Hessen）议会为歌德大学（Johann Wolfgang Goethe-Universität）是否设置校务咨询委员会表决的前夕，歌德大学法学院全体教授在公开信中旗帜鲜明地呼吁：大学不是企业、大学不需要校务咨询委员会，并对于学术自由的前途感到忧心。② 此事件可视为许多人的疑虑的表征。

三、德国大学的内部治理

（一）德国大学的人员组成与治理结构

德国大学的人员分类可概括为非学术人员与学术人员；非学术人员属于公部门成员者，其为各邦公务员（Landesbeamte），或者处于"雇佣关系"（Angestelltenverhältnis），且依其不同职能而给予不同的称呼，例如：行政人员（Verwaltungspersonal）、技术人员（technisches Personal）。③

在学术人员结构方面，依 2007 年《高等学校基准法》第 42 条规定，德国大学的学术人员包含教授、初级教授（或译为年轻教授）（Junior-

---

① Cf. Lange, S., "Neuer gesellschaftlicher Legitimierungsbedarf der Wissenschaft in Deutschland: Veränderungen in der Wissenschafts-Governance am Beispiel der Universitäten", In E. Böhlke, P. Laborier, A. Knie, & D. Simon (Eds.), *Exzellenz durch Steuerung? Neue Herausforderungen für das deutsche und das französische Wissenschaftssystem*, Berlin: WZB, 2009: 85.

② Cf. Dekanat des Rechtswissenschafts der Johann Wolfgang Goethe-Universität. Sackgasse. *Forschung & Lehre*, 2007, 14 (9): 529.

③ Cf. Hanft, A., "Personalentwicklung als Hochschulentwicklung: Ergebnisse einer empirischen Erhebung zum gegenwärtigen Stand der Personalentwicklung an Hochschulen und Anmerkungen für ihre zukünftige Gestaltung", In S. Laske, T. Scheytt, & C. Meister-Scheytt (Eds.), *Personalentwicklung und universitärer Wandel*, Mering, Germany: Rainer Hampp Verlag, 2004: 120.

professur)、讲师与学术助教（wissenschaftliche Mitarbeiter），以及特聘教师
（Lehrkraftfürbesondere Aufgaben）。① 上述德国大学的人员分类见图 5-3：

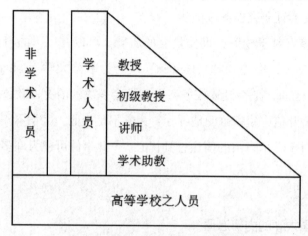

图 5-3　德国高等学校人员的组成

德国大学的治理模式堪称为"讲座教授大学"（Ordinarienuniversität），
起源自中世纪，而后施莱尔马赫（Schleiermacher）② 继之提出"讲座教授大
学"的理念。一个讲座通常只设一个教授职位，讲座教授才是大学的主要成
员，是大学教师职业生涯的巅峰，享有很高的权力、威望和学术自由，研究
所内的教学安排、学术研究、资源分配和人员聘用等一般都由其决定，其他
人员都是围绕着教授而开展工作。

依巴茨（Bartz）③ 的阐释，讲座教授在大学的地位属于高高在上的"神
父阶级"（Priesterkaste），在其影响范围内拥有非凡的权力，不仅具有抽象

---

① 特聘教师是指基于讲授实务能力与知识之需要，无须具有高等学校教师之聘任
条件，可将特别任务交托给专职的特聘教师。参见 Bundesministerium der Justiz.
Hochschulrahmengesetz. Retrieved from http：//www.gesetze-im-internet.de/bundesrecht/hrg/
gesamt.pdf，2007：15。

② Cf. Schleiermacher，F. E. D.，*Gelegentliche Gedanken über Universitäten in deutschem Sinn*，
Retrieved from http：//edoc.hu-berlin.de/miscellanies/g-texte-30372/123/PDF/123.pdf，1808：
150.

③ Cf. Bartz，O.，*Bundesrepublikanische Universitätsleitbilder：Blüte und Zerfall des
Humboldtianismus*，Die Hochschule，2005（2）：103.

的精神力量，而且对大学内在结构的实际事务具有决定性影响力，尤其是人员聘用、授予博士学位、授予教授备选资格，以及大学预算等。讲座教授们往往根据合议原则（Kollegialprinzip）共同决定系所、学院的重大事务。

传统的讲座教授大学堪称为一种"学者共和国"（Gelehrtenrepublik），属于杰出研究者的国度（als Ort ausgewiesener Forscher）；而且院务会议（Fakultätsrat）或者校务会议（Senat）等委员会的席位，是依据专业进行分配，且仅分配给讲座教授。①

而后，在20世纪60年代，讲座教授大学的僵化结构，成为学生抗议运动的引爆点。在当时，"讲座教授大学"具有贬义，人们声称要"进攻讲座教授大学"（Kampf der Ordinarienuniversität!）。② 在要求大学民主化的浪潮中，讲座教授大学渐渐转移为"组群大学"（Gruppenuniversität），并引起很多争论。③ 组群大学松动讲座教授的垄断性权限，将高等学校成员划分为教授、学术人员、非学术人员与学生等四个组群。组群大学透过民主机制而获得不同成员权限的平衡；每个组群都会为自己提出要求，且基于其组群归属感而要求在大学委员会中取得更多的发言权，或是优先权。④ 但对于研究、教学与教师人事的相关事宜，教授应被确保享有"决定性影响力"。⑤

由"讲座教授大学"迈向"组群大学"的大学形态，有其变与不变。

---

① Cf. Müller-Böling, D., *Hochschulen als Vorstellungsstereotypen-Von der Gelehrtenrepublik zum Dienstleistungsunternehmen*? Retrieved from http：//www.che.de/downloads/AP1.pdf，1994：2.

② Cf. Bartz, O., "Bundesrepublikanische Universitätsleitbilder：Blüte und Zerfall des Humboldtianismus", *Die Hochschule*，2005（2）：103.

③ Cf. Schweizer, M., *Die demokratische und soziale Hochschule als Gegenentwurf zur unternehmerischen Hochschule*，Retrieved from http：//www.ph-freiburg.com/fileadmin/Artikel_Die_demokratische_und_soziale_Hochschule_als_Gegenentwurf_zu_unternehmerischen_Hochschule.pdf，2011：3.

④ Cf. Müller-Böling, D., *Hochschulen als Vorstellungsstereotypen-Von der Gelehrtenrepublik zum Dienstleistungsunternehmen*? Retrieved from http：//www.che.de/downloads/AP1.pdf，1994：4-5.

⑤ Cf. Bundesverfassungsgericht. *Hochschul-Urteil*. Retrieved from http：//www.servat.unibe.ch/dfr/bv035079.html，1973.

不变的是，与教学和研究直接相关者，讲座教授仍掌有决定性影响力；改变的是，除前述外，大学事务的决定，由各组群的代表透过合议性原则加以决定。

（二）行政管理与学术管理的关系

依前述，传统德国大学堪称为"学者共和国"，大学治理主要通过学术自治；学术自治体现于大学实务中，主要是以教授组成的自治性自我组织为基础，教授间的互动方式是以平等的权利与义务为其指导原则；同时，大学校长与各学院院长（Dekan）的任命，系由学校自行决定，通过教授的民主选举产生，且其职务的行使，主要遵循"合议原则"。不过，重要的决议由学术评议会（akademischer Senat）与院务会议（Fakultätsrat）行使。在民主决策过程中，一般遵从多数民主制，亦即根据投票的多数决定最终人选。尽管这样的决策过程耗时，却能保证其公平性。① 这种学术自治管理模式几乎与德国大学的存在历史同样久远，直至近年来大学治理改革中才慢慢被缩减其权限。

由前述对于校务咨询委员会的探究，该委员会的职权包含决定大学领导层的任免、参与大学组织规程的制定、监督预算的执行、参与大学的长期发展规划等，而这些原属于学术自治范畴。

在行政管理方面，德国大学内部在行政职级上，从低到高，在垂直方向上依次为教授、系主任（Dekanat）和校长（Rektorat），但此三者并不处于一般等级意义上的隶属关系。② 教学与研究作为大学核心任务，由教授及其助教完成，且赋予教授高度自主权。③ 因此，德国大学的权力分布结构呈金字塔形，最多的权力集中在行政职级最底层的教授。同时，教授享有法定的教学与研究自由，所从事的活动具有很强的专业性，无论是校长或系主

① Cf. Schimank，U.，"Hochschulforschung im Schatten der Lehre"，Frankfurt a. M.：Campus，1995：222-258.

② Cf. Minssen，H.，& Wilkesmann，U.，"Lassen Hochschulen sich steuern?"，*Soziale Welt*，2003，54（2），123-144.

③ Cf. Hödl，E.，& Zegelin，W.，"Hochschulreform und Hochschulmanagement：Eine kritische Bestandsaufnahme der aktuellen Diskussion"，*Marburg：Metropolis Verlag*，1999：252.

任，都很难对其进行有效地干涉和监控。

但在前述学术自治管理权限遭缩减后，教授权限除了转移至校务咨询委员会外，亦部分转移至大学内部的行政群体。不过，德国大学的领导文化变化不大，尽管校长或院长在各邦《高等学校法》的权限已有增加，而院务会议与校务会议的决策权也受到限制，然而，大学的领导层在强势的各种委员会下，常倾向于避免重分配与改变现状①，普勒斯纳（Plessner）②甚至以"谦冲自持"（Zurückhaltung auf Gegenseitigkeit）来形容二者的互动。

未来大学校长如何与逐渐强化的校务咨询委员会周旋折冲值得期待与关注。但可以确定的是，现今许多大学校务会议的决策权与对领导者的选举权，已在一定程度上流失，其留下的权力真空则由校务咨询委员会接手。例如：依巴登—符腾堡邦的《高等学校法》第27C条第1项第6款规定，校务咨询委员会负责校长的遴选。③

四、大学制度和治理德国模式的未来

（一）大学德国模式面临的挑战

在近代德国大学的发展中，讲座教授是大学的灵魂人物，其相关的教学安排、学术研究、资源分配与人员聘用等都由其决定，其他人员都是围绕着讲座教授而开展工作。再者，19世纪德国大学的崛起与现代学术形成同步进行，其成功之处不仅在于将现代学术研究引入大学，更在于将大学的组

---

① Lange, S., "Neuer gesellschaftlicher Legitimierungsbedarf der Wissenschaft in Deutschland：Veränderungen in der Wissenschafts-Governance am Beispiel der Universitäten", In E. Böhlke, P. Laborier, A. Knie, & D. Simon (Eds.), *Exzellenz durch Steuerung? Neue Herausforderungen für das deutsche und das französische Wissenschaftssystem*, Berlin：WZB, 2009：89.

② Plessner, H., "Zur Soziologie der modernen Forschung und ihrer Organisation in der deutschen Universität", In M. Scheler (Ed.), *Versuche zu einer Soziologie des Wissens*, München：Duncker &Humblot, 1924：420.

③ Juris Gmb H., *Gesetz über die Hochschulen in Baden-Württemberg*, Retrieved from http：// www.landesrecht-bw.de/jportal/portal/t/j9q/page/bsbawueprod.psml/screen/JWPDFScreen/ filename-jlr-HSchulGBWrahmen.pdf, 2005：35.

织与活动几乎完全奠基其上，此由，作为现代德国大学领航者柏林大学的肇建者洪堡（Humboldt）① 的理念可见一斑：大学存在的目的在于将学术视为"尚未穷尽、且永远无法穷尽的事物，并不停地探求之"。质言之，在新型德国大学中，一切活动都是以学术研究为核心加以组织，大学的首要任务是创造知识，传授知识只是研究的延续或另一种形式，教授们也主要以研究者做自我定位。

同时，19 世纪的学术尚处在专业学术的萌芽期，或者说处于手工作坊阶段；学术活动虽然被纳入了大学组织，具备了制度性保障，成为一种职业活动，但由于学术的专门化程度有限，学术研究活动多为个人或小规模的活动，典型的教授犹如手工作坊中的师傅，常常在家中从事学术研究，基本上无须学术分工与协作，因此大学的学术研究活动实际上是一种无组织的个人活动。②

由洪堡（Humboldt）等新人文主义者所倡导的大学理念，在很大程度上恰与此阶段的学术活动方式相匹配。根据洪堡（Humboldt）③ 的设想，大学与任何国家的组织结构都格格不入，无非是学者们各自从事其研究活动和交流的场所，并应奠基于"自由"和"孤独"（Einsamkeit）之上。在这种"学术作坊"条件下产生的传统德国大学理念，强调学术的统一性，认为过分地专门化有损于学术发展，因此排拒任何学术与组织上的专门化倾向；强调大学为纯学术机构，任何其他目标，特别是实用与功利性目的都应当被严格抵制。

在近代德国大学的发展上，其大学理念对于提升学术研究在大学中的

---

①   Cf. Humboldt, v. W., "Über die innere und äußere Organisation der höheren wissenschaftlichen Anstalten in Berlin", In E. Anrich (Ed.), *Die Idee der deutschen Universität: Die fünf Grundschriften aus der Zeit ihrer Neubegründung durch klassischen Idealismus und romantischen Realismus*, Darmstadt: WBG, 1956: 84-85.

②   Cf. Ben-David, J., *Centers of learning: Britain, France, Germany and United States*, New York: McGraw-Hill Book Company, 1977: 97.

③   Cf. Humboldt, v. W., *Schriften zur Anthropologie und Bildungslehre*, München: Helmut Küpper, 1956.

地位，甚至对于学术研究的进步和学术人才的培育，产生了巨大的影响作用。但到了 19 世纪末 20 世纪初，学术发展已达到了一个新的水平，正如韦伯（Weber）[1] 所说的，学术进入了"专门化阶段"，"只有在严格的专业化条件下，个人才足以在学术上有所建树"。一名学者无论多么杰出，都难以把握整个学科，同时学术研究的进行亦日益复杂、费用越趋庞大昂贵，因此学术研究需要组织性支持，并与其他人协调、合作。

早在 1890 年，著名历史学家蒙森（Mommsen）[2] 便提出"大学术"（Großwissenschaft）概念，以区别于传统的作坊式学术活动。质言之，现代学术已由作坊式小学术向企业化大学术过渡，需要分工、有组织地进行，无论是学术界内部的分工协作，还是国家对学术组织的协调，都已势在必行。

首先，传统的大学理念长期支配德国大学，致使德国大学在体制上难以进行变革，不能适应学术和高等教育发展的需要。在学术研究方面，按照传统的大学体制，学术权力几乎完全集中在讲座教授/研究所（Institut）这一层次，教授们通常以研究所为组织基础，对本学科的发展享有绝对自主权。[3] 这种传统的作坊式体制常常影响了学科发展，影响了学术与社会的沟通，因为学科发展在很大程度上取决于教授的个人意志，社会需要与学术研究间的勾连缺乏体制上的联系渠道；另外，此种体制往往造成学科之间的隔阂，影响了相关学科的合作和沟通，特别是不利于大型的学术研究计划的推动、跨学科的合作。

其次，传统的大学体制奠基于学术研究，教学和人才培育活动的地位屈居于附属地位。长期以来，尽管大学在为专门职业，如教师、法官或医生等领域培育人才，但却无视这种职业的需要，而一味地注重学术研究，将学术研究视为大学的根本任务。以教授任命为例，教授遴选的依据几乎完全聚

---

[1] Cf. Weber，M.，"Wissenschaft als Beruf"，In D. Kaesler（Ed.），*Max Weber. Schriften 1894-1922*，Stuttgart：Alfred Kröner Verlag，2002：481-482.

[2] Cf. Mommsen，T.，"Antwort auf die Antrittsrede von Adolf Harnack"，In v. O. Hirschfeld（Ed.），*Reden und Aufsätze*，Berlin：Weidmann，1905：208-210.

[3] Cf. Schleiermacher，F. E. D.，*Gelegentliche Gedanken über Universitäten in deutschem Sinn*，Retrieved from http：//edoc.hu-berlin.de/miscellanies/g-texte-30372/123/PDF/123.pdf，1808.

焦于学术研究成果，而教学能力和水平较少被虑及。在德国大学中有种普遍的看法，认为好的研究者自然是优良的讲授者，正如 Schimank[1] 指出的，大学教授们顶着研究精英的头衔，将自己首先视为研究者，其次才是传授者。在大学主要用以培育少数知识精英的时代，这种观念似不成问题，但当受教者人数大幅攀升后，大学功能应与时俱进，而德国大学却难以突破其培育理念，以解决人才培育方面所面临的问题。

从以上列举的传统德国大学组织建构所面临的问题可以看出，建立在作坊学术体制上的德国大学，在 20 世纪已受到学术本身和高等教育发展两方面的挑战，因此大学应调整其大学理念，向理性化、科层化的方向发展。所谓理性化或科层化，无非是根据现实的多重需求，建立一种功能分化的大学体制。早在 20 世纪 20 年代，舍勒（Scheler）[2] 就批评，德国大学具有简单的一体性和任务的非分化特点，因此将大学组织和功能分化视为改革焦点；而且，在 20 世纪的历次大学改革讨论中，组织和机构的分化都是重要议题，但成果总是有限。[3]

（二）大学制度与治理德国模式未来发展前瞻

传统德国大学的治理制度，源自 19 世纪"国家管制"与"学术自治"结合的"历史妥协"，因而使得现代大学同时具备社团与国家机构的特性。在法制结构上，1976 年通过《高等学校基准法》，使得联邦政府得以介入大学的发展进程。再则通过各邦"文教部长会议"的定期性开会，"水平式整合"各邦的大学政策。在此历史传统与政治结构下，德国大学的办学绩效深受各方所诟病；尤其自 1977 年的"开放决议"后，德国大学的问题沉疴日见。

德国大学在几乎一个世纪之久的时间里，虽然也接受了一些变通的做

① Cf. Schimank，U.，*Humboldt in Bologna-falscher Mann am falschen Ort*？ Retrieved from http：//www.fernuni-hagen.de/imperia/md/content/soziologie/sozii/humboldt_in_bologna_-_falscher_mann_am_falschen_ort_.pdf，2009：11.

② Cf. Scheler，M.，*Die Wissensform und die Gesellschaft*，Bern：Francke，1960.

③ Cf. Clark，B. R.，*Places of inquiry*：*Research and advanced education in modern universities*，Berkely：University of California Press，1995.

法，但却囿于以往成功的经验，而未能完成观念和体制上的转型，因此始终处于一种传统与现代化的张力中。近年来，在高等教育国际化背景下，德国高等教育，特别是大学面临的问题更加突出。在激烈的批评声中，政府与大学等方面已持续推动根本性改革措施：1. 国家管制松绑，尤其是预算编列方式与大学法律地位的变革；2. 将目标协议（Zielvereinbarung）作为政府调控大学的工具，以及通过高等学校校务咨询委员会，强化外部利害关系人的调控；3. 增强竞争态势，此包含绩效导向的资源分配（Leistungso rientierteMittelvergabe）、卓越计划（Exzellenzinitiative），以及教授薪资制度改革（Besoldungsreform）；4. 强化行政群体权力，并缩减学术自治的相关权限。①

在前述改革的方向上，传统大学管理的国家管制与学术自治二元模式，其调控强度均已减弱，而大学行政群体权利调控、外部利害关系人的调控，以及竞争调控等都被强化。但长期存在的高等教育经费的拮据问题依然严峻，因而影响改革成效。另外，国家对大学的财政挹注与教授的薪资需以评估绩效指标为基础，但一些绩效指标过于抽象、难以具体操作，极易产生争议。可喜的是，德国大学改革的成果，已强化了大学间的竞争态势。

另外，在波隆纳宣言（Bologna Declaration）后，不分层次的大学学业已过渡为硕士／学士两阶段的高等教育体制（Bundesministeriumfür Bildung und Forschung，2018）；再者，在前述新人文主义的大学理念中，大学是以纯知识为对象的学术研究机构，而不应考虑社会经济与个人职业的实际需求，但在波隆纳进程中，传统学业的学术性取向有所改变，开始强调大学课程与职业体制间的紧密联系，并以培养职业技能和市场需要为导向。②

---

① 参见张源泉：《德国高等教育治理之改革动向》，《教育研究集刊》2012 年第 4 期。

② Coimbra Group，*Statement of the Coimbra Group of Universities on the Bologna Process*，Retrieved from http：//www.coimbra-group.eu/uploads/2018/BolognProcessStatement.pdf，2018.

第五节　大学制度和治理的俄罗斯模式

延续苏联而来的俄罗斯联邦，易名于一夕，唯体制难变。在学制上，从中小学到大学，仍仿照苏联制度。在此三十余年间，俄罗斯处于内外局势变动剧烈的环境中，如何能秉承历史，开创新局，成为高等教育发展重要的课题。

一、俄罗斯大学发展状况

（一）俄罗斯大学的起源与发展

回顾传统，若从莫斯科大学于 1755 年成立算起，俄罗斯联邦的高等教育已有 260 年以上历史，其间历经多次政治与社会转型。18 世纪的罗曼诺夫王朝，沙皇一人君临天下，为独夫掌权时代。雄踞在欧亚北方大地的俄国，高等教育学府培育出众多举世知名的精英。在科学研究方面，有化学家门捷列夫与生物学家巴甫洛夫；在文学方面，屠格涅夫与托尔斯泰的旷世巨著耀眼于世；在音乐方面，则有柴可夫斯基与史特拉文斯基等人的传世乐曲，可谓各方面人才辈出。

20 世纪初，列宁领导共产党，推翻皇权，建立世界上第一个社会主义国家。至 20 世纪末叶，苏联崩裂后迄今，若以统治观点探究俄罗斯高等教育的发展历史，约可分为苏联时期与俄罗斯联邦时期。以下就此两个时期简略说明如下：

1. 苏联时期

俄罗斯联邦高等教育的发展基础乃源自于苏联。在精英主义理念下，苏联高等教育强调专业学科的精进。依照科系的要求，学生可于 5 年完成学业。学生毕业后获得专家（специалист）证书；若要继续攻读学位，则可进入副博士（кандитат）阶段，经过国家考试与论文答辩之后方可取得学位。副博士之后，则有博士（доктор）阶段的学习，须撰写论文，并完成论文答辩，方能获得博士学位。

苏联时期的高等教育与欧美制度大相径庭。首先是大学部阶段的学习年限为5年，较之美国的4年或是英格兰的3年，多出1—2年。其次，并未设立硕士阶段。至于苏联时期的副博士阶段，要求严格与西方博士水平几无二致。而博士学位更是近乎荣誉，一般而言，取得博士学位者，其研究成果早已获得肯定。凡此种种，一方面，让苏联时期的高等教育可以确保质量；但另一方面，却是独树一帜，难与西方制度接轨。

2. 俄罗斯联邦

俄罗斯联邦时期又可分两个阶段。因为在此两阶段下，俄罗斯社会经济条件相当不同，而形成高等教育发展上重大的差异。

（1）第一阶段

1991年底，苏联解体，叶利钦从俄罗斯共和国的总统，转而成为俄罗斯联邦的首任总统，任期从1992年至1999年。虽然苏联遗留给俄罗斯联邦广袤的土地与丰富的资源，但同样也遗留了沉重的国家赤字与疲弱的经济发展，高等教育只能在困顿中喘息。

1993年9月俄罗斯联邦通过《俄罗斯联邦高等教育多层次制度中硕士培育（学位）条例》命令，促使俄罗斯高等教育机构可以正式设立硕士学位。1994年，俄罗斯首批通过设立硕士学位课程的高等学府为莫斯科大学、圣彼得堡大学以及普希金学院。1995年俄罗斯高等教育委员会则通过35所高等学校的硕士课程。[①]

1996年俄罗斯颁布《联邦高等和大学后职业教育法》，健全高等教育学习阶段的层次。在此法令下，形成新旧制度共同存在的现象。大学可以将原有的本科部分从5年改为4年，颁授学士学位（бакалавр）。所以，新制为4年的学士，往上接两年的硕士阶段；若要继续研究学术，则进入副博士阶段，然后才是博士阶段。

以上学制的改革引导俄罗斯高等教育转向西方制度，使之更容易与国际接轨，有利于国际学生的招收。而外国学生的入学可以缓解俄罗斯高校发

---

① 参见钟宜兴：《俄罗斯教育研究》，高雄复文出版社1998年版，第122页。

展经费不足的窘境，同时增进俄罗斯高等教育的国际化。

（2）第二阶段

普京自2000年执掌俄罗斯迄今，曾担任2000年至2008年的总统。依照宪法卸任后，由新任总统梅德韦杰夫指定其担任总理一职，任期为2008年至2012年。而后，在梅德韦杰夫任职总统之时，修改宪法，总统任期延长为6年。普京为宪法修改后的第一位总统（2012—2018年），2018年总统大选又获选，开启第二任期。因此，普京掌握俄罗斯联邦至少可有24年，即从2000年至2024年。

在普京掌权期间，俄罗斯经济逐渐好转，影响高等教育发展的重大改革约有以下几项：

第一，签署《波隆纳宣言》。2003年俄罗斯教育部签署《波隆纳宣言》，2004年12月16日俄罗斯中央教育审议委员会通过《有关波隆纳宣言于高等职业教育体系中之实践》的决议。依据此项决议，俄罗斯教育科学部进一步拟定《2005年至2010年俄罗斯高等职业教育制度实践波隆纳宣言之具体措施》。签署《波隆纳宣言》，意味着俄罗斯深知进入高等教育全球竞争行列的必要。

第二，改组俄罗斯中央行政当局。2004年6月15日甫当选连任的总统普京颁布第280号命令，以"教育科学部"取代原先"普通暨职业教育部"。教育科学部除本部的下辖司处之外，仍设有四个主要单位，分别有：智慧财产、专利与商标署（而后于2011年更名联邦智慧财产署），教育与科学督导署，科学与创新署，教育署。之后，教育署改为青年事务署。2010年，科学与创新署的业务直接划归于教育科学部之下。2012年，联邦智慧财产署则划归联邦经济发展部。因此，现今俄罗斯教育科学部原有辖属的四个署，只剩下教育与科学督导署以及青年事务署。

总而言之，原有教育部的权限扩及科学与创新事务。此项命令标举着科学发展成为俄罗斯强国的根基；而高等教育又是科学发展的基础。因此，高等教育的发展成为俄罗斯国家发展的重要支柱。

（二）俄罗斯大学的规模与结构

相对于苏联时代的精英主义，整体而言，俄罗斯高等教育朝向大众化的方向发展，规模逐步扩大，从而造成良莠不齐的现象出现，所以调节与维持质量的思维成为俄罗斯社会近年来的共识。

1. 规模

当前俄罗斯大学的规模可以从表 5–7 中的数据了解。1990 年，苏联尚未解体，当时所有的高等教育机构共有 514 所，皆为公立，并无私立。学生人数为 282 万人左右。1995 年转入俄罗斯时代后，高等教育机构增加，其中私立高校数 193 所，学生却是下降至 279 万人，主要原因在于社会动荡，就业不易，高校学历未能保障就业。此后，特别是普京总统任内，因为全球原油价格高涨，俄罗斯经济复苏，高校数目与学生人数亦随之不断攀高。2010 年达到最高点，高校数为 1115 所，学生数为 705 万人；其中私立高校数为 462 所，私校学生数为 103 万。私立学校数为整体的 30%，但学生人数却不及 15%，足见俄罗斯高等教育发展仍是以公立学校为主。

在量的扩增之后，俄罗斯高校的发展转向素质提升的目标。2011 年之后高校学校数与学生人数，双双呈现下滑。至 2017 年，学校数目为 766 所，而学生人数则是 424 万人。将此数据与最高峰的 2010 年相较，学校数减少349 所，降幅超过 30%；学生人数减少 281 万人，降幅亦超过 30%。短短五六年间的发展，此降幅不可不谓大，宣示着俄罗斯中央教育行政主管机关整顿高校的决心。

表 5–7　高等教育基本资料[①]

	1990/91	1995/96	2000/01	2005/06	2010/11	2011/12	2012/13	2013/14	2014/15	2015/16	2016/17	2017/18
学校数	514	762	965	1068	1115	1080	1046	969	950	896	818	766
公立	514	569	607	655	653	634	609	578	548	530		
私立		193	358	413	462	446	437	391	402	366		
学生数（千人）	2824.5	2790.7	4741.4	7064.6	7049.8	6490.0	6075	5647	5209	4766	4399	4246

① 其中有关私立高校资料，俄罗斯联邦统计局于 2017 年之后各项表件都未列入。

	1990/91	1995/96	2000/01	2005/06	2010/11	2011/12	2012/13	2013/14	2014/15	2015/16	2016/17	2017/18
公立学校	2824.5	2655.2	4270.8	5985.3	5848.7	5453.9	5145	4762	4406	4061		
私立学校		—	470.6	1079.3	1201.1	1036.1	930	885	805	705		

资料来源：Федеральная служба государственной статистики（2012）. p.323；Федеральная служба государственной статистики（2014）. p.355；Федеральная служба государственной статистики（2018a）. p.142.

2.结构

在苏联时期俄罗斯便以高等教育机构的名称表示大学与学院，而俄罗斯联邦时期则持续沿用此种称呼。若从技职教育体系的观点来说，俄罗斯将其称为高等技职教育阶段。原则上，在这名称之下，1996年俄罗斯联邦颁布《高等与后高等教育法》，依据学校设立的名称与性质划分成三大类：第一类为大学（университет，university），包括综合大学、单科大学；第二类为学院（институт，institute），本类学校还可依照职业类别划分；第三类为各种专门类科的高等教育机构，称之为专门学校（академия，academy）。该法于2012年修订，其中第九条在原有高等教育分类中列出联邦大学（Федеральныйуниверситет）。所以，新的类型分别为联邦大学、大学、学院与专门学校，然后在大学类型中再细分出国家研究型大学。以下根据相关类型加以说明。

在俄罗斯联邦高等教育学府中，传统综合大学在俄国具有悠久的历史，通常这类大学在人文、社会与自然数理等领域皆有一定的水平及研究成果，师资阵容强大，深为一般民众所重视。在此类学校中又以前述于1755年创校的国立莫斯科大学最为著名。

单科大学则是以某一专门领域为主的高等教育机构。例如师范大学即是单科大学中重要的代表。在师范教育专业领域中，最有名的是位于莫斯科市的国立莫斯科师范大学以及圣彼得堡市的俄罗斯国立赫尔岑师范大学两所。

第二类的高等学校为学院，可分成单科学院与综合技术学院。所谓的单科学院有工程学院、语文学院、农业学院及教育学院等。但也有称之为学校（школа，school）的单科学院，如体育、艺术等方面的单科学院。至于综合技术学院，则是以训练某些专门领域的人才为教育目的，但其涵盖的研究领域较广，并非狭隘的范畴，有的著名学院甚至科系众多，实则有大学的体制。例如著名的国立莫斯科电子科技学院（大学），设有多个与电子与数学有关的科系。莫斯科动力工程学院亦属此类。后因两校皆获得国家研究型大学经费，故在原校名前冠上国家研究型大学。

第三类为专门领域的高等教育机构，这类学校机构着重于相当专精的学科领域。例如，在经济学科上相当有地位的新设立学院，国家研究型大学——高等经济学院，以及在矿业领域研究上著名的圣彼得堡国立普列汉诺夫矿业学院。但上述两所学校因为研究能力强，所以成为研究型大学。

以上各类学校皆可设置夜间及函授课程，供学生以兼职方式取得证书。由于学生以兼职方式上课，所以修业年限比一般日间部的学生多一年；而学生的入学资格、学习内容及学习要求皆与日间部相同。

2012年以后新增的联邦大学与研究型大学，各有其发展背景。俄罗斯目前共有8个联邦区（2014年增加克里米亚联邦区，又于2016年并入南方联邦区）。而依据俄罗斯国家计划，在教育分项计划中即列出筹设联邦大学为重要的工作项目。2006年俄罗斯首批两所联邦大学获准成立，分别为南方联邦区与西伯利亚联邦区的联邦大学。举例而言，联邦大学大型计划的实施引领联邦区的发展。[①]2006年俄罗斯首批两所联邦大学获准成立，分别为南方联邦区与西伯利亚联邦区的联邦大学。

俄罗斯联邦中央政府于2006年11月3日通过《有关自治组织》之《联邦法》，而后分别几乎每年政府部门都会重新审视此项文件，因此迭经修改。2009年2月国家议会通过教育科学部提案，正式将联邦大学放入《教育法》以及《联邦高等和大学后职业教育法》之中。

---

① 参见钟宜兴、黄碧智：《俄罗斯公立高等教育机构整并与法人化的论述》，http://www.naer.edu.tw/ezfiles/0/1000/attach/33/pta_6000_7254027_16724.pdf，2011。

2010年元月，总统梅德韦杰夫签署设立北高加索联邦区之命令后，普京总理随即于同月表示，将成立北高加索联邦大学。至于克里米亚联邦大学的设立文件更是在发生俄国与乌克兰冲突事件之后，于2014年快速决定。至2015年为止，俄罗斯共有十所联邦大学核准成立，分别为波罗的海联邦大学、远东联邦大学、喀山联邦大学、北方联邦大学、西北联邦大学、北高加索联邦大学、西伯利亚联邦大学、南方联邦大学、乌拉尔联邦大学、克里米亚联邦大学。联邦大学的设立模式是以合并高等教育机构而成，因此学生人数众多，经常是以万计。例如，最早成立的西伯利亚联邦大学学生人数超过30000人，最晚成立的克里米亚联邦大学亦有35000名学生。在此合并的动作中，可以看见俄罗斯联邦中央行政主导的力量。

另外，近年由于俄罗斯实行几个大型高等教育发展计划，促使高校在结构上的分野加大，其中较为重要者为研究型大学计划之实施。梅德韦杰夫总统于2008年10月7日，与俄罗斯教育科学部部长会面，并在此会面的场合立即签署命令，正式启动"有关实践创立国家研究型大学的先锋计划"。俄罗斯政府于2009年7月13日以第550号令公布《有关大学发展竞赛型的评选计划——"国家研究型大学"的设立》，详细拟出国家研究型大学的遴选相关规定。历经2009年与2010年两次国家研究型大学的选拔，共挑选出27所高等教育机构接受补助，补助期限为十年；[1] 而后再增至29所。在政府资金特意地支助下，强化此29所大学研究的能力。

此项计划的落实，特别标举出研究型大学，显示出俄罗斯高等教育机构中教学型与研究型的划分将会更清楚。

此外，俄国还有较为特殊的高等学府，便是以国家科学院命名的高等研究单位。这类研究单位在俄国具有卓越且优良的研究传统，深为国家所器重。然而，此类高等研究单位只招收攻读副博士以上学位的学生进行研究工作。学生毕业之后，可获颁学位与证书。此类机构在教育界最著名的为俄罗

---

[1] 参见钟宜兴：《俄罗斯教育》，载杨深坑、李奉儒：《比较与国际教育》，台北高等教育2010年版。

斯教育科学院。长久以来，俄罗斯教育科学院与中央教育行政单位签订多项研究计划，成为教育行政机关的重要咨询对象。

（三）俄罗斯大学的质量与国际地位

有关俄罗斯大学的质量与国际地位可以从以下诺贝尔得奖状况、高等教育机构世界排名以及外国学生数三方面了解：

1. 诺贝尔得奖状况

在俄罗斯联邦时期获得诺贝尔奖者仅有 3 人，分别是 2003 年获诺贝尔物理学奖的金兹布尔格（Vitaly L. Ginzburg），以及 2010 年获诺贝尔物理学奖的安德烈·盖姆（Andre Geim）与康斯坦丁·诺沃舍洛夫（Konstantin Novoselov）。以上 3 人皆在苏联时期的俄罗斯境内完成大学学位。事实上，上一次俄罗斯人获得诺贝尔物理学奖是在 1958 年，已是 60 年前。俄罗斯人获颁诺贝尔化学奖项是在 20 世纪 70 年代。简言之，俄罗斯联邦高等学府所培育的诺贝尔奖得主目前仍未出现。

2. 高等教育机构世界排名

有鉴于高等学府的世界排名，各家所做调查结果不同，以下仅以较为人所引用的 Quacquarelli Symonds（QS）所做的世界大学排名（World University Rankings）与美国新闻与世界报道（US News and World Report）为主。QS 公司之前便与英国泰晤士报合作发行，Times Higher Education–QS World University Rankings，而后独力完成调查，其所调查的世界大学排名常为人所引用。

根据 QS World University Rankings（2018）的排名，俄罗斯联邦高等教育学府进入前 100 名者仅有莫斯科大学，进入前 500 名则有 13 所。排名在前 400 名中，莫斯科大学之后的圣彼得堡大学，排名已在 240；新西伯利亚大学（Novosibirsk state university，NSU），则是 250；包曼科技大学（Bauman Moscow State Technical University，BMSTU），291；托姆斯克大学（Tomsk State University，TSU），323；莫斯科物理与科技学院（Moscow Institute of Physics and Technology，MIPT），355；莫斯科国际关系学院（Moscow State Institute of International Relations，MGIMO），373；莫斯科工

程物理学院（Moscow Engineering Physics Institute，MEPhI），373；以及高等经济学校，382。

大略观之，俄罗斯高等学府进入 QS 的 400 名中，一般大学仅有莫斯科大学、圣彼得堡大学、托姆斯克大学 3 所。其余以理工或科技见长者，有 4 所；至于人文社会学科者，为莫斯科国际关系学院以及高等经济学校 2 所。

但是，根据美国新闻与世界报道①的世界大学排名，俄罗斯高等学府未有进入前 100 名的，排名最好者为莫斯科大学，为 267。

不论是 QS 或是美国新闻与世界报道的大学排名，两者都显示俄罗斯高等教育的国际竞争力之不足。因此，提升大学竞争力成为普京政府高等教育发展政策的重点。

3.外国学生人数

世界贸易组织将教育视为服务业，此项产业在国际间日渐受到重视。而外国学生人数的增减，则是此项产业发达状况的指标。首先了解当前全球主要国家的外国学生人数状况。依据下表 5–8 可以了解，美国与英国吸引外国学生的能力仍居世界之第一、第二位，紧接在后的是澳洲。此三国除高等教育素质好，高校数量较大之外，另外对于留学生而言，英语已成为国际流通之语言，为出国留学必要的工具，选择英语系国家甚为方便。反观法国、德国与日本则语言使用较为小众，所以有其困难。

表 5–8　主要国家外国学生数（千人计）

国家	澳洲	加拿大	法国	德国	日本	英国	美国	OECD	欧盟
学生数	294	172	239	229	132	431	907	3296	1522

资料来源：OECD（2018），p.300。

法国、德国与日本的语言流通问题，俄罗斯在外国学生事务的发展上同样遭遇过。不过，在加入波隆纳进程之后，俄罗斯锐意强化对外国学生的

---

① Cf. US News and World Report. *Global universities*. Rerieved from https：//www.usnews.com/education/best-global-universities/search? region=europe&country=russia&subject=&name，2018.

吸收，有不错的成果。根据表 5–9 数据显示，俄罗斯外国学生人数自 2010
年之后不断提升。自 2010—2011 年的 15 万多人，至 2016—2017 年的 24
万多人，增加将近 9 万人，增幅达到 60%。与德国、法国相比，数量上尽
管相当，但根据更为详细的资料来看，俄罗斯外国学生的组成上，仍是以苏
联国家为主，约占 75%，其次是中国。对苏联国家的学生而言，俄语学习
并不困难，俄语即是其母语。

易言之，近年来俄罗斯积极吸引外国学生，扩大其高等教育的国际影
响力，所以在六七年间增加快速。但是，受制于文化与语言的因素，俄罗斯
外国学生的组成成分，主要是以苏联国家为主力。至于中国，已是全球学生
输出的首要大国，加以中俄双方友好关系，因此中国在俄罗斯的留学生也相
当可观。

表 5–9 俄罗斯外国学生数（千人计）

	2010/11	2014/15	2015/16	2016/17
总数	153.8	224.6	242.5	244.0
独立国协、波罗的海、格鲁吉亚	116.7	175.5	188.1	186.8
欧洲	1.3	1.8	2.5	2.5
亚洲	28.1	31.7	34.5	37.5
中国	9.8	10.9	12.0	13.5
中南美洲	0.9	1.3	1.6	1.8
北美	0.1	0.2	0.2	0.4
非洲	6.7	9.4	10.6	12.6

资料来源：Федеральная служба государственной статистики.Российский статистический
ежегодник：2017. Rerieved from：http：//www.gks.ru/free_doc/doc_2017/year/year17.pdf.，
2018：200。

依据上述几项资料与事实来看，俄罗斯高等教育的国际竞争力并不理
想，往日荣光已不再。有鉴于此，普京总统与中央教育行政团队提出的提振
高教水平计划便势在必行。

二、俄罗斯大学的外部治理

大学的外部治理，主要指来自大学之外的管控能力。俄罗斯大学的外部治理来自于两方——政府与社会，而前者又可分为中央与地方，后者则以企业或相关民间组织为主。

（一）中央与地方的关系

俄罗斯在高等教育方面的管理，主要权责机构可以分为中央与地方两层级，其有关的权限主要根据《教育法》所定而来。依据联邦《教育法》第6条，为中央教育权限的条文，其中涉及高等教育者，主要有以下几款（见表5–10）：

表 5–10　中央教育行政机关有关高等教育权责之规范

款次	条文内容摘要
1	拟定与实施统一的国家教育政策
2	提供高等教育机构之设立，包括在竞争基础上保障学生得以接受免费高等教育的权利
3	国家教育机构能够提供终身职业教育
4	拟定、批准和实施俄罗斯联邦的国家计划，或联邦项目计划，以及实施跨国的教育的计划
5	设立、重组与关闭联邦教育机构
6	批准联邦的国家教育标准，确定联邦的国家要求
7	许可教育活动之开办
8	政府批准机构所从事的教育活动，包括在俄罗斯设立外国教育组织
9	国家控制（监督）教育领域的机构之活动
10	确保联邦层级对教育制度所实施的监测

资料来源：作者自行整理。

至于在地方教育权限方面主要在《教育法》第8条，涉及高等教育者有以下几款。第1款为：地方主体可根据地方社经、生态与人口、文化等特性，拟定地方教育发展计划。第2款为：地方可以设立、重组与关闭教育机构。第3款为：监控地方主体的教育发展水平。第12.1款为：创造条件得以对从事教育活动的组织，进行教育活动质量的独立评估。

从以上中央与地方教育权限的相关条文可知，在高等教育方面，不论中央或是地方皆有权限设立高等教育机构，但两者权限仍有不同。中央主要负责全国统一政策的制定与推行，对于地方教育发展具有监控的权力，对于属于中央管辖的高等教育机构则拥有审查、质量管理甚至命令关闭的权限。至于地方则是在实行中央统一政策的情况下，可以对于辖内的教育机构进行监控与质量管理的权限。整体而言，俄罗斯中央教育行政部门对于高等教育的发展具有相当大的权限。

因此，俄罗斯中央提出高等教育发展政策，特别是补助大笔经费的计划，对于地方而言，踊跃配合，获得资源实属必要的动作。

(二) 大学与政府的关系

在皇权高涨的时代，大学的自主权限成为沙皇的施舍。但卡萨琳大帝筹建完成莫斯科大学后，依照中古世纪的传统，强调大学教授治校与大学自主，因此赢得欧洲学者之认同。到了20世纪初，苏联民主运动风起云涌，莫斯科大学学生反对王朝专政，寻求革命，当权者多次下令关闭莫斯科大学。甚至在1911年，近130位莫斯科大学教授抗议军队入驻校园。

在苏联时期，高等教育机构的法定地位为国家中央教育行政主管单位的下属机关。因此，教育行政主管机关有其绝对的权限，掌握高等教育机构的发展方针。但是，因为俄国高等教育承继欧洲，特别是德国的传统，教授治校有其历史。自第二次世界大战以来，双方相安无事。

当前俄罗斯高等教育机构与政府之间的关系，则有上述的法律规范。而两者关系则可以从以下几方面展现：

1. 预算编列。根据俄罗斯联邦《教育法》第22条第4款之规定，教育机构有三类，分别是国立、市立与私立。所以，不论是中央或是地方层级，皆可以透过财政补助的方式管理与控制权限范围内的公立高校。近年来在统计数据上，俄罗斯中央并未显示公私立学校之别，但是通过学生经费的来源却可分辨出不同。尽管接受行政主体或地方经费资助的学生不多，但仍可以看出地方政府可以通过预算编列的方式管理大学的发展。下表5–11即显示行政主体与地方所提供给学生的经费。

表 5–11 不同经费来源的学生数（千人计）

	2000 年	2010 年	2014 年	2015 年	2016 年
总数（开学初统计）	4270.8	5848.7	4405.5	4061.4	3873.8
联邦经费	2754.6	2541.8	1990.5	1859.9	1838.5
行政主体	36.8	71.8	65.8	62.7	61.9
地方	10.6	5.7	4.7	1.0	0.8
自费	1468.8	3229.5	2344.5	2137.9	1972.6

资料来源：Федеральная служба государственной статистики.Российский статистический ежегодник：2017. Rerieved from：http：//www.gks.ru/free_doc/doc_2017/year/year17.pdf，2018：198。

2.品质监控。按《教育法》中第22条第11款的规定，联邦、行政主体与各地方行政权力机关有权评估教育机构，并决定是否重整与关闭。而且在第12款载明，上述决定可以不经过当地居民同意即可实施。由此可见，俄罗斯中央与地方具有极大的权限掌握高等院校的存在与发展。当然重整与关闭的决定需要经过一定的手续，其中最重要的手续即是质量监控，所以第14款说明此项评估的必要。

中央的高等教育机关的质量监控事宜由教育与科学督导署负责。教育与科学督导署系根据2004年5月9日所颁布的第314号总统令设立，主要工作在于管理与督导教育与科学、科技等相关行政部门之业务执行状况，以确保其质量。①其内部组织经过几次调整，2018年现行组织置署长一人，副署长两人。该署负责科学与教育相关业务发展的监督，下设有相关单位。其中与教育业务直接有关的单位主要是"普通教育质量评鉴处"、"管理与监督联邦各行政机关处"、"教育机构督导处"与"政府服务处"。其中普通教育质量评鉴处主要业务在于监控普通教育的质量，其主要工作即是高中学生的统一考试。管理与监督联邦各行政机关处则是监督各地方有关国家学历考试

① Cf. Федеральная служба по надзору в сфере образования и науки（2018）．Общая информация.Retrieved fromhttp：//obrnadzor.gov.ru/ru/about/general_information/，2018.

的运作。教育机构的督导则负责对学校的评鉴工作。政府服务处则在学历认证工作与核可证件之发放。①

除教育与科学督导署内有其下属组织之外，另外有几个重要单位与之合作，分别是国家教育测验学院，处理教育标准研究评量、测验工具及方法等相关事宜。国家学力测验中心，负责基础与中等普通教育阶段的国家学力考试实施。国家教育评估专家中心，负责对教育机关开办申请的核可、教育内容课程与学生程度等的认证与各项文件的确认。国家教育认证署，协助国家认证流程的组织与科技的支持，并完成相关数据的分析。国家教育质量评鉴学院，主要业务为处理联邦教育与科学监督署相关活动信息的收集与分析。在联邦教育与科学督导署业务开展下，各行政主体与地方配合，达成各个高等学校的监督品质管控工作。

3.计划引导。在普京总统任内，俄罗斯中央教育行政部门启动多项高教计划，当前较为重大的计划为创立支柱型大学，于2016年正式实施。该计划要求地方政府与大学合作共同提出整体发展计划。因此，地方政府积极与地方上重要大学协商共议。2016年1月25日俄罗斯教育科学部公布第一波在15所竞争大学中，选出其中11所支柱大学，自2016年5月开始至2020年为止，上述11所大学皆可获得政府补助，每所大学补助款约在1亿至1.5亿卢布，共计12亿卢布。2017年4月18日公布第二波支柱大学。第二波大学分成两组，第一组共有8所大学，皆由中央负责相关经费的编列；第二组则有22所，所需的经费由地方与教育科学部共同负担。② 地方性质的大学在此经费诱因下积极发展，而地方政府也企图以此机会能够开展地方事务。

简言之，在编列预算方面，行政主体与地方可以依其财务状况对于所属的高等教育机构进行相关财务资助工作。但是，在质量管控方面，基本上由中央主导、各地方配合的情况下，全面展开对教育机构的督导工作。至于在

---

① Cf. Федеральная служба по надзору в сфере образования и науки（2018）. Общая информация.Rerieved fromhttp: //obrnadzor.gov.ru/ru/about/general_information/, 2018.

② Cf. Опорный университет. Project.Rerieved from http: //flagshipuniversity.ntf.ru/project, 2018.

拟订计划方面，中央政府则具有主导权，引导地方政府与大学发展的方向。

原则上，不论公立高等教育学府是否具有法人地位，俄罗斯联邦政府在尊重与信任的情况下，高教机构内部事宜由学校自理自治。但是，若涉及整体国家发展则联邦政府会直接介入，或是给予推力或助力。易言之，从历史发展看来，只要能够在不违背国家大政与重大教育政策的情况下，俄罗斯高等学校的自主权限日益扩大。

（三）大学与社会的关系

由于俄罗斯公立学校的经费主要来自于政府，因此对于专业协会或是企业资金的需求并不高。不过，俄罗斯大学与社会关系日益密切已是不争的事实，其主要的原因之一是俄罗斯高教在近二十年间不断地扩增，各大学吸收学生与资源的竞争也加大。

所谓的社会泛指非官方各种形态的民间组织。所以在俄罗斯大学与社会关系上，以下面两种非官方形态的民间组织为例说明。

1. 企业人士进入高教领域的协助

近年来，俄国引进企业界于高教发展政策或相关计划上的协助。例如，2012 年俄罗斯总统发布第 599 号令《有关实践教育与科学领域国家政策的策略》，此项命令牵涉范围甚广，包含学前、初等、中等与高等教育。其中涉及高等教育与科学研究部分，至 2018 年将增加经费到 250 亿卢布，至 2015 年全俄罗斯学者在世界科学研究期刊文献增量达 2.44%。然而，最为俄国学界注意者即是 2020 年时，俄国至少要有五所高等教育学府名列世界百所顶尖大学之列。为此，教育科学部启动评选机制，评选委员会共计有 13 位，其中有三位来自企业界，分别为：亚历山大·阿布拉莫夫，为俄国最大国际钢铁公司 EVRAZ 的总裁；伊戈尔·阿米尔杨，为俄罗斯创投公司执行长；赫曼·格雷夫，为俄罗斯联邦储备银行总裁。在 13 位成员中即有 3 位来自不同领域的企业代表，可以想见俄罗斯在追求高校卓越之际，教育行政机关采纳企业观点的用心。

2. 与高校有关人士所组成的组织

在此方面，较为重要的组织为俄罗斯高等学校校长协会，该组织系为高校领导人聚会的重要场合。该会成立于 1992 年，亦即与俄罗斯联邦成立的同一年启动。在当时几位大学校长的发起下，根据 1992 年 11 月俄罗斯联邦所发出的总统第 723 号令，开始筹组此协会。该会设立的目的在使俄罗斯全境的高等教育机构得以彼此互通有无，协力发展。第一任主席为俄罗斯石油天然气科技大学校长。目前该会会员超过 700 人，皆为俄罗斯高等教育机构的校长。现任主席由莫斯科大学校长担任。由于该学会的成员几乎涵盖俄罗斯所有公立大学，所以该学会许多决议与声明颇能吸引社会的关注，即使行政主管机关也难以忽略。

3. 与高校活动有关的民间组织

近年来，由于世界大学排名成为各界关注的焦点，所以俄罗斯政府机关与民间机构也出现不少以俄罗斯大学排名为主要诉求的机构。例如，俄罗斯联邦官方设立有关俄罗斯大学排名的网站，设在俄罗斯教育联邦门户网，其网址为 http：//www.edu.ru/ratings/。在官方重视引导下，民间机构也加入，每年此等民间机构皆会更新发布俄罗斯高校排名状况，以满足学子们与社会之需求。其中有名的机构如为排名专家社（Эксперт РА，RAEX），该社成立约 20 年，在俄罗斯社会颇有历史，且是较具规模的排名公司①。

从以上三种大学与社会关系的说明，俄罗斯高等教育与社会之间的联系日益密切已是不争的事实。依照此项发展趋势来看，大学与社会关系随着资本主义的渗透，政府追求卓越与绩效概念的深化，只会不断强化，大学回应社会需求将是俄罗斯高教发展的重点之一。

三、俄罗斯大学的内部治理

（一）大学内部治理结构

目前俄罗斯大学内部治理结构，随着俄罗斯高校地位与性质不同而有所变化。其中公立大学部分可以分为两类：一是具有法人地位者，如联邦大

---

① Cf. Эксперт РА. Обагентства. Rerieved fromhttps：//raexpert.ru/rankings/vuz/vuz_2018，2018.

学；二是未具有法人地位的大学，则以莫斯科大学为例说明。

1. 联邦大学

根据《自治组织法》第 10 条规定，凡自治组织皆须设立监督委员会（Наблюдательныйсовет），其成员为 5—11 人。任期年限由该组织订定，不得超过 5 年，连任一次该组织的领导者与副领导者不得担任监督委员会之委员一职。

在法令与政策确定之后，联邦大学的法人化运作具有更大的自主空间，能够独立设计课程、运用资金、处理人事。以下仅列出几所联邦大学的监督机制的实行状况以供了解与分析。2010 年夏天，教育科学部部长通过北方联邦大学监督委员会九名成员名单，其主要成员包括西北联邦区总统代表伊利亚·克列巴诺夫、阿尔汉格尔斯达州州长伊利亚·米哈楚克（Илья Михальчук，1957— ）、教育科学部副部长、阿尔汉格省议会主席、产业界代表 2 位，以及学界代表，如莫斯科经济高等学校校长安得烈·沃科夫（Андрей Волков）等。2010 年 9 月正式召开第一次会议，推举出伊利亚·克列巴诺夫为委员会主席，副主席则由当时教育科学部副部长弗拉基米尔·米克卢雪夫斯基（Владимир Миклушевский，1967— ）担任（同年此位副部长被任命为远东联邦大学校长）。会中通过该校重要发展方向与策略。11 月召开的监督委员会还邀请北方联邦大学的校长与副校长多人与会，针对学校财务与相关发展进行报告。而后在 2011 年的 1 月 28 日、5 月 26 日分别召开监督委员会。在 2011 年 1 月的监督委员会中，主要的讨论议题在于整并，即将国立罗曼诺索夫海洋大学、阿尔汉森林科技学院、北方科技学院并入北方联邦大学一事。

由此可知，联邦大学的监督委员会是全校最高权限所在的会议，而校长所率领的行政部门负责执行此委员会的决议。

2. 莫斯科大学

莫斯科大学的内部管理机制依照层级而有其设计，学院设有院务的教授会议，全校层级亦有其校务的教授会，此两层级的会议在俄罗斯皆称之Ученыйсовет。在全校层级的教授会则是该校最高权力机构。莫斯科大学共有 136 位成员，为各学院推派的代表，其中包含学生会（Студенческий Союз）代表一人。该会由校长 Садовничий ВикторАнтонович 担任召集人。莫斯科大学学生会系于苏联解体后一年成立，学生代表一人在超过百位教授之中，其象征意义大过实质效果。

教授会的职权主要在于拟定莫斯科大学修业规则，确定论文委员会（Диссертационныесоветы）章程与运作，确定学术研究重大发展方向的优先级，确认学位的授予，以及莫斯科大学重要奖项的颁赠等等。

以上作为符合《教育法》第 26 条第 2 款中所谓的同僚管理的原则，主要发挥集体领导的概念。集体领导的概念在第 4 款有较为清楚的说明，其主要作为在于成立教师大会，或是师生大会，或是教师委员会（педагогическийсовет）。上述的组织在高等教育机构的具体表现，即是教授会（ученыйсовет）的运作。

大体而言，不论大学是否具有法人地位，在内部管理上，俄罗斯大学约可分成几个部门。首先是行政部门，其次是学术领导部门，最后是管理监督部门。在具有法人性质的大学，其管理部门通常是监督委员会。若无法人性质，直属机关则是其管理监督部门。学术领导部门传统上是由教授会承担此方面的责任，表明大学教授治校的传统。行政部门则由校长与副校长等行政人员组建而成。

（二）行政管理与学术管理的关系

《教育法》第 26 条第 2 款规定，除了同僚管理的原则之外，另外一项教育机构的管理原则为首长管理。俄罗斯高等教育机构在此两种原则相结合的基础上体现其运作的机制。首长管理原则即是以校长为首，院长、系所主管作为大学之领导。

俄罗斯大学中，虽然是首长管理的原则，但是院系所代表着学术力量，行政部门则是学校日常运作主要维持者。行政部门的担纲者皆来自于各院系。因此，学校行政的核心团队与院系之间权力划分在于不能用上对下的关系看待。举莫斯科大学为例，在校长之下置九位副校长（проректор），此九位副校长分别来自历史系、数学系、生物系、化学系等等；而教授会的主任秘书则是哲学系教授。相关委员会等尽量促使个人领导与集体领导两者之间保持平衡。

四、大学制度和治理俄罗斯模式的未来

本节旨在探求俄罗斯大学模式，其重点在于内外部的治理模式。从历史发展的角度分析，俄罗斯高等学校治理模式因应社会的发展而有所变化，所谓的模式成为以时间为纵轴变化的样态。治理模式的变化原因来自于高等教育学校的外在挑战。因此，以下说明俄罗斯大学模式所面临的挑战与未来发展的可能。

（一）俄罗斯大学模式面临的挑战

俄罗斯大学模式所面临的挑战可分为内外两方面说明。

1. 外部治理的挑战

（1）从政府控制到市场控制。在进入 21 世纪之后，俄罗斯高等教育外部治理模式出现转变。原先由中央主导，拟订计划，编列预算的方式改成以竞争型计划，促成高等学校拟定出各自的发展策略。于是在政府主导，转而为计划导向的控管模式下，市场竞争概念日渐成熟。首先，市场机制的运作可能会失控，而丧失高教发展的整体国家方向。其次，市场机制在自由竞争的情况下，可能会造成高校的强弱加剧的倾向。最后，市场机制强调学费自由化，但是学费自由化可能造成社会的动荡，因为弱势者可能无法付出学费以致入学高等教育无望。如何调和国家管控与市场机制的运作，将是俄罗斯高等教育的重要挑战。

（2）从细部管控到宏观调控。但是，上述所称的市场控制，俄罗斯所采取的模式并非随意放任，而是在政府拟订大方向之后，由学校各自发展。所以，俄罗斯的外部控管机制，是从以前细部管控到现在的宏观调控。所以，要能在不影响高校内部的发展，却又能引导高校朝向政府所企望的发展方向前进，亟须政府在细部控管与宏观调控的两端达到平衡发展的技巧。

2. 内部治理的挑战

在内部治理方面，俄罗斯政府给予高等学校更大的内部治理空间。就

促使高校积极参与竞争型计划的角度看来，俄罗斯联邦中央教育科学部将扩大高校内部治理的空间。古典大学如莫斯科大学与圣彼得堡大学、10所联邦大学、29所研究型大学，都有其各自的高校内部自主管理的空间。所以，联邦大学法人化之后，经费与人事的运作更趋弹性自主。整体而言，俄罗斯高校拥有日益扩张的自主空间，但是面对全球竞争激烈的环境，现有的内部治理机制是否能够因应将是重大的挑战。

（二）俄罗斯大学模式未来发展前瞻

面对全球高等教育的竞争压力，俄罗斯联邦为追求高等教育的卓越发展，必须提升高等学校的行政质量。前瞻其未来发展，在其治理模式上主要有两个方向：

1. 政府与市场机制的协调

俄罗斯联邦中央教育行政部门在逐渐放开政府主导的情况下，引入市场机制，促成竞争趋势。但俄罗斯所追求的并非全然的利伯维尔场，完全交由市场运作以确保其质量。毕竟，俄罗斯政府以国家经费补助给公立高等教育机构，高校发展成果直接影响俄罗斯国家的发展。

简言之，俄罗斯政府一方面要以市场的运作方式，带动竞争效应；另一方面又要以政府监督的角度，确认整体发展的良善状况。所以，俄罗斯高等教育的外部治理模式上，必须确定政府与市场机制的协调。

2. 多元治理模式的运用

在内部治理方面，俄罗斯将会采取更多元的治理模式，以此让各大学有其各自的发展策略。联邦大学具有法人地位，监督会（理监事）则成为校务发展的重要决定组织。无法人地位的学校，教授会成为最重要的组织。在具有法人性质的高校监事会中，其组织成员纳入企业与地方重要人士。很明显，俄罗斯高等教育内部控管引进社会力量，俄罗斯高校的内部治理模式将会更为灵活与多元。

第六节　大学制度和治理的日本模式

一、日本大学发展状况

（一）日本大学的起源

日本国立大学肇始于 1868 年创始的东京大学，后又颁布《学制》（1873年）、《帝国大学令》（1886 年）、《大学令》（1918 年）作为大学设置的法令基础，因而改称为"东京帝国大学"，之后陆续设置京都帝国大学（1897年）、东北帝国大学（1907 年）、九州岛帝国大学（1910 年）、北海道帝国大学（1918 年）、大阪帝国大学（1931 年）、名古屋帝国大学（1939 年），并在台湾、朝鲜分别设置台北帝国大学（1928 年）与京城帝国大学（1924年）。虽然《大学令》让许多私立专科学校升格成为大学，但国立大学在法理上属于"公营造物"（即国家机构），一直受到国家的"文部省"（2001 年改制为"文部科学省"）的"统治"与"庇护"。① 在往后一百多年的历史中，高等教育机构在国家与社会殷切的需求下，不断地扩张发展。日本的高等教育体系在第二次世界大战前受到德国的影响最深；第二次世界大战后乃至今日都受到美国极大的影响。

（二）日本大学的规模与结构

按照日本高等教育机关的"性质"可区分为四年制大学（含研究所）、短期大学、专门学校与高等专门学校四类。"四年制大学"根据学校教育法第 83 条第 1 项，以"作为学术中心，广泛传授知识的同时，也要深入地教授、研究专业的学艺，扩展知性的、道德的、应用的能力"，并且将其教学研究成果充分地提供给社会，对于社会发展带来贡献。其大学部学生修业年限为四年，毕业后可授予"学士"学位。大学部外，四年制大学之上可设研究所硕士班（标准修业年限为 1—2 年）或博士班（标准修业年限为 1—

---

① 参见喜多村和之：《现代の大学・高等教育教育の制度と机能》，玉川大学出版部 2001年版。

3 年）。①

"短期大学"乃第二次世界大战后由旧制专门学校因为条件不足无法升格为四年制大学而改制成的学校。其目的为"以深入教授研究专门学艺，培养职业或实际生活技能的能力为目的"。短期大学为两年制，以培养专业技术为主，一般学习年限为两年，但医疗技术、护理专业学科为三年，毕业者授予"准学士"学位。②

"专门学校"为技职体系的一环，传授职业和实际生活中必需的知识、技术，以学习技能、提高修养为目的，修业年限由 1 年到 4 年不等，一般课程设置为 2 年。教育领域涵盖工业、医疗、文化、教养、服饰、家政、商业实务、教育、社会福祉、卫生、农业等。毕业生可获得"专门士"称号。③

"高等专门学校"以中学毕业生为招生对象，实施五年一贯制教育，以培养学生必要的职业能力为目的，课程大都和工业有关。

若以"设置形态"而言，依照"设置者"不同，可分为"国立大学"（国家设置者）、"公立大学"（地方政府设置者）、私立大学（学校法人设置者）。④2017 年度的高等教育机关共有大学 780 所、短期大学 337 所、高等专门学校 57 所（见表 5–12）。大学和短期大学的校数以私立大学居首，所占比率分别为 77.4% 与 95.0%。高等专门学校以国立大学的 51 所居首，占全数的 89.5%。⑤

---

① 参见杨武勋：《日本高等教育经营与管理》，载钟宜兴：《各国高等教育经营管理比较》，高雄丽文文化 2011 年版，第 145—171 页。

② 参见杨武勋：《日本高等教育经营与管理》，载钟宜兴：《各国高等教育经营管理比较》，高雄丽文文化 2011 年版，第 145—171 页。

③ 参见杨武勋：《日本高等教育经营与管理》，载钟宜兴：《各国高等教育经营管理比较》，高雄丽文文化 2011 年版，第 145—171 页。

④ 参见杨武勋：《日本高等教育经营与管理》，载钟宜兴：《各国高等教育经营管理比较》，高雄丽文文化 2011 年版，第 145—171 页。

⑤ 参见文部科学省：《文部科学统计要览（平成 30 年版）》，取自 http://www.mext.go.jp/b_menu/toukei/002/002b/1403130.htm，2018 年。

表 5–12　2017 年度日本国、公、私立高等教育机关校数

种类	国立	公立	私立	合计	私立大学比率
大学	86	90	604	780	77.4（%）
短期大学	0	17	320	337	95.0（%）
高等专门学校	51	3	3	57	5.3（%）
合计	137	110	927	1174	78.9（%）

数据源：文部科学省：《文部科学统计要览（平成 30 年版）》，取自 http：//www.mext.go.jp/b_menu/toukei/002/002b/1403130.htm，2018。

虽然文部科学省与日本学者陆续提出大学的分类法，但一直没有定调。值得注意的是，现在国立大学财务、经营中心每年出版《国立大学の财务》（《国立大学的财务》），公布所有国立大学的财务资讯。2007 年版的该书将国立大学分类为：（1）旧帝国大学（7 校）、（2）具有附属医院的综合大学（31 校）、（3）无附属医院的综合大学（10 校）、（4）理工大学（13 校）、（5）文科大学（6 校）、（7）医科大学（4 校）、教育大学（12 校）、（8）研究所大学（4 校）。此一分类的目的在于让规模相当的大学相互比较，且不会造成经营上的判断错误（国立大学财务 经营センター国立大学法人财务分析研究会编，2007）。2016 年起，文部科学省将 86 所国立大学分为“地方活化的中心”（重点支持 1）、“特定领域中世界型的教学研究”（重点支持 2）与“世界最高水平的研究”（重点支持 3）等三大种类，由各大学自行选择。在各自领域中表现杰出者，可获得较为优厚的“营运费交付金”（政府补助金）。在 2017 年国立大学第三期的中期目标中，各国立大学必须根据其“愿景”、设定教学、研究、社会贡献组织再造等不同项目的“战略”，并提出“评鉴指标”（KPI），检验是否达成指标。①

---

① 参见文部科学省：《平成 29 年度国立大学法人运营费交付金の重点支持の评价结果について》，取自 http：//www.mext.go.jp/b_menu/houdou/29/01/__icsFiles/afieldfile/2017/01/12/1381033_2.pdf，2017。

表 5–13　2017 年度国立大学法人营运交付重点支持

提案	战略	
	大学数	战略数
重点支持 1	55	177
重点支持 2	15	53
重点支持 3	16	68
合计	86	298

数据来源：文部科学省：《平成 29 年度国立大学法人運営費交付金の重点支援の評価結果につい て》。取自 http：//www.mext.go.jp/b_menu/houdou/29/01/__icsFiles/afieldfile/2017/01/12/ 1381033_2.pdf，2017。

　　文部科学省中央教育审议会在 2002 年 8 月提出"大学院における高度専門職業人养成について"（关于研究所高度专业人士之培养）答申，明确地将研究所培育人才的功能划分成"研究者"与"高度专业人才"两个面向。2003 年学校教育法和学位规则同时修正，除了博士、硕士、学士三种学位外，另设研究所的"专门职学位"（Professional School），此为学位制度的一大改革。新设专门职的硕士学位领域包含文学、教育学、保育学、法学、法曹培育、经济学、社会学、社会福利学、理学、工学、农学、兽医学、牙科、药学、家政、美术、音乐、体育、卫生保健学。根据文部科学省的统计，开设专门职大学院的大学达 122 所，共有 173 个课程，8739 名研究生就读。[1]

　　2017 年 9 月 8 日，文部科学省颁布"专门职大学设置基准"及"专门职短期大学设置基准"，目的在于参照现有的大学设置基准及专门职短期大学基准，另外开放设置具有高度与实践的职业教育机构。除必须保证具备国际水平的大学教学研究活动外，也需将重点扩至和产业界合作，并招募在职进修的人士就读。毕业要件除修满学分外，必须修习实习相关学分，即 4 年

---

[1]　参见文部科学省：《平成 29 年度専門職大学院一覧》，取自 http：//www.mext.go.jp/a_menu/koutou/senmonshoku/__icsFiles/afieldfile/2017/08/28/1388009_1.pdf，2017。

制大学 40 学分以上、2 年制短期大学为 20 学分以上（其中"现场实习"相关学分 4 年制大学需达 20 学分以上、2 年制短期大学为 10 学分以上）。

由此可知，在职业教育领域中，除既有的高等专门学校、短期大学、专门学校、专修学校外，4 年制的大学也以设置"专门职大学院"，并预备设置"专门职大学"，显示日本政府因应产业界的需求，创立新式大学来推动新形态的职业教育。

（三）日本大学的质量和国际地位

近年世界大学排名以英国泰晤士报、上海交通大学进行的排名最受瞩目，而台湾大学也推出"世界大学科研论文质量评比"用以比较各国大学的教学、研究成果与能力。尽管各种排名的指标和权重有所不同①，无论是东京大学还是其他顶尖大学在 2015 年至 2017 年度的排名都呈现持平或后退的趋势。但若仅以东京大学和京都大学两校来看，近三年的排名几乎都后退，对日本政府与大学带来极大的震撼。（见表 5–14）

表 5–14　日本主要大学在近三年各种世界大学排名前 200 名分布情况

大学名称	英国泰晤士报			上海交通大学			世界大学科研论文质量评比		
	2015 年	2016 年	2017 年	2015 年	2016 年	2017 年	2015 年	2016 年	2017 年
东京大学	23	43	39	21	20	24	20	23	26
京都大学	59	88	91	26	32	35	49	63	70
大阪大学	157	251—300	251—300	85	96	101—150	90	110	120
东北大学	165	201—250	201—250	101—150	101—150	101—150	101	125	135
名古屋大学	226—250	301—350	301—350	77	72	84	171	186	197
北海道大学	351—400	401—500	401—500	151—200	151—200	151—200	209	241	252
九州岛大学	351—400	401—500	351—400	201—300	201—300	201—300	189	212	210

---

① 参见绵贯健治：《世界大学ランキングと日本の大学：ワールドクラス・ユニバーシティへの道》，东京学文社 2016 年版。

大学名称	英国泰晤士报			上海交通大学			世界大学科研论文质量评比		
	2015 年	2016 年	2017 年	2015 年	2016 年	2017 年	2015 年	2016 年	2017 年
筑波大学	301—350	401—500	401—500	201—300	201—300	201—300	289	309	312
东京工业大学	141	201—250	251—300	151—200	201—300	151—200	244	267	270
神户大学	—	601—800	601—800	301—400	401—500	401—500	402	417	429
庆应大学	—	501—600	601—800	301—400	301—400	301—400	355	361	381
早稻田大学	351—400	601—800	601—800		401—500		455	474	501—600
筑波大学	301—350	401—500	401—500	201—300	201—300	201—300	289	309	312

数据来源：英国泰晤士报，https://www.timeshighereducation.com/world-university-rankings；上海交通大学：http://www.shanghairanking.com/ARWU2017.html；世界大学科研论文质量评比，http://nturanking.lis.ntu.edu.tw/DataPage/OverallRanking.aspx？y=2017。

1901 年至 2017 年之间，日本是欧美之外获诺贝尔奖最多的国家，共达 26 人，包括物理学奖 11 人、化学奖 7 人、生理学或医学奖 4 人、文学奖 3 人、和平奖 1 人。其中 3 人获奖时已变更国籍。由此可见在理工教育与科技研发上，日本具备相当深厚的基础。

二、日本大学的外部治理

（一）中央与地方的关系

1. 国立大学

国立大学由日本中央政府设立。国立大学的前身相当多元，包含旧的帝国大学、官立大学、师范学校、高等学校等，规模与特色皆有不同，2004 年起国立大学以"一国立大学一法人"的方式，全面实施法人化。①

---

① 参见杨武勋：《日本高等教育经营与管理》，载钟宜兴：《各国高等教育经营管理比较》，高雄丽文文化 2011 年版，第 145—171 页。

2. 公立大学

都道府县、市町村两级地方政府与公立大学法人皆可设立公立大学，不过事实上，只有都道府县与公立大学法人设立公立大学。国立大学法人化后产生骨牌效应，许多地方政府根据《地方独立行政法人法》，陆续将公立大学法人化，目的在于减轻地方财政的负担。公立大学法人可以说是国立大学法人的翻版，但不同的是，国立大学的理事长与校长必须是同一人，但公立大学法人理事长与校长可以另有其人。①

3. 私立大学

第二次世界大战前，私立大学的法源依据为《专门学校令》（1903 年订定）与《大学令》（1918 年订定）；第二次世界大战后则必须依据《教育基本法》（1947 年订定）、《学校教育法》（1947 年订定）、《私立学校法》（1947 年订定）而设立。根据订定，私立大学的设置主体为"学校法人"，设置到废止或关闭，甚至接受评鉴等，皆须依照文部科学省法令来实施。虽然私立大学的设置主体为学校法人，但所从事的教育事业具有公益事业，日本政府给予经常性支出上的补助金（每年约经常性支出的 10%—11%），也允许私立大学与其教师申请竞争性的经费。②

（二）大学与社会的关系

日本存在许多大学相关的团体，例如文部科学省认定的评鉴团体、争取私立大学利益的团体、文部科学省的外围团体（独立行政法人）、大学策略联盟和企业界的压力团体。对于大学的运行产生不同面向、不同层次的影响。大致可区分如下③：

（1）大学关系团体：国立大学协会、公立大学协会、大学基准协会、国际教育交流协议会、日本技术者教育认定机构。

---

① 参见杨武勋：《日本高等教育经营与管理》，载钟宜兴：《各国高等教育经营管理比较》，高雄丽文文化 2011 年版，第 145—171 页。

② 参见杨武勋：《日本高等教育经营与管理》，载钟宜兴：《各国高等教育经营管理比较》，高雄丽文文化 2011 年版，第 145—171 页。

③ 参见速解大学職員の基礎知識委員会：《速解大学職員の基礎知識——平成 30 年度版》，東京学校经理研究会 2018 年版。

（2）私立学校相关团体：私立大学联盟、日本私立大学协会、日本短期大学协会私立大学通信教育协会、日本医科大学协会、日本私立看护系大学协会、私立大学情报教育协会、私立大学退职金财团、私学研修福祉会。

（3）相关独立行政法人：大学改革支持学位授予机构、大学入学考试中心、日本学术振兴会、科学技术振兴机构、国际交流基金、新能源产业技术综合开发机构、国立情报学研究所、日本学生支持机构、国立教育政策研究所、科学技术学术政策研究所。

（4）大学策略联盟：大学策略联盟京都、学术文化产业网络多摩、大学策略联盟石川、全国大学策略联盟协议会、各地的 NPO 等。

（5）企业界团体：日本经济团体联合会、日本商工会议所、经济同友会等。

三、日本大学的内部治理

（一）大学内部治理结构

日本大学在第二次世界大战前即已崇尚"大学自治"（即"教授治校"与"学院自治"）的精神。传统上，国立大学的"意思决定"主要是由教授会主导；"评议会"只是名目上审议全校事项的机关，而校长的功能则是在于"沟通与协调"学院间的意见。法人化后的国立大学、公立大学和私立大学中，校长与理事会在经营上具有高度主导权。其组织与权限如下①：

1. 国立大学

（1）校长。校长代表国立大学法人，总理校务。任期两年以上，但不超过六年为限。校长依《国立大学法人法》第12条各项规定，由校长遴选会议选出，并由文部科学大臣任命。校长遴选会议的成员分别由经营协议会与教育研究评议会中选出，现任校长与理事亦可担任委员，唯其人数不得超过总数三分之一。校长的职权中需要理事会获得同意者如下：1. 对文科大臣

---

① 参见杨武勋：《日本高等教育经营与管理》，载钟宜兴：《各国高等教育经营管理比较》，高雄丽文文化2011年版，第145—171页。

提出中期目标的意见；2.需经文科大臣提出认可或承认的事项；3.预算编列、执行；4.学系、研究所等组织的改废。

（2）理事会与监事。理事由校长选出及任命，人选所需具备条件与选考校长相同，当校长任命理事的同时，必须立即通知文部科学大臣，并将人选名单公开（《国立大学法人法》第12、13条）。监事由文部科学大臣任命，负责监察国立大学法人的业务，有必要时需向校长或文部科学大臣报告，查察财务诸表与决算报告书，并提出意见。

（3）经营协议会。经营协议会是国立大学法人审议大学经营相关事项的重要组织，由校长与校长指定的理事、职员和校外人士所组成。校外委员人选方面必须参考教育研究评议会的意见后，由校长任命。同时该校外委员人数必须占经营协议会总人数二分之一以上。经营协议会负责审议的事项包含和经营相关的事项，如中期目标相关事项、学则、会计规程、薪资、预算、自我评鉴等（《国立大学法人法》第20条）。

（4）教育研究评议会。教育研究评议会负责审议有关国立大学教育研究的重要事项。委员为校长、校长所指定的理事、重要学院系所之主管，以及由校长指定的职员。负责审议的教育研究相关事项包括"中期目标"（6年一期）相关事项、学则（经营部分除外）、教员人事、教学课程方针、学生辅导事项、入学、学位授予、自我评鉴等事项（《国立大学法人法》第21条）。

2. 公立大学

（1）校长。校长遴选方法有两种情况，理事长兼任校长时，由遴选委员选举（《地方独立行政法人法》第71条第3项）；理事长未兼任校长时，则遴选该设立团体组织的负责人（《地方独立行政法人法》第14条第1项）。任命校长时，理事长兼任校长时，由法人提出，由设立团体的负责人任命（《地方独立行政法人法》第71条第2项）；理事长未兼任校长时，由设立团体的负责人任命（《地方独立行政法人法》第14条第1项）。

（2）理事会与监事。《地方独立行政法人法》第71条第1项及第7项规定，理事长原则上由校长兼任；若由他人担任时，校长则为副理事长。监事的资格方面，必须为熟稔财务管理、经营管理及其他地方独立行政法人实施之事务经营相关之优秀人才、律师、公认会计师、税务师及其他相关监查实务之人才，由设立团体任命之（《地方独立行政法人法》第 14 条第 2 项）。

（3）经营审议机关。根据《地方独立行政法人法》第 77 条第 1 项及第 2 项之规定，经营审议机关的成员含理事长、副理事长及其他等。

（4）教育研究审议机关。根据《地方独立行政法人法》第 77 条第 2 项及第 4 项之规定，教育研究审议机关成员含校长、学院长及其他等。

3. 私立大学

（1）校长。根据《私立学校法》第 35 条第 2 项规定，校长总理学校事务，由理事当中选出。

（2）理事会与监事。私立大学（学校法人）的理事长为学校负责人。理事会决定学校事务，监督理事职务的执行，为学校法人最高的"议事决定"机关。理事长原则上由校长兼任；若由他人担任时，校长则为副理事长。监事的资格方面，必须为熟稔财务管理、经营管理及其他地方独立行政法人实施之事务经营相关之优秀人才、律师、公认会计师、税务师及其他相关监察实务之人才，由设立团体任命（《地方独立行政法人法》第 14 条第 2 项）。理事会分为常务理事与一般理事。常务理事主管总务、教务、财务、企划、设备等重要业务外，亦包含大学的中长期计划。① 理事会外，应设 2 名以上的监事。监事由评议员会同意后，理事长选任。（《私立学校法》第 71 条第 1 项及第 7 项）

（3）评议员会。一般而言，评议员会是学校法人业务最高的咨询机关。相形之下，理事会为意见决定机构与业务执行单位。不过实际上，议事决定机构究竟是理事会或是评议员会，由法人的章程各自规定。② 根据《私立学校法》第 41 条及第 44 条之规定，评议员由教职员、25 岁以上的毕业生校

---

① 参见藤田幸男：《私立大学の組織・機構と意思決定システム》，載於社団法人日本私立大学連盟：《私立大学マネジメント》，東京東信堂 2010 年版，第 87—106 页。

② 参见藤田幸男：《私立大学の組織・機構と意思決定システム》，載於社団法人日本私立大学連盟：《私立大学マネジメント》，東京東信堂 2010 年版，第 87—106 页。

友及其他人当中选出。

（二）学校与院系的关系

传统上，国立大学与公立大学校长的角色较偏重协调各院研究、教学资源的分配，真正的权力中心在于校级的"教授会"；私立大学表面权力中心在校长，但理事会拥有更高的指导权力。2004年国立大学法人化后，公立大学也相继法人化，校长的权力因此大增。中央教育审议会大学分科会（2014年）更进一步提出"关于推动大学治理改革"审议报告书，说明面对国内外大学、竞争发挥教学研究资源的最大效用，必须在"校长领导"下，战略式地建构大学管理与治理体制。大学具体的应有作为如下：

1. 确立校长的领导

（1）强化辅佐校长的体制：设置副校长、创高度专业职位、强化教师与职员专业发展、活用大学经营会等。

（2）人事：职位调整、确保任用的适当性、推动成效弹性薪资。

（3）预算：依校长设立的愿景编列分配预算、确保校长裁量经费。

（4）组织再造：透过改革方针和客观数据说明，推动校长责任制的改革。

2. 校长选举、成果评价

（1）选举委员会保持主体性，依照大学使命、彰显校长形象、确认候选人的院长后再选举。

（2）设定可以确保安定经营的校长任期长度。

（3）校长选举委员会或监事考核校长办学成效，对于不适任者予以解聘。

3. 学院长的选任与成效评鉴

（1）选任具备和校长共同理念的学院长。

（2）由校长考核学院长治院成效。

4. 教授会角色的明确化

（1）审议教学课程、学生身份、学位授予、教师的教学研究成效。

（2）再检视各级教授会的功能。

（3）推动教授会审议事项透明化。

5. 监事功能的强化

（1）治理的监察。

（2）推动监事专任化。

（三）行政管理与学术管理的关系

大学经营上，国立大学的经营协议会、公立大学经营审议机关和私立大学的理事会属于"经营组织"；校长、学院教授会、国立大学研究评议会、公立大学教学研究审议机关为"教学组织"，两者间权限关系不明的问题时有所闻。上述"关于推动大学治理改革"审议报告书的见解如下①：

（1）国立大学：法律上，教学研究评议会和经营协议会的审议事项有明确区分，但实际同一案件也有分别送两会议审议的情形，故应在议事方式时适当处理。经营协议会成员以校外人士居多，有时无法准时参加会议，应该设定适当时间让缺席委员表达意见。同时考虑选任委员和会议的顺利召开。

（2）公立大学：公立大学设置的主体为地方政府（首长、议会），对于教育面的影响力日益增大。公立大学乃因应地方需求而设置，故大学、学院、研究所应地方政府倡议调整。大学经营者（地方政府）应充分听取教学组织的意见，让校长发挥领导作用。

（3）私立大学：私立大学的理事会是最终意见决定机关，故应适切掌握私立大学教学研究情况，听取教学组织的意见，并同时给予必要的资源、编列预算、管理教职员学生人数与组织再造，努力有效率地分配校内资源，让具备特色的教学研究功能发挥到最极限。特别是学生的入学审查、毕业审查、学位授予审查、教师研究成果审查等，具备高度专业性、公平性与透明性的事项审议时原则上需尊重教学组织的意见。此外，私立大学中副校长和学院长担任理事者不再是少数，因此应该建构顾虑教学面的理事会，或让理

---

① 参见中央教育审议会大学分科会：《大学のガバナンス改革の推進について（審議まとめ）》，取自 http://www.mext.go.jp/b_menu/shingi/chukyo/chukyo4/houkoku/1344348.htm，2014。

事会和大学行政团队定期沟通、交换意见。

四、大学制度和治理日本模式的未来

（一）大学日本模式面临的挑战

大学日本模式特征与挑战：

第一，国立大学与私立大学的经营条件不同，同样面临财政的压力：四年制的国立大学和私立大学无论在学生数还是大学数目皆为 1：3。在教学与研究上，国立大学重理工，私立大学重人文。虽然 2004 年国立大学全面法人化，表面上在财政与人事上获得一定的松绑，但因国家财政困窘，国立大学的自行筹措能力的要求越来越高，而公立大学经费来自地方政府与学费，私立大学的主要财源来自学费，三者同时面临财政压力。

第二，大学排名竞争中，日本大学表现不佳：固然从 2000 年起日本政府引进许多竞争性的经费，但近三年日本顶尖大学在世界大学排名中却一直退步，其原因有待探究。

第三，国立大学校长的领导模式有待确立：国立大学法人化后，校长同时兼任理事长、教学研究评议会和经营协议会的主席，但由上述研究发现，校长与学院的关系不完全是从属关系，因此文部科学省积极通过法律的解释与命令积极确认校长的领导地位与模式。

第四，大学分类化的推动：文部科学省以分配竞争型的经费，让国立大学自由选择自己的定位。此外，除既有的"专门职大学院"外，进一步开放"专门职大学"和"专门职短期大学"的设置，显现文部科学省积极进行大学分类，以符合社会的需求。

（二）大学日本模式未来发展前瞻

第一，在少子高龄化的背景下，日本私立大学有四成招生不足，地方的私立大学已有倒闭的情形。地方的国立大学、公立大学和私立大学在政府的引导之下，逐渐组成大学联盟，并和地方的产业、NPO 合作，发挥大学的社会功能。

第二，在国际竞争上，日本顶尖大学排名退步，除了政府追加预算，

进行重点投资外，积极延揽优秀的外国研究人才、留学生，并以弹性升迁方式、优厚薪资留住日本籍的人才都是当务之急。

第七节　大学制度和治理的新西兰模式

一、新西兰大学发展状况

（一）新西兰大学的起源

新西兰并无私立大学，所有大学皆由国家管控与保护。在 1961 年前，仅有"新西兰大学"（University of NZ）一所大学，并在主要城市设有附属学院。这些学院之后独立为五所大学，加上新增的三所大学，形成现今八所大学的规模。新西兰大学并未如美国般区分为教学型与研究型。[①] 新西兰大学传统上拥有高度的学术自由与自主性，[②] 且由于大学经费皆来自政府，学生实际上无须负担学费。

20 世纪 40 年代以前，新西兰学者多半担负沉重的教学任务，且重点在于传递学生相关知识，而非进行任何研究，或指导学生进行研究。当时的图书馆资源亦非常有限。[③] 直至 20 世纪 40 年代，新西兰大学开始鼓励本土研究。坎特伯里的讲师们于 1945 年撰写了以《研究与大学》为题的文章，倡议大学在教学之外应进行研究，且研究与教学应互相响应[④]。1946 年，惠

---

① Cf. Trafford, J. A., *Research supervision practices in New Zealand postgraduate geography*：*Capacity-capability potentialities*（*Unpublished doctoral dissertation*），University of Auckland, New Zealand, 2012.

② Cf. Trafford, J. A., *Research supervision practices in New Zealand postgraduate geography*：*Capacity-capability potentialities*（*Unpublished doctoral dissertation*），University of Auckland, New Zealand, 2012：65.

③ Cf. Trafford, J. A., *Research supervision practices in New Zealand postgraduate geography*：*Capacity-capability potentialities*（*Unpublished doctoral dissertation*），University of Auckland, New Zealand, 2012：66.

④ Cf. Trafford, J. A., *Research supervision practices in New Zealand postgraduate geography*：*Capacity-capability potentialities*（*Unpublished doctoral dissertation*），University of Auckland, New Zealand, 2012：66.

灵顿的讲师们则写道："所有真正的教育乃合并研究，积极的研究乃是大学的关键部分。"① 同年，新西兰大学获得一笔来自政府的补助，成立研究委员会。之后，基金转由纽约的卡内基公司（Carnegie Corporation）提供，以赞助新西兰的几所大学进行毛利族、萨摩亚以及其他社会研究，② 新西兰教育研究委员会（the NZ Council for Educational Research）也于此时成立。

直至 1947 年，奥克兰大学学院（Auckland University College）工程系成为首批要求系内每位学者投入研究的学系。③1948 年研究风气与活动逐渐扩展，学者们对博士学位的投入也自此开展。④1950 年，奥克兰大学学院设置新西兰第一个以研究为主的学术职位。⑤

同时受到第二次世界大战后英国、欧洲与美国大学对研究的投入与兴趣的影响，⑥ 20 世纪 40 年代中期到末期，新西兰大学开始将研究实践并入日常课程与活动中，且研究工作被视为学者角色中声望最高且最为精英的面向。此种概念在 2002 年 PBRF 机制设置后被强化。

① Trafford, J. A., *Research supervision practices in New Zealand postgraduate geography：Capacity-capability potentialities（Unpublished doctoral dissertation）*, University of Auckland, New Zealand, 2012：66.

② Cf. Trafford, J. A., *Research supervision practices in New Zealand postgraduate geography：Capacity-capability potentialities（Unpublished doctoral dissertation）*, University of Auckland, New Zealand, 2012：67.

③ Cf. Trafford, J. A., *Research supervision practices in New Zealand postgraduate geography：Capacity-capability potentialities（Unpublished doctoral dissertation）*, University of Auckland, New Zealand, 2012：67.

④ Cf. Trafford, J. A., *Research supervision practices in New Zealand postgraduate geography：Capacity-capability potentialities（Unpublished doctoral dissertation）*, University of Auckland, New Zealand, 2012：67.

⑤ Cf. Trafford, J. A., *Research supervision practices in New Zealand postgraduate geography：Capacity-capability potentialities（Unpublished doctoral dissertation）*, University of Auckland, New Zealand, 2012：67.

⑥ Cf. Trafford, J. A., *Research supervision practices in New Zealand postgraduate geography：Capacity-capability potentialities（Unpublished doctoral dissertation）*, University of Auckland, New Zealand, 2012：67.

（二）新西兰大学的规模与结构

新西兰教育体系分为学前教育（pre-school education）、初等教育（primary education）、中等教育（secondary education）与第三级教育（tertiary education）。第三级教育含括中等教育后所有的教育与训练，包括大学、科技与多元科技学院、毛利第三级教育机构（wānanga，或称毛利大学），以及私立培训机构。[1]

新西兰目前共有 8 所国立大学（university）、18 所国立性质的技术学院（institutes of technology and polytechnics）、3 所国立毛利大学（Wānanga，毛利高等教育机构）。此外，尚有 14 所由私人企业、小区等建构的各类工业培训组织（Industry Training Organization，ITOs）、7 所政府单位认可的政府培训机构（Government Training Establishments，GTEs）、约 550 所私立培训机构（Private Training Establishments，PTEs）与其他高等教育机构（Other Tertiary Education Providers，OTEPs）。

新西兰的 8 所国立大学皆为综合型大学，亦皆为研究型大学。

新西兰大学较为特别之处在于其课程。新西兰国定课程最大改变在于学校教育阶段与幼儿教育、第三级教育的贯通性。第三级教育阶段奠基于中、小学阶段的学习，意即奠基于学生的关键能力。因此，第三级教育亦发展出四项关键能力：自主行动（acting autonomously）、在社会团体中行事（operating in social groups）、互动性地运用工具（using tools interactively）、思考（thinking）。此外，此次课程的另一改变，在于以毛利文化与哲学为基础的毛利版课程纲要（Te Marautanga o Aotearoa）之设计。[2]

（三）新西兰大学的质量和国际地位

在 2018 年 QS 世界大学排名（QS World University Rankings）中，新西兰 8 所国立大学皆进入排名中，其中 5 所进入全球前 300 名。奥克兰大学排

---

[1]　参见洪雯柔：《新西兰教育制度》，载杨深坑、王秋绒、李奉儒：《比较与国际教育（第 3 版）》，台北高等教育出版社 2014 年版，第 629—668 页。

[2]　参见洪雯柔：《新西兰教育制度》，载杨深坑、王秋绒、李奉儒：《比较与国际教育（第 3 版）》，台北高等教育出版社 2014 年版，第 629—668 页。

名 82、奥塔哥大学排名 151、坎特伯雷大学 214、维多利亚大学 219、怀卡托大学 292、梅西大学 316、林肯大学 319。整体而论，新西兰大学的质量与世界排名正逐步上调中。

若依据泰晤士高等教育世界大学排名（*Times Higher Education World University Rankings 2017*），奥克兰大学排名 165，奥塔哥大学在 201—250 名之间，坎特伯雷大学与怀卡托大学在 351—400 名之间，其余大学多在 500 名以内。

而若就新西兰各大学在国际上扬名的专业而论，奥克兰大学的优势专业在于法律、艺术、计算机、工程、医学、检出、验光、影视传媒；奥塔哥大学的强项在于牙医、生物科技、法律、海洋学、南极研究、哲学、地质学、历史和艺术学，是南岛唯一有药学、理疗和医学实验等科系的大学，拥有全新西兰第一所医学院，是南岛的医学研究中心；坎特伯雷大学的强势项目为新西兰最早和最好的工程学院，其中人机互动、工程、法律等专业为强势专业；维多利亚大学强势专业为法律和建筑专业；梅西大学强势专业为航空、兽医、农业、园艺、工程，它是新西兰唯一一所提供兽医学士学位的大学，也是新西兰唯一一所拥有航空学院的大学，拥有自己的训练场；怀卡托大学则以电子商务为专长；林肯大学强项为农业、园艺、商业、管理，科学、环境管理、旅游、葡萄酒酿造与栽培、景观园林建筑设计；奥克兰理工大学则为商科、艺术、保健、科技。[①]

二、新西兰大学的外部治理

（一）外部治理的行政体系

新西兰高等教育的行政体系分为两层，其一为中央层级，其二则为大学等高等教育机构本身。换言之，新西兰大学的外部治理单位仅有中央一个层级，其涵盖的政府部门有教育部（the Ministry of Education），以及与教育部平行的高等教育委员会（the Tertiary Education Commission）。以下分别介

---

① https：//kknews.cc/zh-tw/education/85ypkq.html.

绍各部门及其与高等教育相关的权责。

在中央层级部分，国会之下是领导教育部门的教育大臣（Secretary of Education），其下为三个司掌不同职务的教育主管：其一为教育部长（Minister of Education）（为内阁阁员），专司教育政策制定的建议与执行；其二则为教育审查署部长（Minister Responsible for the Education Review Office）（亦为内阁阁员），负责教育的相关评鉴事宜；其三为负责高等教育委员会（Tertiary Education Commission）的高等教育、技能与就业部长（Minister for Tertiary Education，Skills and Employment）。

1. 教育部

新西兰国家教育制度由教育部（Ministry of Education）掌管，其提供教育政策建言，以及各项教育政策的落实。所有公立教育机构的法定权力来自《1989 年教育法》（Education Act 1989）、《1992 年工业技术培训法》（Industry Skills Training Act 1992）、《1990 教育修正法》（Education Amendment Act 1990）、修法通过的《2013 年教育修正法》（Education Amendment Act 2013），最新一波的新政策则是 2017 年 5 月份公布的《2017 年教育修订法》（The Education Amendment Act 2017），以及新西兰国会通过的各项法令。①

从 1989 年开始，新西兰政府进行教育行政机构的改革，将极大的权力与责任分配给学校等个别教育机构。教育部的职责也因此转型，由以往掌控所有教育事务的中央集权形态，转而将权力下放，教育部的角色在于针对所属机构与服务提供政策建议、经费拨款、各类调控等，换言之，教育部仅负责国家各级各类教育方针的制定，评估教育政策的施行，提供专业、课程、管理及决策等支持与服务给各级教育机构，以及分配政府经费以供各级教育所需等。②

---

① 参见洪雯柔：《新西兰教育制度》，载杨深坑、王秋绒、李奉儒：《比较与国际教育（第 3 版）》，台北高等教育出版社 2014 年版，第 629—668 页。
② 参见洪雯柔：《新西兰教育制度》，载杨深坑、王秋绒、李奉儒：《比较与国际教育（第 3 版）》，台北高等教育出版社 2014 年版，第 629—668 页。

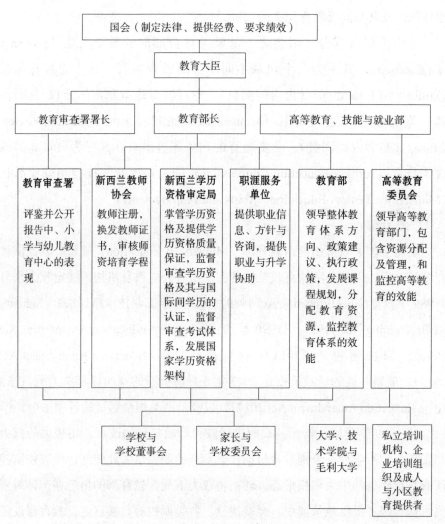

图 5-4　新西兰教育行政组织结构[①]

注：图中实线乃指隶属关系，虚线乃指其为相关单位，但并非直接隶属。换言之，教师协会与高等教育委员会乃与教育部下属单位有业务上的往来与相关性，但不归属教育部主管。

针对大学的部分，教育部的权责在于制定高等教育策略（Tertiary Education Strategy，如最新一波的五年期《2014—2019 年高等教育策略》），

[①]　数据来源：MOE. *Ministry of Education Annual Report*：*2006*. Retrieved from http：//www. minedu.govt.nz/index.cfm？layout=document& documentid=11630&data=l&goto=00-04MOE，2015。

以及其他相关策略，如学生贷款与补助、2012 年开始实施的提供免费教育或训练以鼓励青年进入第三级教育机构就读的"青年保证计划"（Youth Guarantee）、大学预备教育（foundation education）、修法、高等教育保证机制等；其亦负责高等教育经费补助政策、学费控管、高等教育机构绩效与所有权的管理、高等教育绩效表现的分析与研究等（http：//www.education.govt.nz/further-education/tertiary-administration/）。

2. 高等教育委员会

高等教育委员会于 2003 年成立，由 6—9 名委员组成（通常为 7 位），由教育大臣聘任。其主要针对中等教育后的各类教育与培训，职责在影响高等教育优先事项（the Statement of Tertiary Education Priorities，STEP）、提供高等教育策略的建议与优先事项、执行政府的高等教育相关政策、依据补助机制分配经费给高等教育机构、提升高等教育与培训的能力以对国家经济与社会目标的达成有所贡献、监督高等教育机构的表现、提供建议给教育大臣、与高等教育机构协商其章程、协调高等教育机构与职场的需求等。①

（二）大学与政府的关系

随着新西兰从社会福利国家转型为新自由主义国家，大学与政府的关系也从原本的国家管控转为国家监督，大学的自主权因之提升；继之又因为新保守主义之思想的纳入，国家监督的力道强化，通过竞争型经费拨款机制的建构而增强对大学发展方向的管控。

1984 年以前，新西兰为社会福利国家。自 1984—1989 年，新西兰经济发展出现衰退，知识与信息社会逐渐兴起，当时执政的工党政府推动第一波自由市场与松绑政策以提升经济竞争力，新西兰遂经历巨幅的经济改革，从保护性、管控性且国家宰制的资本主义民主社会，转向开放性、竞争性与自由市场的经济体制。以往的社会福利国家路线亦因之有所调整，纳入更多新自由主义（neo-liberalism）的特质。第二波改革则于 1989—1996

_____

① 参见洪雯柔：《新西兰教育制度》，载杨深坑、王秋绒、李奉儒：《比较与国际教育（第 3 版）》，台北高等教育出版社 2014 年版，第 629—668 页；Tertiary Education Commission [TEC]. About us. Retrieved from http：//www.tec.govt.nz/About-us/，2015。

年间推动，以新公共管理主义（new public managerialism）为主，进行更为核心的国家改革。第三波改革则自 1996—2007 年，纳入新保守主义（neo-conservative），继此之后则是上述取向的推展与调整。①

伴随着上述社会与经济改革的推进，也为响应新西兰社会转型为知识社会，教育体系有必要更加弹性且具有响应能力，以往"一体适用"（one size fits all）的统一教育措施已不适用，教育改革因之如火如荼地开展。循此新自由主义发展脉络，新西兰总理于 1990 年宣布了也可适用于教育政策的政策原则：公平、自立、效率，与较大的个人选择空间。教育改革开始推动，改革的核心主题为：追求绩效、松绑，并建构半自由市场的教育体系。②

随着 1989 年教育改革的实施，学生开始自付学费，政府补助大学的经费也大幅缩减，有限的政府经费则依据学生人数、教学与研究表现来计算。当教育部的咨询小组提出《托德报告书》（*The Todd Report*），倡议"高等教育乃属个人投资范围"与人力资本论观点，新西兰大学便开始走向市场导向，大学作为知识生产者的角色受到强化，且其所生产的知识必须符合消费者的需求，而这亦受到社会与经济需求的强势影响。大学因之开始由纯粹的学科研究取向，转向应用性与跨领域知识的生产，许多大学开始成为研究导向的大学，且以研究训练为首要之务，其目的便在争取外部研究机会与经费补助，以及确保竞争型经费的获取。③

在竞争学生与经费的高等教育脉络下，以往强调各大学教育质量一致但各擅胜场的新西兰高等教育，开始重视国内与国际排名。复因上述高等教育经费拨款机制的变革，表现本位研究经费（Performance Based Research

---

① 参见洪雯柔：《新西兰教育制度》，载杨深坑、王秋绒、李奉儒：《比较与国际教育（第 3 版）》，台北高等教育出版社 2014 年版，第 629—668 页。

② 参见洪雯柔：《新西兰教育制度》，载杨深坑、王秋绒、李奉儒：《比较与国际教育（第 3 版）》，台北高等教育出版社 2014 年版，第 629—668 页。

③ Cf. Trafford, J. A., *Research supervision practices in New Zealand postgraduate geography*: *Capacity-capability potentialities* (*Unpublished doctoral dissertation*), University of Auckland, New Zealand, 2012.

Fund，PBRF）的分配机制遂于 2002 年推出。而表现本位研究经费则引领新西兰的大学迈向全球化的高等教育。

在此市场模式的政策取向下，政府科层体制的缩减、绩效责任之强调所导致的政府经费拨款方式改变等，影响了教育研究与发展，政府单位经费不再定额拨付给机构，而改为根据各机构通过审核的研究案来拨付经费。[①]

2000 年开始，高等教育又历经一连串的重大政策改革，2002/2003 年更有所谓高等教育改革（tertiary education reforms）的推动，如制定"高等教育策略"（Tertiary Education Strategy），以之作为政府设定优先政策事项的机制；建立高等教育委员会（Tertiary Education Commission），以作为规划高等教育与拨付经费的机构；规定高等教育机构必须制定宪章（charters），且宪章必须对应高等教育的策略与目标。[②]

2006 年公布的"2007—2012 年高等教育策略"指陈高等教育政策规划中的优先事项与未来发展趋势，旨在推动改善高等教育经费补助与运作方式的改革方案，尤其在质量保证与监督机制的建构方面。其四大优先项目与研究相关者乃是"改善研究连接，以及创造经济机会的连接"[③]。"2010—2015 年高等教育政策"的重点乃延续前一版本的精神。其七大优先项目与研究相关者有二，分别为"改善高等教育机构的教育与财务表现"与"强化研究产出结果"。

经费拨款机制乃是此波教育改革中变革最大者，亦最难展现教育改革的新自由主义取向。在经费拨款策略方面，不同于以往强调以学生人数为经

---

① Cf. MOE（Ministry of Education）. *New Zealand's educational research and development system*. Wellington，New Zealand：Ministry of Education，2001.

② Cf. MOE（Ministry of Education）. *OECD thematic review of tertiary education：New Zealand country background report*. Retrieved April 24，2011，from http：//www. oecd.org/dataoecd/20/46/36441052.pdf，2006. MOE（Ministry of Education）. *Ka Hikitia-Managing for success：The draft Māori education strategy 2008-2012*. Wellington，NZ：Author，2008.

③ MOE（Ministry of Education）. *OECD thematic review of tertiary education：New Zealand country background report*. Retrieved April 24，2011，from http：//www. oecd.org/dataoecd/20/46/36441052.pdf，2006. MOE（Ministry of Education）. *Ka Hikitia-Managing for success：The draft Māori education strategy 2008-2012*. Wellington，NZ：Author，2008.

费之计算参照，现今高等教育机构的经费主要由高等教育委员会根据几种项目来拨款，分别为学生成就要素经费（Student Achievement Component Fun，SAC）与高等教育组织要素经费（Tertiary Education Organisation Component Fund，TEOC）、成人与社区教育、工业训练经费、表现本位研究经费（Performance Based Research Fund，PBRF）、特殊补给奖助（Specialised Fund for Foundation Learning）等。[1]

高等教育机构主要的经费来源为学生成就要素经费与高等教育组织要素经费，表现本位研究经费则为高等教育组织要素经费中的一部分，是依据各机构的研究表现而另外拨款。

其一，学生成就要素经费依据国内"等同于全日制之学生人数"（equivalent full time students，EFTS）来拨款，而且课程必须为资格课程（如证书课程、学位课程等）。

其二，高等教育组织要素经费乃在促进高等教育的变迁与革新，以强化高等教育机构的效能与贡献。[2]

表现本位研究经费是此波高等教育改革中最为关键的部分，于2002年设置，主要目标在提升高等教育的卓越研究，其具体目标为增加研究的平均质量、确保研究对学位与学士阶段教学的支持、确保拨款可供应学生与新研究人员、改善研究结果的相关讯息的释出与质量、预防新研究人员获得较少的研究补助，以及强化高等教育研究的优势。而且这一经费自2004—2007

---

① Cf. TEC (Tertiary Education Commission). *Design of funding mechanism*. Retrieved December 10, 2008, from http：//www.tec.govt.nz/upload/ downloads/funding-mechanism-pbrf.pdf, 2008. TEC (Tertiary Education Commission). *Funding mechanism：Performance-based research fund*. Retrieved December 10, 2008, from http：//www.tec. govt.nz/upload/ downloads/funding-mechanism-pbrf.pdf, 2008. TEC (Tertiary Education Commission). *Performance-based research fund*. Retrieved December 10, 2008, from http：//www.tec.govt. nz/templates/ standard.aspx? id=588, 2008.

② Cf. TEC (Tertiary Education Commission). *Design of funding mechanism*. Retrieved December 10, 2008, from http：//www.tec.govt.nz/upload/ downloads/funding-mechanism-pbrf.pdf, 2008.

年开始逐渐取代以往 EFTS 的研究经费拨款方式，此模式的三要素如下①：

第一，借由证据档案（evidence portfolio）的同侪审查以进行高等教育机构研究人员的研究质量评鉴（占 60% 经费比例）。

第二，研究学位完成度（占 25% 经费比例）。

第三，获得外部研究收入的比例（占 15% 经费比例）。

上述的研究质量评鉴是定期施行的"质量评鉴"（Quality Evaluation），六年为一期，针对研究产出结果、同侪评价与对研究环境的贡献等进行评估。首度进行的评鉴乃在 2003 年，第二轮则在 2006 年，仅进行部分追踪评鉴，第三轮在 2012 年举行。表现本位研究经费有助于"高等教育策略"目标的达成，支持鼓励高等教育机构进行统整且特殊化的研究目标，也激励高等教育机构发展毛利与太平洋相关研究，改善与社区的关系等。②

虽然政府通过经费拨款机制的改变、高等教育策略的制定而加强其对大学的监督与管控，新西兰大学亦通过新西兰大学副校长委员会（New Zealand Vice-Chancellors'Committee，NZVCC）来协调各大学的共识，此举为大学争取较多的自主发展空间。

新西兰模仿英国体制，副校长才是学校学术与行政的领导者。"大学副校长委员会"由八所大学的副校长组成，协调各大学之共同策略与共识，由委员会提供建议给个别大学。下面有三类委员会：（1）此类委员会在支持大学基本运作，包括"大学学程委员会"（the Committee on University Academic programmes，CUAP）及其下属委员会"大学入学与奖学金委员

① Cf. TEC（Tertiary Education Commission）. *Funding mechanism*：*Performance-based research fund*. Retrieved December 10，2008，from http：//www.tec. govt.nz/upload/downloads/funding-mechanism-pbrf.pdf，2008. TEC（Tertiary Education Commission）. *Performance-based research fund*. Retrieved December 10，2008，from http：//www.tec.govt.nz/templates/standard.aspx? id=588，2008.

② Cf. TEC（Tertiary Education Commission）. *Funding mechanism*：*Performance-based research fund*. Retrieved December 10，2008，from http：//www.tec. govt.nz/upload/downloads/funding-mechanism-pbrf.pdf，2008. TEC（Tertiary Education Commission）. *Performance-based research fund*. Retrieved December 10，2008，from http：//www.tec.govt.nz/templates/standard.aspx? id=588，2008.

会"(the Committee on University Entrance，and the Scholarships Committee)；
（2）此类委员会乃在支持与运作核心政策，包括"研究委员会"(the
Research Committee)、"国际政策委员会"(International Policy Committee)
与"毛利委员会"(Te Kāhui Amokura (Committee on Māori))；（3）另有
针对各类特殊专长的资深管理人所组成的委员会，以提供特定服务，如
"信息与传播科技委员会"(the Information and Communications Technology
Committee)或"人力资源委员会"(Committee on Human Resources)。①

三、新西兰大学的内部治理

（一）大学内部治理结构

新西兰模仿英国体制，校务董事会（tertiary education institution (TEI)
councils）是决策单位，而副校长才是学校学术与行政的领导者。与学术事
务相关的事宜，副校长会听取学术委员会（academic board）的建议。学术
委员会的成员来自学校内各学院的院长与各系的系主任。②

依据《1989年教育法》的规定，校务委员会由8—12位委员组成，其必
须具备相关知识、技能与经验；能够实践其个人责任；能够执行董事的职责。此
外，其组成必须维持性别的平衡，反映其所服务的社群的社经与族群多样性。③

校务董事的功能为：（1）聘任执行长（副校长）并监督与评鉴其绩效；
（2）准备与提交计划以争取经费补助；（3）确保学校依据发展计划来发展、
决定政策以落实发展计划、依据政策以进行对应的管理、依循长期发展策略
以开展发展计划。④

---

① Cf. New Zealand Vice-Chancellors' Committee [NZVCC]. *Committees*. Retrieved from http://www.universitiesnz.ac.nz/aboutus/sc, 2015.
② 参见洪雯柔：《新西兰教育制度》，载杨深坑、王秋绒、李奉儒：《比较与国际教育（第3版）》，台北高等教育出版社2014年版，第629—668页。
③ Cf. TEC [Tertiary Education Council]. *The role of TEI councils*. Retrieved from http://www.tec.govt.nz/teo/working-with-teos/tei/governance/councils/, 2016.
④ Cf. TEC [Tertiary Education Council]. *The role of TEI councils*. Retrieved from http://www.tec.govt.nz/teo/working-with-teos/tei/governance/councils/, 2016.

校务董事的任期四年，其职责在于：（1）确保学校在教育、训练与研究上维持高标准的卓越表现；（2）承认《洼坦颐条约》（The Treaty of Waitangi）① 的原则；（3）鼓励各类群体的参与以使所有群体皆能开展其教育潜能，尤其鼓励代表比例较低的学生群体能够参与并发声；（4）确保学校公平对待任何人且不带歧视；（5）确保学校以负责任的态度处理财政事务、有效运用资源以维持学校的长期发展；（6）确保学校的行事符合公共利益与学生福祉。②

（二）学校与院系的关系、行政管理与学术管理的关系

一般而言，新西兰的系所与学院皆有较高的自主性以决定其组织内部的发展。

以奥克兰大学为例，学院各有其院长，综掌该院的教学、研究与行政活动与财政事务。而通常各院之下尚有系所。

以奥塔哥大学为例，除了综整学校所有业务、身份实际上为校长的总副校长外，尚有司理不同业务或不同学院的各类副校长。如依据业务不同而有学术副校长、研究与创业副校长、公关副校长；依据学院而区分的副校长兼院长，如商管副校长、人文副校长、健康科学副校长、科学副校长。

如此，一方面可看出学校与学院关系的紧密，因而学院院长皆为副校长；另一方面也凸显出学术与行政两类事务的截然划分，因而首长皆截然不同。

四、大学新西兰模式的未来

（一）大学新西兰模式面临的挑战

其一，市场化机制下，新西兰政府以经费拨款机制主导新西兰高等教育发展方向，恐影响新西兰各大学的发展优势。新西兰的大学以往各有其发

---

① 《洼坦颐条约》为新西兰的双文化主义（biculturalism），强调新西兰文化乃以毛利与白人为核心、二族群为伙伴关系，承认毛利族群为新西兰的原驻民，确立且保障毛利语为毛利人珍贵的文化遗产，并强调毛利族群对政治与政策的参与，确立其为贯穿新西兰当代政策的核心精神（洪雯柔，2014）。

② Cf. TEC［Tertiary Education Council］. *The role of TEI councils*. Retrieved from http：//www.tec.govt.nz/teo/working-with-teos/tei/governance/councils/，2016.

展特色，并不强调排名。然经费拨款机制的改变开始强调各类表现的积分，以及凸显对国际排名的重视，其或有可能逐渐改变新西兰大学各自发展其特色的传统，转而主导大学转向政府所强调的优先事项，迈向一致性的发展趋向。

其二，市场化机制下，政府较为强调研究的发展与国际期刊的发表，如此恐影响新西兰多数大学长期以来对教学实践与社会服务的重视，拉大大学与小区、产业的距离。

其三，研究发展日益受到重视，以往重视社会实践的新西兰学者逐渐因此被遣退，代之以具有研究优势的外籍学者、国外取得博士学位的新西兰年轻学者。

（二）大学新西兰模式未来发展前瞻

其一，在市场化机制下，新西兰大学势必日益走向研究发展与市场竞争。

其二，在高等教育必须向国际市场扩展以招募国际学生之际，大学模式势必要迈向全球性的发展模式，与国际链接，且同质于国际大学。

第八节　分析与研究

综上，本节将根据前述美国、英国、法国、德国、俄罗斯、日本与新西兰共七个国家的相关资料与数据，进行跨国比较的分析。以上七国横跨美洲、欧洲、亚洲与大洋洲；彼此之间不论是在社会文化形成历程，还是制度典章上互有异同。

从社会文化发展的观点分析，英国对于美国与新西兰而言，有着母国与移民国家的关联。17世纪初，满载清教徒的五月花号驶离英国普利茅斯港，约150年后，欧洲移民决定脱离英国，独立而成美国。新西兰于第二次世界大战后独立，若从毛利领袖与英国代表签订《怀唐伊条约》（Treaty of Waitangi）算起，经历百余年；迄今新西兰仍为英联邦（Commonwealth of Nations）的成员国。至于法、德两国，在公元9世纪查理曼帝国崩坏之后，渐行渐远，而后各自统整区域内的民族，建立国家。腓力二世在 12 世纪末自立为法兰西国王后，逐渐皇权集中；1789 年的革命，引导法国脱离皇权，迈入近代。反观德国，晚至 19 世纪末才完成国家的统一大业，但普鲁士皇权仍在，各邦彼此相容。两国位在欧陆，毗邻而居，却在语言、文化上差异甚大，乃至于自 17 世纪以来多次兵戎相向。在欧亚大陆北方板块上的俄罗斯，自 16 世纪以来，勠力扩张疆域，广纳民族百余种，涵容多元文化，汇聚东西思想，独立成型。最后，从东亚崛起的日本，深受中华文化影响，但在 19 世纪为求国家发达，于明治天皇时期引入西方文明典章制度与思想。简言之，七国在文化社会发展上，有些国家为传承母国文化而来，有些则须兼容境内多样文化，亦有移植外来文化与传统兼容者。

从法律制度的观点来看，七国之中的美国、新西兰与英国属于海洋法系，或称之为普通法系（common law system）。反观法国、德国、俄罗斯与日本属于大陆法系，或称之为民法法系（civil law system）、罗马法系、法典法系等等。前者以习惯法为社会秩序建构的基础，后者则是以成文法作为维系国家运作的根本。究其起源，海洋法系中的美国与新西兰，两国的首批移民实乃源出于英国，而移民者携来既有律法典章，成为新天地社会的定锚之所在。至于同属大陆法系的四国则深受罗马法的影响。公元 6 世纪的《查士丁尼法典》，随着东罗马帝国的征战与扩张，进入帝国的西方与北方民族社会，形成日后德法两国立国的基础。是以，法国在 19 世纪颁布《拿破仑法典》；德国则于 1900 年刊行《民法典》。俄罗斯与日本则在追求建国的过程中，学习德法两国，糅合原有法律传统而前进。由此看来，七国法律制度或是源自于罗马，或是依循英国传统，再依其国家文化社会特性，参酌改进，形成其典章制度。

上述七国展现社会、文化与思想上异同之际，各自不仅试图葆有传统文化价值，更需面临全球科技发展、价值变迁的挑战。就在全球共同脉络与国家特殊情境中，各国大学的发展迎来众多挑战。特别是自 1980 年以来，在全球经济与政治新思维的冲击下，主要国家的大学必须调适其治理模式，企望维持高等教育质量不坠。

这里将以七国作为横轴，时间作为纵轴，试图在时间纵轴的脉络下，进行各国大学治理模式的比较。为使比较有其重心，本节分为外部治理与内部治理两部分加以梳理，各部分再分出小节，针对更细致的比较点加以分析。在每小节的比较点下，将会说明七国的状况，然后完成彼此之间的比较或综合归纳，以便能深入了解其异同的原因或共同的趋势，或找出发展的理则或是模式类型。原则上，各国比较所运用的资料皆为各国专节的内容，本节仅以摘要方式说明，为求精简，不再说明出处。

一、大学的外部治理

有关大学外部治理部分，主要的比较点有三，分别是：中央与地方的关系、大学与政府的关系以及大学与社会的关系。

（一）中央与地方的关系

中央与地方之间对于大学的关系，主要论述两者之间对于大学的治理权限，而其主要核心问题在于教育权限的归属。本节中的七国，教育行政权或属中央，或归地方，可从下表看出其间的异同。

表 5–15　七国大学外部治理中央与地方的关系表

	美国	英国	法国	德国	俄罗斯	日本	新西兰
中央			○		○	○	○
地方	○	○		○			

数据源：作者整理。

根据表 5–15 显示，在美国、英国与德国，高等教育属于地方权限；法国、俄罗斯、日本与新西兰则由中央行政机关规划与发展高等教育。俗称的英国，英文为 United Kingdom of Great Britain and Northern Ireland，从此英文即可了解，英国系由数个王国的联合而成。各王国有其历史，故在统合之后的行政运作，仍维持各自的传统，并将教育事务划归为地方权限。因此，英格兰、苏格兰、北爱尔兰各有其学制与教育政策。美国则沿袭这一传统，在脱离英国独立之后，亦将教育权限留给各州。至于德国，威廉一世以普鲁士为根基，在俾斯麦首相辅佐下，逐步统一中欧北方土地。普奥战争后，普鲁士以战胜国之姿，于 1867 年，成立北日耳曼联邦（Norddeutscher Bund）；更在战胜法国后，于 1871 年形成德意志帝国。在北方 22 邦的基础上扩展成为帝国，各邦为求能兼容共荣，因此在文化、教育等方面仍拥有其自主的权限。

中央集权控管或监督高等教育发展的国家中，法国为重要代表国家。法国自拿破仑时代以来，即以中央集权为各项制度的设计模式。教育行政上采用大学区制，帝国大学或是日后的法兰西大学则为国家教育部的角色；在各大学区内置总长，集中权力于其一人身上，控管全区的教育发展。日本则在明治维新时代，派出使节团前往欧美各国考察，考虑日本国情，天皇为尊，集权中央，于是在 1871 年订出以法国为蓝本的教育行政制度，全国划分 8 个大学区。俄罗斯整体而言是中央决定高等教育的整体发展。从上述说明可知，此三国教育行政制度或治理高等教育的权限归于中央，系因贯彻皇权思维而引发的传统。但是，源自于英国的新西兰却有不同的故事。新西兰从 19 世纪 40 年代起历经殖民、自治、自领到独立；政体为君主立宪，虽遵奉英国皇权，派任总督，但其权为虚，实权在政府。新西兰国家主权由中央政府独享，地方政府则在中央政府的监督下，享有部分自主权。①

在中央与地方权限划归情况之外，七国之中，地方与中央设立大学的状况亦有所不一。俄罗斯与日本中央与地方皆可设立高校。新西兰仅有国立大学。法国并无地方所设的高校，皆由中央处理公立高校（但通常以地方之名命名高校，如巴黎大学）。英国在 1992 年通过《扩充及高等教育法案》之后，学院与大学纳入同轨，地方所属学院逐渐归属中央。美国或德国，则并无联邦所设的大学。

不过，上述高等教育管理权限归属中央与地方的传统在 20 世纪 80 年代之后逐渐出现变化。权限在地方的国家，中央政府开始将着手介入高等教育的发展。中央集权的国家则将权力逐渐下放，让地方或是大学有更多的自主空间。

---

① 参见石忠山：《当代新西兰宪政体制》，《国际研究季刊》2006 年第 1 期。

中央逐步介入高等教育发展的现象可以见诸于美国、英国与德国，而其所用的方法则有经费补助的操弄、整体计划的规范或评鉴的运用等。在经费补助方面，美国联邦政府透过特定项目教育补助款（如反种族隔离法案、性别平等法案等）影响州教育厅与地方学区的运作，或是运用联邦奖助学金补助计划影响高教运作。英国2004年的《高等教育法》允许大学自2006年起收最高3000英镑学费，以政策引导学费的调升。在整体计划规范上，英国在2017年所通过的《高等教育与研究法》，试图增加高教的市场竞争机制。德国与英国挹注经费，促成国立或私立大学投入竞争型计划中，借此引导高校发展。最后在评鉴机制的设计上，英国于2014年以研究卓越架构取代研究评量措施，增强了中央根据评鉴结果确认研究经费分配的可行性，中央政府试图引导大学发展的走向十分明显。

法国、俄罗斯、日本与新西兰等国家出现逐渐释放中央对于高校发展的主控权力。有趣的是中央权限的释放，通常未必全然放权至地方，而是有部分直接到达高校。四国中央高教发展的主控权的释放，出现两种现象：一是将以往的权限缩减，或直接将权限下移至地方或高校，进行职责的转型；二是以外部机构处理相关事宜，即由半官方组织或民间组织承担工作与责任。此处将讨论中央与地方权力变化的问题，第二种情况将在大学与社会关系一节中加以讨论。

在职责转型与角色转化方面，以新西兰政府为例，1989年进行教育行政结构的改革，中央将极大的权责下放至教育机构；教育部仅负责国家教育方针的制定、施行与评估，分配政府经费，提供专业、课程、管理及决策等支持与服务给各教育机构。而观察日本在2004年推展的大学法人化工作，可以看出中央试图将高教发展的权利下放，提高大学的竞争能力。俄罗斯则引入地方力量共同发展高校，或是中央与地方共同协力完成任务；前者有联邦大学的设置与支柱型大学计划的开展，后者则有高校质量保证工作的进行。最后，在2007年5月，法国政府颁布《高等教育暨研究部部长权限职权行政法令》，随后于中央新成立"高等教育暨研究部"，重新定位其国家于高等教育发展新方向的作用，大学与教育部依契约行事，促使高等教育机构在财务与人事上更具自主空间。

从以上美国、英国与德国等地方分权的国家经验可以看出，中央逐渐增强介入高等教育事务的力道，试图以经费及政策引导高教发展方向。反观高教发展职权在中央的国家，法国、俄罗斯、新西兰与日本，则是逐渐将中央权限降低，借此引进其他机制影响高教发展。两者方向不同，但是目的却一致，即以政策与相关工具影响高教发展。其中有许多雷同的作法，例如引进竞争经费，提出评鉴机制，促成高校转型使之更为自主等等，凡此皆为因应全球高等教育竞争激烈的作为。在此情况下，大学与政府之间的关系产生变化，下面即着力于此问题。

（二）大学与政府的关系

有关大学与政府的关系，主要探讨政府对大学的管辖权限。当政府管理权高涨，则大学自主与自治的空间相对窄化；反之，政府介入高校的力道减弱，则高校自主空间扩大。从大学发展史观之，大学自主与自治是大学与宗教势力及世俗王权竞逐而来的珍贵资产。大学原是教授或研究者及学生自行结合的自治团体，而与教会或政府并无关系；以后逐渐发展为正式学府，才开始受教会及王室的认可和保护。在王室及教会认可后，教授和学生组成的自治团体，甚至享有免纳税、免服劳役、自由审判、授予学位及其他特权。[①]

各国政府对于高等教育发展的管理模式各有其传统，有些给予高校较大的自主空间，有些则直接介入。但是，随着时代的发展，现代国家体制建立后，宗教力量早已退去，取而代之的是市场。当经济学者宣称资本主义即是自由市场经济，倡导与维护市场自由之时[②]，"（自由）市场"一词成为与政府相对立的力量，亦即当政府力量较大时，市场即较为不自由；相反地，市场若要自由，则政府的干预必须减少。是以，在伯顿·克拉克（Burton Clark）的三角协调（triangle of coordination）理论中，政府、市场与学术寡头呈现三方鼎足而立的态势。有学者认为此理论过于简化，而发展出更多高

---

① 参见林清江对大学自主的定义，见《教育大辞书》，取自 http：//terms.naer.edu.tw/detail/1301982/，2000。

② Cf. Friedman，M.，*Capitalism and freedom*，London：The University of Chicago，1962.

教发展所涉及的利益相关者（stakeholder）[①] 的理论；但在跨国比较时，此理论运用简单的三方力量即可看出各国之间的相关位置。

以下图中的苏联为例，主要影响高教发展的力量为政府，所以靠近政府一端；而法国远离市场，但是政府与高校本身之间保持平衡；英国与日本，则是在高校与市场之间取得平衡；至于美国则趋近以市场力量引导高教发展。然而，20 世纪 80 年代初期所提出的理论，在全球高教快速变化的今天，可能早已与此图所示的状况非常不同。就如在苏联解体之后，俄罗斯联邦高等教育所占的位置还是靠近政府吗？会不会有所移动呢？英国、日本与法国等依旧在图上的位置吗？

在本节所探讨的七国中，值得注意的是政府（不论是中央或是地方）主导力量的逐步退却。当政府散去职权时，高教仍需要发展，则促成高教发展的良善机制将如何维持？因此，三方力量将如何消长呢？就此问题，以下检视七个国家的发展与改变。

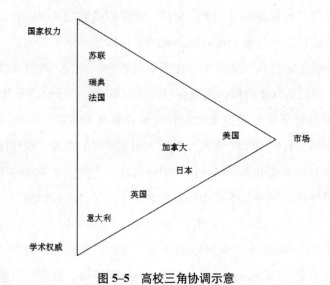

图 5-5　高校三角协调示意

数据来源：伯顿·克拉克：《高等教育系统——学术组织的跨国研究》，杭州大学出版社 1994 年版，第 159 页。

[①]　Cf. Melo, A., Sarrico, C., Radnor, Z., "The influence of performance management systems on key actors in universities", *Public Management Review*, 2010, 12 (2)：233-254.

　　大抵而言，若以生产方式分析高教的发展，则会历经三个阶段，投入经费或人力，监管过程，考核产出，即是 input-process-output 三阶段。若是政府完全主导，则投入、历程与产出全由政府负责。下文以此三阶段分析各国高教的变化。

　　七国之中变化最大者应是俄罗斯。在苏联时期，政府主导着高教的发展，而在俄罗斯成立之后的二十余年间，政府高教政策则有所更张。俄罗斯政府的作为主要在投入与产出两端。在投入端，以竞争型计划引导高教发展，诸如研究型大学，"5—100top"以及支柱型大学计划等等；在产出端，则强化质量监督的职能，强调教育与科学监督署与各地方合作。至于过程中，原则上政府尽可能避免下命令指导，由高校选择其发展路径；而学生与高校之间的选择，则交由市场处理。

　　法国发展亦有相同的策略。在投入端方面，法国拟定重大政策，引导大学发展。例如 2015 年通过《国家高等教育发展战略》，描绘未来十年发展目标，在此大战略的引导下，投入资金进行高教发展的改革。至于在过程部分，法国根据 2007 年颁布《高等教育暨研究部部长权限职权行政法》，国家与全国大学双方的职权划分，大学内部各院、系、所机构组织的功能与位阶均由大学行政咨询理事会自行拟订。简言之，政府在大学发展过程中对人事问题并无介入的空间。但是，在产出端，法国 2007 年也同时成立"研究暨高等教育评鉴署"，2014 年易名为"研究暨高等教育评鉴最高咨询理事会"，这一独立专责行政单位即是在控管高校的产出端。

　　与法国相邻的德国，在高教的投入端以重大计划引导大学发展，如 2006 年的"卓越计划"（exzellenzinitiative），试图以竞争型经费强化德国高校国际竞争力。在过程方面，德国近年来改变预算编列方式，即政府先编列一笔"总额预算"给大学，并尊重大学自行决定经费的用途。在产出端，为配合欧盟波隆纳进程的整体规划，"联邦教育与研究部"和"联邦与邦教育计划暨研究促进委员会"（Bund-Länder-Kommisionfür Bildungsplanung und Forschungsförderung，BLK）合作，委托高等学校校长联席会执行"质量保证计划"（Projekt Qualitätssicherung）。而配合上述总额预算与竞争型经费的分配，政府需监督大学预算的运用效率，并确立绩效准则，在核可竞争型经费时，则有其相关规定，以上都成为产出端确保质量的手段。

在法国与德国之后，跨海至英国。在投入端部分，不难发现英国逐渐放松对于高教学费的掌控。2006 年在大学学费第一次调整为 1000 英镑后，近年来不断提高大学学费额度，如今已为 9000 英镑。至于产出端，在评估方面，在 2008 年以前是以"研究评估作业"（Research Assessment Exercise，RAE）为主，2014 年改为"研究卓越架构"（Research Excellence Framework，REF）。至于教学评估，英国政府 2015 年建构"教学卓越架构"（TEF）新制；2017 年 10 月将其名称改为"教学卓越与学生学习成效架构"。以上研究与教学的卓越架构评估结果，成为高教经费分配的依据，形成对投入端的影响。而近年来新设的"学生办公室"负责审核与决定新高等教育提供者，以及决定高教提供者核可颁授学位资格等等，成为高等教育市场规范的管理者。从评估方式的改变以及学生办公室的设立，可看出英国政府在产出端的控制机制。

日本在 21 世纪初开始进行高教改革。在投入端部分，以重点投资的方式，加速大学国际化等重大改革，旨在提升研究、教育质量与大学的国际竞争力。在推动研究方面推动"21 世纪 COE 计划"，在教学方面则选出"优秀实务"，作为大学重点投资的两大主轴。在过程方面，由于国立大学法人化后产生骨牌效应，许多地方政府根据《地方独立行政法人法》，陆续将公立大学法人化；因此，日本中央与地方政府对于高校法人化的作为，皆促使大学经费与人事更为自主。最后在产出端，日本设置大学认证评鉴制度，强化后端监控的能力。

在美国，产出端的管控力道在不断强化中。美国于 1985 年通过的《高等教育法案再授权法》，授予联邦教育部成立"全国机构质量与整合咨议委员会"进行审查高等教育机构认证机构的权责。2008 年联邦教育部颁布《高等教育机会法案》，不仅进一步强化联邦教育部对于高等教育认证制度的监督与协调权责，亦提出期望高等教育机构采用全国毕业标准测验检测大学生的学习成就并将"学习成就"项目纳入高等教育评鉴的认可制度中。

大洋洲上的新西兰，教育部近年来则试图改变投入端政策，最为瞩目的是最新一波的五年期《2014—2019 年高等教育策略》。至于其他相关策略，如学生贷款与补助、2012 年开始实施的提供免费教育或训练以鼓励青年进入第三级教育机构就读的"青年保证计划"、大学预备教育等已在实施之中。至于在产出端，则通过修法，增进高等教育保证机制等加强管控高等教育机构绩效。

七国在投入端的部分，大量采用竞争型经费，或是以学校表现绩效分配经费，借以强化高教的竞争力。在产出端，则运用绩效责任制的概念，进行评鉴或控管，或是运用机构认可评鉴，达到监控管理高教质量的目的。但是，至于过程，政府部门将其中许多限制，都尽可能放开，不管人事或是经费的运用，形成了大学在过程中的自主空间加大的现象。由是而言，不管高教职权是在中央或是地方，以上七国皆强调绩效责任的策略，而此策略与自由市场运作模式相呼应，似乎高教发展的市场力量抬头。

（三）大学与社会的关系

大学接收的学生来自于社会，而其教育成果将为社会提供人才。在人才培育过程中，不论公私立大学，其所需的发展资金皆来自于社会。大学则是知识与技术创新的重要场所，成为创造资本的动力来源。随着全球高等教育的大众化，社会日益重视高等教育的发展。而在以知识经济为发展主轴的全球资本主义扩张时代，社会与大学之间有着千丝万缕不可分割的关系。

大学与社会之间的接缝有许多不同的方式，而所谓的接缝在于人、物以及信息的互通互动。但是，不论其方式如何，结果皆在寻求对高校发展有正面效果的作为，例如增进社会力量兴学或协助办学，引进社会人士共同管理高校改变高校治理模式，以民间社群名义成立有关高教的组织，或是通过民间机构协助行政单位或高校共同协力完成相关活动等等。不过，值得一提的是，所谓的"民间机构"一词未必清楚表示与政府无关。近年来，若相关事宜涉及到高教经费的分配、质量评估或排名等，政府为求客观于是成立"民间组织"，但是其经费主要来源为政府预算或是所成立的基金。故此类机构实质上为半官方组织（Quasi-Non-Governmental Organisations，简称

QUANGO），下面讨论的民间机构即包含此类组织。

1. 增进社会力量兴学或协助办学

在欧洲许多国家，高教发展原本的主力为国立（或公立）大学，如德国、法国与俄罗斯。对这些国家而言，若要扩大高等教育，除了增设国立（公立）大学之外，鼓励私立高校的设立，成为减少公共财务支出，进而达到扩大高教目的的重要方法。在俄罗斯，1992 年《教育法》中列出非政府大学的空间，而后法令修改，直接以私立大学称之。从 20 世纪 90 年代初至 2005 年俄罗斯私立大学快速成长，成为俄罗斯私立高教发展的重要契机，即可看出社会力量办学的空间扩大。

扩大私立高校办学的空间，不仅可以减少公共支出，还可以达到市场竞争的目的。例如，英国自 2018 年实施《高等教育与研究法》之后，为了扩大高等教育提供者的范围，强化高校市场的竞争。每所学校都必须在"英格兰高等教育提供者注册局"登记，信息公开，政府部门不再只保护或赞助既有的大学。如此一来，政府等于鼓励私人、民间或企业等兴办私立高等教育机构。

2. 引进社会人士进入高校共同治理

在德国，"高等学校校务咨询委员会"（Hochschulrat）的创建显示社会力量对大学办学的影响。1997 年，德国高等学校校长联席会在《高等学校组织与领导结构建议书》中，倡议设置此委员会。而校务咨询委员会几乎囊括大学所在地的各个利益团体代表，包括政府机关代表、政党领袖、大型企业主管、民间社团领袖等。一般校务咨询委员会有权决定大学领导层的任免、参与大学组织章程的制定、监督预算的执行、参与大学的长期发展规划，以及拥有大学组织发展的部分决定权。

类似的做法也出现在俄罗斯的联邦大学。在其法人概念的运作下，联邦大学引进地方重要人士进入监督会议，更夯实高校治理阶层的代表性。

3. 形成民间社群以建立高教机构联系网络

德国、俄罗斯、英国等皆成立大学校长协会等类似组织，至于日本则有国立大学协会、公立大学协会以及私立大学联盟、私立大学协会、短期大学协会、全国大学策略联盟协议会等等。事实上，以上组织或是由大学内部人员发起，或是由教育行政主管机关发起，成为大学校长或各校代表彼此之间联系信息，拟定对策，形成共识，提供建言的重要场合。

4.民间机构协力完成或协助高教相关活动

日本在实施行政法人之后，原有许多相关组织变更其身份，成为协助大学发展的社会资源。例如大学改革支持学位授予机构、大学入学考试中心、日本学术振兴会、科学技术振兴机构、国际交流基金等等。此类机构所负责的任务仍然依旧，但从政府机关的角色转变为半官方组织的地位。

美国联邦教育部将高等教育机构的评估权责交由其所认可的私人高等教育评估机构负责执行。联邦教育部所认可的高等教育评估机构名单需经由美国教育部长公开发布，而高等教育评估机构需通过正式申请程序，经审查确认符合教育部所要求的评估机构设立条件，并且通过全国机构质量与整合咨议委员会的审查后，才能被列入联邦教育部发布的高等教育评估机构名单。除上述作为之外，美国亦会运用经费刺激民间力量投入高教。例如2009 年的迈向巅峰计划运用竞争型经费，期望各州教育厅能通过与产业界伙伴的产学合作关系来提供学生实际操作与实习的机会，以达到培育优秀职场专业人才的目标。

运用产学合作的方式，引入社会资源于高教之中，法国亦有类似的作为。法国于2007 年颁布《大学自由与权责法》，在此法中规定有关各大学与其他公、私立机构或企业公司在进行研究时的规范，并且规划全国各地的"研究与高等教育主轴区"、"特定主题尖端研究网络"与"特定医疗与卫生主题尖端研究中心"等新兴研究合作运作模式，使参与研究的高校与相关单位可依法成立不同类别的合作基金会，在财务自主的情况下，得以支援各项研究合作所需的人力与物质费用。在日本，则亦可见其企业界组织加入高教发展行列中，例如有日本经济团体联合会、日本工商会议所、经济同友会等协助高教。

简言之，根据近三十年上述七国的高等教育发展经验，高校的利益关系在不断地扩展中，其中社会力量对于高等教育发展的影响力急速地增强。

部分民间组织是由政府推出公务部门所形成的半官方组织，部分则是高教相关人士所设立的民间组织；但其他社会组织，特别是工商界有关组织的涉入亦日益增多。就在强调知识经济、学用合一的政策下，政府部门企图拉近大学与企业之间的关系。因此，对于高校而言，外在环境更为复杂，利益竞争日趋白热，为因应此等状况，高校领导阶层需要有积极的作为。为适应此变化，大学内部治理也会因之改变，以下比较与讨论的重点将转移至大学内部治理。

二、大学的内部治理

大学内部治理方面，主要探究内部治理结构，以及行政管理与学术管理之间的关系。根据有关资料，相关的比较与分析所得陈述于后。

(一) 内部治理结构

大学内部治理结构重点在于大学内部决策与协调机制的设置。中古欧洲古老大学，在学术领衔主导之下，形成共享治理的运作模式，亦即是教授同僚管理（collegial management）大学。欧美大学的内部决策与协调机制，承继这一精神迄今，影响大学的运作，并且产生引领作用，将这一精神扩散至全球。

现今欧美大学基本上为法人组织形态，具备法律独立自主的人格，拥有人事与财务独立运作的权力；但也有其他状况，例如在德国，大学兼具有公法社团法人与国家设施（或公共营造物）两种属性。另外，随着现代国家的形成，分权概念成为机构设置的重要理念，于是大学的内部治理也逐渐走向分权。

根据国家与高校生态环境的变化，秉持相同的分权概念，发展出不同机制以因应。不同机制有其各自功能，而在各国，乃至于在一国之内不同高校之间尚有其各自的称呼。例如，在英国，剑桥大学管理委员会主要为摄政院（Regent House），另有学者所组成的评议会（The Senate）处理有关学术事宜。至于校务会议（University Council），则由副校长担任主席，负责全校行政与重大事宜的决策，并对摄政院负责；共 19 位委员，其中 4 位校外委员，下设两个委员会：审计委员会（Audit Committee）与财务委员会（Finance Committee）。① 另外如布理斯托大学（University of Bristol）则有不同做法，该校于 2016 年将先前的校务委员会（Council）易名为董事会（the Board of Trustees），为学校最高权力组织，组成成员中有 15 位为校外人士。至于学术相关事宜则由学术评议会（The Senate）负责。②

传承英国大学的传统，新西兰八所国立大学的决策单位称之为校务董事会，副校长是学术与行政的真正领导者，但在学术方面，则必须听取学术委员会的建议，后者由学院院长与各系系主任所组成。

至于美国，通常公私立大学皆有其董事会（或称为理事会）（Board of Trustees 或 Board of Regents），是美国大学的最高权力与决策机构。董事会的成员多数为校外人士，其成员来自多元背景和专业领域以代表不同背景的利害关系人。董事会规划、决策与管理大学的宏观事务，而大学的日常行政与学术事务则交由校长所组成的行政团队与教授所组成的教授参议会（或称为评议会，The Senate）来管理。

下面将视角转向欧陆。法国大学内部治理结构主要有三大咨询理事会，分别为：行政咨询理事会、学术咨询理事会与大学生活与学业咨询理事会。行政咨询理事会以校长为主席，而学术咨询理事会与大学生活与学业咨询理事会主要只负责提供建议，行政咨询理事会负责审议，而只有校长具有最后决定权。显而易见行政咨询理事会的权限高于其他两个理事会。

至于德国，因为在 2008 年废止《高等学校基准法》（Hochschulrahmen-gesetz），取消联邦层级对于高校规范的统一框架，代之的是各邦自行拟定的高等学校法。下面以北莱茵—西法伦邦为例来说明。该邦第 18 条涉及校长（Die Rektorinoder der Rektor）权责；第 21 条有关"高等学校校务咨询委员会"（Hochschulrat）；而第 22 条则为"学术评议会"（Senat）的规范

---

① Cf. Cambridge University. *Key governance bodies*. Retrieved fromhttps：//www.governance.cam.ac.uk/governance/key-bodies/Pages/default.aspx，2018.

② Cf. University of Bristol. *Statutory bodies*. Retrieved from http：//www.bristol.ac.uk/university/governance/universitycommittees/boardoftrustees/，2018.

(Ministerin fur Innovation, Wissenschaft und Forschung des Landes Nordrhein-Westfalen, 2018)。高等学校校务咨询委员会的职权在于，决定大学领导层的任免、参与大学组织章程的制定、监督预算的执行、参与大学的长期发展规划，以及拥有大学组织发展的部分决定权。其组成成员包括政府机关代表、政党领袖、大型企业主管、民间社团领袖等。因此，该委员会成为大学与社会之间的沟通桥梁，甚至可以成为大学与政府之间的缓冲器。有关大学学术有关事务则交由学术评议会负责。

俄罗斯联邦大学具有法人资格，因此必须设立监督机制，以北方联邦大学为例，其监督委员会共有九名成员，为全校校务发展最高职权组织。另外，其他国立大学则以莫斯科大学为例加以说明。莫斯科大学各学院设有院务的教授会议，全校层级亦有其校务的教授会。全校层级的教授会是该校最高权力机构。该教授会共有 136 位成员，为各学院推派的代表，其中包含学生会代表一人，以此观点来看，或许学校层级的教授会可以称之为校务会议。教授会的职权主要在于拟定莫斯科大学修业规则，确定论文委员会章程与运作，确定学术研究重大发展方向的优先级，确认学位的授予，以及莫斯科大学重要奖项的颁赠等等。

日本国立大学或公立大学法人化之后，其校内治理组成机构主要有以下三个。(1) 理事会与监事。理事由校长选任，且必须通知文部科学大臣，公开人选名单。监事由文部科学大臣任命，负责监察国立大学法人的财务诸表与决算报告书，并提出意见。(2) 经营协议会。由校长与校长指定的理事、职员和校外人士所组成，负责审议大学经营相关事项的重要组织，包含中期目标、学则、会计章程、薪资、预算、自我评估等。(3) 教育研究评议会。委员为校长、校长所指定的理事、重要学院系所的主管，以及由校长指定的职员，负责审议的教育研究相关事项包括"中期目标"相关事项、学则（经营部分除外）、教员人事、教学课程方针、学生辅导事项、入学、学位授予、自我评估等事项。

根据以上七国的有关资料，归纳欧美国家大学的内部治理结构，大抵有三个部门或组织。首先是代表行政力量的机构，通常以（副）校长（遵循英国大学传统者，通常以副校长为行政主管）为首的行政部门（administration sections）；其次是具有审查重大政策与监督高校发展职权的管理委员会（governing bodies），通常为全校校务发展的最高决策组织；最后则是学术评议会（senates）或各种学术委员会（academic boards）。学术评议会或相关委员会可以看出中古世纪大学教授治校传统的遗绪。

管理委员会基本上是以大学之外的社会贤达人士，或加入学校学术与行政系统的代表为主，学生代表则属少数（在大学大众化与民主价值催动下，学生代表正逐渐受到重视），以此反映社会需求与利益所设置，借以监督与管控大学的运作，其主要职责为选聘校长、审议校务发展目标、监督重大财务与人事议案等等。另外，基本上基于高校自主原则，管理委员会不会干预学术方面的事务，因此高校校内教授所组成的学术评议会（senate）或是各种学术委员会才是大学内管理教学与学习事务的核心单位，主导校内教学、学习、研究、考试等学术相关的事务发展。

（二）行政管理与学术管理的关系

从上述七国校内治理机制的比较与分析，可以了解大学内部的行政管理与学术管理两者有所差别。前者是以校长、副校长为首所带领的行政部门，负责大学日常营运，支持大学的学术研究、教学与学习等各项活动。后者则是中古大学传统，所谓的大学即是学术王国，学术发展成为领导大学的重要指针。以下将就行政管理与学术管理两部分，探讨与比较七国大学有关的制度。

英国大学的传统一如中古世纪大学一般，以学术领导校务发展，因此学院与系所的运作以教授群体为主，全校学术相关事宜则有评议会作为最高权力单位。至于行政管理方面，则主要是副校长为主席的校务会议。在20世纪之前，学术评议会为学校最重要的立法机构，如今权力下滑，当前的主要任务在于选任校长。

在新西兰，学术管理主要体现在系所与学院。一般而言，不论学院或系所皆有较高的自主性，得以决定其组织内部的发展。以奥克兰大学为例，学院各有其院长，综掌该院的教学、研究与行政活动与财政事务，而各院的下面尚有系所。至于行政管理方面，以奥塔哥大学为例，身份实际上为校长的总副校长，综合负责全校发展的业务，另外尚有司理不同业务或不同学院的各类副校长。如依据业务不同有学术副校长、研究与创业副校长、公关副校长；依据学院而区分的副校长兼院长，如商管副校长、人文副校长、健康科学副校长、科学副校长。如此，一方面可看出学校与学院关系的紧密，因此学院院长皆为副校长；另一方面却也凸显出学术与行政两类事务区别对待，因而首长会截然不同。

美国公私立大学通常采用"共同治理"模式，原则上，校长及其行政团队主要负责与学术事务无关的校务行政管理，而教授评议会则主要负责与学校教学、课程发展和学生学习质量相关的实质监督权责。若行政团队与教授参议会针对特定议案各持己见、无法决断时，则议案将交由学校董事会进行最终裁决。简言之，校长和行政团队拥有"行政管理"权责，但教授参议会拥有"学术权力"，两者相互监督与制衡，但亦同时各自发挥其专长，以此确保大学的持续运作与永续发展。

至于法国，在行政管理层面，主要由校长领军的行政咨询理事会主导。在学术管理层面，主要由学术咨询理事会主导，成员可有 20—40 位，系由大学中教学暨研究人员组成，且须半数具教授资格以及部分校外人士。其所主要负责项目，包含大学中研究发展方向、科学与科技相关数据文献建立以及分配各研究所需的经费、授予初任大学教师资格以及新聘与续聘相关的兼任教学暨研究人员，亦可主动提供相关建议，充分联系教学与研究两大层面的大学工作。

德国大学有学术自治的传统，在学术行政方面，主要是以教授组成的组织为基础，教授间拥有平等的权利与义务。大学校长与各学院院长的任命，系通过教授的民主选举产生；而学术相关的重要的决议，则由学术评议会与院务会议负责。在行政管理方面，德国大学内部在行政职级上，从低到高依次为教授、系主任和校长，但此三者并非上下级隶属关系。教授享有法定的教学与研究自由，无论是校长或系主任，都很难对其进行干涉和监控。这种学术自治管理模式几乎与德国大学的存在历史同样久远，直至近年来大学治理改革中，才慢慢被缩减其权限，教授权限除了转移至校务咨询委员会外，部分亦转移至大学内部的行政群体权利调控。

俄罗斯大学中，院系所代表着学术力量，行政部门则是学校权力的运作者；但是，两者运作有其彼此沟通与平衡的机制。行政部门的担纲者皆来自于各院系，学校行政的核心团队与院系之间权力划分在于未能用上级对下级的关系看待。举莫斯科大学为例，在校长之下置九位副校长，这九位副校长分别来自历史系、数学系、生物系、化学系等等；而教授会的主任秘书则是哲学系教授。而且尚有其他相关委员会等，不仅促使个人领导与集体领导两者之间保持平衡，亦确保行政部门容易得到学术部门的支持。

日本大学在行政与学术管理方面依大学性质而有不同名称，但其结构十分相似。在行政管理方面，国立大学的经营协议会、公立大学经营审议机关和私立大学的理事会属于"经营组织"；在学术管理方面，国立大学教学研究评议会、公立大学教学研究审议机关为"教学组织"，但两者间权限关系不明的问题时有所闻。于是日本推动大学治理改革，试图在两者冲突时寻找出解决途径。

事实上，随着资本主义的扩张，自由市场概念的渗透，竞争、效率、质量管理理念也进入教育，因此高校经营成为专业事务。诚如本节前述相关数据显示，七国政府部门运用许多竞争型计划，以绩效责任制度掌控高校发展，在个人或企业资金亦影响高校发展的诸般情况下，获取外部资金即是大学重要的行政考虑。计划拟订、资源争取、绩效控管等等众多企业管理的理念与作为，成为高教经营之借鉴，甚至为国家与高校奉行之圭臬。因此，传统大学以研究与学术主导的理念在 20 世纪以来开始松动，进入 21 世纪之后更是如此。简言之，自 20 世纪 80 年代以来的高校变革的趋势，即在于逐渐强化行政领导与管理的角色与功能，日益减少教授参与治理的机会。

如此一来，高校的高阶主管或相关组织的权限必须扩张与提升，所以校长（在英国与新西兰则是握有高校行政实权的副校长）的地位与职权必须提高，可将之模拟为企业界执行长，必须有力地领导高校，并且能快速地响应社会乃至于全球的变化，促使高校不断前进，跻身于世界之列。

是以，克拉克（Clark）① 在比较分析欧美主要大学在因应资本主义发展，朝向"创业型大学"（entrepreneurial university）转型，发现有五项关键因素影响其转型，分别为：强化的领导核心（strengthened steering core），扩张的发展外围（expanded developmental periphery），多元的资金来源（a diversified funding base），激励的学术心脏（stimulated academic heartland），统整的企业文化（integrated entrepreneurial culture）；其中强化的领导核心是首要因素，而强化的领导核心势必赖以行政管理而非学术管理。而在世界经济合作暨发展组织（The Organisation for Economic Cooperation and Development，OECD）所提出的《创业型大学指导架构》（A guiding framework for entrepreneurial universities）中，首先提及大学必须改革之处即是领导权力与治理（Leadership and Governance），此点即是对此观点的再次确认。

不过，在校长（或副校长）权力提升之际，与之对应的董事会职权也提升，借此达到权力平衡的目的。因此，从七国大学权力组织的重整中大概可以看见，行政核心团队的权力增强，相对地监管行政部门的机制也强化；但是学术管理权力日渐衰退，所辖业务则限缩至教学、研究有关事宜。

三、各国大学制度和治理的共性

这里，我们从高校的内部与外部治理机制两个层面，比较了七国相关的制度与措施。在外部治理层面上，就中央与地方的关系、大学与政府的关系以及大学与社会的关系等三方面比较；在内部治理层面上，比较的重点在于大学内部治理结构以及行政管理与学术管理之间的关系。比较所得的结论归纳如下：

第一，在高校治理上，地方分权的国家日益强化中央权限，中央集权的国家则逐渐下放权限。

---

① Cf. Clark，B.，*Sustaining change in universities*：*Continuities in case studies and concepts*，Berkshire，England：McGraw-Hill，2004：5.

　　从七国的比较中可以发现，美国、英国与德国等地方分权的国家，中央逐渐增强介入高等教育事务的力道，试图以经费及政策引导高教发展方向。至于中央集权的国家，法国、俄罗斯、新西兰与日本，却是逐渐将中央权限降低，借此引进其他机制影响高教发展。两者调整的方向不同，但目的却一致，即以政策与相关工具影响高教发展。

　　第二，政府运用竞争型经费、强调绩效责任、质量管控等方式，增进其对大学的调控能力。

　　七国政府在高教经费投入的方面，大量采用竞争型经费，常以学校表现绩效分配经费，借以强化高教的竞争力。而在控制产出方面，则是运用不同方式与目的评估机制进行管控，达到监控管理高教质量的目的。但是，对于过程中的许多限制，都尽可能放开，不管人事或是经费的运用，形成大学在过程中的自主空间加大的现象。以上的作为都反映出绩效责任制的概念。

　　第三，民间力量以进入大学治理阶层、协助公务部门处理大学相关事宜、提供资金与相关资源等方式，成为高校发展的重要利益关系人。

　　在高等教育的发展中，七国都显示出高教方面的利益关系人在不断地扩展中，其中社会力量对于高等教育急速地增强。有更多的民间组织成为高校发展的利益关系人。所谓民间组织种类甚繁，或是由政府推出公务部门所形成的半官方组织，部分则可能是高教相关人士（如校长）所设立的民间组织；但其他社会组织，特别是工商界有关组织的涉入则是日益增多。

　　第四，内部治理结构主要有管理部门、行政部门及评议会，前两者随着大学成长而建构，而评议会为中古世纪大学留下的传统。

　　大学内部管理机制大约有三类，分别是管理委员会、行政部门与学术评议部门。基本上，高校校内教授所组成的学术评议会或是各种学术委员会是管理教学与学习事务的核心单位，主导校内教学、学习、研究、考试等学术相关的事务发展。此为中古大学以来的传统设置。至于管理委员会是以大学之外的社会贤达人士为主，以此反映社会需求与利益所设置，借以监督与管控大学的运作。基本上基于高校自主原则，管理委员会不会干预学术方面的事务。至于行政部门则通常由校长或副校长领导，以因应内外在的需求与变化。而后两者为大学面对环境变化，进行管理阶层分化的结果。

第五，大学行政部门的权限日益高涨，学术管理机制的权限却逐渐缩减。

对于高校而言，当外在环境更为复杂，利益竞争日趋白热，为因应此等状况，大学内部治理也会因之改变。从七国近年来高教的发展上可以看出，校长（或副校长）所带领的行政核心团队权力增强，而与之对应的监管行政部门的机制也需要强化，所以董事会职权也提升，借此达到权力平衡的目的。但是，相对地学术管理权力日渐萎缩，所辖业务限缩至教学、研究有关事宜。

综上所述，七国高教治理模式出现了政府与市场之间的调控现象。以往政府掌握高校发展的国家，逐渐放权；而由市场掌控者却开始强调政府的角色，以政策引导高教发展。从政府主导高校发展治理模式走向市场导向，学费自由化是重要的指标，为此英国不断地提高学费；但是部分国家，如德国与法国，在福利国家的理念下并未急速提高学费。所以，政府调控市场的作为，首先要定位高等教育发展的意义。若以福利国家看待高等教育，则难将学费的调整交付市场决定，故形成所谓的准市场（Quasi-markets）① 的高等教育政策。在政府与市场两者力量的拉扯下，各国高等教育治理模式出现转变。

大体而言，20 世纪末叶以来，强化市场机制的运作为高校治理模式主要脉动方向。至于所谓市场与政府两者的调控，其主导权皆在于政府，因为市场是由政府订定相关办法与制度建构而成。随着自由市场的概念变化，以学生自由选择为基础，引入绩效责任制度，作为激励高校发展的市场；于是，政府释出竞争型经费，强调各校表现的评估，维持市场的良善运作。为求能积极因应自由市场的快速变化，以及政府的绩效管理作为，则高校内部的行政部门权限得到扩张；相对地，学术治理单位的力量逐渐减弱。但不管如何，在经费投入之后到产出之间的过程中，大学日渐获得其自主的空间，而高校行政团队的效率日益受到重视。

---

① Cf. Le Grand, J., and Bartlett, W., *Quasi-markets and social policy*, London: Macmillan Press, 1993.

结　语

中国特色现代大学制度的未来

　　中国特色现代大学制度是新中国成立后特别是改革开放以来中国创造出的一种新的高等教育现代性，它已经被实践所证明是一个高效能的制度安排。但是我们也要充分认识到，中国特色现代大学制度还在形成之中，需要从多方面加以完善，使其更加成熟和更加定型，以便将中国特色现代大学制度的制度优势全方位地转化为大学治理的效能，充分发挥其在高等教育强国建设中的作用。未来，完善中国特色现代大学制度需要在以下四个方面着力：

一、以中国为中心重写高等教育现代性叙事

　　实践证明，经过新中国 70 多年特别是改革开放 40 多年的探索，中国特色现代大学制度已经不再是一个应激性的地方性方案，而是成为了具有永久价值和普遍意义的现代性方案。为了加强高等教育强国建设，我们必须要以中国为中心重写高等教育的现代性叙事。这项工作之所以重要是由如下三个要素所决定的：

　　一是文化要素。新中国开创的社会主义事业，是以马克思主义为指导的，是国际共产主义运动的重要组成部分。但是，无论是在革命时期还是在建设时期，中国的社会主义和共产主义运动都始终追求自己的特色。改革开放以来中国方案的成功极大地强化了中国人的文化自信，从而让以儒家学说

为代表的传统文化与当代中国社会实现了历史的贯通。儒家大学精神的政治化倾向、人文色彩、入世精神、包容性格以及其中隐含着的一些现代性要素，对新中国高等教育话语体系转换产生了深刻影响，成为大学中国模式得以形成的历史文化逻辑。

二是战略要素。中国共产党之所以得到人民的拥护，最终成为中国现代化的领导力量，就在于中国共产党一直坚持自己为中华民族谋复兴的初心和使命。正是由于坚持这种战略思维，新中国成立以来我国始终都奉行独立自主的外交路线，都对依附性的发展观念保持警惕和做坚决的斗争。冷战开始后世界上很多国家都"选边站队"，而我国在新中国成立后不久就提出了走自己的路的主张，确定了"两条腿走路"的高等教育发展方针。冷战结束后，西方学者都在欢呼"世界的终结"，认为所有的国家都会接受美国主导的西式话语体系，但是我们却创造出了一个具有中国特色的大学治理模式及其高等教育话语体系。在大学内部治理上充分体现出党委领导、校长负责、教授治学与民主管理的互为补充和高度统一。在大学外部治理上，充分发挥了中央与地方、政府与大学、国家与社会等多方面的积极性，建构出了世界上唯一的"强中央与强地方"、"强政府与强大学"并存的治理模式，因而创造出了高等教育发展的中国速度。

三是制度要素。新中国成立后我国社会经历了从革命到改革，从以阶级斗争为纲到以经济建设为中心的转换，社会结构和话语体系也因之发生了重大变化。但是在新中国的任何历史时期，中国共产党始终是国家的领导核心，社会主义制度始终是国家政治和经济制度的基本底色。政治体制的连续性，为我国高等教育提供了可以认真反思过去、修正错误和重新规划未来的可能，保证了我国高等教育既不会走"老路"，也不会走"邪路"，成为中国大学模式形成和保持持久活力的制度性保障。

以中国为中心重写高等教育现代性叙事，要本着"不忘本来、吸收外来、面向未来"的原则，处理好纵向与横向两种关系：

一是处理好中国性与中华性关系。这里说的中国性是现代的中国性，不是历史上中华性的简单回归。构建高等教育的中国话语，不能简单地通过复活古典中国的高等教育话语模式来实现，必须从高等教育中国话语建设的现实需要出发，带着今天的新问题去看古典中国的大学精神图式，才能让古典的大学精神复活，使其展现出新的面相。

二是处理好中国性与西方性关系。高等教育的中国话语与西方话语并不是简单的相互排斥关系，两者都属于多元现代性的重要组成部分。西方话语既是中国话语的竞争者，也是我们学习的对象。西方高等教育话语中的理性和自由精神，同样也是中国现代高等教育体系建设不可或缺的内容。但是高等教育的中国话语在吸收外来的过程中，也不能失去自我，要时刻警惕西方现代性的文化霸权和被绝对化后带来的"现代性之殇"。

二、坚持以人民为中心的高等教育发展理念

新中国成立以来，"人民"始终是中国共产党政党精神和执政理念的核心话语。高等教育为人民服务，也因之同样成为新中国成立后各个时期高等教育改革发展的核心动力。毛泽东指出，无产阶级领导的文化教育是"属于人民大众"和"为了人民大众"的。1949 年 12 月全国第一次教育工作会议就根据《共同纲领》的要求，明确提出"教育为工农服务"的方针。在这一点上，我国社会主义建设初期的高等教育就与苏联模式有着很大的不同。苏联在 20 世纪 20 年代曾就大学培养目标问题进行过激烈的争论，但是这以后苏联高等教育开始向培育高级专业人才的方向发展，到 20 世纪 50 年代已经发展成一个典型的精英体制。而我国社会主义建设初期在学习苏联高等教育模式的同时依然珍视延安道路的传统，坚持高等教育为人民服务的方针。20世纪 50 年代末的"教育革命"从其出发点来说，也就是要解决高等教育精英主义制度化带来的一些问题，让高等教育事业更加符合社会主义理想和广大人民群众的需要。

改革开放以来，邓小平理论主导的现代性新方案的一个重要方面就是人民维度和人民立场，其核心要义是要将现代化成果转化为人民的实惠和需要。这种思想在高等教育上得到了充分的展现。江泽民强调中国共产党要始

终代表中国最广大人民的根本利益，他在 1999 年第三次全国教育工作会上提出"教育为人民服务"的方针。胡锦涛提出科学发展观并将其核心内容明确为"以人为本"，在党的十六大报告中正式提出要"办人民满意的教育"，认为"教育是体现发展为了人民、发展依靠人民、发展成果由人民共享的重要方面"。党的十八大以来，习近平总书记反复强调"人民对美好生活的向往就是我们的奋斗目标"，形成了以人民为中心的发展思想。在 2018 年 9 月召开的全国教育大会上，习近平总书记明确提出了"坚持以人民为中心发展教育"的指导思想。

三、在新背景下协调好两种高等教育理想的内在张力

新中国成立后我国高等教育发展始终面临着一个艰难的选择，就是如何处理好国家现代化建设和社会主义革命理想的关系。从理论上说，这两者虽然并不相互排斥，但在资源稀缺的情况下，要协调好高等教育在这两方面的需要也是非常不容易的。为了满足现代化建设的需要，高等教育必须要向高度专业化的方向发展；为了追求社会主义理想，高等教育就必须与精英体制疏离。因此，基于这两种需要产生的两种高等教育话语体系在很长一段时间存在价值取向和发展道路上的分歧，构成了话语体系结构中的巨大张力。两种不同理想的话语之争具体表现在如下几个向度上：一是自主与依附的矛盾；二是需要与可能的矛盾；三是学术与政治的矛盾；四是精英与大众的矛盾；五是公平与效率的矛盾；六是规模与质量的矛盾；七是集权与分权的矛盾。这七对矛盾关系纵贯新中国高等教育发展历史，曾经深刻地影响到我国高等教育发展的政策取向。

但是在协调上述七对矛盾关系上，改革开放前和改革开放后却有着根本的区别。改革开放前我们在认识和处理上述理念冲突过程中采取的是单线进化思维，将新的话语体系与旧的话语体系作简单地新旧二分，新的话语代表着希望和未来，旧的话语则代表着腐朽和没落。有人对旧话语有留恋，就是反动派，新话语如果有问题也是前进中的问题或者是旧话语干扰破坏的结

果。这种认识论使得改革开放前一段时间里高等教育话语体系转换总是与疾风暴雨般地政治运动相伴而行，话语体系转换中存在重需要轻可能、重政治轻学术、重普及轻提高、重公平轻效率、重规模轻质量的现象。改革开放后，上述七对矛盾关系在高等教育发展中仍然存在，甚至在特定条件下这些矛盾也可能还会激化，但我们汲取了前30年的经验教训，妥善处理了这些矛盾关系，取得了良好的实践效果。其基本的经验是：从整体上摒弃了非此即彼的线性进化思维，让不同的话语都有发声的机会，对一时不容易达成共识的问题采取"不争论"的策略，通过实践对矛盾双方的观念进行磨合，进行转化，从而在不同取向与性格的话语体系之间建立起了有效的连接，形成了高等教育话语体系的中国模式，为世界贡献了高等教育现代性的中国方案。

党的十八大以来我国改革开放事业进入了一个新时代，并对高等教育提出了诸多新的要求，其中最重要的就是要解决好高等教育发展不平衡与不充分这一新的矛盾。而解决好两对矛盾的关键还是要汲取历史的经验和教训，继续运用好中国改革哲学特有的包容性智慧，在新背景下处理好两种高等教育理想的关系，平衡好两种理想的内在张力，既不顾此失彼，也不平均着力，而是根据党和国家的政策、社会的需要和人民的诉求来维系两种理想的动态平衡。

四、将中国特色现代大学制度的优势转换为大学治理的效能

中国特色现代大学制度是新中国成立70多年来特别是改革开放40多年来我国高等教育实践中创造出来的一种新的大学制度，它体现了高等教育的政治性、专业性、学术性和民主性的内在统一，是我们建设高等教育强国的制度优势。未来如何在新的背景下通过推进大学治理体系和治理能力现代化，将中国大学模式的制度优势转化为大学治理的效能，就理应成为未来完善中国特色现代大学制度的重要任务。

要将中国特色现代大学制度的优势顺利转化为大学治理的效能，需要

做到如下三个方面：

一是要坚持"制度自信"。必须从理论和实践上改变以西方大学制度为标准来判断我国大学制度优劣的习惯，而要从实际的治理效能出发来评价大学制度的得失。同时还要从理论上进一步夯实中国特色现代大学制度形成的历史逻辑、理论逻辑和实践逻辑。

二是要对中国特色现代大学制度的制度体系进行全面深入地研究，对大学中国模式的根本制度、基本制度和重要制度分门别类地进行系统分析，构建起成熟和稳定的中国特色现代大学制度体系。

三是要将中国特色现代大学制度的根本制度、基本制度和重要制度的设计理念与制度安排作为高等教育深化综合改革的共识，作为学术标准重建、学术组织重建、学术规则重建的基本依据。

后　记

　　本书是国家社科基金教育学一般课题《大学中国模式：理念重构与制度再造》（BIA130078）的结题成果。因此本书的一些内容在本人前期发表的期刊论文中得到一定的体现，其中有两篇论文对本书的核心观点有重要贡献，这里要特别加以说明。一篇是发表在《高等教育研究》2018年第9期上的《大学中国模式：逻辑要义、基本特质和文化效应》，被人民大学复印报刊资料《高等教育》2019年第3期和《新华文摘》2019年第4期全文转载。另一篇是发表在《中国高教研究》2018年第9期上的《改革开放40年来我国大学理念变革逻辑、样态与前瞻》，被人民大学复印报刊资料《高等教育》2019年第1期和《中国社会科学文摘》2019年第2期全文转载。

　　本书在研究和写作过程中得到很多师长和学友的指导与帮助。本课题在论证阶段，曾得到华中科技大学张应强教授、厦门大学别敦荣教授、辽宁大学刘国瑞教授的指导。这里对上述几位教授表示由衷的感谢！

　　课题开题时，辽宁大学周浩波教授、沈阳师范大学于文明教授、郝德永教授、张君教授等对课题设计提出了新的有重要参考价值的意见，从而保证了课题研究的质量，这里对他们表示深深的感谢！

　　课题结题过程中，大连理工大学张德祥教授、复旦大学熊庆年教授、《中国高教研究》主编王小梅老师、《高等教育研究》副主编曾伟老师对课题成果提出了宝贵的指导和修改意见，这里对他们表示真诚的谢意！

　　这里我还要郑重感谢我的博士生导师华中科技大学文辅相教授和我的博士后合作导师浙江大学田正平教授！文老师支持和指导我从知识社会学和制度经济学视角分析大学制度变迁的逻辑和样态，从而奠定了我的学术根基。田老师则为我选择了改革开放以来中国大学制度的变迁为博士后阶段的研究，使我能运用前期积累下的理论素养分析我国大学制度变迁的历史进程，并从中察觉到中国特色现代大学制度的基本特征。可以说，如果没有两位老师前期的指导，我绝对不会想到以中国特色现代大学制度为研究对象，更不可能取得一定的学术成就。两位老师对我的提携、引导和帮助，时刻都铭记在心，是鼓励我在高等教育研究道路上攀登的精神动力和智慧源泉。

本书也是学术合作的结晶。导言部分、第一章、第二章、第三章、第四章和结语是由朴雪涛独立完成。第五章是我的学术合作伙伴共同完成的，具体分工如下：第五章第一节大学制度和治理的美国模式由罗雅慧教授完成，第二节大学制度和治理的英国模式由杨莹教授完成，第三节大学制度和治理的法国模式由黄照耘教授完成，第四节大学制度和治理的德国模式由张源泉教授完成，第五节大学制度和治理的俄罗斯模式和第八节各国大学制度和治理模式之比较由钟宜兴教授完成，第六节大学制度和治理的日本模式由杨武勳教授完成，第七节大学制度和治理的新西兰模式由洪雯柔教授完成。这里我对上述几位合作者表达最真挚的谢意！

在课题完成和本书出版过程中，廖珮君副教授、高军副教授、李艳辉副教授、刘伟副教授、朱艳副教授、蒋春洋副教授、杨婕副教授、刘东方副教授、宋国才博士、申晨博士等也提供了很多的帮助，付出了辛苦的劳动，这里一并表示感谢！

这里我还要郑重感谢本书的责任编辑李之美老师，因为她的精心指导和大力支持，方有本书问世。我的前两部专著《知识制度视野中的大学发展》和《现代性与大学——社会转型期中国大学制度的变迁》也是在李老师帮助下出版发行的，两部书曾获教育部高校人文社科成果三等奖、辽宁省政府哲学社会科学优秀成果一等奖、辽宁省教育科学优秀成果一等奖。

本书的问世，既是对我学术工作的一个阶段性总结，也是下一个新阶段的开始。今后，我将继续深入研究中国特色现代大学制度的制度优势和治理效能，探讨中国特色现代大学制度的根本制度、基本制度和重要制度的内涵与运行机制，为充实和完善中国特色高等教育理论作出新的贡献。

责任编辑:李之美

图书在版编目(CIP)数据

中国特色现代大学制度研究/朴雪涛 著. —北京:人民出版社,2020.7
ISBN 978 - 7 - 01 - 022179 - 3

Ⅰ.①中…　Ⅱ.①朴…　Ⅲ.①高等学校-教育制度-研究-中国
Ⅳ.①G649.22

中国版本图书馆 CIP 数据核字(2020)第 094762 号

中国特色现代大学制度研究

ZHONGGUO TESE XIANDAI DAXUE ZHIDU YANJIU

朴雪涛　著

人民出版社 出版发行
(100706　北京市东城区隆福寺街 99 号)

环球东方(北京)印务有限公司印刷　新华书店经销

2020 年 7 月第 1 版　2020 年 7 月北京第 1 次印刷
开本:710 毫米×1000 毫米 1/16　印张:25.25
字数:370 千字

ISBN 978 - 7 - 01 - 022179 - 3　定价:78.00 元

邮购地址 100706　北京市东城区隆福寺街 99 号
人民东方图书销售中心　电话 (010)65250042　65289539